제3판

형사소송법

[선택형 문제해설]

이 재 상
강 동 범
조 균 석

신 조 사

제 3 판 머리말

「형사소송법」[선택형 문제해설]의 집필을 제안하고 주도하신 지송 이재상 이화여자대학교 석좌교수께서 2013년 9월 갑자기 별세하셨다. 형사법학에 대한 이재상 교수님의 학문적 열정과 깊이를 생각할 때 이 교수님의 별세는 우리나라 형사법학계의 커다란 손실이 아닐 수 없다. 이 교수님의 별세에도 불구하고 저자들은 본서가 형사소송법의 선택형 문제에 대한 충분한 대비는 물론 교과서를 통해 얻은 지식을 체계적으로 이해하는데 기여할 수 있도록 본서를 지속적으로 수정 · 보완하여 나가기로 하였다.

변호사시험뿐만 아니라 법원, 검찰과 경찰의 채용 및 승진시험과 행정고등고시의 형사소송법 선택형을 더욱더 충실하게 준비할 수 있도록 「형사소송법」[선택형 문제해설](제2판)을 출간한 지 어느덧 2년이 가까워지고 있다. 제2판 출간 이후 시행된 2번의 변호사시험을 비롯하여, 각종 공무원시험에서 출제된 문제와 중요한 대법원 판례를 소개하기 위해 제3판을 출간하기로 하였다.

「형사소송법」[선택형 문제해설](제3판)을 집필함에 있어서도 초판 · 제2판과 마찬가지로 강동범 교수와 조균석 교수가 일부씩 나누어 문제를 만들고 해설을 담당하였다. 강동범 교수는 제1편(서론), 제2편(소송주체와 소송행위), 제3편(수사와 공소) 중 제4장(공소의 제기), 제4편 중 제1장(공판절차), 제2장 중 제6절(당사자의 동의) 내지 제9절, 제3장(재판) 및 제5편(상소 등)을 맡았고, 조균석 교수가 제3편 중 제1장 내지 제3장(수사), 제4편 제2장(증거) 중 제1절 내지 제5절을 담당하였다. 전체적 통일성이 유지되도록 두 사람이 서로 내용을 협의하면서 문제와 해설을 검토 · 조정하였다.

제3판의 특징은 아래와 같다.

첫째, 제2판과 마찬가지로 선택형 문제풀이에 과도한 시간과 노력을 들이지 않도록 400쪽 내외를 유지하였으며, 중복된 문제와 지문을 삭제하였다.

둘째, 제2판 이후 나온 중요한 대법원 판결을 거의 빠짐없이 수록하였다. 변호사시험은 물론 각종 시험의 선택형 문제에서 판례의 중요성은 아무리 강조하여도 지나침이 없다. 따라서 가능한 한 많은 대법원 판결들을 지문으로 하거나 소개하여 선택형 문제집이 판례를 이해하는 데에도 도움이 되게 하였다. 저자들은 2015년 5월까지 선고된 중요 대법원 판결을 대부분 수록하려고 노력하였다.

셋째, 각종 모의시험문제와 기출문제를 수록하였다. 즉, 2014년과 2015년의 변호사시험문제는 물론 행정고등고시 기출문제도 해설과 함께 실었다. 다만 법학전문대학원협의회가 주관한 변호사시험 모의시험의 경우 법학전문대학원협의회에서 해설서를 출판하는 점을 고려하여 모두 삭제하였다.

이 책이 법학전문대학원 학생들은 물론 선택형 형사소송법 문제로 채용 또는 승진시험을 치러야 하는 분들에게 도움이 되었으면 하는 마음 간절하다. 「형사소송법」[선택형 문제해설]은 앞으로도 더욱 내용을 보충하고 보완해 나갈 것을 약속드린다.

그리고 「형사소송법」[선택형 문제해설]의 초판과 제2판에 이어 제3판도 출간하여 주신 신조사 이명재 사장님, 편집과 제작을 책임져 주신 송일근 주간님과 이종은 부장님에게도 깊이 감사드린다.

2015년 5월

이화여자대학교 법학전문대학원 연구실에서

저자들

머 리 말

법학전문대학원 졸업생들을 위한 변호사시험이 한 달여 앞으로 다가왔다. 변호사시험에 형법뿐만 아니라 형사소송법에 있어서도 선택형 문제가 출제될 것임에도 불구하고 형사소송법 선택형 문제집이 없어 법학전문대학원생들의 시험준비에 어려움을 겪고 있다는 얘기를 자주 들었다. 선택형 문제는 시험준비가 아니라도 교과서를 통해 얻은 지식을 정확하고 깊이 이해하는 데에도 크게 도움이 된다. 여기서 저자들은 형사소송법 선택형 문제집을 시급히 만들어야 하겠다는 데 의견을 같이하고 「형사소송법」[선택형 문제해설]을 공동으로 집필하기로 뜻을 모았다. 형사소송법의 선택형 문제는 변호사시험뿐만 아니라 이미 법원, 검찰과 경찰의 채용 및 승진시험과 행정고등고시에도 출제되고 있다. 이들 시험을 준비하기 위한 본격적이고 심화된 선택형 문제집이 없는 상황에서, 이 책은 변호사시험뿐만 아니라 이들 각종 채용 및 승진시험을 준비하는 경우에도 필요한 교재가 될 것으로 생각된다.

「형사소송법」[선택형 문제해설]을 집필함에 있어서는 주로 강동범 교수와 조균석 교수가 일부씩 나누어 문제를 만들고 해설을 담당하였다. 강동범 교수는 제1편(서론), 제2편(소송주체와 소송행위), 제3편(수사와 공소) 중 제4장(공소의 제기) 및 제4편 중 제1장(공판절차), 제2장 중 제6절(당사자의 동의) 내지 제9절을 맡았고, 조균석 교수가 제3편 중 제1장 내지 제3장(수사), 제4편 중 제2장(증거) 중 제1절 내지 제5절, 제3장(재판) 및 제5편(상소 등)을 담당하였다. 이재상 교수는 전체적 통일성이 유지되도록 내용을 검토하면서 문제와 해설을 조정하고, 누락된 문제를 추가하는 역할을 했다.

「형사소송법」[선택형 문제해설]의 특색은 아래와 같이 요약할 수 있다.

첫째, 선택형 문제집이 적정한 크기가 될 수 있도록 문제와 해설의 양을 조절하였다. 선택형 문제풀이는 기본이론의 정확한 이해를 확인하는 것이므로 그 준비를 위해 너무 많은 시간을 보낼 필요는 없다고 생각되기 때문이다. 따라서 이 책에는 400여 개의 문제를 싣고 책도 400쪽을 넘지 않게 하였으며, 중복된 문제와 지문을 피하기 위해 노력하였다.

둘째, 대법원 판례를 대폭 수용하여 문제를 만들었다. 선택형 문제에 있어서는 학설이 대립되는 부분을 문제로 만들 수는 없기 때문에 판례를 문제화하여 수록하는 것은 불가피하다. 따라서 가능한 한 많은 대법원 판결들을 지문으로 하거나 소개하여 선택형 문제집이 판례를 이해하는 데에도 도움이 되게 하였다. 이 책에는 2011년 5월까지 선고된 중요 대법원 판결이 대부분 수록되어 있다고 할 수 있다.

셋째, 각종 모의시험문제와 기출문제를 수록하였다. 즉, 2010년과 2011년 법무부에서 실시한 변호사시험 모의시험문제와 2011년 법학전문대학원협의회에서 실시한 변호사시험 모의시험문제는 물론 행정고등고시 기출문제도 해설과 함께 실었다. 우리나라의 기출문제뿐만 아니라 법제도가 비슷한 일본 신사법시험과 예비시험 출제문제와 신사법시험 모의시험문제도 우리 형사소송법에 따라 변형하여 수록하였다.

이 책이 법학전문대학원 학생들은 물론 선택형 형사소송법 문제로 채용 또는 승진시험을 치러야 하는 분들에게 도움이 되었으면 하는 마음 간절하다. 「형사소송법」[선택형 문제해설]은 앞으로도 더욱 내용을 보충하고 보완해 나갈 것을 약속드린다.

이제 「형사소송법」[선택형 문제해설]을 출간함에 있어서 저자들을 도와준 이들에게 고마움의 뜻을 기록하고자 한다. 이화여자대학교 법과대학을 졸업한 조현수 양과 같은 대학에 재학중인 김혜연, 조혜인 양이 기출문제의 정리와 교정을 도와주었다. 이들 학생들은 제53회 사법시험 2차시험을 치르고 발표를 기다리는 동안 저자들을 위해 많은 시간을 내어 주었다. 이들 중 김혜연, 조혜인 양은 사법시험에 최종 합격하였고, 조현수 양도 다음 시험에는 반드시 합격할 것으로 기대된다. 이들의 헌신적인 노력으로 이 책의 출간이 가능하였다고 할 수 있다. 끝으로 「형사소송법」[선택형 문제해설]을 출간하여 주신 신조사 이명재 사장님과 편집과 제작을 책임져 주신 송일근 주간님과 이종은 부장님에게도 깊이 감사드린다.

2011년 12월

이화여자대학교 법학전문대학원 연구실에서

이재상 · 강동범 · 조균석

차　　례

제1편 서　　론

제 1 장　형사소송법 ······ 3
제 1 절　형사소송법의 의의와 성격 / 3
제 2 절　형사소송법의 법원과 적용범위 / 4

제 2 장　형사소송법의 이념과 구조 ······ 8
제 1 절　형사소송법의 지도이념 / 8
제 2 절　형사소송의 기본구조 / 13

제 3 장　소송절차의 기본이론 ······ 15
제 1 절　소송절차의 기본구조 / 15
제 2 절　소송절차이분론 / 16

제2편 소송주체와 소송행위

제 1 장　소송의 주체 ······ 19
제 1 절　법　원 / 19
제 2 절　검　사 / 33
제 3 절　피 고 인 / 35
제 4 절　변 호 인 / 43

제 2 장　소송행위와 소송조건 ······ 60
제 1 절　소송행위의 의의와 종류 / 60
제 2 절　소송행위의 일반적 요소 / 61
제 3 절　소송행위의 가치판단 / 66
제 4 절　소송조건 / 70

제3편 수사와 공소

제 1 장 수 사 ………… 77

제 1 절 수사의 의의와 구조 / 77
제 2 절 수사의 개시 / 83
제 3 절 임의수사 / 96

제 2 장 강제처분과 강제수사 ………… 114

제 1 절 체포와 구속 / 114
제 2 절 압수 · 수색 · 검증 / 144
제 3 절 수사상의 증거보전 / 171

제 3 장 수사의 종결 ………… 175

제 4 장 공소의 제기 ………… 178

제 1 절 공소와 공소권이론 / 178
제 2 절 공소제기의 기본원칙 / 181
제 3 절 공소제기의 방식 / 189
제 4 절 공소제기의 효과 / 204
제 5 절 공소시효 / 205

제4편 공 판

제 1 장 공판절차 ………… 213

제 1 절 공판절차의 기본원칙 / 213
제 2 절 공판심리의 범위 / 214
제 3 절 공판준비절차 / 232
제 4 절 공판정의 심리 / 234
제 5 절 공판기일의 절차 / 238
제 6 절 증인신문 · 검증과 감정 / 245
제 7 절 공판절차의 특칙 / 251

제 2 장 증 거 ………… 261

제 1 절 증거의 의의와 종류 / 261
제 2 절 증명의 기본원칙 / 263
제 3 절 자백배제법칙 / 275
제 4 절 위법수집증거배제법칙 / 278
제 5 절 전문법칙 / 292
제 6 절 당사자의 동의와 증거능력 / 335

제 7 절 탄핵증거 / 342
제 8 절 자백과 보강증거 / 344
제 9 절 공판조서의 증명력 / 351

제 3 장 재 판 ········ 353
제 1 절 재판의 기본개념 / 353
제 2 절 종국재판 / 354
제 3 절 재판의 효력 / 362
제 4 절 소송비용 / 368

제5편 상소 · 비상구제절차 · 특별절차

제 1 장 상 소 ········ 373
제 1 절 상소 통칙 / 373
제 2 절 항 소 / 385
제 3 절 상 고 / 388
제 4 절 항 고 / 390

제 2 장 비상구제절차 ········ 393
제 1 절 재 심 / 393
제 2 절 비상상고 / 399

제 3 장 재판의 집행과 형사보상 ········ 401
제 1 절 재판의 집행 / 401
제 2 절 형사보상 / 403

제 4 장 특별절차 ········ 404
제 1 절 약식절차 / 404
제 2 절 즉결심판절차 / 405
제 3 절 배상명령절차 / 407
제 4 절 소년형사절차 / 408

제 1 편

서　론

제1장　형사소송법
제2장　형사소송법의 이념과 구조
제3장　소송절차의 기본이론

제 1 장 형사소송법

제 1 절 형사소송법의 의의와 성격

01. 형사소송법의 의의와 성격에 대한 설명 중 틀린 것은? (다툼이 있는 경우 다수설에 의함)

① 형사소송법은 형법을 적용하고 실현하기 위한 법률이다.

② 형법이 형사사법에 의한 정의를 실현하기 위한 법률이라면, 형사소송법은 형사사법에 있어서의 정의를 실현하기 위한 법률이다.

③ 형사소송에서 소송이란 공소제기 이후의 공판절차를 의미하지만, 형사소송법은 공판절차는 물론 수사절차나 형집행절차도 규정하고 있다.

④ 형사소송법은 절차법으로서 동적·발전적 법률관계를 규율하므로 형법에 비해 윤리적 색채보다는 기술적 성격이 강하다.

⑤ 공판절차와 수사절차에서는 법적 안정성이 보다 강하게 요구되지만, 형의 집행절차에서는 합목적성이 강조된다.

해설

① (○) 이재상·조균석, §1/1.

② (○) 이재상·조균석, §1/2.

③ (○) 이재상·조균석, §1/3.

④ (○) 형사소송법은 형법에 비해 윤리적 색채보다는 기술적 성격이 강하지만, 순전히 기술적인 법은 아니고 통일된 가치체계에 의해 결합되어 있는 법률이다.

⑤ (×) 형사소송법은 사법법(司法法)으로서 법적 안정성의 유지를 기본성격으로 하지만, 공판절차에서는 법적 안정성이 보다 강하게 요구되고, 수사절차와 형의 집행절차에서는 합목적성이 강조된다. [답 ⑤]

제2절 형사소송법의 법원과 적용범위

01. 형사절차와 관련하여 헌법에 명시적으로 규정되어 있지 아니한 것은?

① 형사절차법정주의
② 신속한 공개재판을 받을 권리
③ 자백배제법칙
④ 피의자신문 시 변호인참여권
⑤ 형사피해자의 재판절차진술권

해설

① (○) 헌법 제12조 제1항.
② (○) 헌법 제27조 제3항.
③ (○) 헌법 제12조 제7항.
④ (×) 변호인의 피의자신문 참여권은 제243조의2에 규정되어 있다. 종래 대법원은 "형사소송법이 아직은 구금된 피의자의 피의자신문에 변호인이 참여할 수 있다는 명문규정을 두고 있지는 아니하지만, 신체를 구속당한 사람의 변호인과의 접견교통권이 헌법과 법률에 의하여 보장되고 있을 뿐 아니라 누구든지 체포 또는 구속을 당한 때에는 즉시 변호인의 조력을 받을 권리를 가진다고 선언한 헌법규정에 비추어, 구금된 피의자는 형사소송법의 위 규정을 유추·적용하여 피의자신문을 받음에 있어 변호인의 참여를 요구할 수 있고 그러한 경우 수사기관은 이를 거절할 수 없는 것으로 해석하여야 하고, 이렇게 해석하는 것은 인신구속과 처벌에 관하여 '적법절차주의'를 선언한 헌법의 정신에도 부합한다" (대법원 2003. 11. 11, 2003모402)고 하여 헌법규정으로부터 인정된다고 하였다.
⑤ (○) 헌법 제27조 제5항. [답 ④]

02. 헌법이 형사절차와 관련하여 명시적으로 규정하고 있는 것을 모두 고르면?

(가) 적법절차원칙	(나) 영장주의와 그 예외
(다) 기소독점주의	(라) 위법수집증거배제법칙
(마) 전문법칙	(바) 증거재판주의
(사) 불이익변경금지원칙	(아) 일사부재리원칙
(자) 자백보강법칙	

① (가), (나), (다), (아)
② (가), (나), (아), (자)
③ (가), (다), (바), (사)
④ (가), (나), (다), (아), (자)
⑤ (나), (다), (바), (사), (아)

해설

(가) (○) 헌법 제12조 제1항.
(나) (○) 헌법 제12조 제3항.
(다) (×) 제246조.

(라) (×) 제308조의2.
(마) (×) 제310조의2.
(바) (×) 제307조.
(사) (×) 제368조.
(아) (○) 헌법 제13조 제1항.
(자) (○) 헌법 제12조 제7항. [답 ②]

03. **헌법이 형사절차와 관련하여 명시적으로 규정하고 있는 권리를 모두 고르면?**

(가) 불이익진술거부권	(나) 변호인의 조력을 받을 권리
(다) 체포 · 구속적부심사청구권	
(라) 피구속자의 가족 등이 구속사유를 통지받을 권리	
(마) 무죄추정권	(바) 형사보상청구권
(사) 보석청구권	(아) 피고인의 공판기일출석권
(자) 구속전 피의자심문청구권	(차) 고소인의 재정신청권

① (가), (나), (다), (마), (바)
② (가), (나), (다), (라), (마), (바)
③ (가), (나), (라), (마), (바), (자)
④ (가), (나), (마), (아), (자), (차)
⑤ (가), (나), (다), (라), (마), (바), (사), (자)

해설

(가) (○) 헌법 제12조 제2항.
(나) (○) 헌법 제12조 제4항.
(다) (○) 헌법 제12조 제6항.
(라) (○) 헌법 제12조 제5항.
(마) (○) 헌법 제27조 제4항.
(바) (○) 헌법 제28조.
(사) (×) 제94조.
(아) (×) 제276조.
(자) (×) 제201조의2.
(차) (×) 제260조. [답 ②]

04. **다음 설명 중 옳은 것은?** (다툼이 있는 경우 판례에 의함)

① "대통령은 내란 또는 외환의 죄를 범한 경우를 제외하고는 재직 중 형사상의 소추를 받지 아니한다"는 헌법규정에 따라 대통령의 재직 중에는 공소시효의 진행이 당연히 정지되는 것으로 보아야 한다.
② 형사소송법 부칙 제2항은 형사소송법이 개정된 경우 혼합주의를 채

택하여 구법 당시 진행된 소송행위의 효력은 그대로 인정하되 신법 시행 후의 소송절차에 대하여는 신법을 적용한다는 취지에서 규정된 것으로서, 위 개정법률 시행 당시 법원 또는 검찰에 계속된 사건이 아닌 경우에 개정법률이 적용되지 않는다는 것이다.

③ 미국문화원 내에서 죄를 범한 대한민국 국민에 대하여 미국문화원 측이 동인들에 대한 처벌을 바라지 않았다면 우리나라의 재판권이 배제된다.

④ 국회의원의 면책특권에 해당하는 사항에 대하여 공소가 제기된 경우 법원은 무죄판결을 선고하여야 한다.

⑤ 재기수사의 명령이 있는 사건에 관하여 지방검찰청 검사가 다시 불기소처분을 하고자 하는 경우에는 미리 그 명령청의 장의 승인을 얻도록 한 검찰사건사무규칙의 규정은 법규적 효력을 가진 것이다.

해설

① (○) 헌법재판소 1995. 1. 20, 94헌마246.

② (×) 대법원 2003. 11. 27, 2003도4327. ⓐ 형사소송법(1995. 12. 29. 법률 제5054호로 개정된 것) 부칙(1995. 12. 29.) 제2항은 형사절차가 개시된 후 종결되기 전에 형사소송법이 개정된 경우 신법과 구법 중 어느 법을 적용할 것인지에 관한 입법례 중 이른바 혼합주의를 채택하여 구법 당시 진행된 소송행위의 효력은 그대로 인정하되 신법 시행 후의 소송절차에 대하여는 신법을 적용한다는 취지에서 규정된 것으로서, 위 개정법률 시행 당시 법원 또는 검찰에 계속된 사건이 아닌 경우에 위 개정법률이 적용되지 않는다는 것은 아니다. ⓑ 개정 형사소송법 시행 당시 공소시효가 완성되지 아니한 범죄에 대한 공소시효가 위 법률이 개정되면서 신설된 제253조 제3항에 의하여 피고인이 외국에 있는 기간 동안 정지되었다고 보아야 한다.

③ (×) 대법원 1986. 6. 24, 86도403. 국제협정이나 관행에 의하여 대한민국 내에 있는 미국문화원이 치외법권지역이고 그 곳을 미국영토의 연장으로 본다 하더라도 그 곳에서 죄를 범한 대한민국 국민에 대하여 우리 법원에 먼저 공소가 제기되고 미국이 자국의 재판권을 주장하지 않고 있는 이상 속인주의를 함께 채택하고 있는 우리나라의 재판권은 동인들에게도 당연히 미친다 할 것이며 미국문화원 측이 동인들에 대한 처벌을 바라지 않았다고 하여 그 재판권이 배제되는 것도 아니다.

④ (×) 대법원 1992. 9. 22, 91도3317. 국회의원의 면책특권에 속하는 행위에 대하여는 공소를 제기할 수 없으며 이에 반하여 공소가 제기된 것은 결국 공소권이 없음에도 공소가 제기된 것이 되어 제327조 제2호의 '공소제기의 절차가 법률의 규정에 위반하여 무효인 때'에 해당되므로 공소를 기각하여야 한다.

⑤ (×) 검찰사건사무규칙의 규정은 검찰청 내부의 사무처리지침에 불과한 것일 뿐 법규적 효력을 가진 것이 아니다(헌법재판소 1991. 7. 8, 91헌마42). 또한 "사법경찰관리집무규칙은 법무부령으로서 사법경찰관리에게 범죄수사에 관한

집무상의 준칙을 명시한 것뿐이므로 합법적으로 발부된 구속영장이 사법경찰관리에 의하여 집행된 경우, 위 집무규칙 제23조 제3항 소정의 검사의 날인 또는 집행지휘서가 없다 하여 곧 불법집행이 되는 것은 아니다"(대법원 1985. 7. 15, 84모22). [답 ①]

제 2 장 형사소송법의 이념과 구조

제 1 절 형사소송법의 지도이념

01. **형사소송의 목적과 이념에 관한 설명 중 판례의 입장과 다른 것을 모두 고르면?**

> (가) 경찰청장이 주민등록발급신청서에 날인되어 있는 지문정보를 보관·전산화하여 이를 범죄수사 목적에 이용하는 행위는 영장주의 내지 강제수사법정주의에 위배된다.
> (나) 대법원의 파기환송 판결에 의하여 사건을 환송받은 법원이 구속기간을 갱신하거나 구속영장을 발부·집행하여 신체의 자유를 제한하는 것이 무죄추정의 원칙에 위배되는 것이라고는 할 수 없다.
> (다) 구속사건에 대해서는 법원이 구속기간 내에 재판을 하면 되는 것이고 구속만기 25일을 앞두고 제1회 공판이 있었다 하여 헌법에 정한 신속한 재판을 받을 권리를 침해하였다 할 수 없다.
> (라) 검사가 법원의 증인으로 채택된 수감자를 그 증언에 이르기까지 거의 매일 검사실로 하루 종일 소환하여 피고인 측 변호인이 접근하는 것을 차단하고, 검찰에서의 진술을 번복하는 증언을 하지 않도록 회유·압박하는 한편, 때로는 검사실에서 그에게 편의를 제공한 행위는 피고인의 공정한 재판을 받을 권리를 침해하는 것이다.
> (마) 수사기관에서 구속된 피의자의 도주, 항거 등을 억제하는데 필요하다고 인정할 상당한 이유가 있는 경우에는 필요한 한도 내에서 포승이나 수갑을 사용할 수 있는 것이며, 이러한 조치가 무죄추정의 원칙에 위배되는 것이라고 할 수는 없다.

① (가)　② (가), (라)　③ (나), (마)
④ (다), (라)　⑤ (나), (라), (마)

해설

(가) (×) 헌법재판소 2005. 5. 26, 99헌마513. 주민등록법 시행령에 의해 수집되어 있는 지문정보를 보관, 전산화하여 범죄수사 목적에 이용하는 것만으로 신체의 자유를 침해하거나 영장주의 내지 강제수사법정주의에 위배된다고 볼 여지가 없고, 경찰청장의 보관 등 행위가 범죄현장에서 지문이 채취된 자 또는 지문정보가 보관되어 있는 모든 국민의 유죄추정을 전제로 하는 것이라고 할 수도 없다.

(나) (○) 대법원 2001. 11. 30, 2001도5225. 대법원의 파기환송 판결에 의하여 사건을 환송받은 법원은 제92조 제1항에 따라 2월의 구속기간이 만료되면 특히 계속할 필요가 있는 경우에는 2차(대법원이 규칙 제57조 제2항에 의하여 구속기간을 갱신한 경우에는 1차)에 한하여 결정으로 구속기간을 갱신할 수 있는 것이고, 한편 무죄추정을 받는 피고인이라고 하더라도 그에게 구속의 사유가 있어 구속영장이 발부, 집행된 이상 신체의 자유가 제한되는 것은 당연한 것이므로, 이러한 조치가 무죄추정의 원칙에 위배되는 것이라고 할 수는 없다.

(다) (○) 대법원 1990. 6. 12, 90도672.

(라) (○) 대법원 2002. 10. 8, 2001도3931.

(마) (○) 대법원 1996. 5. 14, 96도561. [답 ①]

02. 형사소송법의 이념과 관련된 서술 중 틀린 것은? (다툼이 있는 경우 판례에 의함)

① 신속한 재판을 받을 권리는 주로 피고인의 이익을 보호하기 위하여 인정된 기본권이지만 동시에 실체적 진실발견, 소송경제, 재판에 대한 국민의 신뢰와 형벌목적의 달성과 같은 공공의 이익에도 근거가 있기 때문에 어느 면에서는 이중적인 성격을 갖고 있다고 할 수 있다.

② 형사소송법상의 구속기간 제한규정이 신속한 재판의 실현 등을 목적으로 법원의 재판기간 내지 심리기간 자체를 제한하려는 규정이라 할 수 없다.

③ 구속 피고인이 고의로 재판을 지연하거나 부당한 소송행위를 하였다고 하더라도 이를 이유로 미결구금기간 중 일부를 형기에 산입하지 않는 것은 적법절차의 원칙 및 무죄추정의 원칙에 반한다.

④ 수사 및 재판단계에서 미결수용자에게 재소자용 의류를 입게 하는 것이 무죄추정의 원칙에 반하는 것이라고는 할 수 없다.

⑤ 통고처분을 행정심판이나 행정소송의 대상에서 제외하고 있는 관세법 제38조 제3항 제2호가 재판청구권을 침해하였거나 적법절차에 위배되어 위헌이라 할 수 없다.

해설

① (○) 헌법재판소 1995. 11. 30, 92헌마44.
② (○) 헌법재판소 2001. 6. 28, 99헌가14.
③ (○) 헌법재판소 2009. 6. 25, 2007헌바25(처벌되지 않는 소송상의 태도에 대하여 형벌적 요소를 도입하여 제재를 가하는 것).
④ (×) 헌법재판소 1999. 5. 27, 97헌마137. 수사 및 재판단계에서 유죄가 확정되지 아니한 미결수용자에게 재소자용 의류를 입게 하는 것은 미결수용자로 하여금 모욕감이나 수치심을 느끼게 하고, 심리적인 위축으로 방어권을 제대로 행사할 수 없게 하여 실체적 진실의 발견을 저해할 우려가 있으므로, 도주 방지 등 어떠한 이유를 내세우더라도 그 제한은 정당화될 수 없어 헌법 제37조 제2항의 기본권 제한에서의 비례원칙에 위반되는 것으로서, 무죄추정의 원칙에 반하고 인간으로서의 존엄과 가치에서 유래하는 인격권과 행복추구권, 공정한 재판을 받을 권리를 침해하는 것이다.
⑤ (○) 헌법재판소 1998. 5. 28, 96헌바4. 통고처분은 상대방의 임의의 승복을 그 발효요건으로 하기 때문에 그 자체만으로는 통고이행을 강제하거나 상대방에게 아무런 권리의무를 형성하지 않으므로 행정심판이나 행정소송의 대상으로서의 처분성을 부여할 수 없고, 통고처분에 대하여 이의가 있으면 통고내용을 이행하지 않음으로써 고발되어 형사재판절차에서 통고처분의 위법 · 부당함을 얼마든지 다툴 수 있기 때문에 관세법 제38조 제3항 제2호가 법관에 의한 재판받을 권리를 침해한다든가 적법절차의 원칙에 저촉된다고 볼 수 없다. [답 ④]

03. 실체적 진실주의를 구현하기 위한 제도적 장치와 직접 관련이 없는 것을 모두 고르면?

(가) 진술거부권 고지	(나) 전문법칙	(다) 상소
(라) 직권에 의한 증거조사	(마) 국선변호인 선정	(바) 재심

① (가) ② (가), (나) ③ (가), (마)
④ (나), (라), (바) ⑤ (다), (마), (바)

해설

(가), (마)는 피고인의 방어권 보장과 무기대등을 통해 적정절차를 실현하기 위한 제도이다. 이에 반하여 증거법칙((나))과 증거조사규정((라)) 및 오판의 방지 · 시정제도((다), (바))는 실체진실을 발견하기 위한 것이다. [답 ③]

04. 적정절차의 원칙과 관련하여 틀린 것은? (다툼이 있는 경우 판례에 의함)

① 헌법 제12조 제1항 후문이 규정하고 있는 적법절차란 법률이 정한 절차 및 그 실체적 내용이 모두 적정하여야 함을 말하는 것으로서, 적정하다고 함은 공정하고 합리적이며 상당성이 있어 정의관념에

합치되는 것을 뜻한다.

② 헌법과 형사소송법이 정한 절차에 따르지 아니하고 수집한 증거는 물론 이를 기초로 하여 획득한 2차적 증거 역시 기본적 인권보장을 위해 마련된 적법한 절차에 따르지 않은 것으로서 원칙적으로 유죄 인정의 증거로 삼을 수 없다.

③ 상소제기 후 상소취하 시까지의 미결구금을 형기에 산입하지 아니하는 것이 헌법상 무죄추정의 원칙 및 적법절차의 원칙, 평등원칙 등을 위배하여 합리성과 정당성 없이 신체의 자유를 지나치게 제한하는 것이라고는 할 수 없다.

④ 증인의 증언 전에 일방 당사자만이 증인과의 접촉을 독점하게 되면, 상대방은 증인이 어떠한 내용을 증언할 것인지를 알 수 없어 그에 대한 방어를 준비할 수 없게 되며 상대방이 가하는 예기치 못한 공격에 그대로 노출될 수밖에 없으므로, 헌법이 규정한 '적법절차의 원칙'에 반한다.

⑤ 범죄의 피의자로 입건된 사람들로 하여금 경찰공무원이나 검사의 신문을 받으면서 자신의 신원을 밝히지 않고 지문채취에 불응하는 경우 벌금, 과료, 구류의 형사처벌을 받도록 하고 있는 경범죄처벌법 제1조 제42호는 헌법상의 적법절차원칙에 위배되지 않는다.

해설

① (○) 대법원 1988. 11. 16, 88초60.

② (○) 대법원 2007. 11. 15, 2007도3061(전원합의체) ; 대법원 2011. 4. 28, 2009도2109.

③ (×) 헌법재판소 2009. 12. 29, 2008헌가13, 2009헌가5(병합). 상소제기 후 상소취하 시까지의 미결구금을 형기에 산입하지 아니하는 것은 헌법상 무죄추정의 원칙 및 적법절차의 원칙, 평등원칙 등을 위배하여 합리성과 정당성 없이 신체의 자유를 지나치게 제한하는 것이고, 따라서 '상소제기 후 미결구금일수의 산입'에 관하여 규정하고 있는 제482조 제1항 및 제482조 제2항이 상소제기 후 상소취하 시까지의 미결구금일수를 본형에 산입하도록 규정하지 아니한 것은 헌법에 위반된다. 위 법률조항들에 대해 위헌결정을 하여 당장 그 효력을 상실시킬 경우 법적 공백상태가 발생할 것이므로 이를 방지하기 위하여 헌법불합치결정을 선언하는바, 위 법률조항들은 입법자가 합헌적인 내용으로 법률을 개정할 때까지 계속 존속하게 하여 적용된다.

④ (○) 헌법재판소 2001. 8. 30, 99헌마496.

⑤ (○) 헌법재판소 2004. 9. 23, 2002헌가17 · 18(병합). [답 ③]

05. 신속한 재판의 원칙에 관한 설명 중 틀린 것을 모두 고르면? (다툼이 있는 경우 판례에 의함)

> (가) 검사와 피고인 쌍방이 항소한 경우에 제1심 선고형기 경과 후 제2심 공판이 개정되었다면 이는 위법으로서 신속한 재판을 받을 권리를 박탈한 것이다.
> (나) 원심까지 본건을 심리하느라고 그 구속기간을 여러 차례에 걸쳐서 갱신하였다 하여 반드시 피고인이 신속한 재판을 받을 헌법상의 권리를 침해당한 것이라고는 말할 수 없다.
> (다) 위헌제청신청을 하였는데도 법원이 재판부 구성원의 변경, 재판의 전제성과 관련한 본안심리의 필요성, 청구인에 대한 송달불능 등을 이유로 재판을 하지 않다가 5개월이 지나서야 그 신청을 기각했다면 청구인은 신속한 재판을 받을 권리를 침해당한 것이다.
> (라) 필요적 변호사건에 있어서 변호인의 재정의무위반이 피고인 자신의 귀책사유에 기인할 뿐만 아니라 피고인측의 방어권의 남용 내지 변호권의 포기로 보여지는 경우에는, 신속한 재판 및 사법권의 옹호라는 측면을 중시하여 형사소송법 제330조의 규정을 유추적용하여 예외적으로 변호인 없이 개정 · 심리할 수 있다.
> (마) 신속한 재판을 구현하는 심판기간은 구체적 사건의 개별적 특수성에 따라 달라질 수밖에 없는 것이므로, 종국결정을 하기까지의 심판기간의 일수를 획일적으로 한정하는 것이 신속한 재판을 받을 권리의 내용을 이룬다거나, 심판기간의 일수를 한정한 다음 이를 반드시 준수하도록 강제하는 것이 신속한 재판을 받을 권리의 실현을 위해 필수적인 제도라고 볼 수는 없다.
> (바) 검사가 보관하는 수사기록에 대한 변호인의 열람 · 등사는 실질적 당사자대등을 확보하고, 신속 · 공정한 재판을 실현하기 위하여 필요불가결한 것이며, 그에 대한 지나친 제한은 피고인의 신속 · 공정한 재판을 받을 권리를 침해하는 것이다.

① (가), (다) ② (나), (라) ③ (다), (바)
④ (나), (라), (바) ⑤ 없음

해설

(가) (×) 대법원 1972. 5. 23, 72도840. 위법이라 할 수 없고 신속한 재판을 받을 권리를 박탈한 것이라고 할 수 없다.

(나) (○) 대법원 1967. 1. 24, 66도1632.
(다) (×) 헌법재판소 1993. 11. 25, 92헌마169. 재판이 지연된 것이 재판부 구성원의 변경, 재판의 전제성과 관련한 본안심리의 필요성, 청구인에 대한 송달불능 등으로 인한 것이어서 법원이 재판을 특별히 지연시켰다고 볼 수 없다.
(라) (○) 대법원 1990. 6. 8, 90도646.
(마) (○) 헌법재판소 2009. 7. 30, 2007헌마732.
(바) (○) 헌법재판소 1997. 11. 27, 94헌마60. [답 ①]

제 2 절 형사소송의 기본구조

01. 탄핵주의 소송구조에 대한 설명 중 틀린 것으로만 묶인 것은?

(가) 재판기관과 소추기관을 분리하여 소추기관의 공소제기에 의하여 법원이 절차를 개시하는 주의를 말한다.
(나) 우리 형사소송법은 국가소추주의에 의한 탄핵주의 소송구조를 채택하고 있다.
(다) 소송에서의 주도적 지위를 법원에게 인정하는 직권주의 소송구조와 대립되는 개념이다.
(라) 피고인이 단순히 심리의 객체가 되어 충분한 방어를 할 수 없다는 문제점이 있다.

① (가), (나), (다) ② (가), (다), (라) ③ (나), (라)
④ (다), (라) ⑤ (라)

해설

(가) (○) 이재상 · 조균석, § 5/3.
(나) (○) 이재상 · 조균석, § 5/4.
(다) (×) 탄핵주의와 대립되는 원칙은 규문주의이다. 탄핵주의 소송구조는 소송의 주도적 지위를 누가 담당하느냐에 따라 당사자주의와 직권주의로 분류된다. 따라서 직권주의와 대립되는 개념은 당사자주의 소송구조이다.
(라) (×) 규문주의에서는 피고인이 조사와 심리의 객체에 지나지 않는다. [답 ④]

02. 현행 형사소송법의 직권주의적 요소를 설명한 것으로 보기 어려운 것은?

〈행시 2004〉

① 증인신문순서에 있어서 재판장은 필요하다고 인정할 때에는 언제든지 증인을 신문할 수 있다.

② 법원이 공소장변경을 요구하여도 검사가 이에 응하지 않으면 공소장변경의 효과는 발생하지 않는다.
③ 법원은 공판절차에서 피고인에 대하여 공소사실 등을 신문할 수 있다.
④ 법원은 당사자가 증거신청을 하지 않더라도 증거를 수집·조사할 수 있다.
⑤ 검사와 피고인이 증거로 할 수 있음을 동의한 서류 또는 물건이라도 법원이 진정한 것으로 인정한 때에만 증거로 할 수 있다.

해설

탄핵주의는 소송의 주도적 지위가 누구에게 있느냐에 따라 직권주의와 당사자주의로 나누어지는데, 전자는 소송의 주도적 지위를 법원이 갖는 것이고 후자는 당사자(검사와 피고인)가 갖는 것이다.
①, ③, ④, ⑤ 직권주의적 요소이다.
② 공소장변경요구나 공소장변경에 대한 법원의 허가는 직권주의적 요소이지만, 법원의 요구에 검사가 응하지 않으면 공소장변경의 효과가 나타나지 않으므로 이는 당사주의적 요소라고 할 수 있다. [답 ②]

03. 우리 형사소송법이 규정하고 있는 것 중 당사자주의의 표현에 해당하지 않는 것은?

① 자유심증주의 ② 증거조사참여권
③ 교호신문제도 ④ 피고인의 진술거부권
⑤ 공소장에 의한 심판범위의 확정

해설

① 소송구조와 직접적인 관련이 없다.
②, ③, ④, ⑤ 소송당사자에게 인정되는 권리로서 당사자에게 주도적 지위를 인정하는 당사자주의의 표현이다. [답 ①]

제 3 장 소송절차의 기본이론

제 1 절 소송절차의 기본구조

01. 소송절차의 실체면과 절차면에 관한 설명 중 틀린 것은?

① 실체면에는 실체적 진실주의가 타당하고, 절차면에는 인권옹호를 위한 적법절차의 이념이 타당하다.
② 실체면에는 직권주의가, 절차면에는 당사자주의가 보다 강조된다.
③ 실체면에는 서면주의가, 절차면에는 구두주의가 원칙이다.
④ 실체면에 관한 사유를 소송조건으로 하는 것을 실체적 소송조건이라고 한다.
⑤ 실체면에 관하여는 소송행위의 대리가 부인되나, 절차면에 관하여는 대리가 인정된다.

해설
소송의 실체면은 구체적 사건에서 실체법률관계, 즉 형벌권의 존부와 범위가 형성·확정되는 과정이며, 절차면은 실체면을 제외한 절차적 측면을 말한다. 실체면에는 신선한 심증형성을 위해 구두주의가 원칙이고, 절차면에는 형식적 확실성을 담보하여야 하므로 서면주의가 원칙이다. [답 ③]

02. 소송의 실체면이 절차면에 영향을 주는 경우를 바르게 열거한 것은?

(가) 사물관할의 표준	(나) 친고죄의 고소
(다) 필요적 변호의 요부	(라) 자백의 증거능력제한
(마) 전문법칙	(바) 위법수집증거 배제법칙

① (가), (나) ② (다), (라) ③ (가), (나), (다)
④ (나), (라), (마) ⑤ (라), (마), (바)

해설
(가), (나), (다)는 소송의 실체면(피고사건의 내용인 범죄나 법정형)이 절차면인 관할·고소 여부·변호인 출석에 영향을 주는 경우이고, (라), (마), (바)는 절차면이 실체

판단인 유·무죄 여부에 영향을 주는 경우이다. [답 ③]

제 2 절 소송절차이분론

01. 소송절차이분론에 관한 설명으로 틀린 것은?

① 영미의 형사소송에서 유래한 것으로 배심제를 기반으로 사실인정절차와 양형절차를 엄격히 구분하는 제도이다.
② 국민의 형사재판 참여에 관한 법률에 의해 시행되는 국민참여재판은 영미식 배심원제도를 도입함으로써 소송절차이분론을 적극적으로 수용, 실현하고 있다.
③ 양형의 합리화는 소송절차이분론의 중요한 근거라 할 수 있다.
④ 소송절차이분론은 책임은 행위자의 인격을 떠나서 판단할 수 없다는 비판을 받고 있다.
⑤ 소송절차이분론의 이론적 근거는 사실인정절차의 순화이다.

해설

② 국민의 형사재판 참여에 관한 법률에 의하여 배심원제도가 도입되었으나 배심원은 사실의 인정, 법령의 적용 및 형의 양정에 관한 의견을 제시할 권한이 있으므로(동법 제12조 제1항) 두 절차가 분리된 것은 아니다. [답 ②]

제 2 편

소송주체와 소송행위

제1장 소송의 주체
제2장 소송행위와 소송조건

제 1 장 소송의 주체

제 1 절 법 원

01. 다음 중 소송법상 의미의 법원에 해당하는 것은?

① 지방법원　② 재판장　③ 수명법관
④ 수탁판사　⑤ 단독판사

해설
법원은 국법상 의미의 법원과 소송법상 의미의 법원으로 나눌 수 있는데, 전자는 다시 사법행정상의 관청으로서의 법원과 사법행정상의 관서로서의 법원으로 구분된다. 소송법상 의미의 법원은 구체적인 사건에 대하여 재판권을 행사하는 재판기관으로서의 법원을 말하며, 합의부와 단독판사가 이에 해당한다. [답 ⑤]

02. 등록기준지가 서울이고 주소는 청주인 피고인 甲은 乙을 살해하려고 대전에서 독약이 든 우유를 乙에게 주어 乙이 그 곳에서 이를 마신 후 수원에서 사망하였다. 그 후 甲은 제주에서 체포되어 현재 그곳에 있는바, 甲의 살인사건에 관하여 다음 중 토지관할이 없는 곳을 모두 고르면?

(가) 서울지방법원	(나) 청주지방법원	(다) 대전지방법원
(라) 수원지방법원	(마) 제주지방법원	

① (가)　② (가), (마)　③ (가), (나), (마)
④ (나), (다), (라)　⑤ (다), (라), (마)

해설
토지관할은 범죄지, 피고인의 주소, 거소 또는 현재지로 한다(제4조 제1항). 범죄지는 범죄구성요건의 전부 또는 일부가 발생한 장소를 의미하므로 대전, 수원은 범죄지에 해당한다. [답 ①]

03. 법원의 관할에 대한 설명 중 옳은 것은? (다툼이 있는 경우 판례에 의함)

① 토지관할의 기준은 범죄지, 피해자의 주소, 거소 또는 현재지로 한다.

② 관련사건인 수인이 공동으로 범한 죄라 함은 공동정범, 교사범, 종범의 경우뿐만 아니라, 필요적 공범, 합동범, 공동과실범도 포함하지만, 상해의 동시범은 포함하지 아니한다.
③ 토지관할을 달리하는 수개의 관련사건이 각각 다른 법원에 계속된 때에는 먼저 공소를 받은 법원이 심리한다.
④ 사물관할을 달리하는 수개의 관련사건이 각각 법원합의부와 단독판사에 계속된 때에는 합의부는 결정으로 단독판사에 속한 사건을 병합하여 심리할 수 있으며, 법원합의부와 단독판사에 계속된 각 사건이 토지관할을 달리하는 경우에도 같다.
⑤ 사물관할을 달리하는 수개의 관련항소사건이 각각 고등법원과 지방법원본원합의부에 계속된 때에는 대법원은 검사 또는 피고인의 신청에 의하여 결정으로 1개 법원으로 하여금 심리하게 할 수 있다.

해설

① (×) 대법원 1984. 2. 28, 83도3333. 제4조 제1항은 토지관할을 범죄지, 피고인의 주소, 거소 또는 현재지로 하고 있으므로, 제1심 법원이 피고인의 현재지인 이상 그 범죄지나 주소지가 아니더라도 그 판결에 토지관할 위반의 위법은 없다.
② (×) 대법원 1978. 10. 10, 78도2225. 관련사건인 수인이 공동으로 범한 죄라 함은 임의적 공범은 물론 필요적 공범, 합동범, 공동과실범, 상해의 동시범 등을 뜻한다.
③ (×) 토지관할을 달리하는 수개의 관련사건이 각각 다른 법원에 계속된 때에는 공통되는 직근 상급법원은 검사 또는 피고인의 신청에 의하여 결정으로 1개 법원으로 하여금 심리하게 할 수 있다(제6조). 선착수의 원칙은 동일사건이 사물관할을 같이하는 수개의 법원에 계속된 때에 적용된다(제13조).
④ (○) 제10조, 규칙 제4조 제1항.
⑤ (×) 사물관할을 달리하는 수개의 관련항소사건이 각각 고등법원과 지방법원본원합의부에 계속된 때에는 고등법원은 결정으로 지방법원본원합의부에 계속한 사건을 병합하여 심리할 수 있다(규칙 제4조의2 제1항). [답 ④]

04. 법원의 관할에 관한 설명 중 틀린 것을 모두 고르면? (다툼이 있는 경우 판례에 의함)

(가) 사형·무기 또는 단기 1년 이상의 징역이나 금고에 해당하는 사건의 제1심 사물관할은 원칙적으로 합의부에 속한다.
(나) 법원은 피고인이 그 관할구역 내에 현재하지 아니하는 경우에 특별한 사정이 있으면 결정으로 사건을 피고인의 현재지를 관할하는 동급법원에 이송할 수 있다.

(다) 법원이 피고인에 대하여 관할권이 없는 경우에는 피고인의 현재지를 관할하는 동급법원에 이송하여야 한다.
(라) 항소심에서 공소장변경에 의하여 단독판사의 관할사건이 합의부 관할사건으로 된 경우에도 지방법원 항소부는 변경된 합의부 관할사건에 대하여 관할권이 있다.
(마) 지방법원본원합의부의 재판장은 그 부에서 심리 중인 항소사건과 관련된 사건이 고등법원에 계속된 사실을 알게 된 때에는 즉시 고등법원의 재판장에게 그 사실을 통지하여야 한다.

① (가), (다) ② (나), (마) ③ (다), (라)
④ (가), (다), (라) ⑤ (다), (라), (마)

해설

(가) (○) 법원조직법 제32조 제1항 제3호.
(나) (○) 제8조 제1항.
(다) (×) 대법원 1978. 10. 10, 78도2225. 제8조의 법의는 법원이 피고인에 대하여 관할권은 있으나 피고인이 그 관할구역 내에 현재하지 아니한 경우 심리의 편의와 피고인의 이익을 위하여 피고인의 현재지를 관할하는 동급법원에 이송할 수 있음을 규정한 것뿐이고 피고인에 대하여 관할권이 없는 경우에도 필요적으로 이송하여야 한다는 뜻은 아니다.
(라) (×) 대법원 1997. 12. 12, 97도2463. 항소심에서 공소장변경에 의해 단독판사의 관할사건이 합의부 관할사건으로 된 경우에도 법원은 사건을 관할권이 있는 법원에 이송하여야 하고, 항소심에서 변경된 위 합의부 관할사건에 대한 관할권이 있는 법원은 고등법원이다.
(마) (○) 규칙 제4조의2 제2항. [답 ③]

05. **관할에 관한 설명 중 틀린 것은?** (다툼이 있는 경우 판례에 의함)

① 형사소송법 제5조에 정한 관련사건의 관할은 이른바 고유관할사건 및 그 관련사건이 반드시 병합기소되거나 병합되어 심리될 것을 전제요건으로 하는 것은 아니다.
② 고유관할사건 계속 중 고유관할 법원에 관련사건이 계속되었더라도 그 후 양 사건이 병합되어 심리되지 아니한 채 고유사건에 대한 심리가 먼저 종결되었다면 관련사건에 대한 관할권은 소멸된다.
③ 사물관할은 같지만 토지관할을 달리하는 수개의 제1심 법원들에 관련사건이 계속된 경우에 그 소속 고등법원이 같은 경우에는 그 고등법원이, 그 소속 고등법원이 다른 경우에는 대법원이 위 제1심 법

원들의 공통되는 직근 상급법원으로서 형사소송법 제6조에 의한 토지관할 병합심리 신청사건의 관할법원이 된다.

④ 동일사건이 사물관할을 달리하는 수개의 법원에 계속된 때에는 합의부가 심판하며, 관할의 경합으로 심판을 하지 않게 된 법원은 결정으로 공소를 기각하여야 한다.

⑤ 법원은 공소가 제기된 사건에 대하여 군사법원이 재판권을 가졌음이 판명된 때에는 결정으로 사건을 재판권이 있는 같은 심급의 군사법원으로 이송한다.

해설

① (○) ② (×) 대법원 2008. 6. 12, 2006도8568. 제5조에 정한 관련사건의 관할은, 이른바 고유관할사건 및 그 관련사건이 반드시 병합기소되거나 병합하여 심리될 것을 전제요건으로 하는 것은 아니고, 고유관할사건 계속 중 고유관할 법원에 관련사건이 계속된 이상 그 후 양 사건이 병합되어 심리되지 아니한 채 고유사건에 대한 심리가 먼저 종결되었다 하더라도 관련사건에 대한 관할권은 여전히 유지된다.

③ (○) 대법원 2006. 12. 5, 2006초기335(전원합의체). ① 사물관할은 같지만 토지관할을 달리하는 수개의 제1심 법원(지원을 포함한다. 이하 같다)들에 관련사건이 계속된 경우에 있어서, 형사소송법 제6조에서 말하는 '공통되는 직근 상급법원'은 그 성질상 형사사건의 토지관할 구역을 정해 놓은 '각급 법원의 설치와 관할구역에 관한 법률' 제4조에 기한 [별표 3]의 관할구역 구분을 기준으로 정하여야 할 것인바, 형사사건의 제1심 법원은 각각 일정한 토지관할 구역을 나누어 가지는 대등한 관계에 있으므로 그 상급법원은 위 표에서 정한 제1심 법원들의 토지관할 구역을 포괄하여 관할하는 고등법원이 된다. 따라서 토지관할을 달리하는 수개의 제1심 법원들에 관련사건이 계속된 경우에 그 소속 고등법원이 같은 경우에는 그 고등법원이, 그 소속 고등법원이 다른 경우에는 대법원이 위 제1심 법원들의 공통되는 직근 상급법원으로서 위 조항에 의한 토지관할 병합심리 신청사건의 관할법원이 된다. ② 토지관할 병합심리 신청의 대상사건들은 서울중앙지방법원 2006고단3591 무고 피고사건과 수원지방법원 성남지원 2006고단1276 무고 피고사건인바, 위 사건들의 제1심 법원들은 모두 서울고등법원 소속이므로 이 사건 신청의 관할법원은 서울고등법원이고, 대법원은 관할권이 없다 할 것이다.

④ (○) 제328조 제1항 제3호, 제12조.

⑤ (○) 제16조의2. [답 ②]

06. 법원의 관할에 관한 설명 중 틀린 것은? 〈행시 2003 변형〉

① 제1심 법원이 피고인의 현재지인 이상 그 범죄지나 주소지가 아니더라도 그 판결에 토지관할위반의 위법이 없다.

② 재판의 집행에 관한 이의신청의 관할법원은 재판을 선고한 법원이며, 형선고의 판결에 대한 상소가 기각된 경우에는 형을 선고한 원심법원은 물론 상소를 기각한 법원도 재판을 선고한 법원에 해당된다.
③ 동일사건이 사물관할을 같이하는 수개의 법원에 계속된 때에는 먼저 공소를 받은 법원이 심판한다.
④ 국외에 있는 대한민국선박 내에서 범한 죄에 관하여는 선적지 또는 범죄 후의 선착지도 토지관할에 해당한다.
⑤ 토지관할의 병합심리 신청은 그 사유를 기재한 신청서를 공통되는 직권 상급법원에 제출하여야 한다.

해설

① (○) 대법원 1984. 2. 28, 83도3333.
② (×) 대법원 1996. 3. 28, 96초76, 95도2958. 제489조의 규정에 의한 재판의 집행에 관한 이의신청의 관할법원은 재판을 선고한 법원이며, 여기서 재판을 선고한 법원이라 함은 피고인에게 형을 선고한 법원을 가리키는 것이고 이 형을 선고한 판결에 대한 상소를 기각한 법원을 가리키는 것이 아니다.
③ (○) 제13조.
④ (○) 제4조 제2항.
⑤ (○) 규칙 제2조 제1항. [답 ②]

07. 관할에 관한 설명으로 틀린 것은? (다툼이 있는 경우 판례에 의함)

① 동일사건이 사물관할을 같이하는 수개의 법원에 계속된 때에는 먼저 공소를 받은 법원이 심판한다. 단, 각 법원에 공통되는 직근 상급법원은 검사 또는 피고인이 신청에 의하여 결정으로 뒤에 공소를 받은 법원으로 하여금 심판하게 할 수 있다.
② 법원은 그 계속 중인 사건에 관하여 관할지정신청이 제기된 경우에는 급속을 요하는 경우가 아닌 한 그 신청에 대한 결정이 있기까지 소송절차를 정지하여야 한다.
③ 법원의 관할이 명확하지 아니한 경우 검사나 피고인은 관계있는 제1심 법원에 공통되는 직근 상급법원에 관할지정을 신청할 수 있다.
④ 관할법원이 법률상의 이유 또는 특별한 사정으로 재판권을 행할 수 없는 경우 피고인은 직근 상급법원에 관할이전을 신청할 수 있다.
⑤ 합의부가 사물관할의 병합심리결정을 한 때에는 단독판사는 그 결정등본을 송부받은 날로부터 5일 이내에 소송기록과 증거물을 합의부에 송부하여야 한다.

✍ **해설**

① (○) 제13조.
② (○) 규칙 제7조.
③ (×) 관할지정은 검사만이 신청할 수 있다(제14조).
④ (○) 제15조.
⑤ (○) 제10조, 규칙 제4조 제3항. [답 ③]

08. **법원의 관할과 관련한 설명 중 옳은 것을 모두 고르면?** (다툼이 있는 경우 판례에 의함)

> ㈎ 법원은 직권으로 관할을 조사하여야 하지만, 소송행위는 관할위반인 경우에도 그 효력에 영향이 없다.
> ㈏ 토지관할을 달리하는 수개의 관련사건이 동일법원에 계속된 경우에 병합심리의 필요가 없는 때에는 법원은 결정으로 이를 분리하여 관할권 있는 다른 법원에 이송하여야 한다.
> ㈐ 지방법원본원합의부에서 재판하여야 할 항소사건에 대하여 고등법원이 관할권이 없음을 간과하고 그 실체에 들어가 재판한 경우, 이는 소송절차의 법령을 위반한 잘못을 저지른 것이다.
> ㈑ 항소심에서 공소장변경에 의해 단독판사의 관할사건이 합의부 관할사건으로 된 경우에도 법원은 사건을 관할권이 있는 법원에 이송해야 하고, 항소심에서 변경된 위 합의부 관할사건에 대한 관할권이 있는 법원은 고등법원이라고 봄이 상당하다.
> ㈒ 보석보증금 몰취사건은 당해 형사본안 사건의 기록이 존재하는 법원 또는 그 기록을 보관하는 검찰청에 대응하는 법원의 토지관할에 속하고, 그 법원이 지방법원인 경우에 있어서 사물관할은 소송절차 계속 중에 보석허가결정 또는 그 취소결정 등을 한 본안 관할법원인 제1심 합의부 또는 항소심인 합의부이다.

① ㈎, ㈑ ② ㈎, ㈐, ㈑ ③ ㈏, ㈐, ㈒
④ ㈏, ㈐, ㈑, ㈒ ⑤ ㈎, ㈏, ㈐, ㈑, ㈒

✍ **해설**

㈎ (○) 제1조, 제2조.
㈏ (×) 이송할 수 있다(제7조).
㈐ (○) 대법원 1997. 4. 8, 96도2789. 관할제도의 입법 취지(관할획일의 원칙)와 그 위법의 중대성 등에 비추어 판결에 영향을 미쳤음이 명백하다는 이유로, 직권으로 원심판결을 파기하고 제394조에 의하여 사건을 관할권이 있는 지방법

원본원합의부에 이송하였다.
㈑ (○) 대법원 1997. 12. 12, 97도2463.
㈒ (×) 대법원 2002. 5. 17, 2001모53. 제103조는 "보석된 자가 형의 선고를 받고 그 판결이 확정된 후 집행하기 위한 소환을 받고 정당한 이유 없이 출석하지 아니하거나 도망한 때에는 직권 또는 검사의 청구에 의하여 결정으로 보증금의 전부 또는 일부를 몰수하여야 한다"고 규정하고 있는바, 이 규정에 의한 보증금몰수사건은 그 성질상 당해 형사본안 사건의 기록이 존재하는 법원 또는 그 기록을 보관하는 검찰청에 대응하는 법원의 토지관할에 속하고, 그 법원이 지방법원인 경우에 있어서 사물관할은 법원조직법 제7조 제4항의 규정에 따라 지방법원 단독판사에게 속하는 것이지 소송절차 계속 중에 보석허가결정 또는 그 취소결정 등을 본안 관할법원인 제1심 합의부 또는 항소심인 합의부에서 한 바 있었다고 하여 그러한 법원이 사물관할을 갖게 되는 것은 아니다. [답 ②]

09. 서울에 주소를 둔 甲이 범한 2개의 범죄가 서울중앙지방법원 단독판사와 수원지방법원 성남지원 단독판사에게 계속 중인 경우 甲이 토지관할 병합심리신청을 하여야 할 곳은? (다툼이 있는 경우 판례에 의함)

① 서울중앙지방검찰청 ② 서울중앙지방법원
③ 수원지방법원 성남지원 ④ 서울고등법원
⑤ 대법원

해설

토지관할을 달리하는 수개의 관련사건이 각각 다른 법원에 계속된 때에 검사 또는 피고인의 신청을 받아 병합심리하게 할 법원을 결정하는 "공통되는 직근 상급법원"(제6조)의 의미에 대해, 종전 판례(대법원 1991. 2. 12, 90초112)는 소송법상 의미의 법원(심급관할에 따른 상급법원)이라고 하였지만, 그 후 견해를 변경하여 국법상 의미의 법원이라고 하였다(대법원 2006. 12. 5, 2006초기335 전원합의체). 위 사건들의 제1심 법원들은 모두 서울고등법원 소속이므로 이 사건 신청의 관할법원은 서울고등법원이고, 대법원은 관할권이 없다. [답 ④]

10. 법원의 관할에 관한 설명 중 옳은 것(○)과 옳지 않은 것(×)을 올바르게 조합한 것은? (다툼이 있는 경우에는 판례에 의함) 〈변호사 2014〉

ㄱ. 피고인 甲의 A사건은 지방법원 본원 항소부에, 甲의 B사건은 고등법원에 각각 계속되어 있는 경우 甲은 대법원의 결정에 의하여 고등법원에서 병합심리를 받을 수 있다.
ㄴ. 피고인이 국민참여재판을 원하는 의사를 표시한 경우 지방법원 지원 합의부가 배제결정을 하지 아니하는 경우에는 지방법원 지원 합의부는 국민참여재판절차 회부결정을 하여 사건을 지방법원 본

원 합의부로 이송하여야 한다.
ㄷ. 법원은 소년에 대한 피고사건을 심리한 결과 보호처분에 해당할 사유가 있다고 인정하면 결정으로써 사건을 관할 소년부에 송치하여야 한다.
ㄹ. 단독판사의 관할사건이 공소장변경에 의하여 합의부 관할사건으로 변경된 경우에는 단독판사는 관할위반의 판결을 선고하고 사건을 관할권이 있는 합의부에 이송해야 한다.
ㅁ. 관할이전의 사유가 존재하는 경우 검사는 직근상급법원에 관할의 이전을 신청할 의무가 있지만, 피고인은 관할의 이전을 신청할 권리만 있다.

① ㄱ(×), ㄴ(○), ㄷ(○), ㄹ(×), ㅁ(○)
② ㄱ(×), ㄴ(×), ㄷ(○), ㄹ(×), ㅁ(○)
③ ㄱ(○), ㄴ(×), ㄷ(×), ㄹ(×), ㅁ(○)
④ ㄱ(×), ㄴ(○), ㄷ(×), ㄹ(○), ㅁ(×)
⑤ ㄱ(○), ㄴ(×), ㄷ(×), ㄹ(○), ㅁ(○)

해설

ㄱ(×) 형사소송규칙 제4조의2 제1항: 사물관할을 달리하는 수개의 관련 항소사건이 각각 고등법원과 지방법원본원합의부에 계속된 때에는 고등법원은 결정으로 지방법원본원합의부에 계속한 사건을 병합하여 심리할 수 있다. 수개의 관련 항소사건이 토지관할을 달리하는 경우에도 같다.
ㄴ(○) 국민의 형사재판참여에 관한 법률 제10조 제1항. 따라서 지방법원 지원 합의부가 심판권을 가지는 사건 중 지방법원 지원 합의부가 제1항의 회부결정을 한 사건에 대하여는 지방법원 본원 합의부가 관할권을 가진다(동조 제2항).
ㄷ(○) 소년법 제50조.
ㄹ(×) 형사소송법 제8조 제2항: 단독판사의 관할사건이 공소장변경에 의하여 합의부 관할사건으로 변경된 경우에 법원은 결정으로 관할권이 있는 법원에 이송한다. 즉 관할위반의 판결을 선고할 필요 없이 이송결정을 하는 것이다.
ㅁ(○) 형사소송법 제15조 참조. [답 ①]

11. **다음 중 법관의 제척사유에 해당하는 것을 모두 고르면?** (다툼이 있는 경우 판례에 의함)

㈎ 법관이 공소제기 전에 검사의 증거보전청구에 의하여 증인신문을 한 경우

(나) 법관이 사실심리나 증거조사를 하지 않고 공판기일을 연기하는 재판에만 관여한 경우
(다) 약식명령에 관여한 법관이 정식재판의 제1심 판결에 관여한 경우
(라) 상고심 판결을 담당하였던 법관이 판결정정 신청을 처리하는 경우
(마) 재심대상판결의 제1심에 관여한 법관이 재심청구사건을 처리하는 경우

① (가), (나), (다) ② (가), (다), (라) ③ (가), (마)
④ (다), (마) ⑤ 없음

해설

(가) (해당 안 됨) 대법원 1971. 7. 6, 71도974(전심재판 또는 그 기초되는 조사·심리에 관여한 때에 해당하지 아니한다).
(나) (해당 안 됨) 대법원 1954. 8. 12, 4286형상141.
(다) (해당 안 됨) 대법원 2002. 4. 12, 2002도944. 약식절차와 제1심 공판절차는 동일한 심급 내에서 서로 절차만 달리할 뿐이므로 약식명령이 제1심 공판절차의 전심재판에 해당하는 것은 아니고, 따라서 약식명령을 발부한 법관이 정식재판절차의 제1심 판결에 관여하였다고 하여 제척의 원인이 된다고 볼 수는 없다.
(라) (해당 안 됨) 대법원 1967. 1. 18, 66초67.
(마) (해당 안 됨) 대법원 1982. 11. 15, 82모11. [답 ⑤]

12. 제척의 원인에 관한 설명 중 틀린 것은? (다툼이 있는 경우 판례에 의함)

〈행시 2003〉

① 즉결심판을 한 법관이 그 정식재판절차의 제1심 판결에 관여하더라도 제척원인이 되지 않는다.
② 선거관리위원장으로서 공직선거 및 선거부정방지법 위반혐의사실에 대하여 수사기관에 수사를 의뢰한 법관이 당해 형사피고사건의 재판에 관여하더라도 제척원인이 되지 않는다.
③ 제1심 판결에서 유죄의 증거로 사용된 증거를 조사한 판사가 항소심 재판에 관여하는 경우에는 제척원인이 된다.
④ 약식명령을 발부한 법관이 그 정식재판 절차의 항소심 공판에 관여하였다면 그 후에 경질되어 판결에는 관여하지 않았다 하더라고 제척원인이 된다.
⑤ 형사소송법 제17조 제1호 '법관이 피해자인 때'의 제척원인에서 법관에게 피해를 입힌 범죄는 개인적 법익에 대한 죄에 한정되지 않는다.

✍ **해설**

① (○) 즉결심판은 제1심이므로 정식재판절차의 제1심과 동일한 심급이어서 전심재판 또는 그 기초되는 조사 · 심리에 관여한 것이 아니고, 따라서 제척사유가 되지 아니한다.
② (○) 대법원 1999. 4. 13, 99도155.
③ (○) 대법원 1999. 10. 22, 99도3534.
④ (×) 대법원 1985. 4. 23, 85도281. 약식명령을 발부한 법관이 그 정식재판 절차의 항소심판결에 관여함은 제17조 제7호, 제18조 제1항 제1호 소정의 법관이 사건에 관하여 전심재판 또는 그 기초되는 조사심리에 관여한 때에 해당하여 제척, 기피의 원인이 되나, 제척 또는 기피되는 재판은 불복이 신청된 당해 사건의 판결절차를 말하는 것이므로 약식명령을 발부한 법관이 그 정식재판 절차의 항소심 공판에 관여한 바 있어도 후에 경질되어 그 판결에는 관여하지 아니한 경우는 전심재판에 관여한 법관이 불복이 신청된 당해 사건의 재판에 관여하였다고 할 수 없다.
⑤ (○) 피해자에는 보호법익의 주체뿐만 아니라 행위객체도 포함된다. [답 ④]

13. **형사소송에서의 법관의 제척 · 기피 · 회피에 대한 설명으로 옳지 않은 것은?**
(다툼이 있는 경우 판례에 의함) 〈법무부 모의시험 2011 변형〉

① 수사단계에서 피고인에 대하여 구속영장을 발부한 법관이 그 사건에 대한 제1심 재판에 관여한 경우 제척사유에 해당하지 않는다.
② 법관이 스스로 기피의 원인이 있다고 판단한 때에는 회피하여야 하며, 당해 법관이 회피하지 아니하고 재판에 관여하였다면 상소이유가 된다.
③ 소송지연을 목적으로 함이 명백한 기피신청인지의 여부는 기피신청인이 제출한 소명방법만에 의하여 판단할 것은 아니고, 당해 법원에 현저한 사실이거나 당해 사건기록에 나타나 있는 제반 사정들을 종합하여 판단할 수 있다.
④ 약식명령을 발령한 법관이 그 정식재판절차의 제1심 판결에 관여한 경우에는 제척사유에 해당하지 않지만, 그 정식재판절차의 항소심 판결에 관여한 경우에는 제척사유에 해당한다.
⑤ 상급심의 환송판결 전의 원심재판에 관여한 법관이 환송 후의 원심재판에 관여한 경우에는 제척사유에 해당하지 않는다.

✍ **해설**

① (○) 대법원 1969. 7. 22, 68도817 ; 대법원 1989. 9. 12, 89도612.
② (×) 법관이 제척사유에 해당되는 때 또는 불공평한 재판을 할 염려가 있는 때에는 회피하여야 하고(제24조 제1항), 기피신청에 대하여 이유 있다는 결정이

있는 때에는 그 법관은 당해 사건의 집무집행으로부터 배제된다. 그러나 기피신청이 없었던 이상 법관이 불공정한 판단을 할 사유가 존재하지 아니한다고 판단하여 회피하지 아니하고 재판에 관여한 것이 위법은 아니다.
③ (○) 대법원 2001. 3. 21, 2001모2.
④ (○) 대법원 2002. 2. 26, 2001도4936 ; 대법원 2002. 4. 12, 2002도944.
⑤ (○) 대법원 1979. 2. 27, 78도3204. 전심재판이란 상소에 의해 불복신청이 된 당해 사건의 전심재판을 말하므로, 항소심에 대해서는 제1심, 상고심에 대해서는 항소심과 제1심이 이에 해당한다. 따라서 환송판결 전의 원심재판은 환송 후의 재판에 대하여 전심재판이 아니다. [답 ②]

14. 기피사유에 해당하는 것을 모두 고르면? (다툼이 있는 경우 판례에 의함)

㈎ 재판장이 재판진행 중 소송당사자에 대하여 상기된 어조로 "이 사람아"라고 칭하였고 이로 인하여 위 당사자가 모욕감을 느낀 경우 ㈏ 재판장이 변호인이 신청한 증인에 대한 증인신문사항의 제출을 명하고, 재판부가 그 신문사항의 미제출을 이유로 증인채택결정을 취소한 경우 ㈐ 재판부가 이미 한 증거결정을 취소하거나 피고인의 증인에 대한 신문을 제지한 사실이 있는 경우 ㈑ 검사의 공소장변경허가신청에 대하여 불허가 결정을 한 경우

① 없음　② ㈎　③ ㈎, ㈐
④ ㈏, ㈑　⑤ ㈎, ㈐, ㈑

해설

㈎ (×) 대법원 1987. 10. 21, 87두10. 재판장이 재판진행 중 소송당사자에 대하여 상기된 어조로 "이 사람아"라고 칭하였고 이로 인하여 위 당사자가 모욕감을 느꼈다고 하더라도 이것만으로는 재판의 공정을 기대하기 어려운 객관적인 사정이 있는 때에 해당한다고 할 수 없다.
㈏ (×) 대법원 1994. 11. 3, 94모73. 형사피고사건의 담당재판부의 재판장이 변호인에 대하여 그 신청의 증인에 대한 증인신문사항의 제출을 명한 것은 제279조, 규칙 제66조에 따른 적법한 소송지휘권의 행사이고, 재판부가 그 신문사항의 미제출을 이유로 증인채택결정을 취소한 것도 규칙 제67조에 의한 적법한 조치이므로 이를 위법 또는 부당하다고 할 수 없고, 달리 재판부가 증거취소결정을 한 것이 실체적 진실발견을 추구할 의사가 없음에 기인하는 것이라고 볼 자료가 없는 이상 법관기피신청을 기각한 결정은 정당하다.
㈐ (×) 대법원 1995. 4. 3, 95모10. 재판부가 당사자의 증거신청을 채택하지 아니하거나 이미 한 증거결정을 취소하였다 하더라도 그러한 사유만으로는 재판의 공평을 기대하기 어려운 객관적인 사정이 있다고 할 수 없고, 또 제299조

규정상 재판장이 피고인의 증인신문권의 본질적인 부분을 침해하였다고 볼 만한 아무런 소명자료가 없다면, 재판장이 피고인의 증인에 대한 신문을 제지한 사실이 있다는 것만으로는 법관과 사건과의 관계상 불공평한 재판을 할 것이라는 의혹을 갖는 것이 합리적이라고 인정할 만한 객관적인 사정이 있는 경우에 해당한다고 볼 수 없다.
㈑ (×) 대법원 2001. 3. 21, 2001모2. 검사의 피고인에 관한 공소장변경허가신청에 대하여 불허가 결정을 한 사유만으로 재판의 공평을 기대하기 어려운 객관적인 사정이 있다고 보기 어렵다. [답 ①]

15. 기피원인 중 '불공평한 재판을 할 염려가 있는 때'에 관한 판례의 태도와 부합하지 않는 것은?

① 통상인의 판단으로서 법관과 사건과의 관계상 불공평한 재판을 할 것이라는 의혹을 갖는 것이 합리적이라고 인정할 만한 객관적인 사정이 있는 때를 말한다.
② 재판장이 심리 중 유죄를 예단하는 취지의 말을 한 경우는 이에 해당한다.
③ 법정기간 내에 재정신청사건의 결정을 하지 않은 경우는 이에 해당한다.
④ 공판기일에 어김없이 출석하라고 촉구한 경우는 이에 해당하지 않는다.
⑤ 당사자의 증거신청을 채택하지 않은 경우는 이에 해당하지 않는다.

해설

① (○) 대법원 1996. 2. 9, 95모93.
② (○) 대법원 1974. 10. 16, 74모68.
③ (×) 대법원 1990. 11. 2, 90모44. 재판부가 당사자의 증거신청을 채택하지 아니하였다거나 제262조에 정한 기간 내에 재정신청사건의 결정을 하지 아니하였다는 사유만으로는 재판의 공평을 기대하기 어려운 객관적인 사정이 있다 할 수 없다.
④ (○) 대법원 1969. 1. 6, 68모57.
⑤ (○) 대법원 1991. 12. 7, 91모79. [답 ③]

16. 법관의 기피에 관한 설명으로 틀린 것은? (다툼이 있는 경우 판례에 의함)

① 법관에게 불공평한 재판을 할 염려가 있다고 하여 기피신청이 있는 경우에 형사소송법 제22조에 의하여 정지될 소송진행은 그 피고사건의 실체적 재판에의 도달을 목적으로 하는 본안의 소송절차를 말

한다.

② 법관에 대한 기피신청이 있는 경우에 정지하여야 할 소송절차에 구속기간의 갱신절차는 포함되지 아니한다.

③ 이미 종국판결이 선고되어 버리면 그 담당재판부를 사건심리에서 배제하고자 하는 기피신청은 그 목적의 소멸로 재판을 할 이익이 상실되어 부적법하게 된다.

④ 구속기간의 만료가 임박하였다는 사정도 소송진행 정지의 예외사유인 급속을 요하는 경우에 해당한다.

⑤ 기피사유의 소명이라고 함은 기피신청인의 주장이 진실이라고 추정할 수 있는 자료를 말하며 기피신청서에 기재된 기피이유만으로도 소명자료가 될 수 있다.

해설

① (○) 대법원 1987. 5. 28, 87모10.
② (○) 대법원 1987. 2. 3, 86모57. 법관에 대한 기피신청이 있는 경우에 정지하여야 할 소송절차란 실체재판에의 도달을 직접의 목적으로 하는 본안의 소송절차를 말하며 구속기간의 갱신절차는 이에 포함되지 아니하는 것이다.
③ (○) 대법원 1995. 1. 9, 94모77.
④ (○) 대법원 1994. 3. 8, 94도142(법관에 대한 기피신청 때문에 소송의 진행이 정지되더라도 구속기간의 진행은 정지되지 아니하는 것이므로).
⑤ (×) 대법원 1987. 5. 28, 87모10. 제19조 제2항 소정의 소명이라고 함은 기피신청인의 주장이 진실이라고 추정할 수 있는 자료를 말하며 기피신청서에 기재된 기피이유만으로는 소명자료가 될 수 없다. [답 ⑤]

17. 제척 · 기피에 대한 설명 중 옳은 것을 모두 고르면? (다툼이 있는 경우 판례에 의함)

(가) 변호인은 피고인의 명시한 의사에 반하는 때에도 법관에 대한 기피를 신청할 수 있다.

(나) 소송지연만을 목적으로 한 기피신청은 그 신청 자체가 부적법한 것이므로 그러한 신청에 대하여는 기피당한 법관에 의하여 구성된 재판부가 스스로 각하할 수 있다.

(다) 고발인 갑의 피고인에 대한 고발사실 중 검사가 불기소한 부분에 관한 재정신청사건에 관여하여 이를 기각한 법관이, 갑의 위 고발사실 중 공소가 제기된 사건의 항소심에 관여한 것은 제척사유에 해당하지 아니한다.

㈑ 통역인이 피해자의 사실혼 배우자라고 하여도 통역인에게 형사소송법 제25조 제1항, 제17조 제2호에서 정한 제척사유가 있다고 할 수 없다.

① ㈎, ㈏ ② ㈏, ㈐ ③ ㈎, ㈏, ㈐
④ ㈏, ㈐, ㈑ ⑤ ㈎, ㈏, ㈐, ㈑

해설

㈎ (×) 변호인은 피고인의 명시한 의사에 반하지 아니하는 때에 한하여 법관에 대한 기피를 신청할 수 있다(제18조 제2항).
㈏ (○) 대법원 1991. 12. 7, 91모79.
㈐ (○) 대법원 2014.1.16, 2013도10316. 형사소송법 제17조 제7호에 정한 '법관이 사건에 관하여 전심재판 또는 그 기초되는 조사, 심리에 관여한 때'에 해당하지 않는다.
㈑ (○) 대법원 2011. 4. 14, 2010도13583. ① 형사소송법 제17조 제4호는 '법관이 사건에 관하여 증인, 감정인, 피해자의 대리인으로 된 때에는 직무집행에서 제척된다'고 규정하고 있고, 위 규정은 같은 법 제25조 제1항에 의하여 통역인에게 준용되므로, 통역인이 사건에 관하여 증인으로 증언한 때에는 직무집행에서 제척되고, 제척사유가 있는 통역인이 통역한 증인의 증인신문조서는 유죄인정의 증거로 사용할 수 없다. ② 형사소송법 제17조 제2호는 '법관이 피고인 또는 피해자의 친족 또는 친족관계가 있었던 자인 때에는 직무집행에서 제척된다'고 규정하고 있고, 위 규정은 형사소송법 제25조 제1항에 의하여 통역인에게 준용되나, 사실혼관계에 있는 사람은 민법에서 정한 친족이라고 할 수 없어 형사소송법 제17조 제2호에서 말하는 친족에 해당하지 않으므로, 통역인이 피해자의 사실혼 배우자라고 하여도 통역인에게 형사소송법 제25조 제1항, 제17조 제2호에서 정한 제척사유가 있다고 할 수 없다. [답 ④]

18. 법관의 기피에 관한 설명으로 틀린 것은? (다툼이 있는 경우 판례에 의함)

① 합의부의 법관에 대한 기피는 그 법관의 소속법원에, 단독판사에 대한 기피는 당해 법관에게 기피의 원인되는 사실을 구체적으로 명시하여 신청하여야 하며, 기피사유는 신청한 날로부터 3일 이내에 서면으로 소명하여야 한다.
② 기피신청에 대한 재판은 기피당한 법관의 소속법원 합의부에서 결정으로 하여야 하고, 기피당한 판사의 소속법원이 합의부를 구성하지 못하는 때에는 직근 상급법원이 결정하여야 한다.
③ 법관에 대한 기피신청이 있는 경우 형사소송법 제22조에 따라 정지되는 소송진행에 판결의 선고는 포함되지 아니한다.

④ 소송의 지연을 목적으로 하는 것이 명백한 기피신청을 기각한 결정에 대하여도 즉시항고를 할 수 있으며, 이에 따라 재판집행정지의 효력이 발생한다.

⑤ 기피신청을 받은 법관이 형사소송법 제22조에 위반하여 본안의 소송절차를 정지하지 않은 채 그대로 소송을 진행하여서 한 소송행위는 그 효력이 없고, 이는 그 후 그 기피신청에 대한 기각결정이 확정되었다고 하더라도 마찬가지이다.

해설

① (○) 제19조, 규칙 제9조 제1항.

② (○) 제21조.

③ (○) 대법원 2002. 11. 13, 2002도4893.

④ (×) 기피신청을 기각한 결정에 대하여는 즉시항고를 할 수 있고(제23조 제1항), 즉시항고의 제기기간 내(3일 : 제405조)와 그 제기가 있는 때에는 재판의 집행은 정지된다(제410조). 그러나 기피신청이 소송지연을 목적으로 함이 명백하거나 신청관할위배, 3일 이내 서면에 의한 기피사유 불소명인 때에 신청을 받은 법원 또는 법관이 행한 기각결정에 대한 즉시항고는 재판의 집행을 정지하는 효력이 없다(제23조 제2항).

⑤ (○) 대법원 2012.10.11, 2012도8544. [답 ④]

제 2 절 검 사

01. 검사에 대한 설명으로 옳지 않은 것은? (다툼이 있는 경우 판례에 의함) 〈행시 2004〉

① 검사는 검찰사무에 관하여 소속 상급자의 지휘 · 감독에 따른다.

② 검사의 직급은 검찰총장과 검사로 구분한다.

③ 즉결심판사건을 제외하고는 고소 · 고발사건이 아니라도 검사만이 수사를 종결할 권한을 가진다.

④ 검사는 피고인에게 유리한 증거를 수집한 경우 이를 제출할 의무가 있다.

⑤ 검사의 출석은 공판개정의 요건이므로 검사가 출석하지 않으면 반드시 공판절차를 연기해야 한다.

해설

① (○) 검찰청법 제7조 제1항.

② (○) 검찰청법 제6조.

③ (○) 제238조, 제246조, 제247조.
④ (○) 대법원 2002. 2. 22, 2001다23447. ① 검찰청법 제4조 제1항은 검사는 공익의 대표자로서 범죄수사 · 공소제기와 그 유지에 관한 사항 및 법원에 대한 법령의 정당한 적용의 청구 등의 직무와 권한을 가진다고 규정하고, 같은 조 제2항은 검사는 그 직무를 수행함에 있어 그 부여된 권한을 남용하여서는 아니 된다고 규정하고 있을 뿐 아니라, 형사소송법 제424조는 검사는 피고인을 위하여 재심을 청구할 수 있다고 규정하고 있고, 검사는 피고인의 이익을 위하여 항소할 수 있다고 해석되므로 검사는 공익의 대표자로서 실체적 진실에 입각한 국가 형벌권의 실현을 위하여 공소제기와 유지를 할 의무뿐만 아니라 그 과정에서 피고인의 정당한 이익을 옹호하여야 할 의무를 진다고 할 것이고, 따라서 검사가 수사 및 공판과정에서 피고인에게 유리한 증거를 발견하게 되었다면 피고인의 이익을 위하여 이를 법원에 제출하여야 한다. ② 강도강간의 피해자가 제출한 팬티에 대한 국립과학수사연구소의 유전자검사결과 그 팬티에서 범인으로 지목되어 기소된 원고나 피해자의 남편과 다른 남자의 유전자형이 검출되었다는 감정결과를 검사가 공판과정에서 입수한 경우 그 감정서는 원고의 무죄를 입증할 수 있는 결정적인 증거에 해당하는데도 검사가 그 감정서를 법원에 제출하지 아니하고 은폐하였다면 검사의 그와 같은 행위는 위법하다.
⑤ (×) 검사가 공판기일의 통지를 2회 이상 받고 출석하지 아니하거나 판결만을 선고하는 때에는 검사의 출석 없이 개정할 수 있다(제278조). [답 ⑤]

02. 검사동일체의 원칙에 관한 설명 중 틀린 것은?

① 법무부장관은 구체적 사건에 관하여 검사를 지휘 · 감독한다.
② 검찰총장, 검사장 및 지청장은 소속 검사의 직무를 자신이 처리할 수 있다.
③ 범죄의 피해자인 검사가 그 사건의 수사에 관여하였다는 이유만으로 바로 그 수사가 위법하다거나 그에 따른 참고인이나 피의자의 진술에 임의성이 없다고 볼 수는 없다.
④ 검찰총장, 검사장 및 지청장은 소속 검사의 직무를 다른 검사로 하여금 처리하게 할 수 있다.
⑤ 검찰사무취급 중 검사가 교체되어도 소송상 효력은 변함이 없다.

해설

독립관청인 전국의 검사가 검찰총장을 정점으로 각급 검찰청 검사장 및 지청장의 지휘감독권에 의해 계층적으로 결합된 피라밋형 구조를 형성하여 검찰권이 일체불가분적으로 행사되는 것을 검사동일체의 원칙이라 한다. 이에 의하여 '검사는 검찰사무에 관하여 소속 상급자의 지휘 · 감독에 따라야' 하지만 검찰권행사에 대한 행정부의 부당한 간섭을 배제하기 위하여 구체적 사건에 관하여는 법무부장관은 검찰총장만을 지휘 · 감독할 수 있다(검찰청법 제8조). ②를 직무

승계권한(검찰청법 제7조의2 제2항 전단), ④를 직무이전권한(동항 후단)이라고 한다. 그 외에 직무대리권(검찰청법 제13조 제2항, 제18조 제2항, 제23조 제2항)도 인정된다. ③ 대법원 2013. 9. 12, 2011도12918. 즉 검사에 대하여는 제척 · 기피의 제도가 없다. [답 ①]

제 3 절 피 고 인

01. 음주운전을 한 甲이 乙의 성명을 사칭하는 바람에 검사는 공소장에 乙을 피고인으로 표시하여 공소를 제기하였다. 이에 대한 설명 중 옳은 것은? (다툼이 있는 경우 판례에 의함)

① 甲이 乙의 성명을 모용한 사실이 재판 중 밝혀진 경우 검사는 법원의 허가를 받아 공소장의 인적 사항의 기재를 정정하여야 한다.

② 법원이 乙에게 약식명령을 송달한 후 乙의 정식재판청구에 의하여 심리를 진행하던 중 검사가 피고인 표시를 乙에서 甲으로 정정하면, 법원은 甲을 소환하여 재판하면 되고 별도로 乙에 대하여 공소기각의 판결을 할 필요는 없다.

③ 법원이 乙에게 약식명령을 송달한 후 乙의 정식재판청구에 의하여 심리를 진행하던 중 성명모용사실이 밝혀지면 법원은 乙에 대하여 공소기각판결을 선고하여야 한다.

④ 법원이 성명모용사실을 알지 못하여 乙에 대하여 유죄판결을 선고한 경우 판결의 효력은 乙에게 미친다.

⑤ 법원이 乙에게 약식명령을 송달한 후 乙의 정식재판청구에 의하여 심리를 진행하던 중 성명모용사실이 밝혀지면 검사는 甲을 피고인으로 하는 약식명령을 새로이 청구하여야 하며, 법원은 이에 따라 甲에게 약식명령을 송달하여야 한다.

해설

① (×) 대법원 1993. 1. 19, 92도2554. 피의자가 다른 사람의 성명을 모용한 탓으로 공소장에 피모용자가 피고인으로 표시되었다 하더라도 이는 당사자의 표시상의 착오일 뿐이고 검사는 모용자에 대하여 공소를 제기한 것이므로 모용자가 피고인이 되고 피모용자에게 공소의 효력이 미친다고 할 수 없고, 이와 같은 경우 검사는 공소장의 인적 사항의 기재를 정정하여 피고인의 표시를 바로 잡아야 하는 것인바, 이는 피고인의 표시상의 착오를 정정하는 것이지 공소장을 변경하는 것이 아니므로 제298조에 따른 공소장변경의 절차를 밟을 필요가 없고 법원의 허가도 필요로 하지 아니한다.

② (×) ③ (○) 대법원 1993. 1. 19, 92도2554. 피모용자가 약식명령에 대하여 정식재판을 청구하여 피모용자를 상대로 심리를 하는 과정에서 성명모용사실이 발각되어 검사가 공소장을 정정하는 등 사실상의 소송계속이 발생하고 형식상 또는 외관상 피고인의 지위를 갖게 된 경우에 법원으로서는 피모용자에게 적법한 공소의 제기가 없었음을 밝혀 주는 의미에서 제327조 제2호를 유추적용하여 공소기각의 판결을 함으로써 피모용자의 불안정한 지위를 명확히 해소해 주어야 한다.

④ (×) 乙은 성명을 모용당하였을 뿐 실제로 피고인으로서 소송행위를 하지 않았으므로 법원이 이를 알지 못하고 乙에 대하여 유죄판결을 선고한 경우 판결의 효력은 乙에게 미치지 아니한다.

⑤ (×) 대법원 1997. 11. 28, 97도2215. 피모용자가 약식명령을 송달받고 이에 대하여 정식재판의 청구를 하여 피모용자를 상대로 심리를 하는 과정에서 성명모용 사실이 발각되고 검사가 공소장을 정정하는 등 사실상의 소송계속이 발생하고 형식상 또는 외관상 피고인의 지위를 갖게 된 경우에는 법원으로서는 피모용자에게 적법한 공소의 제기가 없었음을 밝혀주는 의미에서 제327조 제2호를 유추적용하여 공소기각의 판결을 함으로써 피모용자의 불안정한 지위를 명확히 해소해 주어야 할 것이지만, 진정한 피고인인 모용자에게는 아직 약식명령의 송달이 없었다고 할 것이므로 검사는 공소장에 기재된 피고인 표시를 정정하고 법원은 이에 따라 약식명령의 피고인 표시를 정정하여 본래의 약식명령과 함께 이 경정(更正)결정을 모용자인 피고인에게 송달하면 이때야 비로소 위 약식명령은 적법한 송달이 있다고 볼 것이고, 이에 대하여 소정의 기간 내에 정식재판의 청구가 없으면 이 약식명령은 확정된다. [답 ③]

02. 형사소송법상 피고인의 권리에 관한 설명으로 틀린 것은?

① 피고인은 공소장이 변경된 경우 공판절차의 정지를 청구할 수 있다.
② 피고인은 공판정에서의 심리의 전부 또는 일부를 영상녹화할 것을 신청할 수 있다.
③ 피고인은 증거신청 및 증거조사에 관한 이의신청은 할 수 있지만 증거조사의 결과에 대한 의견제시는 할 수 없다.
④ 피고인은 증인신문에 참여할 수 있고, 증인을 직접 신문할 수도 있다.
⑤ 피고인은 소송계속 중의 관계서류 또는 증거물을 열람하거나 등사할 수 있다.

해설

① (○) 제298조 제4항.
② (○) 제56조의2 제2항.
③ (×) 제294조 및 제296조. 제293조의 의견진술권.
④ (○) 제163조 제1항, 제161조의2 제1항.
⑤ (○) 제35조 제1항. [답 ③]

03. 무죄추정의 원칙에 관한 판례의 태도가 아닌 것은? 〈행시 2004 변형〉

① 이 원칙은 불리한 처지에 놓인 피의자·피고인의 지위를 보호하여 형사절차에서 그들의 불이익을 필요한 최소한에 그치게 하자는 것으로서 인간의 존엄성 존중을 궁극의 목표로 하고 있는 헌법이념에서 나온 것이다.

② 수사기관에서 구속된 피의자의 도주를 억제하는 데 필요한 한도 내에서 포승이나 수갑을 사용하는 것은 이 원칙에 반하지 않는다.

③ 형법 제57조 제1항이 판결선고 전 구금일수의 일부만을 본형에 산입할 수 있도록 하는 것은 이 원칙에 위반된다.

④ 치료감호의 요건은 사법적 판단에 맡기면서 치료감호의 기간은 사회보호위원회가 정하도록 한 것은 이 원칙에 반하지 않는다.

⑤ 공소사실의 첫머리에 피고인이 전에 받은 소년부송치처분과 직업 없음을 기재한 것은 이 원칙에 반한다.

해설

① (○) 대법원 2003. 11. 11, 2003모402.
② (○) 대법원 1996. 5. 14, 96도561.
③ (○) 헌법재판소 2009. 6. 25, 2007헌바25. 헌법상 무죄추정의 원칙에 따라 유죄판결이 확정되기 전에 피의자 또는 피고인을 죄 있는 자에 준하여 취급함으로써 법률적·사실적 측면에서 유형·무형의 불이익을 주어서는 아니 되고, 특히 미결구금은 신체의 자유를 침해받는 피의자 또는 피고인의 입장에서 보면 실질적으로 자유형의 집행과 다를 바 없으므로, 인권보호 및 공평의 원칙상 형기에 전부 산입되어야 한다. 따라서 형법 제57조 제1항 중 "또는 일부 부분"은 헌법상 무죄추정의 원칙 및 적법절차의 원칙 등을 위배하여 합리성과 정당성 없이 신체의 자유를 침해한다.
④ (○) 대법원 1987. 5. 12, 87감도50.
⑤ (×) 대법원 1990. 10. 16, 90도1813. 공소장의 공소사실 첫머리에 피고인이 전에 받은 소년부송치처분과 직업 없음을 기재하였다 하더라도 이는 제254조 제3항 제1호에서 말하는 피고인을 특정할 수 있는 사항에 속하는 것이어서 그와 같은 내용의 기재가 있다 하여 공소제기의 절차가 법률의 규정에 위반된 것이라고 할 수 없고 또 헌법상의 형사피고인에 대한 무죄추정조항이나 평등조항에 위배되는 것도 아니다. [답 ⑤]

04. 진술거부권에 관하여 옳은 설명을 모두 고르면? (다툼이 있는 경우 다수설·판례에 의함)

(가) 피고인인 법인의 대표자도 진술거부권을 가지지만, 외국인은 주체

가 될 수 없다.
(나) 헌법 제12조 제2항은 진술거부의 대상이 되는 진술의 내용을 형사상 자신에게 불리한 진술로 한정하고 있지 아니하다.
(다) 진술거부권에서 '진술'이라 함은 생각이나 지식, 경험사실을 정신작용의 일환인 언어를 통하여 표출하는 것을 의미하므로 도로교통법 제41조 제2항에 규정된 음주측정을 '진술'이라 할 수 없다.
(라) 재판장은 피고인의 성명 · 연령 · 등록기준지 · 주거 · 직업을 묻기 전에 진술거부권을 고지하여야 한다.
(마) 검사 또는 사법경찰관이 진술거부권 등을 고지한 때에는 피의자가 진술을 거부할 권리와 변호인의 조력을 받을 권리를 행사할 것인지의 여부를 질문하고, 이에 대한 피의자의 답변을 조서에 기재하여야 한다.

① (다), (마) ② (가), (나), (다) ③ (가), (다), (마)
④ (다), (라), (마) ⑤ (나), (다), (라), (마)

해설

(가) (×) 피고인인 법인의 대표자는 물론 외국인도 진술거부권을 가진다.
(나) (×) 모든 국민은 고문을 받지 아니하며 형사상 자기에게 불리한 진술을 강요당하지 아니한다(헌법 제12조 제2항).
(다) (○) 헌법재판소 1997. 3. 27, 96헌가11. ① 헌법 제12조 제2항은 진술거부권을 보장하고 있으나, 여기서 "진술"이라 함은 생각이나 지식, 경험사실을 정신작용의 일환인 언어를 통하여 표출하는 것을 의미하는 데 반해, 도로교통법 제41조 제2항에 규정된 음주측정은 호흡측정기에 입을 대고 호흡을 불어 넣음으로써 신체의 물리적, 사실적 상태를 그대로 드러내는 행위에 불과하므로 이를 두고 "진술"이라 할 수 없고, 따라서 주취운전의 혐의자에게 호흡측정기에 의한 주취 여부의 측정에 응할 것을 요구하고 이에 불응할 경우 처벌한다고 하여도 이는 형사상 불리한 "진술"을 강요하는 것에 해당한다고 할 수 없으므로 헌법 제12조 제2항의 진술거부권조항에 위배되지 아니한다. ② 도로교통법 제41조 제2항에 규정된 음주측정은 성질상 강제될 수 있는 것이 아니며 궁극적으로 당사자의 자발적 협조가 필수적인 것이므로 이를 두고 법관의 영장을 필요로 하는 강제처분이라 할 수 없다. 따라서 이 사건 법률조항이 주취운전의 혐의자에게 영장 없는 음주측정에 응할 의무를 지우고 이에 불응한 사람을 처벌한다고 하더라도 헌법 제12조 제3항에 규정된 영장주의에 위배되지 아니한다.
(라) (○) 제284조, 제283조의2, 규칙 제127조.
(마) (○) 제244조의3 제2항. [답 ④]

05. 진술거부권에 관한 다음 설명 중 틀린 것은? (다툼이 있는 경우 판례에 의함)

① 진술거부권은 고문 등 폭행에 의한 강요는 물론 법률로써도 진술을 강요당하지 아니함을 의미한다.

② 군무이탈죄의 공소시효가 완성된 자가 군무이탈자복귀명령을 준수하지 않았다는 이유로 명령위반죄로 처벌한다고 하여, 복귀명령이 군무이탈자에 대하여 형사상 자기에게 불리한 진술을 강요당하지 아니할 권리의 본질적 내용을 침해하는 것이라고 할 수 없다.

③ 형사소송절차에서 피고인은 방어권에 기하여 범죄사실에 대하여 진술을 거부하거나 거짓 진술을 할 수 있으나, 이 경우 범죄사실을 단순히 부인하고 있는 것이 죄를 반성하거나 후회하고 있지 않다는 인격적 비난요소로 보아 가중적 양형의 조건으로 삼는 것은 허용될 수 있다.

④ 주취운전의 혐의자에게 호흡측정기에 의한 주취 여부의 측정에 응할 것을 요구하고 이에 불응할 경우 처벌한다고 하여도 이는 형사상 불리한 진술을 강요하는 것에 해당한다고 할 수 없다.

⑤ 진술거부권은 현재 피의자나 피고인으로서 수사 또는 공판절차에 계속 중인 자뿐만 아니라 장차 피의자나 피고인이 될 자에게도 보장되며, 형사절차뿐 아니라 행정절차나 국회에서의 조사절차 등에서도 보장된다.

해설

① (○) 헌법재판소 1997. 3. 27, 96헌가11.
② (○) 헌법재판소 1995. 5. 25, 91헌바20.
③ (×) 대법원 2001. 3. 9, 2001도192. 형법 제51조 제4호에서 양형의 조건의 하나로 정하고 있는 범행 후의 정황 가운데에는 형사소송절차에서의 피고인의 태도나 행위를 들 수 있는데, 모든 국민은 형사상 자기에게 불리한 진술을 강요당하지 아니할 권리가 보장되어 있으므로(헌법 제12조 제2항), 형사소송절차에서 피고인은 방어권에 기하여 범죄사실에 대하여 진술을 거부하거나 거짓 진술을 할 수 있고, 이 경우 범죄사실을 단순히 부인하고 있는 것이 죄를 반성하거나 후회하고 있지 않다는 인격적 비난요소로 보아 가중적 양형의 조건으로 삼는 것은 결과적으로 피고인에게 자백을 강요하는 것이 되어 허용될 수 없다고 할 것이나, 그러한 태도나 행위가 피고인에게 보장된 방어권 행사의 범위를 넘어 객관적이고 명백한 증거가 있음에도 진실의 발견을 적극적으로 숨기거나 법원을 오도하려는 시도에 기인한 경우에는 가중적 양형의 조건으로 참작될 수 있다.
④ (○) ⑤ (○) 헌법재판소 1997. 3. 27, 96헌가11. [답 ③]

06. 진술거부권에 관한 설명 중 옳지 않은 것은? (다툼이 있는 경우에는 판례에 의함) 〈변호사 2014〉

① 피고인 또는 피의자는 진술거부권을 포기하고 피고사건 또는 피의사건에 관하여 진술할 수 있으며, 더 나아가 피고인의 경우에는 진술거부권을 포기하고 증인적격을 취득할 수 있다.

② 변호인이 적극적으로 피고인 또는 피의자로 하여금 허위진술을 하도록 하는 것이 아니라 단순히 헌법상 권리인 진술거부권이 있음을 알려 주고 그 행사를 권고하는 것은 허용된다.

③ 수사기관이 피의자를 신문함에 있어서 피의자에게 미리 진술거부권을 고지하지 않은 경우 그 피의자의 진술은 위법하게 수집된 증거로서 진술의 임의성이 인정되는 경우라도 증거능력이 부정된다.

④ 피의자의 지위는 수사기관이 조사대상자에 대한 범죄 혐의를 인정하여 수사를 개시하는 행위를 한 때 인정되므로, 이러한 피의자 지위에 이르지 아니한 자에 대하여는 수사기관이 진술거부권을 고지하지 아니하였더라도 진술의 증거능력이 부정되지 아니한다.

⑤ 검사가 피의자에게 진술거부권을 고지하였으나, 검사 작성의 피의자신문조서에 진술거부권 행사 여부에 대한 피의자의 답변이 자필로 기재되어 있지 아니하거나 그 답변 부분에 피의자의 기명날인 또는 서명이 되어 있지 아니하였다면 그 피의자신문조서는 '적법한 절차와 방식'에 따라 작성된 것이라고 할 수 없다.

✍ **해설** ....

① (×) 진술거부권은 포기할 수 없는 권리라는 견해도 있으나, 진술거부권을 포기하고 진술할 수 있으며 진술하는 도중에 진술거부권을 행사할 수도 있다. 피고인이 진술거부권을 포기하더라도 피고인에게는 증인적격이 없다는 것이 통설과 판례(대법원 2008.6.26, 2008도3300)이다.

② (○) 대법원 2007.1.31, 2006모656: 변호사인 변호인에게는 변호사법이 정하는 바에 따라서 이른바 진실의무가 인정되는 것이지만, 변호인이 신체구속을 당한 사람에게 법률적 조언을 하는 것은 그 권리이자 의무이므로 변호인이 적극적으로 피고인 또는 피의자로 하여금 허위진술을 하도록 하는 것이 아니라 단순히 헌법상 권리인 진술거부권이 있음을 알려 주고 그 행사를 권고하는 것을 가리켜 변호사로서의 진실의무에 위배되는 것이라고는 할 수 없다.

③ (○) 대법원 2009.8.20, 2008도8213; 대법원 1992.6.23, 92도682.

④ (○) 대법원 2011.11.10, 2011도8125.

⑤ (○) 대법원 2013.3.28, 2010도3359. [답 ①]

07. 피고인의 권리에 관한 설명 중 옳지 않은 것은? 〈행시 2002 변형〉

① 진술거부권은 피고인뿐만 아니라 피의자에게도 인정되고 있다.

② 법원에서 피고인이 국민참여재판을 원하는지에 관한 의사의 확인절차를 거치지 아니한 채 통상의 공판절차로 재판을 진행하였다면, 이는 피고인의 국민참여재판을 받을 권리에 대한 중대한 침해로서 그 절차는 위법하고 이러한 위법한 공판절차에서 이루어진 소송행위도 무효라고 보아야 한다.

③ 수사기관에 의한 지문과 족형의 채취에 대하여는 진술거부권이 미치지 않는다.

④ 피고인이 공판조서의 열람 또는 등사를 청구하였음에도 법원이 불응하여 피고인의 열람 또는 등사청구권이 침해된 경우에는 공판조서를 유죄의 증거로 할 수 없을 뿐만 아니라 공판조서에 기재된 당해 피고인이나 증인의 진술도 증거로 할 수 없다.

⑤ 교통사고를 일으킨 운전자에게 형사책임과 관련된 사항에 관하여 신고의무를 부담시키는 것은 진술거부권 보장의 원리에 어긋나지 않는다.

해설

① (○) 제244조의3, 제283조의2.
② (○) 대법원 2013.1.31, 2012도13896.
③ (○) 지문과 족형은 진술이 아니므로 이에 대해서는 진술거부권이 미치지 않는다.
④ (○) 대법원 2012.12.27, 2011도15869.
⑤ (×) 헌법재판소 1990. 8. 27, 89헌가118. 교통사고를 일으킨 운전자에게 신고의무를 부담시키고 있는 도로교통법 제50조 제2항, 제111조 제3호는, 피해자의 구호 및 교통질서의 회복을 위한 조치가 필요한 범위 내에서 교통사고의 객관적 내용만을 신고하도록 한 것으로 해석하고, 형사책임과 관련되는 사항에는 적용되지 아니하는 것으로 해석하는 한 헌법에 위반되지 아니한다. [답 ⑤]

08. 피고인의 당사자능력에 관한 설명 중 틀린 것은? 〈행시 2003〉

① 당사자능력은 소송조건이므로 법원은 직권으로 그 유무를 조사하여야 한다.

② 심신상실자는 당사자능력이 없다.

③ 당사자적격이 있는 자는 모두 당사자능력을 갖는다.

④ 다수설에 따르면 법인도 당사자능력을 갖는다.

⑤ 소송능력이 없는 자도 당사자능력은 가질 수 있다.

해설

당사자능력이란 소송법상 당사자가 될 수 있는 일반적인 능력을 말하며, 형벌을 받을 가능성이 있는 자는 당사자능력이 있다. 따라서 자연인은 연령이나 책임능력·소송능력을 불문하고 당사자능력이 있다. 법인을 처벌하는 규정이 있는 경우 법인의 당사자능력은 당연히 긍정되지만, 법인처벌규정이 없는 경우에도 다수설은 법인의 당사자능력을 인정한다. 당사자적격이란 구체적인 사건에서 당사자가 될 수 있는 자격을 의미하는데, 당사자적격이 있는 자는 당연히 당사자능력이 있다. 당사자능력은 소송조건이므로 법원은 직권으로 그 유무를 조사하여야 하며, 당사자능력이 없게 된 때에는 공소기각결정을 하여야 한다(제328조 제1항 제2호). [답 ②]

09. **A회사가 페놀을 무단 방류하여 인근 주민이 상해를 입거나 사망하는 등 심각한 사회문제가 발생하자 검사는 페놀방류회사를 처벌하는 법률규정이 없음에도 불구하고 A회사를 업무상 과실치사상죄**(형법 제268조)**로 기소하였다. 이와 관련한 다음 설명 중 옳은 것을 모두 고르면?**

> ㈎ 법인은 기관인 자연인을 통하여 행위를 하므로, 자연인이 법인의 기관으로서 범죄행위를 한 경우에도 행위자인 자연인이 범죄행위에 대한 형사책임을 지는 것이다.
> ㈏ 법률이 목적을 달성하기 위하여 특별히 규정하고 있는 경우에만 행위자를 벌하는 외에 법률효과가 귀속되는 법인에 대하여도 벌금형을 과할 수 있을 뿐이다.
> ㈐ 다수설에 의하면 법원은 A회사에 대하여 공소기각판결을 선고하여야 한다.
> ㈑ 소수설에 의하면 법원은 A회사에 대하여 면소판결을 선고하여야 한다.
> ㈒ 판례에 따르면, 공판계속 중 A회사에 대한 청산종료 등기가 경료되었다면 당사자능력도 상실된다.

① ㈎, ㈏ ② ㈎, ㈐ ③ ㈎, ㈏, ㈒
④ ㈏, ㈑, ㈒ ⑤ ㈎, ㈏, ㈐, ㈒

해설

㈎, ㈏ (○) 대법원 1994. 2. 8, 93도1483. 법인은 기관인 자연인을 통하여 행위를 하게 되는 것이기 때문에, 자연인이 법인의 기관으로서 범죄행위를 한 경우에도 행위자인 자연인이 범죄행위에 대한 형사책임을 지는 것이고, 다만 법률

이 목적을 달성하기 위하여 특별히 규정하고 있는 경우에만 행위자를 벌하는 외에 법률효과가 귀속되는 법인에 대하여도 벌금형을 과할 수 있을 뿐이다.
㈐, ㈑ (×) 다수설은 법인의 당사자능력을 인정하므로, A회사에 대하여 무죄판결을 선고하여야 한다. 이에 반하여 법인의 당사자능력을 부정하는 소수설에 따르면 법원은 공소기각의 재판을 하여야 한다.
㈒ (×) 대법원 1986. 10. 28, 84도693. 법인은 그 청산종료의 등기가 경료되었다면 특단의 사정이 없는 한 법인격이 상실되어 법인의 당사자능력 및 권리능력이 상실되었다고 추정할 것이나 법인세체납 등으로 공소제기되어 공판계속 중에 그 법인의 청산종료의 등기가 경료되었다고 하더라도 동 사건이 종결되지 아니하는 동안 법인의 청산사무는 종료된 것이라 할 수 없고 형사소송법상 법인의 당사자능력도 그대로 존속한다. [답 ①]

제4절 변 호 인

01. 변호인의 선임에 대한 설명으로 틀린 것은?

① 선임대리권자가 고유의 선임권자의 명시적인 의사에 반하여 변호인을 선임한 경우에는 선임의 효과가 발생하지 아니한다.
② 피의자에게 수인의 변호인이 있는 경우 신청이 없는 때에는 검사가 직권으로 대표변호인을 지정할 수 있고, 그 지정을 철회하거나 변경할 수 있다.
③ 변호인은 변호사 중에서 선임하여야 하지만, 대법원 이외의 법원은 특별한 사정이 있으면 변호사 아닌 자를 변호인으로 선임함을 허가할 수 있다.
④ 하나의 사건에 관한 변호인 선임은 동일법원의 동일피고인에 대하여 병합된 다른 사건에 관하여도, 피고인 또는 변호인이 이와 다른 의사표시를 하지 않는 한, 효력이 있다.
⑤ 변호인의 선임은 심급마다 변호인과 연명날인한 서면으로 제출하여야 하고, 공소제기 전의 변호인 선임은 제1심에도 그 효력이 있다.

해설

① (×) 선임대리권자는 ‘독립하여’ 변호인을 선임할 수 있으므로, 선임대리권자가 고유의 선임권자(피고인 또는 피의자)의 명시적인 의사에 반하여 변호인을 선임한 경우에도 선임의 효과가 발생하나, 고유의 선임권자는 대리인이 선임한 변호인을 해임할 수 있다.
② (○) 제32조의2 제5항.
③ (○) 제31조.

④ (○) 규칙 제13조.
⑤ (○) 제32조. [답 ①]

02. 변호인에 관한 설명 중 옳은 것을 모두 고르면? (다툼이 있는 경우 다수설 · 판례에 의함)

㈎ 피고인 또는 피의자는 변호인을 선임할 수 있고, 피고인 또는 피의자의 법정대리인, 배우자, 직계친족과 형제자매는 독립하여 변호인을 선임할 수 있다. ㈏ 공소장이 변경된 경우에 변경된 공소사실에도 변호인 선임의 효력이 미친다. ㈐ 형사소송에 있어서 변호인을 선임할 수 있는 자는 피고인 및 피의자와 형사소송법 제30조 제2항에 규정된 자에 한정되지만, 피고인 및 피의자로부터 그 선임권을 위임받은 자가 피고인이나 피의자를 대리하여 변호인을 선임할 수도 있다. ㈑ 법원은 공판준비기일이 지정된 사건에 관하여 변호인이 없는 때에는 직권으로 변호인을 선정하여야 한다. ㈒ 피고인이 2급 시각장애인으로서 점자(點字)자료가 아닌 경우에는 인쇄물 정보접근에 상당한 곤란을 겪는 수준이더라도, 국선변호인 선정절차를 취하지 아니한 채 공판심리를 진행하였다고 하여 위법한 것은 아니다.

① ㈎, ㈏ ② ㈎, ㈏, ㈑ ③ ㈏, ㈐, ㈒
④ ㈎, ㈏, ㈐, ㈒ ⑤ ㈎, ㈏, ㈑, ㈒

해설

㈎ (○) 제30조 제2항.
㈏ (○) 변호인 선임은 사건을 단위로 하므로 그 효력은 공소사실의 동일성이 인정되는 사건 전부에 미치는 것이 원칙이다.
㈐ (×) 대법원 1994. 10. 28, 94모25. 형사소송에 있어서 변호인을 선임할 수 있는 자는 피고인 및 피의자와 제30조 제2항에 규정된 자에 한정되는 것이고, 피고인 및 피의자로부터 그 선임권을 위임받은 자가 피고인이나 피의자를 대리하여 변호인을 선임할 수는 없는 것이다.
㈑ (○) 제266조의8 제4항.
㈒ (×) 대법원 2010. 4. 29, 2010도881. ① 헌법상 변호인의 조력을 받을 권리 및 형사소송법상 국선변호인 제도의 취지와 점자자료로 작성된 소송계속 중의 관계 서류 등의 제공이 이루어지지 아니하는 현행 형사소송실무 등에 비추어, 법원으로서는 형사소송법 제33조 제3항의 규정을 준용하여 피고인의 연령 · 지

능·교육 정도를 비롯한 시각장애의 정도 등을 확인한 다음 권리보호를 위하여 필요하다고 인정하는 때에는 시각장애인인 피고인의 명시적 의사에 반하지 아니하는 범위 안에서 국선변호인을 선정하여 방어권을 보장해 줄 필요가 있다. 그럼에도 국선변호인의 선정 없이 공판심리가 이루어져 피고인의 방어권이 침해됨으로써 판결에 영향을 미쳤다고 인정되는 경우에는 위 법 제33조 제3항을 위반한 위법이 있다고 보아야 한다. ② 피고인이 2급 시각장애인으로서 점자(點字)자료가 아닌 경우에는 인쇄물 정보접근에 상당한 곤란을 겪는 수준임에도, 국선변호인 선정절차를 취하지 아니한 채 공판심리를 진행한 원심에 법리오해의 위법이 있다고 한 사례. [답 ②]

03. 변호인 선임에 관한 설명 중 옳지 않은 것은? (다툼이 있는 경우 판례에 의함) 〈변호사 2015〉

① 변호인이 될 자가 변호인선임서를 제출하지 아니한 채 항소이유서를 제출하고, 이유서 제출기간 경과 후에 선임서를 제출한 경우 위 항소이유서 제출은 적법·유효하다고 할 수 없다.

② 공소사실의 동일성이 인정되어 공소장이 변경된 경우, 변호인 선임의 효력은 변경된 공소사실에도 미친다.

③ 구속 전 피의자심문에서 피의자에게 변호인이 없는 때에는 지방법원 판사는 직권으로 변호인을 선정하여야 하며, 이 경우 변호인의 선정은 구속영장청구가 기각되어도 제1심까지 효력이 있다.

④ 공소제기 전의 변호인 선임은 제1심에도 그 효력이 있다.

⑤ 원심법원에서의 변호인 선임은 파기환송 또는 파기이송이 있은 후에도 효력이 있다.

해설 ……………………………………

① (○) 대법원 1969.10.4, 69모68. 이 판례를 근거로 다수설은 변호인선임신고의 추완에 관한 대법원의 태도를 부정설로 해석하지만, 항소이유서 제출기간 경과 전에 변호인선임서를 제출하였다면 적법·유효한 변호인의 항소이유서로 볼 수 있다는 취지로 해석할 여지가 있기 때문에, 판례가 부정설을 취하고 있다고 단언할 수는 없을 것이다.

② (○) 하나의 동일한 사건이므로 변호인 선임의 효력은 당연히 변경된 공소사실에도 미친다. 또한 규칙 제13조는 "하나의 사건에 관하여 한 변호인 선임은 동일법원의 동일피고인에 대하여 병합된 다른 사건에 관하여도 그 효력이 있다. 다만, 피고인 또는 변호인이 이와 다른 의사표시를 한 때에는 그러하지 아니하다."고 규정하고 있다.

③ (×) 제201조의2 제8항: 심문할 피의자에게 변호인이 없는 때에는 지방법원 판사는 직권으로 변호인을 선정하여야 한다. 이 경우 변호인의 선정은 피의자에 대한 구속영장 청구가 기각되어 효력이 소멸한 경우를 제외하고는 제1심까

지 효력이 있다.
④ (○) 제32조 제2항.
⑤ (○) 변호인은 심급마다 선임하여야 하므로(제32조 제1항) 변호인 선임은 그 심급에 한하여 효력이 있다. 이와 관련하여 환송 전 원심에서의 변호인 선임이 파기환송 후에도 효력이 있느냐에 대해 견해가 대립하는데, 형사소송규칙 제158조는 "원심법원에서의 변호인 선임은 법 제366조 또는 법 제367조의 규정에 의한 환송 또는 이송이 있은 후에도 효력이 있다."고 규정하고 있다. [답 ③]

04. 국선변호인에 대한 설명 중 틀린 것은? (다툼이 있는 경우 판례에 의함)

① 필요적 변호사건의 항소심법원이 피고인 본인의 항소이유서 제출기간 경과 후 국선변호인을 선정하고 그에게 소송기록접수통지를 하였으나 국선변호인이 법정기간 내에 항소이유서를 제출하지 아니한 경우, 국선변호인의 항소이유서 불제출에 대하여 피고인의 귀책사유가 밝혀지지 아니하였더라도 항소법원이 국선변호인의 선정을 취소하고 새로운 국선변호인을 선정하여야 하는 것은 아니다.
② 피고인이 지체(척추)4급 장애인으로서 국민기초생활수급자에 해당한다는 소명자료를 첨부하여 국선변호인 선정청구를 한 경우 이를 기각하는 결정을 한 후 공판심리를 진행하여 판결을 선고한 것은 위법하다.
③ 법원은 피고인의 연령 · 지능 및 교육 정도 등을 참작하여 권리보호를 위하여 필요하다고 인정하는 때에는 피고인의 명시적 의사에 반하지 아니하는 범위 안에서 변호인을 선정하여야 한다.
④ 국민참여재판에 관하여 변호인이 없는 때에는 법원은 직권으로 변호인을 선정하여야 한다.
⑤ 공판절차가 아닌 재심개시결정 전의 절차에서 재심청구인이 국선변호인선임청구를 할 수는 없으므로 재심청구인의 국선변호인 선임청구를 기각한 것은 적법하다.

해설

① (×) 대법원 2012. 2. 16, 2009모1044(전원합의체). ① 헌법상 보장되는 '변호인의 조력을 받을 권리'는 변호인의 '충분한 조력'을 받을 권리를 의미하므로, 일정한 경우 피고인에게 국선변호인의 조력을 받을 권리를 보장하여야 할 국가의 의무에는 형사소송절차에서 단순히 국선변호인을 선정하여 주는 데 그치지 않고 한 걸음 더 나아가 피고인이 국선변호인의 실질적인 조력을 받을 수 있도록 필요한 업무 감독과 절차적 조치를 취할 책무까지 포함된다고 할 것이다. ② 피고인을 위하여 선정된 국선변호인이 법정기간 내에 항소이유서를 제출하

지 아니하면 이는 피고인을 위하여 요구되는 충분한 조력을 제공하지 아니한 것으로 보아야 하고, 이런 경우에 피고인에게 책임을 돌릴 만한 아무런 사유가 없는데도 항소법원이 형사소송법 제361조의4 제1항 본문에 따라 피고인의 항소를 기각한다면, 이는 피고인에게 국선변호인으로부터 충분한 조력을 받을 권리를 보장하고 이를 위한 국가의 의무를 규정하고 있는 헌법의 취지에 반하는 조치이다. 따라서 피고인과 국선변호인이 모두 법정기간 내에 항소이유서를 제출하지 아니하였더라도, 국선변호인이 항소이유서를 제출하지 아니한 데 대하여 피고인에게 귀책사유가 있음이 특별히 밝혀지지 않는 한, 항소법원은 종전 국선변호인의 선정을 취소하고 새로운 국선변호인을 선정하여 다시 소송기록접수통지를 함으로써 새로운 국선변호인으로 하여금 그 통지를 받은 때로부터 형사소송법 제361조의3 제1항의 기간 내에 피고인을 위하여 항소이유서를 제출하도록 하여야 한다.

② (○) 대법원 2011. 3. 24, 2010도18103. 피고인이 지체(척추)4급 장애인으로서 국민기초생활수급자에 해당한다는 소명자료를 첨부하여 서면으로 형사소송법 제33조 제2항에서 정한 빈곤을 사유로 한 국선변호인 선정청구를 하였고, 위 소명자료에 의하면 피고인이 빈곤으로 인하여 변호인을 선임할 수 없는 경우에 해당하는 것으로 인정할 여지가 충분하며 기록상 이와 달리 판단할 사정을 찾아볼 수 없으므로, 특별한 사정이 없는 한 국선변호인 선정결정을 하여 선정된 변호인으로 하여금 공판심리에 참여하도록 하였어야 하는데도, 위 청구를 기각하는 결정을 한 후 피고인만 출석한 상태에서 심리를 진행하여 판결을 선고한 원심의 조치에 법령위반의 위법이 있다.

③ (○) 제33조.

④ (○) 국민의 형사재판 참여에 관한 법률 제7조.

⑤ (○) 대법원 1993. 12. 3, 92모49. [답 ①]

05. 변호인에 관한 설명 중 옳은 것을 모두 고르면? (다툼이 있는 경우 다수설 · 판례에 의함)

(가) 형사소송법 제32조 제1항(변호인의 선임은 심급마다 변호인과 연명날인한 서면으로 제출하여야 한다)에서 말하는 변호인선임신고서는 원본은 물론 사본도 포함한다.

(나) 국선변호인 선정사유인 '피고인이 빈곤 그 밖의 사유로 변호인을 선임할 수 없는 경우'에 해당한다는 점에 관하여는 소명이 있어야 한다.

(다) 항소법원이 국선변호인을 선정하고 피고인과 그 변호인에게 소송기록접수통지를 한 후 피고인이 사선변호인을 선임함에 따라 항소법원이 국선변호인의 선정을 취소한 경우 항소법원은 사선변호인에게 다시 소송기록접수통지를 하여야 한다.

(라) 필요적 변호사건에서 법원이 정당한 이유 없이 국선변호인을 선정하지 않고 있는 사이에 피고인 스스로 사선변호인을 선임하였으나 이미 항소이유서 제출기간이 도과한 경우 법원은 사선변호인에게도 소송기록접수통지를 함으로써 그 사선변호인이 소송기록접수통지를 받은 날로부터 기산하여 소정의 기간 내에 항소이유서를 작성 · 제출할 수 있는 기회를 주어야 한다.

① (가), (나) ② (나), (라) ③ (가), (나), (라)
④ (나), (다), (라) ⑤ (가), (나), (다), (라)

해설

(가) (×) 대법원 2005. 1. 20, 2003모429. 제32조 제1항은 "변호인의 선임은 심급마다 변호인과 연명날인한 서면으로 제출하여야 한다"고 규정하고 있는바, 위 규정에서 말하는 변호인선임신고서는 특별한 사정이 없는 한 원본을 의미한다고 할 것이고, 사본은 이에 해당하지 않는다고 할 것이다.
(나) (○) 대법원 2007. 11. 16, 2007도5847.
(다) (×) 대법원 2007. 3. 29, 2006도5547. 제361조의2 제2항의 규정에 의하면 항소법원은 소송기록접수통지를 하기 전에 변호인의 선임이 있는 때에는 변호인에게도 소송기록접수통지를 하도록 되어 있으므로, 피고인에게 소송기록접수통지를 한 후에 변호인의 선임이 있는 경우에는 변호인에게 다시 같은 통지를 할 필요가 없는 것이고, 항소법원이 국선변호인을 선정하고 피고인과 그 변호인에게 소송기록접수통지를 한 후 피고인이 사선변호인을 선임함에 따라 항소법원이 국선변호인의 선정을 취소한 경우에도 마찬가지라고 할 것이며, 이러한 경우 항소이유서의 제출기간은 국선변호인 또는 피고인이 소송기록접수통지를 받은 날로부터 계산하여야 한다.
(라) (○) 대법원 2009. 2. 12, 2008도11486. 변호인의 조력을 받을 피고인의 권리는 형사소송법 제33조 제1항 제1호 내지 제6호의 필요적 변호사건에서 법원이 정당한 이유 없이 국선변호인을 선정하지 않고 있는 사이에 또는 형사소송법 제33조 제2항의 규정에 따른 국선변호인 선정청구를 하였으나 그에 관한 결정을 하지 않고 있는 사이에 피고인 스스로 변호인을 선임하였으나 그 때는 이미 피고인에 대한 항소이유서 제출기간이 도과해 버린 후이어서 그 사선변호인이 피고인을 위하여 항소이유서를 작성 · 제출할 시간적 여유가 없는 경우에도 보호되어야 한다. 따라서 그 경우에는 법원은 사선변호인에게도 형사소송규칙 제156조의2를 유추적용하여 소송기록접수통지를 함으로써 그 사선변호인이 통지를 받은 날로부터 기산하여 소정의 기간 내에 피고인을 위하여 항소이유서를 작성 · 제출할 수 있는 기회를 주어야 한다. [답 ②]

◇관련판례◇

대법원 2003. 10. 27, 2003모306 : ① 피고인이 빈곤 등을 이유로 국선변호인의 선정을 청구하면서, 국선변호인의 조력을 받아 항소이유서를 작성 · 제출하는 데 필요한 충분한 시간 여유를 두고 선정청구를 하였는데도 법원이 정당한 이유 없이 그 선정을 지연하여 항소이유서 제출기간이 경과한 후에야 비로소 항소기각결정을 함과 동시에 국선변호인 선정청구를 기각함으로써 항소이유서의 작성 · 제출에 필요한 변호인의 조력을 받지도 못한 상태로 피고인에 대한 항소이유서 제출기간이 도과해 버렸다면 이는 변호인의 조력을 받을 피고인의 권리가 법원에 의하여 침해된 것과 다를 바 없으므로, 설사 항소이유서 제출기간 내에 그 피고인으로부터 적법한 항소이유서의 제출이 없었다고 하더라도 그러한 사유를 들어 곧바로 결정으로 피고인의 항소를 기각하여서는 아니 된다. ② 피고인이 항소이유서의 작성 · 제출에 관하여 변호인의 조력을 받지 못한 것이 피고인의 귀책사유에 의한 것이 아니라 항소심 법원의 국선변호인 선정 여부에 관한 결정 지연에서 비롯된 것인 경우, 항소심 법원으로서는 항소이유서 제출기간이 지난 후에라도 국선변호인 선정결정과 함께 그 변호인에게 소송기록접수통지를 하여 국선변호인이 그 통지를 받은 날로부터 기산하여 소정의 기간 내에 피고인을 위하여 항소이유서를 제출할 기회를 주든지, 형사소송규칙 제44조를 유추적용하여 항소이유서 제출기간을 연장하는 조치를 취하는 방법으로 피고인에게 사선변호인을 선임하여 항소이유서를 제출할 수 있는 기회를 실질적으로 부여함으로써 피고인으로 하여금 변호인의 조력을 받을 수 있도록 해주어야 한다.

06. **변호인과 관련된 다음 설명 중 틀린 것은?** (다툼이 있는 경우 판례에 의함)

① 법원이 형사소송법 제33조 제3항에 의하여 국선변호인을 선정한 경우에는 그 변호인에게 소송기록접수통지를 함으로써, 변호인이 통지를 받은 날로부터 소정의 기간 내에 피고인을 위하여 항소이유서를 작성 · 제출할 수 있도록 하여야 한다.

② 필요적 변호사건에서 변호인 없이 개정하여 심리를 진행하고 판결한 것은 소송절차의 법령위반에 해당하지만 그와 같은 법령위반은 무죄판결에 영향을 미친 것으로는 되지 아니한다.

③ 상소심에서도 사건이 형사소송법 제282조에 따라 변호인 없이 개정하지 못하는 때에 해당하는지의 여부를 결정함에 있어서는 공소사실로 된 죄의 법정형이 그 기준이 되고, 다만 필요적 변호가 있어야 할 사건이라도 하급심에서 공소사실 중 일부만이 유죄로 인정되고 유죄 부분만이 상소되어 그 범죄사실이 변호인 없이 개정할 수

있는 사건에 해당하게 된 경우라면 필요적 변호사건으로 취급되지 아니할 뿐이다.

④ 국선변호인은 정당한 사유가 있는 경우에 사임할 수 있으나, 그 경우에는 반드시 법원 또는 판사의 허가를 얻어야 한다.

⑤ 피고인이 별건으로 구속되어 있거나 다른 형사사건에서 유죄로 확정되어 수형 중인 경우도 형사소송법 제33조 제1항 제1호에 정한 '피고인이 구속된 때'에 해당한다.

해설

① (○) 대법원 2014. 8. 28, 2014도4496.

② (○) 대법원 2003. 3. 25, 2002도5748(피고인의 이익을 위하여 만들어진 필요적 변호의 규정 때문에 피고인에게 불리한 결과를 가져오게 할 수는 없으므로 그와 같은 법령위반은 무죄판결에 영향을 미친 것으로는 되지 아니한다).

③ (○) 대법원 2003. 3. 25, 2002도5748.

④ (○) 규칙 제20조.

⑤ (×) 대법원 2009. 5. 28, 2009도579. 형사소송법 제33조 제1항 제1호의 '피고인이 구속된 때'라고 함은, 원래 구속제도가 형사소송의 진행과 형벌의 집행을 확보하기 위하여 법이 정한 요건과 절차 아래 피고인의 신병을 확보하는 제도라는 점 등에 비추어 볼 때 피고인이 당해 형사사건에서 구속되어 재판을 받고 있는 경우를 의미하고, 피고인이 별건으로 구속되어 있거나 다른 형사사건에서 유죄로 확정되어 수형 중인 경우는 이에 해당하지 아니한다. [답 ⑤]

07. 변호인에 관한 설명 중 옳은 것을 모두 고르면? (다툼이 있는 경우 판례에 의함)

㈎ 피고인이 법인인 경우 형사소송법 제27조 제1항 소정의 대표자가 피고인인 당해 법인을 대표하여 피고인을 위한 변호인을 선임하여야 하지만, 대표자가 제3자에게 변호인 선임을 위임하여 제3자로 하여금 변호인을 선임하도록 할 수도 있다.

㈏ 법원이 구속피고인의 빈곤 기타 변호인을 선임할 수 없음을 사유로 한 국선변호인 선정청구에 대하여 그 사유가 있다고 보아 국선변호인 선정결정을 한 후에 국선변호인의 사임허가신청을 받아들여 국선변호인 사임허가 및 선정취소결정을 한 경우에는, 피고인이 국선변호인 선정청구나 그 조력을 받을 권리를 남용하는 등의 특별한 사정이 없는 한 지체 없이 새로운 국선변호인을 선정하여야 한다.

(다) 기록을 송부받은 항소법원은 항소이유서 제출기간이 도과하기 전에 이루어진 형사소송법 제33조 제2항의 국선변호인 선정청구에 따라 변호인을 선정한 경우 그 변호인에게 소송기록접수통지를 하여야 하며, 항소법원이 그와 같이 선정된 국선변호인에게 소송기록접수통지를 하지 아니한 채 판결을 선고하는 것은 위법하다. (라) 피고인이 스스로 선임한 변호인에게 변호사법 제31조 제1호(변호사는 당사자 일방으로부터 상의를 받아 그 수임을 승낙한 사건의 상대방이 위임하는 사건에 관하여는 그 직무를 행할 수 없다)의 수임제한 규정을 위반한 위법이 있는 경우 위와 같은 위법으로 인하여 변호인의 조력을 받을 피고인의 권리가 침해되었다거나 그 소송절차가 무효로 된다고 볼 수는 없다.

① (가), (다) ② (가), (라) ③ (가), (다), (라)
④ (나), (다), (라) ⑤ (가), (나), (다), (라)

해설

(가) (×) 대법원 1994. 10. 28, 94모25. 형사소송에 있어서 변호인을 선임할 수 있는 자는 피고인 및 피의자와 제30조 제2항에 규정된 자에 한정되는 것이고, 피고인 및 피의자로부터 그 선임권을 위임받은 자가 피고인이나 피의자를 대리하여 변호인을 선임할 수는 없는 것이므로, 피고인이 법인인 경우에는 제27조 제1항 소정의 대표자가 피고인인 당해 법인을 대표하여 피고인을 위한 변호인을 선임하여야 하며, 대표자가 제3자에게 변호인 선임을 위임하여 제3자로 하여금 변호인을 선임하도록 할 수는 없다.
(나) (○) 대법원 2006. 11. 24, 2006도3213.
(다) (○) 대법원 2011. 2. 10, 2008도4558.
(라) (○) 대법원 2009. 2. 26, 2008도9812. [답 ④]

08. 변호인에 관한 설명 중 틀린 것은? (다툼이 있는 경우 판례에 의함)

① 피의자의 변호인은 수사기관의 압수 · 수색영장 집행의 참여권, 수사기록열람 · 등사권 등을 가진다.
② 국선변호인은 피고인 또는 피의자마다 1인을 선정하지만, 수인의 피고인 또는 피의자를 위하여 동일한 국선변호인을 선정할 수 있다.
③ 즉결심판을 받은 피고인이 정식재판을 청구함으로써 공판절차가 개시된 경우에도 국선변호인 선정에 관한 형사소송법 제283조의 규정이 적용된다.
④ 피고인을 위한 국선변호인이 선정된 사건에서는 변호인 없이 개정

할 수 없으나, 판결만을 선고할 경우에는 그러하지 아니하다.

⑤ 국선변호인 선정을 청구할 경우 이를 기각한 결정에 대하여는 즉시 항고는 물론 재항고도 할 수 없다.

해설

① (×) 형사소송법은 피고인 또는 변호인에게 공소제기 후 검사가 보관하고 있는 서류 등에 대한 열람·등사 또는 서면의 교부신청(제266조의3)과 소송계속 중의 관계서류 또는 증거물에 대한 열람·등사(제35조)를 인정하고 있으나, 공소제기 전의 수사서류에 대한 피의자 또는 변호인의 열람·등사권은 원칙적으로 인정되지 않는다.

② (○) 형사소송규칙 제15조 제1항·제2항. 대법원 2000. 11. 24, 2000도4398.

③ (○) 대법원 1997. 2. 14, 96도3059(즉결심판에 관한 절차법 제14조 제4항은 형사소송법 제455조의 규정은 정식재판의 청구에 이를 준용한다고 규정하고 있고, 제455조 제3항은 "정식재판의 청구가 적법한 때에는 공판절차에 의하여 심판하여야 한다"고 규정하고 있는바, 위 각 규정 내용에 비추어 보면 즉결심판을 받은 피고인이 정식재판청구를 함으로써 공판절차가 개시된 경우에는 통상의 공판절차와 마찬가지로 국선변호인의 선정에 관한 제283조의 규정이 적용된다).

④ (○) 제282조 단서.

⑤ (○) 국선변호인 선임청구를 기각한 결정은 판결 전의 소송절차에 관한 재판이므로, 그 결정에 대하여 즉시항고를 할 수 있는 근거가 없는 이상 그 결정에 대하여는 재항고도 할 수 없다(대법원 1993. 12. 3, 92모49). 항고도 할 수 없다(대법원 1986. 9. 5, 86모40). [답 ①]

09. **필요적 변호사건에 관한 설명 중 옳지 않은 것은?** (다툼이 있는 경우 판례에 의함) 〈변호사 2012〉

① 판결만을 선고할 경우에는 필요적 변호사건이라도 변호인 없이 개정할 수 있다.

② 필요적 변호사건에서 제1심의 공판절차가 변호인 없이 이루어진 경우 항소심은 위법한 제1심판결을 파기하고 항소심에서의 심리결과에 기하여 다시 판결하여야 한다.

③ 피고인이 미성년자 또는 70세 이상인 경우에는 필요적 변호사건에 해당된다.

④ 필요적 변호사건에서 변호인 출석 없이 실체적 심리가 이루어진 경우 그 심리절차는 무효이지만, 그 이외의 절차에서 적법하게 이루어진 소송행위까지 모두 무효라고 볼 수는 없다.

⑤ 구속영장이 청구되어 심문을 하는 피의자에게 변호인이 없는 경우 지방법원판사는 직권으로 변호인을 선정하여야 하고, 영장의 청구

가 기각되더라도 선정의 효력은 제1심까지 지속된다.

해설

① (○) 제282조 단서.

② (○) 대법원 2011. 9. 8, 2011도6325. 형사소송법 제282조에 규정된 필요적 변호사건에 해당하는 사건에서 제1심의 공판절차가 변호인 없이 이루어져 증거조사와 피고인신문 등 심리가 이루어졌다면, 그와 같은 위법한 공판절차에서 이루어진 증거조사와 피고인신문 등 일체의 소송행위는 모두 무효이므로, 이러한 경우 항소심으로서는 변호인이 있는 상태에서 소송행위를 새로이 한 후 위법한 제1심판결을 파기하고, 항소심에서의 증거조사 및 진술 등 심리결과에 기하여 다시 판결하여야 한다.

③ (○) 제33조 제1항 제2호 및 제3호.

④ (○) 대법원 1999. 4. 23, 99도915. 필요적 변호사건의 공판절차가 사선변호인과 국선변호인이 모두 불출석한 채 개정되어 국선변호인 선정 취소 결정이 고지된 후 변호인 없이 피해자에 대한 증인신문 등 심리가 이루어진 경우, 그와 같은 위법한 공판절차에서 이루어진 피해자에 대한 증인신문 등 일체의 소송행위는 모두 무효라고 할 것이고, 다만 필요적 변호사건에서 변호인이 없거나 출석하지 아니한 채 공판절차가 진행되었기 때문에 그 공판절차가 위법한 것이라 하더라도 그 절차에서의 소송행위 외에 다른 절차에서 적법하게 이루어진 소송행위까지 모두 무효로 된다고 볼 수는 없다.

⑤ (×) 제201조의2 제8항. [답 ⑤]

10. 변호인의 피의자신문 참여에 관한 설명 중 옳은 것을 모두 고르면? (다툼이 있는 경우 판례에 의함)

(가) 검사 또는 사법경찰관은 피의자 또는 그 변호인 · 법정대리인 · 배우자 · 직계친족 · 형제자매의 신청에 따라 변호인을 피의자와 접견하게 하거나 정당한 사유가 없는 한 피의자에 대한 신문에 참여하게 하여야 한다.

(나) 불구속피의자가 피의자신문시 변호인의 조언과 상담을 원한다면, 위법한 조력의 우려가 있어 이를 제한하는 다른 규정이 있고 그가 이에 해당한다고 하지 않는 한 수사기관은 피의자의 위 요구를 거절할 수 없다.

(다) 신문시에 참여하고자 하는 변호인이 2인 이상인 때에는 검사 또는 사법경찰관이 참여할 변호인 1인을 지정하고, 지정이 없는 경우에는 피의자가 지정할 수 있다.

(라) 피의자신문에 참여한 변호인이 피의자에게 진술거부권이 있음을

> 알려 주고 그 행사를 권고하는 경우 수사를 방해하는 때에 해당하여 변호인의 참여를 제한할 정당한 사유에 해당한다.

① ㈎, ㈏ ② ㈎, ㈐ ③ ㈏, ㈐
④ ㈏, ㈐, ㈑ ⑤ ㈎, ㈏, ㈐, ㈑

해설

㈎ (○) 제243조의2 제1항.
㈏ (○) 헌법재판소 2004. 9. 23, 2000헌마138.
㈐ (×) 피의자가 신문에 참여할 변호인 1인을 지정한다. 지정이 없는 경우에는 검사 또는 사법경찰관이 이를 지정할 수 있다(제243조의2 제2항).
㈑ (×) 대법원 2007. 1. 31, 2006모656. 변호사인 변호인에게는 변호사법이 정하는 바에 따라서 이른바 진실의무가 인정되는 것이지만, 변호인이 신체구속을 당한 사람에게 법률적 조언을 하는 것은 그 권리이자 의무이므로 변호인이 적극적으로 피고인 또는 피의자로 하여금 허위진술을 하도록 하는 것이 아니라 단순히 헌법상 권리인 진술거부권이 있음을 알려 주고 그 행사를 권고하는 것을 가리켜 변호사로서의 진실의무에 위배되는 것이라고는 할 수 없다. [답 ①]

11. 변호인에 관한 설명 중 틀린 것은 (다툼이 있는 경우 판례에 의함)

① 신문에 참여한 변호인은 신문 후 의견을 진술할 수 있다. 다만, 신문중이라도 부당한 신문방법에 대하여 이의를 제기할 수 있고, 검사 또는 사법경찰관의 승인을 얻어 의견을 진술할 수 있다.
② 변호인의 접견교통의 상대방인 신체구속을 당한 사람이 그 변호인을 자신의 범죄행위에 공범으로 가담시키려고 하였다는 등의 사정이 있다면 그 변호인의 신체구속을 당한 사람과의 접견교통을 금지하는 것은 정당하다.
③ 변호인이 피의자신문을 방해하거나 수사기밀을 누설할 염려가 있다는 특별한 사정이 없음에도, 사법경찰관이 변호인에게 피의자로부터 떨어진 곳으로 옮겨 앉을 것을 요구하였으나 변호인이 위 요구에 불응하자 변호인에게 퇴실을 명한 것은 변호인의 피의자신문참여권을 침해한 것이다.
④ 변호인의 의견이 기재된 피의자신문조서는 변호인에게 열람하게 한 후 변호인으로 하여금 그 조서에 기명날인 또는 서명하게 하여야 한다. 그리고 검사 또는 사법경찰관은 변호인의 신문참여 및 그 제한에 관한 사항을 피의자신문조서에 기재하여야 한다.
⑤ 검사나 사법경찰관이 정당한 이유 없이 변호인의 참여를 제한하거

나 퇴거시킨 처분에 대해서는 준항고로 다툴 수 있다.

해설

① (○) 제243조의2 제3항.

② (×) 대법원 2007. 1. 31, 2006모656. ① 신체구속을 당한 피의자 또는 피고인이 범한 것으로 의심받고 있는 범죄행위에 해당 변호인이 관련되어 있다는 등의 사유에 기하여 그 변호인의 변호활동을 광범위하게 규제하는 변호인의 제척(除斥)과 같은 제도를 두고 있지 아니한 우리 법제 아래에서는, 변호인의 접견교통의 상대방인 신체구속을 당한 사람이 그 변호인을 자신의 범죄행위에 공범으로 가담시키려고 하였다는 등의 사정만으로 그 변호인의 신체구속을 당한 사람과의 접견교통을 금지하는 것이 정당화될 수는 없다. ② 이러한 법리는 신체구속을 당한 사람의 변호인이 1명이 아니라 여러 명이라고 하여 달라질 수 없고, 어느 변호인의 접견교통권의 행사가 그 한계를 일탈한 것인지의 여부는 해당 변호인을 기준으로 하여 개별적으로 판단하여야 할 것이다.

③ (○) 대법원 2008. 9. 12, 2008모793.

④ (○) 제243조의2 제4항 · 제5항.

⑤ (○) 제417조. 대법원 2003. 11. 11, 2003모402. [답 ②]

12. 증거개시(開示)제도에 관한 설명 중 틀린 것은? (다툼이 있는 경우 판례에 의함)

① 피고인 또는 변호인의 검사에 대한 증거개시는 검사가 신청할 예정인 증거 이외에 피고인에게 유리한 증거를 포함한 전면적 개시를 원칙으로 한다.

② 피고인 또는 변호인의 검사에 대한 증거개시 대상에는 피고인 또는 변호인이 행한 법률상, 사실상 주장과 관련된 서류 및 관련 형사재판확정기록, 불기소처분기록 등도 포함되며, 피고인에게 변호인이 있는 경우에는 피고인은 신청할 수 없다.

③ 변호사의 지시로 그 직원이 구금된 피의자의 변호인선임서를 경찰서에 제시하며 체포영장에 대한 등사신청을 하였으나 담당 경찰관이 '변호사가 직접 와서 신청하라'고 말하면서 등사를 거부한 행위는 위법하다.

④ 검사, 피고인 또는 변호인이 열람 · 등사 또는 서면의 교부에 관한 법원의 결정을 지체 없이 이행하지 아니하는 때에는 해당 증인 및 서류 등에 대한 증거신청을 할 수 없다.

⑤ 법원의 열람 · 등사 허용 결정은 그 결정이 고지되는 즉시 집행력이 발생한다.

해설

① (○) 헌법재판소 2010. 6. 24, 2009헌마257.
② (×) 피고인에게 변호인이 있는 경우에는 피고인은 열람만을 신청할 수 있다(제266조의3 제1항).
③ (○) 대법원 2012. 9. 13, 2010다24879. 체포영장과 같은 소송서류에 대한 등사신청이나 그 등본의 수령행위는 단순한 사실행위에 불과하여 신청권자의 위임을 받은 대리인 내지 사자(使者)가 대신 행사한다고 하여 그 내용이 달라지는 것도 아니어서 변호인이 반드시 이를 직접 행사하여야 할 필요가 없으며, 신청권자 본인만이 등사신청을 할 수 있는 것으로 제한하는 근거 규정도 없으므로 변호인은 직접 수사기관에 체포영장에 대한 등사를 신청하는 대신에 그 직원 등 사자(使者)를 통해서 이를 신청할 수 있다.
④ (○) 제266조의11 제4항, 제266조의4 제5항.
⑤ (○) 헌법재판소 2010. 6. 24, 2009헌마257. 법원의 열람·등사 허용 결정에 대하여 집행정지의 효력이 있는 즉시항고 등의 불복절차를 별도로 규정하고 있지 않으므로, 이러한 법원의 열람·등사 허용 결정은 그 결정이 고지되는 즉시 집행력이 발생한다고 보아야 할 것이다. [답 ②]

◇관련판례◇

헌법재판소 2010. 6. 24, 2009헌마257 : ① 형사소송법은 피고인의 신속·공정한 재판을 받을 권리 및 변호인의 조력을 받을 권리를 실질적으로 보장하기 위하여 공소가 제기된 후의 피고인 또는 변호인의 수사서류 열람·등사권에 대하여, 증거개시의 대상을 검사가 신청할 예정인 증거에 한정하지 아니하고 피고인에게 유리한 증거까지를 포함한 전면적인 증거개시를 원칙으로 한다. ② 형사소송법은 검사의 열람·등사 거부처분에 대하여 법원이 그 허용 여부를 결정하도록 하면서도, 법원의 열람·등사 허용 결정에 대하여 집행정지의 효력이 있는 즉시항고 등의 불복절차를 별도로 규정하고 있지 않으므로, 이러한 법원의 열람·등사 허용 결정은 그 결정이 고지되는 즉시 집행력이 발생한다고 보아야 할 것이다. ③ 피고인의 신속·공정한 재판을 받을 권리 및 변호인의 조력을 받을 권리는 헌법이 보장하고 있는 기본권이고, 변호인의 수사서류 열람·등사권은 피고인의 신속·공정한 재판을 받을 권리 및 변호인의 조력을 받을 권리라는 헌법상 기본권의 중요한 내용이자 구성요소이며 이를 실현하는 구체적인 수단이 된다. 따라서 변호인의 수사서류 열람·등사를 제한함으로 인하여 결과적으로 피고인의 신속·공정한 재판을 받을 권리 또는 변호인의 충분한 조력을 받을 권리가 침해된다면 이는 헌법에 위반되는 것이다. ④ 형사소송법 제266조의4 제5항은 검사가 수사서류의 열람·등사에 관한 법원의 허용 결정을 지체없이 이행하지 아니하는 때에는 해당 증인 및 서류 등에 대한 증거신청을 할 수 없도록 규정하고 있다. 그런데 이는 검사가 그와 같은 불이익을 감수하기만 하면 법원의 열람·등사 결정을 따르지 않을 수도 있다는 의미가 아니라, 피고인의 열람·등사권을 보장하기 위하여 검사로 하여금 법원의 열람·등사에 관한 결정을 신속히 이행하도록 강제하는 한편, 이를 이행하지 아니하는 경우에는 증거신청상의 불이익도 감수하여야 한다는 의미로 해석하여야 할 것이므로, 법원이 검사의 열람·등사 거부처분에 정당한 사유가 없다고 판단하고 그러한 거부처분이 피고인의 헌법상 기본권을 침해한다는 취지에서 수사서류의 열람·등사를 허용하도록 명한 이상, 법치국가와 권력분립의 원칙상 검사로서는 당연히 법원의 그러한 결정에 지체없이 따라야 할 것이다. 그러므로 법원의 열람·등사 허용 결정에도 불구하고 검사가 이를 신속하게 이행하지 아니하는 경우에는 해당 증인 및 서류 등을 증거로 신청할 수 없는 불이익을 받는 것에 그치는 것이 아니라, 그러한 검사의 거부행위는 피고인의 열람·등사권을 침해하고, 나아가 피고인의 신속·공정한 재판을 받을 권리 및 변호인의 조력을 받을 권리까지 침해하게 되는 것이다. ⑤ 신속하고 실효적인 구제절차를 형사소송절차 내에 마련하고자 열람·등사에 관한 규정을 신설한 입법취지와, 검사의 열람·등사 거부처분에 대한 정당성 여부가 법원에 의하여 심사된 마당에 헌법재판소가 다시 열람·등사 제한의 정당성 여부를 심사하게 된다면 이는 법원의 결정에 대한 당부의 통제가 되는 측면이 있는 점 등을 고려하여 볼 때, 이 사건과 같이 수사서류에 대한 법원의 열람·등사 허용 결정이 있음에도 검사가 열람·등사를 거부하는 경우 수사서류 각각에 대하여 검사가 열람·등사를 거부할 정당한 사유가 있는지를 심사할 필요 없이 그 거부행위 자체로써 청구인들의 기본권을 침해한다.

13. 변호인의 수사기록에 대한 열람·등사권에 관한 설명으로 틀린 것은?
(다툼이 있는 경우 판례에 의함)

① 영장실질심사에 참여할 변호인 또는 구속의 적부심사를 청구한 피의자의 변호인은 지방법원 판사에게 제출된 구속영장청구서 및 그에 첨부된 고소·고발장, 피의자의 진술을 기재한 서류와 피의자가 제출한 서류를 열람할 수 있다.

② 구속영장이 청구되거나 구속된 피의자의 변호인은 구속영장 또는 그 청구서를 보관하고 있는 검사, 사법경찰관 또는 법원사무관 등에게 그 등본의 교부를 청구할 수 있다.

③ 변호인의 수사기록에 대한 열람이 헌법상 변호인의 변호권 내지 알권리로 보호되는 것이라 하더라도, 기본권 제한의 일반적 법률유보조

항인 국가안전보장 · 질서유지 또는 공공복리를 위하여 제한될 수 있으며, 또한 다른 사람의 기본권과의 조화를 위하여 제한될 수 있다.

④ 법원이 검사에게 수사서류 등의 열람 · 등사 또는 서면의 교부를 허용할 것을 명한 결정에 대하여는 항고할 수 있다.

⑤ 공소제기된 사건에 관한 서류 또는 물건이 문서가 아닌 특수매체인 경우 특수매체에 대한 등사는 필요 최소한의 범위에 한한다.

해설

① (○) 규칙 제96조의21 제1항, 제104조의2.

② (○) 규칙 제101조.

③ (○) 헌법재판소 2003. 3. 27, 2000헌마474.

④ (×) 대법원 2013. 1. 24, 2012모1393. 법원이 검사에게 수사서류 등의 열람 · 등사 또는 서면의 교부를 허용할 것을 명한 결정은 피고사건 소송절차에서의 증거개시(開示)와 관련된 것으로서 제403조에서 말하는 '판결 전의 소송절차에 관한 결정'에 해당한다 할 것인데, 위 결정에 대하여는 형사소송법에서 별도로 즉시항고에 관한 규정을 두고 있지 않으므로 제402조에 의한 항고의 방법으로 불복할 수 없다고 보아야 한다.

⑤ (○) 제266조의3 제6항. [답 ④]

14. 증거개시제도에 관한 설명 중 옳은 것(○)과 옳지 않은 것(×)을 올바르게 조합한 것은? (다툼이 있는 경우 판례에 의함) 〈변호사 2013〉

ㄱ. 검사는 피고인 또는 변호인이 공판기일 또는 공판준비절차에서 현장부재 · 심신상실 또는 심신미약 등 법률상 · 사실상의 주장을 한 때에는 피고인 또는 변호인에게 그 주장과 관련된 서류 등의 열람 · 등사 또는 서면의 교부를 요구할 수 있다.

ㄴ. 피고인에게 변호인이 있는 경우에도 피고인은 검사에게 공소제기된 사건에 관한 서류 또는 물건의 목록과 공소사실의 인정 또는 양형에 영향을 미칠 수 있는 서류 등의 열람 · 등사 또는 서면의 교부를 신청할 수 있다.

ㄷ. 피고인 또는 변호인이 검사에게 열람 · 등사 또는 교부를 신청할 수 있는 서류 등에는 공소사실의 인정 또는 양형에 영향을 미칠 수 있는 서류 또는 물건만 해당되고, 녹음테이프와 비디오테이프 등 특수매체는 사생활 침해 및 전파가능성이 높기 때문에 포함되지 않는다.

ㄹ. 형사소송법상 검사가 수사서류의 열람 · 등사에 관한 법원의 허용

결정을 지체 없이 이행하지 아니하는 때에는 해당 증인 및 서류 등에 대한 증거신청을 할 수 없도록 규정되어 있으므로, 검사는 그와 같은 불이익을 감수하면 법원의 열람·등사의 결정을 따르지 않아도 위법하지 아니하다.

ㅁ. 검사는 피고인 또는 변호인의 신청이 있는 경우 서류 등의 목록에 대하여는 열람 또는 등사를 거부할 수 없다.

① ㄱ(×), ㄴ(○), ㄷ(×), ㄹ(○), ㅁ(○)
② ㄱ(○), ㄴ(×), ㄷ(×), ㄹ(×), ㅁ(○)
③ ㄱ(○), ㄴ(×), ㄷ(○), ㄹ(○), ㅁ(○)
④ ㄱ(×), ㄴ(×), ㄷ(○), ㄹ(○), ㅁ(×)
⑤ ㄱ(○), ㄴ(○), ㄷ(×), ㄹ(×), ㅁ(×)

해설

ㄱ. (○) 제266조의11 제1항 제1호.
ㄴ. (×) 피고인에게 변호인이 있는 경우에는 피고인은 서류 등의 열람만을 신청할 수 있다(제266조의3 제1항 단서).
ㄷ. (×) 피고인 또는 변호인이 검사에게 열람·등사 또는 교부를 신청할 수 있는 '공소제기된 사건에 관한 서류 또는 물건'에는 녹음테이프·비디오테이프 등의 특수매체도 포함된다(제266조의3 제6항).
ㄹ. (×) 대법원 2012. 11. 15, 2011다48452. 형사소송법 제266조의4 제5항은 검사가 수사서류의 열람·등사에 관한 법원의 허용 결정을 지체 없이 이행하지 아니하는 때에는 해당 증인 및 서류 등에 대한 증거신청을 할 수 없도록 규정하고 있는데, 이는 검사가 그와 같은 불이익을 감수하기만 하면 법원의 열람·등사 결정을 따르지 않을 수 있다는 의미가 아니라, 피고인의 열람·등사권을 보장하기 위하여 검사로 하여금 법원의 열람·등사에 관한 결정을 신속히 이행하도록 강제하는 한편 이를 이행하지 아니하는 경우에는 증거신청상의 불이익도 감수하여야 한다는 의미로 해석하여야 할 것이다. 甲 등이 乙지방검찰청 검사에게 수사서류의 열람·등사를 신청하였으나 거부당하자 법원에 형사소송법 제266조의4 제1항에 따라 수사서류의 열람·등사를 허용할 것을 명하는 결정을 하였는데도 검사가 일부 서류의 열람·등사를 거부한 경우, 법원이 검사의 열람·등사 거부처분에 정당한 사유가 없다고 판단하여 수사서류의 열람·등사를 허용하도록 명한 이상, 법에 기속되는 검사로서는 당연히 법원의 그러한 결정에 지체 없이 따라야 하는데도 법원의 결정에 반하여 수사서류의 열람·등사를 거부하였다면, 열람·등사 거부 행위 당시 검사에게 국가배상법 제2조 제1항에서 정한 과실이 인정된다.
ㅁ. (○) 제266조의3 제5항. [답 ②]

제 2 장 소송행위와 소송조건

제 1 절 소송행위의 의의와 종류

01. 소송행위의 의의와 종류에 관한 설명 중 옳지 않은 것은? (다수설에 의함)

① 소송행위는 소송절차를 조성하는 행위로서 일정한 소송법적 효과가 인정되는 것을 말한다.

② 고소, 상소제기, 재판은 법률행위적 소송행위이고, 변론, 논고, 구속영장의 집행은 사실행위적 소송행위이다.

③ 당사자의 소송행위에는 신청, 입증 및 진술이 있다.

④ 형사공판절차에서 변호인의 중복되고 상당하지 아니한 신문에 대하여 재판장이 제한을 명하는 것은 재판장의 소송지휘권에 속한다.

⑤ 절차형성행위는 원칙적으로 추완 · 취소가 인정되지만, 실체형성행위는 사정변경에 따른 추완이나 취소가 인정되지 않는다.

해설

①, ③ (○).

② (○) 법률행위적 소송행위는 일정한 소송법적 효과를 지향하는 의사표시를 요소로 하고 그에 상응하는 효과가 인정되는 소송행위를 말하며, 공소제기, 재판 및 상소의 제기가 여기에 속한다. 이에 반하여 사실행위적 소송행위란 주체의 의사와 관계없이 소송법적 효과가 부여되는 소송행위를 말하는데, 표시행위와 순수한 사실행위로 나눌 수 있다. 표시행위란 의사를 내용으로 하는 소송행위이지만 그에 상응하는 소송법적 효과가 인정되지 않는 것을 말한다. 논고, 구형, 변론, 증언, 감정 등이 이에 속한다. 순수한 사실행위에는 구속 · 압수 · 수색 등의 영장의 집행이 해당한다. 구속영장의 발부는 법률행위적 소송행위이지만 그 집행은 순수한 사실행위이다.

④ (○) 대법원 2008. 3. 27, 2007도4116.

⑤ (×) 절차형성행위는 절차유지의 원칙이 적용되어 원칙적으로 추완이나 취소가 인정되지 않는다(다수설). 제318조에 규정된 증거동의의 의사표시는 증거조사가 완료되기 전까지 취소 또는 철회할 수 있으나, 일단 증거조사가 완료된 뒤에는 취소 또는 철회가 인정되지 아니하므로 취소 또는 철회 이전에 이미 취득한 증거능력은 상실되지 않는다(대법원 2007. 7. 26, 2007도3906). [답 ⑤]

제 2 절 소송행위의 일반적 요소

01. 소송행위와 대리에 관한 다음 설명 중 틀린 것은? (다툼이 있는 경우 판례에 의함)

① 어머니가 주거지에서 소송기록접수통지서를 동거자로서 송달받은 경우, 그 어머니가 문맹이고 관절염, 골다공증으로 인하여 거동이 불편하다고 하더라도 그것만으로 사리를 변식할 능력이 없다고 할 수 없으므로 위 송달은 적법한 보충송달로서의 효력이 있다.

② 유죄의 선고를 받은 자가 재심을 청구하기 위하여 변호사를 선임한 경우에는 동 변호인도 재심청구를 할 수 있다.

③ 70세 이상인 피고인에게 사선변호인이 없음에도 국선변호인을 선정하지 아니한 채 개정하여 사건을 심리한 경우 이와 같은 공판절차에서 이루어진 소송행위는 무효이다.

④ 소송능력이란 소송당사자가 유효하게 소송행위를 할 수 있는 능력, 즉 피고인 또는 피의자가 자기의 소송상의 지위와 이해관계를 이해하고 이에 따라 방어행위를 할 수 있는 의사능력을 의미한다.

⑤ 고소 · 고발 및 그 취소의 대리나 경미사건에서의 대리인출석은 허용되지만, 증언의 대리는 허용되지 아니한다.

해설

① (○) 대법원 2000. 2. 14, 99모225.
② (○) 대법원 1956. 4. 27, 4288형재항10.
③ (○) 대법원 2005. 5. 26, 2004도1925 ; 대법원 2006. 1. 13, 2005도5925.
④ (○) 대법원 2009. 11. 19, 2009도6058(전원합의체).
⑤ (×) 고소 또는 그 취소의 대리(제236조), 경미사건에 대한 피고인의 대리(제277조) 등은 허용된다. 그러나 고발은 피해자 본인 및 고소권자를 제외하고는 누구나 할 수 있는 것이어서 고발의 대리는 허용되지 않는다(대법원 1989. 9. 26, 88도1533). [답 ⑤]

02. 반드시 서면으로 하지 않아도 되는 소송행위만으로 2개를 열거한 것은?

㈎ 구속의 통지	㈏ 상소권회복청구	㈐ 공소장변경
㈑ 재정신청	㈒ 상소의 포기와 취하	㈓ 항소

① ㈎, ㈐　② ㈏, ㈑　③ ㈐, ㈒
④ ㈑, ㈓　⑤ ㈒, ㈓

✍ **해설**

(가) (○) 제87조 제2항.
(나) (○) 서면으로 원심법원에 제출하여야 한다(제346조 제1항).
(다) (×) 대법원 2005. 10. 28, 2005도5996. 규칙 제142조에 의하면, 공소장에 기재한 공소사실 또는 적용법조의 추가, 변경, 철회는 원칙적으로 공소장변경허가신청서에 의하여야 하나, 피고인이 재정하는 공판정에서는 피고인의 이익이 되거나 피고인이 동의하는 경우에 한하여 구술에 의하여도 가능하다고 할 것이다.
(라) (○) 제260조 제3항.
(마) (×) 상소의 포기 또는 취하는 서면으로 하여야 하지만 공판정에서는 구술로 할 수 있다(제352조 제1항).
(바) (○) 제359조. [답 ③]

03. **공판조서에 관한 설명 중 틀린 것을 모두 고르면?** (다툼이 있는 경우 판례에 의함)

> (가) 피고인은 공판조서의 열람 또는 등사를 청구할 수 있고, 공판조서를 읽지 못하는 때에는 공판조서의 낭독을 청구할 수 있으나, 다만 이러한 청구에 응하지 않더라도 그 공판조서를 유죄의 증거로 할 수 있다.
> (나) 공판조서에 검사가 공소장변경을 구술로 신청하고, 피고인 및 변호인이 위 공소장변경에 대하여 동의하며, 재판장이 위 공소장변경을 허가한다는 결정을 고지한 것으로 기재되어 있는 경우, 위 공판조서의 기재가 오기임을 인정할 아무런 증거가 없다면, 공소사실과 적용법조는 적법하게 변경되었다고 할 것이다.
> (다) 열람·등사가 늦어짐으로 인하여 피고인의 방어권 행사에 지장이 있었다 하더라도 변론종결 이전에 공판조서를 열람·등사한 경우에는 그 공판조서를 유죄의 증거로 할 수 있다.

① (나) ② (가), (나) ③ (가), (다)
④ (나), (다) ⑤ (가), (나), (다)

✍ **해설**

(가) (×) 피고인은 공판조서를 열람 또는 등사를 청구할 수 있고, 공판조서를 읽지 못하는 때에는 공판조서의 낭독을 청구할 수 있다(제55조 제1항·제2항). 이러한 청구에 응하지 아니한 때에는 그 공판조서를 유죄의 증거로 할 수 없다(동조 제3항).
(나) (○) 대법원 2005. 10. 28, 2005도5996. 형사소송법 제56조에 의하면, 소송절차에 관한 사실은 공판조서의 기재가 소송기록상 명백한 오기인 경우를 제외

하고는, 공판조서에 기재된 대로 공판절차가 진행된 것으로 증명되고, 다른 자료에 의한 반증은 허용되지 아니한다고 할 것이고, 한편 형사소송규칙 제142조에 의하면, 공소장에 기재한 공소사실 또는 적용법조의 추가, 변경, 철회는 원칙적으로 공소장변경허가신청서에 의하여야 하나, 피고인이 재정하는 공판정에서는 피고인의 이익이 되거나 피고인이 동의하는 경우에 한하여 구술에 의하여도 가능하다고 할 것이다.

㈐ (×) 대법원 2007. 7. 26, 2007도3906. 피고인이 원하는 시기에 공판조서를 열람·등사하지 못하였다 하더라도 그 변론종결 이전에 이를 열람·등사한 경우에는 그 열람·등사가 늦어짐으로 인하여 피고인의 방어권 행사에 지장이 있었다는 등의 특별한 사정이 없는 한 형사소송법 제55조 제1항 소정의 피고인의 공판조서의 열람·등사청구권이 침해되었다고 볼 수 없어 그 공판조서를 유죄의 증거로 할 수 있다. [답 ③]

04. 공판조서 등 소송서류에 관한 다음 설명 중 옳은 것은? (다툼이 있는 경우 판례에 의함)

① 소송에 관한 서류는 공판의 개정 전에 공개하여야 한다.

② 형사소송법상 공판조서의 작성자는 재판장이다.

③ 공소사실이 최초로 심리된 제1심 제4회 공판기일부터 피고인이 공소사실을 일관되게 부인하여 경찰작성 피의자신문조서의 진술내용을 인정하지 않는 경우, 제1심 제4회 공판기일에 피고인이 위 서증의 내용을 인정한 것으로 공판조서에 기재된 것은 착오 기재 등으로 보아 위 피의자신문조서의 증거능력을 부정하여야 한다.

④ 검사, 피고인 또는 변호인은 공판조서의 기재에 대하여 변경을 청구하거나 이의를 제기할 수 있고, 이에 따른 청구나 이의가 있는 때에는 그 취지와 이에 대한 재판장의 의견을 당해 공판조서에 기재하여야 한다.

⑤ '감정인의 감정내용, 통역인의 통역내용, 피의자의 진술내용 등'은 공판조서의 기재만으로써 증명한다.

해설

① (×) 소송에 관한 서류는 공판의 개정 전에는 공익상 필요 기타 상당한 이유가 없으면 공개하지 못한다(제47조).

② (×) 공판기일의 소송절차에 관하여는 참여한 법원사무관 등이 공판조서를 작성하여야 한다(제51조 제1항).

③ (○) 대법원 2010. 6. 24, 2010도5040.

④ (×) 그 취지와 이에 대한 재판장의 의견을 기재한 조서를 당해 공판조서에 첨부하여야 한다(제54조 제3항).

⑤ (×) 공판조서의 기재만으로써 증명할 수 있는 것은 '공판기일의 소송절차'이므로(제56조) 진술내용 등은 이에 해당하지 아니한다. [답 ③]

05. 송달에 관한 설명 중 틀린 것은? (다툼이 있는 경우 판례에 의함)

① 검사에 대한 송달은 서류를 소속검찰청에 송부하여야 한다.
② 주거, 사무소 또는 송달영수인의 선임을 신고하여야 할 자가 그 신고를 하지 아니하는 때에는 법원사무관 등은 서류를 우체에 부치거나 기타 적당한 방법에 의하여 송달할 수 있고, 서류를 우체에 부친 경우에는 도달된 때에 송달된 것으로 간주한다.
③ 수소법원이 송달을 실시함에 있어 당사자 또는 소송관계인의 수감사실을 모르고 종전의 주·거소에 하였다면 송달의 효력은 발생하지 않는다.
④ 약식명령의 송달 자체가 부적법하더라도 당사자가 약식명령이 고지된 사실을 다른 방법으로 알았다면 그 송달의 효력이 발생한다.
⑤ 기록상 피고인의 집 전화번호 또는 휴대전화번호 등이 나타나 있는 경우에는 위 전화번호로 연락하여 송달받을 장소를 확인하여 보는 등의 시도를 해 본 이후에야 피고인에 대한 공시송달을 할 수 있다.

해설

① (○) 제62조.
② (○) 제61조.
③ (○) 대법원 1995. 6. 14, 95모14.
④ (×) 대법원 1995. 6. 14, 95모14. 송달 자체가 부적법한 이상 당사자가 약식명령이 고지된 사실을 다른 방법으로 알았다고 하더라도 송달의 효력은 여전히 발생하지 않는다.
⑤ (○) 대법원 2010. 1. 28, 2009도12430. [답 ④]

06. 소송서류의 송달에 관한 설명 중 옳은 것을 모두 고르면? (다툼이 있는 경우 판례에 의함)

(가) 교도소 또는 구치소에 구속된 자에 대한 송달은 그 소장에게 송달하면 구속된 자에게 전달된 여부와 관계없이 효력이 발생한다.
(나) 구치소에 수용중인 자에 대한 재심기각결정을 구치소장에게 송달하지 아니하고 교도소 직원을 통하여 수용중인 자에게 전달한 경우 송달의 효력이 발생한다.

(다) 항소 후 다른 곳으로 전입하여 주민등록상 신고를 한 피고인의 종전 주거지로 소송기록접수통지서를 송달하여 피고인의 모(母)가 이를 수령한 경우 위 송달은 그 효력이 없다.
(라) 8세 4월 정도의 아이가 송달로 인하여 생기는 형사절차에 있어서의 효력을 이해하였다고 볼 수 없고, 그 송달 자체의 취지를 이해하고 영수한 서류를 수송달자인 아버지에게 교부하는 것을 기대할 수 있는 능력도 없으므로 위 송달은 위법하다.
(마) 형사소송법 제65조에 따라 송달에 관하여 준용되는 민사소송법의 규정에 의하여 송달한 기관이 송달에 관한 사유를 서면으로 작성하여 법원에 제출하는 송달보고서 기재상의 흠이 있다면 그 송달은 부적법하게 되어 무효가 된다.

① (가), (다) ② (가), (다), (마) ③ (나), (다), (라)
④ (나), (라), (마) ⑤ (가), (나), (다), (마)

해설

(가) (○) 대법원 1995. 1. 12, 94도2687.
(나) (×) 대법원 2009. 8. 20, 2008모630. 재감자인 피고인이 재심기각결정이 고지된 사실을 다른 방법으로 알았다고 하더라도 송달의 효력은 여전히 발생하지 않는다.
(다) (○) 대법원 1997. 6. 10, 96도2814. 피고인이 주민등록상의 신고와 같이 주거지를 변경한 것이라면 피고인의 종전 주거지는 제65조에 의하여 준용되는 민사소송법 제170조 소정의 적법한 송달장소라고 할 수 없고, 피고인의 모(母)를 같은 민사소송법 제172조 제1항 소정의 동거자라고도 할 수 없으므로 위 송달은 그 효력이 없다.
(라) (×) 대법원 1995. 8. 16, 95모20. 8세 4월 정도의 여자 어린이가 송달로 인하여 생기는 형사소송절차에 있어서의 효력까지 이해하였다고 볼 수는 없으나 그 송달 자체의 취지를 이해하고 영수한 서류를 수송달자인 아버지에게 교부하는 것을 기대할 수 있는 능력 정도는 있다고 볼 것이므로 위 송달은 적법하다.
(마) (×) 대법원 2000. 8. 22, 2000모42. 형사소송절차에 있어서도 제65조에 따라 송달에 관한 민사소송법의 규정이 준용되는바, 민사소송법 제178조의 규정에 의하여 송달한 기관이 송달에 관한 사유를 서면으로 작성하여 법원에 제출하는 송달보고서는 송달사실에 대한 증거방법에 지나지 않는다고 할 것이나, 송달보고서는 공문서로서 그의 진정성립이 추정되기에 송달보고서 기재상의 흠이 있다고 하여 바로 그 송달이 부적법하게 되어 무효가 되는 것은 아니고 다른 증거방법에 의하여 송달실시행위가 적법하게 이루어졌음이 증명되는 한 송달은 유효한 것으로 해석되며, 다른 증거방법에 의하여도 송달실시행위가 적법하게 이루어졌음을 증명할 수 없는 경우에만 송달을 무효로 볼 것이다. [답 ①]

◇관련판례◇

대법원 2009. 8. 20, 2008모630 : ① 교도소·구치소 또는 국가경찰관서의 유치장에 체포·구속 또는 유치된 사람에게 할 송달은 교도소·구치소 또는 국가경찰관서의 장에게 하도록 되어 있는바(형사소송법 제65조, 민사소송법 제182조), 재감자에 대한 재심기각결정의 송달을 교도소 등의 장에게 하지 아니하였다면 부적법하여 무효이고, 즉시항고 제기기간의 기산일을 정하게 되는 송달 자체가 부적법한 이상 재감자인 피고인이 재심기각결정이 고지된 사실을 다른 방법으로 알았다고 하더라도 송달의 효력은 여전히 발생하지 않는다. ② 제1심 법원이 재심청구기각결정을 2008. 2. 28. 재항고인에게 송달한 후 다시 구치소장에게 2008. 3. 18. 송달한 경우 위 결정을 구치소장이 아닌 재항고인에게 송달한 것은 부적법하여 무효이고 송달받을 사람을 구치소장으로 하여 다시 송달한 때 비로소 그 송달의 효력이 발생하는 것이어서, 2008. 3. 18.부터 3일의 즉시항고기간 내인 2008. 3. 21.에 제기된 재항고인의 즉시항고는 적법하다.

대법원 1996. 6. 3, 96모32 : ① 형사소송절차에 있어서도 형사소송법 제65조에 따라 보충송달에 관한 민사소송법 제172조 제1항이 준용되어야 하므로, 피고인의 동거가족에게 서류가 교부되고 그 동거가족이 사리를 변식할 지능이 있는 이상 피고인이 그 서류의 내용을 알지 못한 경우에도 송달의 효력은 있다 할 것인바, 사리를 변식할 지능이 있다고 하려면, 사법제도 일반이나 소송행위의 효력까지 이해할 필요는 없다 하더라도 적어도 송달의 취지를 이해하고 영수한 서류를 수송달자에게 교부하는 것을 기대할 수 있는 정도의 능력은 있어야 한다. ② 피고인의 아들이 송달 당시 10세 정도라면 송달로 인하여 생기는 형사소송절차에 있어서의 효력까지 이해하였다고 볼 수는 없으나 그 송달 자체의 취지를 이해하고 영수한 서류를 송달을 받을 아버지(피고인)에게 교부하는 것을 기대할 수 있는 능력 정도는 있다고 볼 것이므로, 피고인에 대한 소송기록접수통지서의 송달은 적법하다.

제 3 절 소송행위의 가치판단

01. 소송행위에 관한 설명으로 틀린 것은? (다툼이 있는 경우 판례에 의함)

〈행시 2004 변형〉

① 무효인 소송행위라도 당연무효가 아니라면 법원의 판단이 요구된다.

② 절차형성행위에 대해서는 철회를 인정하는 명문규정이 있다.

③ 순수한 절차형성행위의 경우 절차유지의 원칙상 취소는 인정되지 않는다.

④ 검사의 기명날인 또는 서명이 없는 상태의 공소장에 의한 공소제기는 무효이며, 공소를 제기한 검사가 공소장에 기명날인 또는 서명을 추완하는 등의 방법에 의하여 공소제기가 유효하게 될 수는 없다.

⑤ 실체형성행위의 경우 착오가 있더라도 소송행위의 효력에 영향을 미치지 않는다.

해설

① (○) 소송행위가 성립(존재)한 때에는 무효라도 방치할 수 없고, 절차형성행위 특히 신청에 관하여는 법원의 판단을 요한다. 예컨대 공소제기가 무효인 경우에도 법원은 공소기각의 판결을 하여야 한다(제327조 제2호).

② (○) 예컨대 상소취하(제349조), 재심청구취하(제429조), 정식재판청구취하(제454조) 등이 있다.

③ (○) 소송행위의 효력을 소급적으로 소멸시키는 취소는 인정되지 않는다. 공소취소(제255조), 고소취소(제232조), 재정신청취소(제264조)는 엄격한 의미의 취소가 아니라 철회에 해당한다.

④ (×) 대법원 2012. 9. 27, 2010도17052. 형사소송법 제57조 제1항의 '공무원이 작성하는 서류'에는 검사가 작성하는 공소장이 포함되므로, 검사의 기명날인 또는 서명이 없는 상태로 관할법원에 제출된 공소장은 형사소송법 제57조 제1항에 위반된 서류라 할 것이다. 그리고 이와 같이 법률이 정한 형식을 갖추지 못한 공소장 제출에 의한 공소의 제기는 특별한 사정이 없는 한 그 절차가 법률의 규정에 위반하여 무효인 때(형사소송법 제327조 제2호)에 해당한다. 다만 이 경우 공소를 제기한 검사가 공소장에 기명날인 또는 서명을 추완하는 등의 방법에 의하여 공소의 제기가 유효하게 될 수 있다.

⑤ (○) 실체형성행위는 객관적 진실과의 합치 여부가 중요할 뿐 소송행위자의 진의와의 합치 여부는 문제되지 않으므로 착오가 있더라도 소송행위의 효력에 영향이 없다. [답 ④]

02. 법원이 즉결심판청구를 기각하자, 경찰서장이 사건을 관할 지방검찰청의 장에게 송치하였으나 담당검사는 이를 즉결심판에 대한 피고인의 정식재판청구가 있다고 오인하여 사건기록을 법원에 송부하였다. 그 후 법원이 피고인을 소환함으로써 사실상의 소송계속이 발생하였다. 이 사안에 대한 설명으로 틀린 것은? (다툼이 있는 경우 판례에 의함) 〈행시 2004 변형〉

① 경찰서장이 사건을 관할 지방검찰청 또는 지청의 장에게 송치한 것은 적법하다.

② 검사가 즉결심판 사건기록을 법원에 송부한 사실만으로는 공소제기

가 이루어진 것으로 볼 수 없다.

③ 검사가 사후에 공소장을 제출한다면 하자가 치유되어 소급하여 공소제기가 유효한 것으로 된다.

④ 검사가 사후에 공소장을 제출한 때에는 그 시점부터 실체적 소송계속이 이루어진다.

⑤ 검사에 의한 공소장의 제출은 공소제기라는 소송행위가 성립하기 위한 본질적 요소이다.

해설

① (○) 즉결심판에 관한 절차법 제5조.

②, ④, ⑤ (○) 대법원 2003. 11. 14, 2003도2735.

③ (×) 대법원 2003. 11. 14, 2003도2735. ① 소송행위가 성립하기 위하여는 소송행위에 요구되는 소송법상의 정형을 충족하기 위한 본질적 개념요소를 구비하여야 할 것이고, 공소제기는 법원에 대하여 특정한 형사사건의 심판을 요구하는 검사의 법률행위적 소송행위로서 형사소송법 제254조 제1항은 공소를 제기함에는 공소장을 관할법원에 제출하여야 하도록 규정하고, 같은 조 제4항은 위 공소장에는 피고인의 성명 기타 피고인을 특정할 수 있는 사항, 죄명, 공소사실, 적용법조 등 일정한 사항을 기재하도록 하고 있는바, 형사소송법이 공소의 제기에 관하여 위와 같은 서면주의와 엄격한 요식행위를 채용한 것은 공소의 제기에 의해서 법원의 심판이 개시되므로, 심판을 구하는 대상(공소사실 및 피고인)을 명확하게 하고 피고인의 방어권을 보장하기 위한 것이라 할 것이어서 검사에 의한 공소장의 제출은 공소제기라는 소송행위가 성립하기 위한 본질적 요소라고 보아야 할 것이므로, 이러한 공소장의 제출이 없는 경우에는 소송행위로서의 공소제기가 성립되었다고 할 수 없다. ② 법원이 경찰서장의 즉결심판 청구를 기각하여 경찰서장이 사건을 관할 지방검찰청으로 송치하였으나 검사가 이를 즉결심판에 대한 피고인의 정식재판청구가 있은 사건으로 오인하여 그 사건기록을 법원에 송부한 경우, 공소제기의 본질적 요소라고 할 수 있는 검사에 의한 공소장의 제출이 없는 이상 기록을 법원에 송부한 사실만으로 공소제기가 성립되었다고 볼 수 없다. ③ 소송행위로서 요구되는 본질적인 개념요소가 결여되어 소송행위로 성립되지 아니한 경우에는 소송행위가 성립되었으나 무효인 경우와는 달리 하자의 치유문제는 발생하지 않으나, 추후 당해 소송행위가 적법하게 이루어진 경우에는 그 때부터 위 소송행위가 성립된 것으로 볼 수 있다. ④ 원래 공소제기가 없었음에도 피고인의 소환이 이루어지는 등 사실상의 소송계속이 발생한 상태에서 검사가 약식명령을 청구하는 공소장을 제1심 법원에 제출하고, 위 공소장에 기하여 공판절차를 진행한 경우 제1심 법원으로서는 이에 기하여 유·무죄의 실체판단을 하여야 한다. [답 ③]

03. 소송행위에 대한 설명 중 틀린 것은? (다툼이 있는 경우 판례에 의함)

① 공소의 제기에 있어서 현저한 방식위반이 있는 경우에는 공소제기

의 절차가 법률의 규정에 위반하여 무효인 경우에 해당된다고 할 것이고, 위와 같은 절차위배의 공소제기에 대하여 피고인과 변호인이 이의를 제기하지 아니하고 변론에 응하였다고 하여 그 하자가 치유되지는 않는다.

② 피고인의 보석허가청구가 있어 법원이 검사의 의견을 서면으로 요청하자 검사가 "검찰상고포기, 석방지휘 하였으므로 본건 보석청구 이유 없음"이라는 의견을 기재한 서면을 법원에 송부 접수시켰다면 그 서면은 상고를 포기한다는 의사표시를 명시한 서면이라고 볼 수 있다.

③ 교도관이 내어 주는 상소권포기서를 항소장으로 잘못 믿은 나머지 이를 확인하여 보지도 않고 서명무인한 경우 재항고인의 항소포기는 유효하다.

④ 보호감호를 선고받은 피고인이 보호감호가 선고된 것으로 알고 일단 상고를 제기하였다가 보호감호청구가 기각되었다는 취지의 교도관의 말과 공판출정 교도관이 작성한 판결선고 결과보고서의 기재를 믿은 나머지 착오에 빠져 판결등본송달을 기다리지 않고 상고취하를 함으로써 보호감호처분이 확정된 경우 위 상고취하를 무효로 볼 수 없다.

⑤ 절차형성적 소송행위가 착오로 인하여 무효로 되기 위하여서는 중요한 점(동기를 포함)에 관하여 착오가 있고, 착오가 행위자 또는 대리인이 책임질 수 없는 사유로 인하여 발생하였으며, 그 행위를 유효로 하는 것이 현저히 정의에 반한다고 인정될 것 등의 요건을 필요로 한다.

해설

① (○) 대법원 2009. 2. 26, 2008도11813.
② (×) 대법원 1984. 2. 28, 83도3087.
③ (○) 대법원 1995. 8. 17, 95모49. 재항고인에게 과실이 없다고 보기는 어렵다.
④ (○) 대법원 1992. 3. 13, 92모1. 상고취하에 피고인의 과실이 없었다고 단정할 수 없다.
⑤ (○) 대법원 1992. 3. 13, 92모1(절차형성적 소송행위가 착오로 인하여 행하여진 경우, 절차의 형식적 확실성을 강조하면서도 피고인의 이익과 정의의 희생이 커서는 안 된다는 측면에서 그 소송행위의 효력을 고려할 필요가 있으므로). [답 ②]

04. 소송행위에 대한 설명 중 옳은 것을 모두 고르면? (다툼이 있는 경우 판례에 의함)

㈎ 피해자가 의식을 회복하지 못하고 있는 이상 피해자의 아버지가 피해자를 대리하여 피고인에 대한 처벌을 희망하지 아니한다는 의사를 표시하는 것이 허용된다. ㈏ 법원이 수감 중인 피고인에 대하여 공소장 부본과 피고인소환장 등을 종전 주소지 등으로 송달한 경우는 물론 공시송달의 방법으로 송달하였더라도 이는 위법하다. ㈐ 음주운전과 관련한 도로교통법 위반죄의 범죄수사를 위하여 미성년자인 피의자의 혈액채취가 필요한 경우 피의자에게 의사능력이 없는 때에는 법정대리인이 피의자를 대리하여 동의할 수 있다. ㈑ 피고인 남편의 주소지가 기록상 나타나 있고, 피고인이 경찰에서 남편의 휴대전화번호를 진술한 경우 공시송달결정을 함에 앞서 피고인 남편의 주소지로 송달이 가능한지 여부를 살펴보거나 위 휴대전화번호로 연락하여 송달받을 장소를 확인하여 보는 등의 조치를 취했어야 한다.

① ㈎, ㈐ ② ㈏, ㈑ ③ ㈎, ㈏, ㈐
④ ㈏, ㈐, ㈑ ⑤ ㈎, ㈏, ㈐, ㈑

해설 ……………………………………

㈎ (×) 대법원 2013.9.26, 2012도568(허용되지 아니한다).
㈏ (○) 대법원 2013.6.27, 2013도2714.
㈐ (×) 대법원 2014.11.13, 2013도1228. 피의자에게 의사능력이 있다면 피의자 본인만이 혈액채취에 관한 유효한 동의를 할 수 있고, 피의자에게 의사능력이 없는 경우에도 명문의 규정이 없는 이상 법정대리인이 피의자를 대리하여 동의할 수는 없다.
㈑ (○) 대법원 2014.5.16, 2014도3037. [답 ②]

제 4 절 소송조건

01. 다음 설명 중 틀린 것은? (다툼이 있는 경우 판례에 의함)

① 공소장변경으로 공소사실이 변경된 경우에는 변경된 공소사실을 기준으로 소송조건을 판단해야 한다.

② 소송조건이 구비되어 있지 아니한 경우에는 형식재판을 통하여 소송절차를 종결시켜야 한다.
③ 관할권이 없는 법원이 행한 소송행위는 부적법하지만 그 효력에는 영향이 없다.
④ 고발인이 농지전용행위를 한 사람을 갑으로 잘못 알고 갑을 피고발인으로 하여 고발하였다고 하더라도 을이 농지전용행위를 한 이상 을에 대하여도 고발의 효력이 미친다.
⑤ 폭행죄는 피해자의 명시한 의사에 반하여 공소를 제기할 수 없는 반의사불벌죄로서 처벌불원의 의사표시는 의사능력이 있는 피해자가 단독으로 할 수 있는 것이고, 피해자가 사망한 후 그 상속인이 피해자를 대신하여 처벌불원의 의사표시를 할 수도 있다.

해설

① (○) 대법원 2003. 3. 11, 2003도585.
② (○) 제319조, 제326조, 제327조, 제328조.
③ (○) 제2조.
④ (○) 대법원 1994. 5. 13, 94도458(고발이란 범죄사실을 수사기관에 고하여 그 소추를 촉구하는 것으로서 범인을 지적할 필요가 없는 것이고 또한 고발에서 지정한 범인이 진범인이 아니더라도 고발의 효력에는 영향이 없는 것이므로).
⑤ (×) 피해자가 사망한 후 그 상속인이 피해자를 대신하여 처벌불원의 의사표시를 할 수는 없다고 보아야 한다(대법원 2010. 5. 27, 2010도2680). [답 ⑤]

02. **소송조건의 추완에 관한 설명 중 옳은 것을 모두 고르면?** (다툼이 있는 경우 판례에 의함)

(가) 상소기간 만료 후 상소권회복청구에 의하여 다시 상소를 제기한 경우는 보정적 추완에 해당한다.
(나) 변호인 선임신고가 되지 아니한 상태에서 항소이유서를 제출하고 항소이유서제출기간 경과 후 변호인선임계가 제출된 경우 보정적 추완이 인정된다.
(다) 기소 당시에는 이중기소된 위법이 있었다 하여도 그 후 공소사실과 적용법조가 적법하게 변경되어 새로운 사실의 소송계속상태가 있게 된 때에는 이중기소된 위법상태가 계속 존재한다고 할 수는 없다.
(라) 검사가 고소취소된 사건을 협박죄로 기소하였다가 공갈미수로 공소

장변경을 신청하여 허가된 경우 그 공소제기의 하자는 치유된다.
(마) 강간치사죄로 기소되었다가 강간죄로 공소장이 변경되자 비로소 피해자가 고소장을 제출한 경우 고소의 추완이 인정된다.

① (가), (나) ② (나), (다) ③ (나), (마)
④ (다), (라) ⑤ (다), (라), (마)

해설

(가) (×) 하자 있는 소송행위를 다시 함으로써 당해 소송행위가 유효하게 될 수 있는 것을 단순추완이라고 한다.
(나) (×) 대법원 1969. 10. 4, 69모68. 변호인선임계를 제출하지 아니한 채 항소이유서만을 제출하고 동 이유서제출기간 경과 후에 변호인선임계를 제출하였다면 이는 적법 유효한 변호인의 항소이유서로 볼 수 없다.
(다) (○) 대법원 1989. 2. 14, 85도1435.
(라) (○) 대법원 1996. 9. 24, 96도2151. 공갈죄의 수단으로서 한 협박은 공갈죄에 흡수될 뿐 별도로 협박죄를 구성하지 않으므로, 그 범죄사실에 대한 피해자의 고소는 결국 공갈죄에 대한 것이라 할 것이어서 그 후 고소가 취소되었다 하여 공갈죄로 처벌하는 데에 아무런 장애가 되지 아니하며, 검사가 공소를 제기할 당시에는 그 범죄사실을 협박죄로 구성하여 기소하였다 하더라도, 그 후 공판 중에 기본적 사실관계가 동일하여 공소사실을 공갈미수로 공소장변경이 허용된 이상 그 공소제기의 하자는 치유된다.
(마) (×) 대법원 1982. 9. 14, 82도1504. 강간죄는 친고죄로서 피해자의 고소가 있어야 죄를 논할 수 있고 기소 이후의 고소의 추완은 허용되지 아니한다 할 것이며 이는 비친고죄인 강간치사죄로 기소되었다가 강간죄로 공소장이 변경되는 경우에도 동일하다 할 것이니, 강간치사죄의 공소사실을 강간죄로 변경한 후에 이르러 비로소 고소장을 제출한 경우에는 강간죄의 공소제기절차는 법률의 규정에 위반하여 무효인 때에 해당한다. [답 ④]

03. **소송조건에 대한 설명 중 옳은 것은?** (다툼이 있는 경우 판례에 의함)

① 세무공무원의 고발 없이 조세범칙사건의 공소가 제기된 후에 세무공무원이 고발을 하였다면 그 공소제기절차의 하자가 치유된다.
② 반의사불벌죄에 있어서 처벌불원의 의사표시의 부존재를 당사자가 항소이유로 주장하지 아니하였다면 법원이 이를 직권으로 조사·판단하여야 할 것은 아니다.
③ 동일한 신고의무위반에 대하여 이중으로 기소가 이루어진 경우 후행사건을 처리하는 법원이 먼저 공소제기된 사건의 결과가 어떻게 되었는지를 따져 본 후 후행사건에 대하여 실체판단에 들어갈 것인

지 여부를 결정하여야 하는 것은 아니다.

④ 변호인선임신고서를 제출하지 아니한 변호인이 변호인 명의로 정식재판청구서만 제출하고 정식재판청구기간 경과 후에 비로소 변호인선임신고서를 제출하였다고 하더라도, 변호인명의로 제출한 위 정식재판청구서는 정식재판청구서로서의 효력이 있다.

⑤ 신호를 위반하여 차량을 운행함으로써 사람을 상해에 이르게 한 교통사고로 공소가 제기된 피고인에게 아무런 업무상 주의의무위반이 없다는 점이 증명되고 또한 자동차종합보험에 가입되어 있어 공소를 제기할 수 없음에도 불구하고 이에 위반하여 공소를 제기한 경우에 해당하는 경우 법원은 피고인에게 무죄를 선고할 것이 아니라, 소송조건의 흠결을 이유로 공소기각의 판결을 선고하여야 한다.

해설

① (×) 대법원 1970. 7. 28, 70도942. 세무공무원의 고발 없이 조세범칙사건의 공소가 제기된 후에 세무공무원이 고발을 하였다 하여도 그 공소절차의 무효가 치유된다고는 볼 수 없다.

② (×) 대법원 2009. 12. 10, 2009도9939. 반의사불벌죄에 있어서 처벌불원의 의사표시의 부존재는 소위 소극적 소송조건으로서 직권조사사항이라 할 것이므로 당사자가 항소이유로 주장하지 아니하였다고 하더라도 원심은 이를 직권으로 조사 · 판단하여야 한다.

③ (×) 대법원 2001. 12. 24, 2001도4506. 동일한 신고의무위반에 대하여 이중으로 기소가 이루어진 경우 후행사건을 처리하는 법원으로서는 먼저 공소제기된 사건의 결과가 어떻게 되었는지를 따져 본 후 후행사건에 대하여 실체판단에 들어갈 것인지 여부를 결정하여야 한다.

④ (×) 대법원 2005. 1. 30, 2003모429. 적법 · 유효한 정식재판청구서로서의 효력이 없다.

⑤ (○) 대법원 2004. 11. 26, 2004도4693. 결국 교통사고처리특례법 제4조 제1항 본문에 따라 공소를 제기할 수 없음에도 불구하고 이에 위반하여 공소를 제기한 경우에 해당하고, 따라서 위 공소제기는 제327조 제2호 소정의 공소제기절차가 법률의 규정에 위반하여 무효인 때에 해당하는바, 이러한 경우 법원으로서는 위 교통사고에 대하여 피고인에게 아무런 업무상 주의의무위반이 없다는 점이 증명되었다 하더라도 바로 무죄를 선고할 것이 아니라, 제327조의 규정에 의하여 소송조건의 흠결을 이유로 공소기각의 판결을 선고하여야 한다.

[답 ⑤]

제 3 편

수사와 공소

제1장 수　　사
제2장　강제처분과 강제수사
제3장　수사의 종결
제4장 공소의 제기

제 1 장 수 사

제 1 절 수사의 의의와 구조

01. 수사와 관련된 다음 설명 중 틀린 것은? (다툼이 있는 경우 판례에 의함)

① 교통법규를 위반하고 도주하는 차량에 대하여 직무질문을 위하여 순찰차로 추적할 수 있다.

② 음주운전 혐의자가 차에 타고 운전해 가려고 하므로 창으로 손을 넣어 엔진 키를 돌려 시동을 끄는 행위는 적법하다.

③ 승낙 없이 상의 안주머니에 손을 넣어 소지품을 꺼내는 것은 위법하다.

④ 음주측정을 위하여 위법하게 체포한 후에 요구한 음주측정에 불응하더라도 도로교통법위반(음주측정거부)으로 처벌할 수 없다.

⑤ 범죄의 피의자로 입건된 사람이 경찰공무원이나 검사의 신문을 받으면서 자신의 신원을 밝히지 않고 지문채취에 불응하는 경우, 형사처벌을 통하여 지문채취를 강제하는 것은 영장주의의 원칙에 위배된다.

해설

① (○) 대법원 2000. 11. 10, 2000다26807 · 26814. 경찰관은 수상한 거동 기타 주위의 사정을 합리적으로 판단하여 어떠한 죄를 범하였거나 범하려 하고 있다고 의심할 만한 상당한 이유가 있는 자 또는 이미 행하여진 범죄나 행하여지려고 하는 범죄행위에 관하여 그 사실을 안다고 인정되는 자를 정지시켜 질문할 수 있고, 또 범죄를 실행 중이거나 실행 직후인 자는 현행범인으로, 누구임을 물음에 대하여 도망하려 하는 자는 준현행범인으로 각 체포할 수 있으며, 이와 같은 정지 조치나 질문 또는 체포 직무의 수행을 위하여 필요한 경우에는 대상자를 추적할 수도 있으므로, 경찰관이 교통법규 등을 위반하고 도주하는 차량을 순찰차로 추적하는 직무를 집행하는 중에 그 도주차량의 주행에 의하여 제3자가 손해를 입었다고 하더라도 그 추적이 당해 직무 목적을 수행하는 데에 불필요하다거나 또는 도주차량의 도주의 태양 및 도로교통상황 등으로부터 예측되는 피해발생의 구체적 위험성의 유무 및 내용에 비추어 추적의 개시 · 계속 혹은 추적의 방법이 상당하지 않다는 등의 특별한 사정이 없는 한 그 추적행위

를 위법하다고 할 수는 없다.
② (○) 도로교통법 제47조【위험방지조치】② 경찰공무원은 제44조 및 제45조를 위반하여 자동차 등을 운전하는 사람에 대하여는 정상적으로 운전할 수 있는 상태가 될 때까지 운전의 금지를 명하고 그 밖의 필요한 조치를 할 수 있다.
③ (○) 동의 없는 소지품검사에 관하여, 흉기소지검사(경찰관직무집행법 제3조 제3항)만 인정되고 일반소지품검사가 인정되지 않는다는 견해도 있고, 휴대품의 외부를 만지는 형태의 외표검사는 가능하다는 견해(이재상 · 조균석, §17/16)도 있다. 어느 견해에 의하더라도 동의 없이 상의 안주머니에 손을 넣어 소지품을 꺼내는 것은 허용되지 않는다고 한다.
④ (○) 대법원 2010. 1. 14, 2009도8376.
⑤ (×) 경범죄처벌법 제1조 제42호는 지문채취 불응을 경범죄로 규정하여 위반시 처벌하고 있는데, 헌법재판소는 영장주의의 원칙에 위배되지 않는다고 결정하였다(헌법재판소 2004. 9. 23, 2002헌가170). [답 ⑤]

02. 수사와 관련된 다음 설명 중 틀린 것은? (다툼이 있는 경우 판례에 의함)

① 형사절차에서의 영장주의란 체포 · 구속 · 압수 등의 강제처분을 함에 있어서는 사법권독립에 의하여 그 신분이 보장되는 법관이 발부한 영장에 의하여야 한다는 원칙이다.
② 수사기관의 피의사실공표는 일반국민의 정당한 관심대상사항에 관하여 객관적이고 충분한 증거나 자료를 바탕으로 한 사실에 한정되어야 한다.
③ 불구속수사의 원칙은 비록 형사소송법에 규정은 없지만 당연히 지켜져야 하는 수사의 기본원칙이다.
④ 구속영장을 발부받지 않고 피의자의 승낙을 얻어 피의자를 보호실 또는 조사실에 유치하는 것은 영장주의에 위배되는 위법한 구금이다.
⑤ 마약류 관련 수형자에 대하여 마약류 반응검사를 위하여 법관의 영장 없이 소변을 받아 제출하게 한 것은 헌법 제12조 제3항의 영장주의에 위배하였다고 할 수 없다.

해설

① (○) 헌법재판소 1997. 3. 27, 96헌바28.
② (○) 대법원 2002. 9. 24, 2001다49692. 수사기관의 발표는 원칙적으로 일반국민들의 정당한 관심의 대상이 되는 사항에 관하여 객관적이고도 충분한 증거나 자료를 바탕으로 한 사실 발표에 한정되어야 하고, 이를 발표함에 있어서도 정당한 목적 하에 수사결과를 발표할 수 있는 권한을 가진 자에 의하여 공식의 절차에 따라 행하여져야 하며, 무죄추정의 원칙에 반하여 유죄를 속단하게 할 우려가 있는 표현이나 추측 또는 예단을 불러일으킬 우려가 있는 표현을 피하는

등 그 내용이나 표현 방법에 대하여도 유념하지 아니하면 아니 된다 할 것이므로, 수사기관의 피의사실 공표행위가 위법성을 조각하는지의 여부를 판단함에 있어서는 공표 목적의 공익성과 공표 내용의 공공성, 공표의 필요성, 공표된 피의사실의 객관성 및 정확성, 공표의 절차와 형식, 그 표현 방법, 피의사실의 공표로 인하여 생기는 피침해이익의 성질, 내용 등을 종합적으로 참작하여야 한다.
③ (×) 불구속수사의 원칙은 2007. 6. 1. 형소법개정으로 명문화되었다(제198조 제1항).
④ (○) 대법원 1994. 3. 11, 93도958.
⑤ (○) 헌법재판소 2006. 7. 27, 2005헌마277. [답 ③]

03. 수사기관의 권한에 대한 다음 설명 중 옳은 것은?

〈일본 신사법시험 2013 변형〉

① 범죄의 수사에 없어서는 아니 될 사실을 안다고 명백히 인정되는 목격자가 진술을 거부한 경우에는 사법경찰관은 제1회 공판기일 전에 한하여 판사에게 그에 대한 증인신문을 청구할 수 있다.
② 사법경찰관은 고소사건을 수사한 결과 범죄의 혐의가 없다고 판단한 때에는 관계서류와 증거물을 검사에게 송치하지 않아도 된다.
③ 사법경찰관리는 수사에 필요한 때에는 피의자의 출석을 요구하여 진술을 들을 수 있다.
④ 검사는 소년에 대한 피의사건을 수사한 결과 보호처분에 해당하는 사유가 있다고 인정한 경우에는 사건을 관할 소년부에 송치하여야 한다.
⑤ 검사는 수사과정에서 수사와 관련하여 작성하였으나 증거로 제출할 필요가 없다고 판단한 내부보고서에 대해서는 수사목록에 기재하지 않을 수 있다.

해설

① (×) 증인신문의 청구는 검사가 할 수 있다(제221조의2 제1항).
② (×) 사법경찰관은 범죄를 수사한 때에는 관계 서류와 증거물을 지체 없이 검사에게 송부하여야 한다(제196조 제4항).
③ (×) 피의자에 대한 출석요구는 사법경찰관의 권한이다(제200조).
④ (○) 소년법 제49조 제1항.
⑤ (×) 검사·사법경찰관리와 그 밖에 직무상 수사에 관계있는 자는 수사과정에서 수사와 관련하여 작성하거나 취득한 서류 또는 물건에 대한 목록을 빠짐없이 작성하여야 한다(제198조 제3항). 위 목록은 증거개시의 대상이며(제266조의3 제1항), 검사는 위 서류등의 목록에 대하여는 열람 또는 등사를 거부할 수 없다(제266조의3 제5항). [답 ④]

04. 사법경찰관리에 대한 다음 설명 중 옳은 것은?

① 치안감, 경무관, 총경, 경정, 경감, 경위는 사법경찰관으로서 모든 수사에 관하여 검사의 지휘를 받는다.

② 사법경찰관리가 직무집행에 관하여 부당한 행위를 하는 경우에는 지방검찰청 검사장은 그 사법경찰관리의 임용권자에게 교체임용을 요구할 수 있다.

③ 사법경찰관리는 범죄의 혐의가 있다고 인식하는 때에는 범인, 범죄사실과 증거에 관하여 수사를 개시·진행하여야 한다.

④ 사법경찰관은 구체적 사건과 관련된 검사의 수사지휘의 적법성 또는 정당성에 이견이 있는 경우 해당 검사에게 의견을 밝힐 수는 있지만 재지휘를 건의할 수는 없다.

⑤ 사법경찰관리가 피혐의자를 출석시켜 조사한 경우, 비록 범죄인지서를 작성하지 아니하였더라도 관계 서류와 증거물을 검사에게 제출하여야 한다.

해설

① (×) 검사의 지휘를 받는 사법경찰관은 경무관까지이다(제196조 제1항).
② (○) 검찰청법 제54조.
③ (×) 수사의 개시·진행권은 사법경찰관에게만 있고(제196조 제2항), 사법경찰리(경사, 경장, 순경)는 수사를 보조한다(제196조 제5항).
④ (×) 사법경찰관은 구체적 사건과 관련된 검사의 수사지휘의 적법성 또는 정당성에 이견이 있거나 지휘 내용이 명확하지 않아 이행하기 어려울 때에는 해당 검사에게 의견을 밝히고 재지휘를 건의할 수 있다(검사의 사법경찰관리에 대한 수사지휘 및 사법경찰관리의 수사준칙에 관한 규정 제8조 제1항).
⑤ (×) 사법경찰관은 범죄를 수사한 때에는 관계 서류와 증거물을 지체 없이 검사에게 송부하여야 하지만(제196조 제4항), 피혐의자를 출석시켜 조사하고 범죄인지서를 작성하지 아니한 사건 등 일부 사건에 대하여는 매 분기별로 해당 사건의 목록과 요지만을 검사에게 제출하면 된다(위 수사준칙에 관한 규정 제18조 제2항).
[답 ②]

05. 甲과 乙은 X지역에서 술에 취하여 승용차 안에서 잠들어 있는 피해자 A를 발견한 후 甲은 망을 보고, 乙은 승용차 문을 연 후 A가 소지하고 있던 현금 50만 원을 가지고 가 이를 절취하였다. 위 사례에 관한 다음 설명 중 옳은 것은? (다툼이 있는 경우 판례에 의함)

① 경찰관 P가 취객을 상대로 한 절도범을 단속하기 위하여 피해자 A를 근처에서 감시하고 있다가 A의 지갑을 절취하고 있는 甲과 乙을

현장에서 체포하였다면 이는 함정수사로서 위법하다.

② X지역에 술 취한 사람을 상대로 한 절도사건이 빈발한다는 제보에 따라 경찰관 P가 술이 취해 잠들어 있는 것처럼 가장하여 승용차에 타고 있던 중, 위와 같은 방법으로 금품을 절취하기 위하여 X지역에 온 甲과 乙이 P를 발견하고 절취하려는 순간 현장에서 체포하였다면 이는 함정수사로서 위법하다.

③ 경찰관 P로부터 절도범을 잡게 해달라는 부탁을 받은 甲이 다시는 절도를 하지 않겠다고 하는 乙을 집요하게 설득하여 甲과 乙이 사례와 같이 절취하는 순간 현장에서 乙을 체포하였다면 이는 함정수사로서 위법하다.

④ 마약범죄, 조직범죄, 뇌물범죄의 수사에는 범행기회를 제공하는 수사방법을 사용할 수 있으나 절도죄의 수사에 이를 사용하는 것은 원칙적으로 허용되지 않는다.

⑤ 만일 함정수사로 현금 50만 원을 압수하고 이에 기하여 절도죄로 공소를 제기한 경우, 압수품은 위법수집증거로서 증거능력이 없어 유죄의 증거로 사용할 수 없지만 이와는 별도로 수집한 증거들에 의하여 공소사실이 인정된다면 유죄를 선고할 수 있다.

해설

① (×) 대법원 2007. 5. 31, 2007도1903(경찰관이 취객을 상대로 한 이른바 부축빼기 절도범을 단속하기 위하여, 공원 인도에 쓰러져 있는 취객 근처에서 감시하고 있다가, 마침 피고인이 나타나 취객을 부축하여 10m 정도를 끌고 가 지갑을 뒤지자 현장에서 체포한 사례). 본래 범의를 가지지 아니한 자에 대하여 수사기관이 사술이나 계략 등을 써서 범의를 유발케 하여 범죄인을 검거하는 함정수사는 위법함을 면할 수 없고, 이러한 함정수사에 기한 공소제기는 그 절차가 법률의 규정에 위반하여 무효인 때에 해당한다 할 것이지만, 범의를 가진 자에 대하여 단순히 범행의 기회를 제공하는 것에 불과한 경우에는 위법한 함정수사라고 단정할 수 없다.

② (×) 甲과 乙은 본래 범의를 가지고 있었으므로 함정수사에 해당하지 않는다.

③ (○) 계략을 써서 범의를 유발케 하였으므로 함정수사에 해당하여 위법하다.

④ (×) 마약범죄 등에 주로 활용되지만, 필요한 경우 다른 범죄의 적발에도 사용된다.

⑤ (×) 함정수사에 기한 공소제기는 그 절차가 법률의 규정에 위반하여 무효인 때에 해당하므로 공소기각판결을 하여야 한다(대법원 2008. 10. 23, 2008도7362).

[답 ③]

06. 함정수사에 관한 다음 설명 중 틀린 것으로만 묶인 것은? (다툼이 있는 경우 판례에 의함)

> (가) 경찰관이 취객을 상대로 한 이른바 부축빼기 절도범을 단속하기 위하여 공원 인도에 쓰러져 있는 취객 근처에서 감시하고 있다가 마침 피고인이 나타나 취객을 부축하여 10m 정도를 끌고 가 지갑을 뒤지자 현장에서 체포하여 기소한 경우, 이는 위법한 함정수사에 기한 공소제기가 아니다.
>
> (나) 수사기관이 피고인의 범죄사실을 인지하고도 바로 체포하지 않고 추가 범행을 지켜보고 있다가 범죄사실이 많이 늘어난 뒤에야 체포하였다는 사정만으로는 피고인에 대한 위법한 함정수사가 있었다고 보기 어렵다.
>
> (다) 경찰관이 노래방의 도우미 알선 영업단속 실적을 올리기 위하여 그에 대한 제보나 첩보가 없는데도 손님을 가장하고 들어가 도우미를 불러낸 경우, 자발적인 의사에 의하여 도우미가 왔다면 위법한 함정수사라고 보기 어렵다.
>
> (라) 함정수사에 의한 공소제기는 그 절차가 법률의 규정에 위반하여 무효인 때에 해당하므로 공소기각판결을 하여야 한다.
>
> (마) 유인자가 수사기관과 직접 연관을 맺지 않았더라도 범의가 없는 피유인자를 상대로 수차례 범행을 교사하였다면 함정수사에 해당한다.

① (가), (다) ② (가), (마) ③ (나), (다)
④ (나), (라) ⑤ (다), (마)

해설

(가) (○) 대법원 2007. 5. 31, 2007도1903.
(나) (○) 대법원 2007. 6. 29, 2007도3164. 수사기관에서 공범이나 장물범의 체포 등을 위하여 범인의 체포시기를 조절하는 등 여러 가지 수사기법을 사용하는 점을 고려하면, 함정수사에 해당한다고 볼 수 없다.
(다) (×) 대법원 2008. 10. 23, 2008도7362.
(라) (○) 대법원 2007. 7. 13, 2007도3672.
(마) (×) 대법원 2007. 7. 12, 2006도2339. [답 ⑤]

◇관련판례◇

(1) 대법원 2008. 10. 23, 2008도7362 : 이 사건의 경우, 경찰관들이 단

속실적을 올리기 위하여 손님을 가장하고 들어가 도우미를 불러 줄 것을 요구하였던 점, 피고인 측은 평소 자신들이 손님들에게 도우미를 불러 준 적도 없으며, 더군다나 이 사건 당일 도우미를 불러달라는 다른 손님들이 있었으나 응하지 않고 모두 돌려보낸 바 있다고 주장하는데, 위 노래방이 평소 손님들에게 도우미 알선 영업을 해 왔다는 아무런 자료도 없는 점, 위 경찰관들도 그와 같은 제보나 첩보를 가지고 이 사건 노래방에 대한 단속을 한 것이 아닌 점, 위 경찰관들이 피고인 측으로부터 한 차례 거절당하였으면서도 다시 위 노래방에 찾아가 도우미를 불러 줄 것을 요구하여 도우미가 오게 된 점 등 여러 사정들을 종합해 보면, 이 사건 단속은 수사기관이 사술이나 계략 등을 써서 피고인의 범의를 유발케 한 것으로서 위법하고, 이러한 함정수사에 기한 이 사건 공소제기 또한 그 절차가 법률의 규정에 위반하여 무효인 때에 해당한다.

(2) 대법원 2007. 7. 12, 2006도2339 : 구체적인 사건에 있어서 위법한 함정수사에 해당하는지 여부는 해당 범죄의 종류와 성질, 유인자의 지위와 역할, 유인의 경위와 방법, 유인에 따른 피유인자의 반응, 피유인자의 처벌 전력 및 유인행위 자체의 위법성 등을 종합하여 판단하여야 한다. 그런데 수사기관과 직접 관련이 있는 유인자가 피유인자와의 개인적인 친밀관계를 이용하여 피유인자의 동정심이나 감정에 호소하거나, 금전적·심리적 압박이나 위협 등을 가하거나, 거절하기 힘든 유혹을 하거나, 또는 범행방법을 구체적으로 제시하고 범행에 사용할 금전까지 제공하는 등으로 과도하게 개입함으로써 피유인자로 하여금 범의를 일으키게 하는 것은 위법한 함정수사에 해당하여 허용되지 않지만, 유인자가 수사기관과 직접적인 관련을 맺지 아니한 상태에서 피유인자를 상대로 단순히 수차례 반복적으로 범행을 부탁하였을 뿐 수사기관이 사술이나 계략 등을 사용하였다고 볼 수 없는 경우는, 설령 그로 인하여 피유인자의 범의가 유발되었다 하더라도 위법한 함정수사에 해당하지 않는다.

제 2 절 수사의 개시

01. **범죄혐의와 관련된 다음 설명 중 틀린 것은?**

① 불심검문을 하기 위해서는 대상자가 어떠한 죄를 범하였거나 범하려 하고 있다고 의심할 만한 상당한 이유가 있거나 이미 행하여진 범죄나 행하여지려고 하는 범죄행위에 관하여 그 사실을 안다고 인정되어야 한다.

② 수사기관이 압수하기 위해서는 피의자가 죄를 범하였다고 의심할 만한 상당한 이유가 있어야 한다.

③ 체포영장에 의하여 피의자를 체포하기 위해서는 피의자가 죄를 범하였다고 의심할 만한 상당한 이유가 있어야 한다.

④ 긴급체포하기 위해서는 피의자가 사형 · 무기 또는 장기 3년 이상의 징역이나 금고에 해당하는 죄를 범하였다고 의심할 만한 상당한 이유가 있어야 한다.

⑤ 피의자에 대하여 사전구속영장을 청구하기 위해서는 피의자가 죄를 범하였다고 의심할 만한 상당한 이유가 있어야 한다.

해설

① (○) 경찰관직무집행법 제3조 제1항. 【불심검문】 ① 경찰관은 수상한 거동 기타 주위의 사정을 합리적으로 판단하여 어떠한 죄를 범하였거나 범하려 하고 있다고 의심할 만한 상당한 이유가 있는 자 또는 이미 행하여진 범죄나 행하여지려고 하는 범죄행위에 관하여 그 사실을 안다고 인정되는 자를 정지시켜 질문할 수 있다.

② (×) 죄를 범하였다고 의심할 만한 정황이 있으면 된다(제215조 제1항).

③ (○) 제200조의2 제1항.

④ (○) 제200조의3 제1항.

⑤ (○) 제201조의2 제2항. [답 ②]

02. 수사의 단서에 관한 다음 설명 중 틀린 것으로만 묶인 것은? (다툼이 있는 경우 판례에 의함) 〈일본 예비시험 2012〉

(가) 수사기관이 범죄의 혐의가 있다고 사료하게 된 이유를 수사의 단서라고 하는데, 수사의 단서에는 아무런 제한이 없고, 형사소송법에 규정된 것에 한정되지 않는다.

(나) 검시는 검사에게 인정된 권한이지만, 검사는 사법경찰관에게 검시를 명할 수 있다.

(다) 친고죄에서는 유효한 고소의 존재가 기소 또는 소송의 조건인데, 사법경찰관은 고소가 없는 동안은 수사를 할 수 없다.

(라) 자수한 범인은 고소 또는 고발과 마찬가지로 자수를 취소할 수 있다.

(마) 경찰관이 자수를 받은 때에는 신속히 조사하여 관계서류와 증거물을 검사에게 송부하여야 한다.

① ㈎, ㈏　　② ㈎, ㈐　　③ ㈏, ㈒
④ ㈐, ㈑　　⑤ ㈑, ㈒

해설

㈎ (○)
㈏ (○) 제222조 제1항 · 제3항.
㈐ (×) 대법원 1995. 2. 24, 94도252. 그 수사가 장차 고소나 고발이 있을 가능성이 없는 상태 하에서 행해졌다는 특단의 사정이 없는 한, 고소나 고발이 있기 전에 수사하였다는 이유만으로 그 수사가 위법하다고 볼 수 없다.
㈑ (×) 자수는 취소할 수 없다. 자수에 관하여는 제237조(고소, 고발의 방식), 제238조(고소, 고발과 사법경찰관의 조치)가 준용되나(제240조), 제232조(고소의 취소)는 준용되지 않는다.
㈒ (○) 제240조, 제238조. [답 ④]

03. 변사자의 검시에 관한 다음 설명 중 옳은 것은?

① 변사자 또는 변사의 의심 있는 사체가 있는 경우, 변사자의 검시는 원칙적으로 경찰서장 또는 사법경찰관이 하여야 한다.
② 검시는 그 성질상 검증과 유사하므로 유족의 동의가 없으면, 검증영장에 의하여야 한다.
③ 변사자라 함은 부자연한 사망으로서 그 사인이 분명하지 않은 자를 의미하므로 범죄로 인한 사망임이 명백한 경우에는 변사자라 할 수 없다.
④ 검시를 할 때에는 잠재지문 및 변사자지문을 채취할 필요는 없다.
⑤ 검시결과 범죄의 혐의가 인정되면, 수사기관은 법원의 허가 없이도 의사에게 위촉하여 사체해부를 할 수 있다.

해설

① (×) 변사자 또는 변사의 의심이 있는 사체가 있는 때에는 그 소재지를 관할하는 지방검찰청 검사가 검시하여야 한다(제222조 제1항).
② (×) 검시는 수사의 단서이므로 유족의 동의나 법관의 영장을 요하지 않는다.
③ (○) 대법원 2003. 6. 27, 2003도1331. 따라서 범죄로 인하여 사망한 것이 명백한 자의 사체는 형법 제163조의 변사체검시방해죄의 객체가 될 수 없다.
④ (×) 지문채취에 유의하여야 하고, 의사로 하여금 사체검안서를 작성토록 한다(검사의 사법경찰관리에 대한 수사지휘 및 사법경찰관리의 수사준칙에 관한 규정 제52조 제3항).
⑤ (×) 수사기관은 수사에 필요한 때에는 감정을 위촉할 수 있으나(제221조 제2항), 사체를 해부하기 위해서는 법원의 허가가 필요하다(제221조의4 제1항, 제173조 제1항). [답 ③]

04. 경찰관 P는 정복을 입고 번화가를 순찰하던 중, 혼자서 건들건들 걸어가는 甲을 보고 수상하게 생각하고 뒤따라가면서 자세히 관찰해 본 결과, 甲이 필로폰 등 약물에 취한 것으로 판단하였다. 위 사례에 관한 다음 설명 중 경찰관직무집행법에 규정되어 있는 내용이 아닌 것은?

① P는 甲을 정지시켜 질문할 수 있다.

② P는 처음 질문장소에서 질문을 하는 것이 甲에게 불리하거나 교통의 방해가 된다고 인정되는 때에는 질문하기 위하여 부근의 경찰관서로 동행할 것을 요구할 수 있다.

③ P가 甲을 경찰관서로 동행할 때는 甲에게 동행을 거부할 수 있음을 알려주어야 한다.

④ P가 甲을 경찰관서로 동행을 한 경우 6시간을 초과하여 경찰관서에 머물게 할 수 없다.

⑤ P는 甲에게 질문을 할 때에 흉기의 소지 여부를 조사할 수 있다.

해설

① (○) 경찰관은 수상한 거동 기타 주위의 사정을 합리적으로 판단하여 어떠한 죄를 범하였거나 범하려 하고 있다고 의심할 만한 상당한 이유가 있는 자 또는 이미 행하여진 범죄나 행하려지려고 하는 범죄행위에 관하여 그 사실을 안다고 인정되는 자를 정지시켜 질문할 수 있다(경찰관직무집행법 제3조 제1항).

② (○) 경찰관직무집행법 제3조 제2항.

③ (×) 경찰관직무집행법에 이에 관한 규정은 없다. 그러나 판례는 임의동행의 적법성 요건으로 동행을 거부할 수 있음을 알려 줄 것을 요구하고 있다(대법원 2006. 7. 6, 2005도6810).

④ (○) 경찰관직무집행법 제3조 제6항.

⑤ (○) 경찰관직무집행법 제3조 제3항. [답 ③]

05. 甲(남, 20세)은 23:00경 서울 소재 주택가 골목길에서 자전거를 타고 가던 중, 인근 지역에 자전거를 이용한 날치기사건이 발생하였다는 신고를 받고 때마침 순찰 중이던 경찰관 P, Q가 범인과 인상착의가 비슷한 甲을 정지시켜 검문을 하려고 하자, 甲은 이에 불응하고 그대로 진행하였다. 이에 Q는 甲을 뒤 쫓아가 앞을 가로막고 정지시킨 다음 경찰봉으로 계속 앞을 가로막으며 검문에 응할 것을 요구하였다. 그러자 甲은 검문에 응하였고 자신의 운전면허증을 Q에게 교부하였다. Q가 甲의 신분조회를 위하여 순찰차로 걸어간 사이에 甲은 다시 위 불심검문에 항의하면서 주변에 지나가는 사람이 있는데도 P에게 큰 소리로 욕설을 하며 강하게 반항하면서 P의 멱살을 잡아 밀쳐 P에게 상해를 가하였다. 이에

P는 甲을 상해죄의 현행범인으로 체포하면서 피의사실의 요지 및 변호인선임에 관한 사항들을 고지하였다. 위 사례에 관한 다음 설명 중 틀린 것은? (다툼이 있는 경우 판례에 의함)

① P, Q가 야간에 甲을 정지시켜 검문하면서 경찰관임을 표시하는 증표를 제시하지 않았다면 어느 경우에나 위법하다.

② Q가 검문에 불응하고 진행하던 甲을 뒤 쫓아가 앞을 가로막는 등 진행을 제지한 것은 적법하다.

③ P, Q가 甲에게 질문하기 위하여 부근 지구대로의 동행을 요구할 경우 甲에게 동행 장소, 동행 목적과 이유를 고지하고 변호인의 조력을 받을 권리를 고지하였더라도, 가족 또는 친지에게 즉시 연락할 수 있는 기회를 부여하지 않았다면 위법이다.

④ P가 甲을 상해죄의 현행범인으로 체포한 것은 적법하다.

⑤ P와 Q는 甲에게 직전 행적에 대하여 질문을 하면서 흉기의 소지 여부도 조사할 수 있다.

해설

① (×) 불심검문을 하고자 할 때에는 자신의 신분을 표시하는 증표를 제시하여야 하지만(경찰관직무집행법 제3조 제1항 · 제4항), 불심검문을 하게 된 경위, 불심검문 당시의 현장상황과 검문을 하는 경찰관들의 복장, 피고인이 공무원증 제시나 신분 확인을 요구하였는지 여부를 종합적으로 고려하여, 검문하는 사람이 경찰관이고 검문하는 이유가 범죄행위에 관한 것임을 피고인이 충분히 알고 있었다고 보이는 경우에는 신분증을 제시하지 않았다고 하여 그 불심검문이 위법한 공무집행이라고 할 수 없다(대법원 2014. 12. 11, 2014도7976).

② (○) 대법원 2012. 9. 13, 2010도6203; 대법원 2014. 2. 27, 2011도13999.

③ (○) 질문을 위한 동행을 요구할 경우, 가족 또는 친지 등에게 동행한 경찰관의 신분, 동행 장소, 동행 목적과 이유를 고지하거나 본인으로 하여금 즉시 연락할 수 있는 기회를 부여하여야 하며, 변호인의 조력을 받을 권리가 있음을 고지하여야 한다(경찰관직무집행법 제3조 제5항).

④ (○) P가 甲을 상해죄의 현행범인으로 체포하는 것은 적법하다. 그러나 모욕죄로 현행범인을 체포하는 것은 위법하다. 즉, 현행범인으로 체포하기 위하여는 행위의 가벌성, 범죄의 현행성 · 시간적 접착성, 범인 · 범죄의 명백성 이외에 체포의 필요성, 즉 도망 또는 증거인멸의 염려가 있어야 하고, 이러한 요건을 갖추지 못한 현행범인 체포는 법적 근거에 의하지 아니한 영장 없는 체포로서 위법한 체포에 해당한다(대법원 1999. 1. 26, 98도3029 등 참조). 위 사례에서 체포할 당시 甲이 모욕 범행을 실행 중이거나 실행행위를 종료한 직후에 있었다고 하더라도, 甲은 P, Q의 불심검문에 응하여 이미 운전면허증을 교부한 상태이므로(원 사안에서는 P뿐 아니라 인근 주민도 욕설을 직접 들었음) 甲이 도망하거나 증거를 인멸할 염려가 있다고 보기 어렵다. 또한, 甲의 모욕 범행은 불

심검문에 항의하는 과정에서 저지른 일시적, 우발적인 행위로서 사안 자체가 경미할 뿐 아니라, 고소를 통하여 검사 등 수사 주체의 객관적 판단을 받지도 아니한 채 피해자인 경찰관이 범행현장에서 즉시 범인을 체포할 급박한 사정이 있다고 보기도 어렵다. 따라서 P가 甲을 체포한 행위는 현행범인 체포의 요건을 갖추지 못하여 위법하다(대법원 2011. 5. 26, 2011도3682). 이 경우, 甲이 P에게 상해를 가하였더라도 정당방위에 해당되어 처벌할 수 없다(대법원 2011. 5. 26, 2011도3682. 그러나 현행범인이 적법한 체포를 면하려고 반항하는 과정에서 경찰관에게 상해를 가한 경우에는 공무집행방해죄와 상해죄(상상적 경합)가 성립한다).

⑤ (○) 경찰관직무집행법 제3조 제3항. [답 ①]

◇관련판례◇

대법원 2012. 9. 13, 2010도6203 : 인근에서 자전거를 이용한 날치기사건이 발생한 직후 검문을 하던 경찰관들이 범인과 흡사한 인상착의인 사람을 발견하고 앞을 가로막으며 진행을 제지하고, 이어서 인도에 올라서서 가지 못하도록 계속 경찰봉으로 앞을 막은 행위는 목적 달성에 필요한 최소한의 범위 내에서 사회통념상 용인될 수 있는 상당한 방법으로 의심되는 사항에 관한 질문을 하기 위해 정지시킨 것으로 보아야 한다.

06. 다음 사례에서 줄친 부분이 고소로서 효력이 있는 것만으로 묶인 것은?

(다툼이 있는 경우 판례에 의함) 〈일본 신사법시험 2011 변형〉

> X(1998. 12. 5.생)는 2014. 2. 1. 출처 불명의 전단지에 의하여 모욕 피해를 당하여 즉시 모친인 A에게 말하였다. 이때, X는 A에게 피해를 수사기관에 신고할 의사 및 범인의 처벌을 요구할 의사가 없다고 말하였다. 그럼에도 불구하고 같은 달 2. A는 사법경찰관 P에게 X가 받은 피해를 신고하고 범인처벌을 요구하여【고소 ㈎】 고소인조사를 받고 그 진술조서에 서명날인하였다. 그 후 수사에 의하여 같은 달 10. 범인이 A와 X의 지인인 甲이라는 사실이 밝혀져(甲이 범인이라는 점에 대하여는 다툼이 없다), A는 그날 사법경찰관 P로부터 甲이 범인이라는 말을 들었고, 같은 날 X에게 그 사실을 전달하였다. 그 후 A는 甲으로부터 사죄를 받았기 때문에 동년 7. 20. 위 고소를 취소하였다. 그러나 X는 범인이 甲이라고 안 후, 점차 甲의 처벌을 원하게 되어 같은 해 7. 31. 국가정보원에 근무하는 친구 아버지 Q에게 구두

로 X가 당한 피해를 말하고 甲의 처벌을 요구하였다 【고소 ㈏】. 그러자 Q는 X에게 평소 알고 지내던 사법경찰관 R에게 고소장을 제출하면 알아서 잘 처리해 줄 것이라고 말하였다. 그 후, X는 Q에게 甲의 처벌을 요구하였더니 R에게 고소장을 제출하라고 하였다는 말을 A에게 전달하였다. 그러자 A는 마음을 바꾸어 같은 해 8. 5. 사법경찰관 R에게 X가 당한 피해를 신고하고 甲의 처벌을 요구하는 취지의 고소장을 제출하였다 【고소 ㈐】. 또한, X도 동년 8. 20. 사법경찰관 R에게 X가 당한 피해를 신고하여 甲의 처벌을 요구하는 취지의 고소장을 제출하였다 【고소 ㈑】. 그 후, X의 부친인 B는 같은 해 9. 1. 처음으로 X가 甲으로부터 모욕 피해를 당한 것을 알게 되었다, 그리고 같은 달 2. 사법경찰관 R에게 X가 당한 피해를 신고하여 甲의 처벌을 요구하는 취지의 고소장을 제출하였다 【고소 ㈒】.

① ㈎, ㈏ ② ㈎, ㈒ ③ ㈏, ㈑
④ ㈐, ㈒ ⑤ ㈐, ㈑

해설

㈎ (○) 피해자의 법정대리인은 독립하여 고소할 수 있는데(제225조 제1항), 그 의미에 관하여는 독립대리권설과 고유권설의 대립이 있다. 판례는 고유권이라고 한다(대법원 1999. 12. 24, 99도3784 등). 따라서 A는 X의 의사에 반하여도 고소할 수 있다.

㈏ (×) 수사기관에 대한 고소가 아니므로 고소의 효력이 없다. 국가정보원은 일반 형사사건에 관한 수사기관이 아니며, 더구나 Q가 특별사법경찰관리인지도 나타나 있지 않다.

㈐ (×) 고소를 취소한 자는 다시 고소하지 못한다(제232조 제2항).

㈑ (×) X는 2014. 2. 10. 범인을 알게 되었는데, 그로부터 고소기간인 6개월(제230조 제1항)이 경과한 2014. 8. 20. 고소하였으므로 효력이 없다.

㈒ (○) B도 피해자의 법정대리인으로서 고소권자이고, 고소기간 내의 고소이므로 효력이 있다. [답 ②]

07. 고소와 관련된 다음 설명 중 틀린 것은? (다툼이 있는 경우 판례에 의함)

① 며느리의 아버지인 피고인 甲이 백화점 내 점포에 입점시켜 주겠다고 속여 입점비 명목으로 돈을 편취하였다고 고소하여 기소된 경우, 고소기간이 경과한 후에 고소되었더라도 실체판단을 하여야 한다.

② 甲이 乙을 모욕하였다는 사실을 알게 된 사법경찰관 A가 乙의 고소 전에 수사를 개시하여 甲을 소환하였더라도 바로 乙이 고소하였다

면 A의 수사는 적법하다.

③ 고소 전에 고소권을 포기하였더라도 고소사유가 발생한 경우 고소할 수 있다.

④ 친고죄의 피해자인 A가 피고인 甲의 처벌을 구하는 의사를 철회한다는 취지로 합의서를 작성하여 제1심 법원에 제출한 후, 제1심 법원에 증인으로 출석하여 위 합의를 취소하고 다시 피고인의 처벌을 원한다는 진술을 한 경우, 고소취소는 철회되므로 실체판단을 하여야 한다.

⑤ 피해 당시 14세의 정신지체아가 범행일로부터 약 1년 5개월 후 담임교사 등 주위 사람들에게 피해사실을 말하고 비로소 그들로부터 고소의 의미와 취지를 설명들은 다음 날 고소하였다면 적법한 고소로서 그 효력이 있다.

해설

① (○) 대법원 2011. 4. 28, 2011도2170. 고소인의 아들과 피고소인의 딸이 혼인하여 사돈지간이라고 하더라도 민법 제767조의 친족(배우자, 혈족 및 인척(=혈족의 배우자, 배우자의 혈족, 배우자의 혈족의 배우자 : 민법 제769조))으로 볼 수 없으므로 친족상도례가 적용되지 않는다.
② (○) 대법원 1995. 2. 24, 94도252.
③ (○) 대법원 1967. 5. 23, 67도471.
④ (×) 철회의 의사표시는 효력이 없으므로 공소기각판결을 하여야 한다(대법원 2009. 9. 24, 2009도6779).
⑤ (○) 대법원 2007. 10. 11, 2007도4962. [답 ④]

08. 고소불가분의 원칙에 관한 설명 중 틀린 것은? (다툼이 있는 경우 판례에 의함) 〈행시 2003〉

① 과형상 일죄의 일부분만이 친고죄인 경우에 비친고죄에 대한 고소의 효력은 친고죄에 대하여 미치지 않는다.

② 고소의 주관적 불가분의 원칙을 규정한 형사소송법 제233조의 규정은 반의사불벌죄에 준용되지 않는다.

③ 절대적 친고죄에 있어서는 언제나 고소의 주관적 불가분의 원칙이 적용된다.

④ 과형상 일죄의 각 부분이 모두 친고죄이고 피해자가 다른 경우 1인의 피해자가 한 고소의 효력은 다른 피해자에 대한 범죄사실에 대하여 미치지 않는다.

⑤ 상대적 친고죄의 경우 신분관계 있는 자에 대한 피해자의 고소취소는 비신분자에게도 효력이 있다.

해설

① (○) 고소불가분의 원칙은 과형상 일죄가 모두 친고죄이고, 피해자가 같은 때에 적용된다.

② (○) 대법원 1994. 4. 26, 93도1689. 형사소송법이 고소와 고소취소에 관한 규정을 하면서 제232조 제1항 · 제2항에서 고소취소의 시한과 재고소의 금지를 규정하고 제3항에서는 반의사불벌죄에 제1항 · 제2항의 규정을 준용하는 규정을 두면서도, 제233조에서 고소와 고소취소의 불가분에 관한 규정을 함에 있어서는 반의사불벌죄에 이를 준용하는 규정을 두지 아니한 것은 처벌을 희망하지 아니하는 의사표시나 처벌을 희망하는 의사표시의 철회에 관하여 친고죄와는 달리 공범자간에 불가분의 원칙을 적용하지 아니하고자 함에 있다고 볼 것이지, 입법의 불비로 볼 것은 아니다.

③ (○) 대법원 2009. 1. 30, 2008도7462. 고소불가분의 원칙상 공범 중 일부에 대하여만 처벌을 구하고 나머지에 대하여는 처벌을 원하지 않는 내용의 고소는 적법한 고소라고 할 수 없고, 공범 중 1인에 대한 고소취소는 고소인의 의사와 상관없이 다른 공범에 대하여도 효력이 있다.

④ (○) 대법원 1996. 1. 25, 89도1317(상상적 경합관계).

⑤ (×) 대법원 1964. 12. 15, 64도481. 상대적 친고죄에 있어서 피해자의 고소취소는 친족관계 없는 공범자에게는 그 효력이 미치지 않는다. [답 ⑤]

09. 고소와 관련한 다음 설명 중 옳은 것으로 묶인 것은? (다툼이 있는 경우 판례에 의함)

(가) 고소 또는 처벌을 희망하는 의사표시는 제1심 판결선고 전까지 취소 또는 철회할 수 있으나, 항소심에 이르러 비로소 반의사불벌죄가 아닌 상해죄에서 반의사불벌죄인 폭행죄로 공소장이 변경된 경우에는 예외적으로 항소심에서도 처벌을 희망하는 의사표시를 철회할 수 있다.

(나) 비친고죄로 기소되었다가 친고죄로 공소장이 변경되자 비로소 피해자가 고소장을 제출한 경우에는 고소의 추완이 인정된다.

(다) 피고인이 모욕죄로 기소되어 제1심재판 중에 고소인이 피고인에 대한 다른 사건의 검찰 수사과정에서 피고인에 대한 이전 고소를 모두 취소한다는 취지의 합의서를 제출하였다면, 법원은 공소기각의 판결을 하여야 한다.

(라) 친고죄의 공범 중 그 일부에 대하여 제1심판결이 선고된 후에는

> 제1심판결을 선고하기 이전의 다른 공범자에 대하여 고소를 취소할 수 없고, 고소의 취소가 있더라도 그 효력이 발생하지 않는다.
> (마) 검사가 친고죄의 피해자로부터 그 피해사실 외에 범인을 엄중하게 처벌해 달라고 하는 진술을 듣고 이를 기재한 진술조서를 작성하였다면 고소로서의 효력을 인정할 수 있다.

① (가), (나) ② (가), (마) ③ (나), (다)
④ (다), (라) ⑤ (라), (마)

해설

(가) (×) 항소심에서 반의사불벌죄가 아닌 죄가 반의사불벌죄로 공소장변경이 있었다 하여도 항소심인 제2심을 제1심으로 볼 수 없으므로 항소심에서 처벌희망의 의사표시를 철회할 수 없다(대법원 1988. 3. 8, 85도2518). 친고죄의 경우에도 마찬가지로 고소취소할 수 없다(대법원 2007. 3. 15, 2007도210).

(나) (×) 대법원 1982. 9. 14, 82도1504.

(다) (×) 대법원 2012. 2. 23, 2011도17264. 피고인이 甲의 명예를 훼손하고 甲을 모욕하였다는 사안에서, 공소제기 후에 피고인에 대한 다른 사건의 검찰 수사과정에서 피고인에 대한 이전의 모든 고소 등을 취소한다는 취지가 기재된 합의서가 작성되었으나 그것이 제1심판결 선고 전에 법원에 제출되었다거나, 그 밖에 甲이 고소를 취소하고 처벌의사를 철회하였다고 볼 만한 자료가 없는데도, 이와 달리 보아 공소를 기각한 원심판결은 법리오해의 위법이 있다.

(라) (○) 대법원 1985. 11. 12, 85도1940.

(마) (○) 대법원 1966. 1. 31, 65도1089. 구술에 의한 고소가 있는 경우에는 조서를 작성하여야 하는바, 그 조서는 반드시 독립된 조서가 아니라 하더라도 수사기관이 고소권자를 증인 또는 피해자로서 신문한 경우에 그 진술에서 범인이 처벌을 요구하는 의사표시를 하고 그 의사표시를 조서에 기재하였을 경우에는 고소요건은 구비하였다고 할 것이다. [답 ⑤]

10. 고소에 관한 설명 중 틀린 것으로만 묶인 것은? (다툼이 있는 경우에는 판례에 의함) 〈일본 신사법시험 2013 변형〉

> (가) 피해자가 사망한 때에는 피해자의 명시한 의사에 반하지 않는 한 그 형제자매는 고소할 수 있다.
> (나) 친고죄의 고소기간을 기산하는 기준이 되는 '범인을 알게 된 날'은 통상인의 입장에서 보아 고소권자가 고소를 할 수 있을 정도로 범죄사실과 범인을 아는 것을 의미하고, 범죄사실을 안다는 것은 고소권자가 친고죄에 해당하는 범죄의 피해가 있었다는 사실관계에 관하여 확정적인 인식이 있음을 말한다.

(다) 고소의 취소는 대리인이 할 수 없다.
(라) 사법경찰관이 피해자를 참고인으로 신문한 경우에 피해자가 범죄사실을 신고하고 범인의 처벌을 요구하는 의사표시를 하고 그 의사표시가 조서에 기재되면 고소로서 유효하다.
(마) 고소권은 포기할 수 있다.

① (가), (나) ② (가), (다) ③ (나), (라)
④ (다), (마) ⑤ (라), (마)

해설

(가) (○) 제225조 제2항. 피해자가 사망한 때에는 그 배우자, 직계친족 또는 형제자매는 고소할 수 있다. 단, 피해자의 명시한 의사에 반하지 못한다.
(나) (○) 대법원 2010. 7. 15, 2010도4680.
(다) (×) 대리인도 고소를 취소할 수 있다(제236조).
(라) (○) 대법원 2011. 6. 24, 2011도4451, 2011전도76.
(마) (×) 대법원 1967. 5. 23, 67도471. 친고죄에 있어서의 피해자의 고소권은 공법상의 권리라고 할 것이므로 법이 특히 명문으로 인정하는 경우를 제외하고는 자유처분을 할 수 없고 따라서 일단 한 고소는 취소할 수 있으나 고소 전에 고소권을 포기할 수 없다고 함이 상당할 것이다. [답 ④]

11. 다음 설명 중 옳은 것은? (다툼이 있는 경우에는 판례에 의함) 〈변호사 2014〉

① 친고죄의 공범인 甲, 乙 중 甲에 대하여 제1심판결이 선고되었더라도 제1심판결 선고 전의 乙에 대하여는 고소를 취소할 수 있고, 그 효력은 제1심판결 선고 전의 乙에게만 미친다.
② 고소의 주관적 불가분의 원칙은 조세범처벌법위반죄에서 소추조건으로 되어 있는 세무공무원의 고발에도 적용된다.
③ 세무공무원 등의 고발이 있어야 공소를 제기할 수 있는 조세범처벌법위반죄에 대하여 고발을 받아 수사한 검사가 불기소처분을 하였다가 나중에 공소를 제기하는 경우에는 세무공무원 등의 새로운 고발이 있어야 하는 것은 아니다.
④ 반의사불벌죄에서 의사능력 있는 미성년자인 피해자가 처벌 희망 여부에 관한 의사표시를 함에는 법정대리인의 동의가 필요하다.
⑤ 비친고죄에 해당하는 죄로 기소되어 항소심에서 친고죄에 해당하는 죄로 공소장이 변경된 후 공소제기 전에 행하여진 고소가 취소되었다면 항소심법원은 공소기각의 판결을 선고하여야 한다.

✍ **해설**

① (×) 대법원 1985. 11. 12, 85도1940. 친고죄의 공범 중 그 일부에 대하여 제1심판결이 선고된 후에는 제1심판결 선고 전의 다른 공범자에 대하여는 그 고소를 취소할 수 없고 그 고소의 취소가 있다 하더라도 그 효력을 발생할 수 없으며, 이러한 법리는 필요적 공범이나 임의적 공범이나를 구별함이 없이 모두 적용된다.
② (×) 대법원 2004. 9. 24, 2004도4066. 조세범처벌법 제6조에 의한 국세청장 등의 고발에 있어서는 이른바 고소·고발 불가분의 원칙이 적용되지 아니하므로, 고발의 구비 여부는 양벌규정에 의하여 처벌받는 자연인인 행위자와 법인에 대하여 개별적으로 논하여야 한다.
③ (○) 대법원 2009. 10. 29, 2009도6614. 불기소처분이 있었더라도 세무공무원 등이 종전에 한 고발은 여전히 유효하다. 따라서 나중에 공소를 제기함에 있어 세무공무원 등의 새로운 고발이 있어야 하는 것은 아니다.
④ (×) 대법원 2009. 11. 19, 2009도6058. 소송능력에 관한 일반원칙에 따라 의사능력이 있는 피해자는 단독으로 처벌희망 또는 불원의 의사표시나 의사표시의 철회를 할 수 있다.
⑤ (×) 대법원 1999. 4. 15, 96도1922(전원합의체). 항소심에서 공소장의 변경에 의하여 또는 공소장변경절차를 거치지 아니하고 법원 직권에 의하여 친고죄가 아닌 범죄를 친고죄로 인정하였더라도 항소심을 제1심이라 할 수는 없는 것이므로, 항소심에 이르러 비로소 고소인이 고소를 취소하였다면 이는 친고죄에 대한 고소취소로서의 효력은 없다. [답 ③]

12. 고발과 관련한 다음 설명 중 틀린 것은? (다툼이 있는 경우 판례에 의함)

① 공정거래위원회의 고발이 있어야 공소를 제기할 수 있는 범죄에 관하여는 주관적 불가분의 원칙이 적용된다.
② 동일한 부가가치세의 과세기간 내에 행하여진 조세포탈기간이나 포탈액수의 일부에 대한 조세포탈죄의 고발이 있는 경우 그 고발의 효력은 그 과세기간 내의 조세포탈기간 및 포탈액수 전부에 미친다.
③ 고발은 자기 또는 배우자의 직계존속에 대하여도 가능하다.
④ 조세범 처벌절차법에 따른 1개의 범칙사실의 일부에 대한 고발은 그 동일성이 인정되는 범칙사실의 전부에 대하여 효력이 생긴다.
⑤ 고발인이 농지전용행위를 한 사람을 甲으로 잘못 알고 甲을 피고발인으로 하여 고발하였다고 하더라도 乙이 농지전용행위를 한 이상 乙에 대하여도 고발의 효력이 미친다.

✍ **해설**

① (○) 대법원 2010. 9. 30, 2008도4762. 즉시고발의 경우, 즉시고발의 특별요건 구비 여부는 범인 개개인에 대하여 따져야 하므로 주관적 불가분의 원칙이

적용되지 않는다(대법원 1971. 11. 25, 71도1106(관세법위반); 대법원 2004. 9. 24, 2004도4066(지방세법위반)).
② (○) 대법원 2009. 7. 23, 2009도3282.
③ (×) 고소와 마찬가지로 자기 또는 배우자의 직계존속은 고발하지 못한다(제224조, 제235조).
④ (○) 대법원 2014. 10. 15, 2013도5650.
⑤ (○) 대법원 1994. 5. 13, 94도458. [답 ③]

13. 자수에 관한 다음 설명 중 틀린 것으로 묶인 것은? (다툼이 있는 경우 판례에 의함)

(가) 범인이 수개의 범죄사실 중의 일부를 수사기관에 자진 신고하였으나 그 동기가 투명치 않고 그 후 공범을 두둔하였다면 그 자수한 부분 범죄사실에 대하여 자수의 효력이 없다. (나) 일단 자수가 성립한 이상 자수의 효력은 확정적으로 발생하고 그 후에 범인이 번복하여 수사기관이나 법정에서 범행을 부인한다고 하더라도 일단 발생한 자수의 효력이 소멸하는 것은 아니다. (다) 범죄사실을 부인하거나 죄의 뉘우침이 없는 자수는 그 외형은 자수일지라도 법률상 형의 감경사유가 되는 진정한 자수라고 할 수 없다. (라) 세관 검색 시 금속탐지기에 의해 대마휴대사실이 발각될 상황에서 세관검색원의 추궁에 의하여 대마수입범행을 시인한 경우, 자수에 해당한다. (마) 수사기관에 뇌물수수의 범죄사실을 자발적으로 신고하였으나 그 수뢰액을 실제보다 적게 신고함으로써 적용법조와 법정형이 달라지게 된 경우, 자수라고 볼 수 없다.

① (가), (다) ② (가), (라) ③ (나), (다)
④ (나), (마) ⑤ (라), (마)

해설

(가) (×) 대법원 1969. 7. 22, 69도779. 동기가 투명치 않고 그 후 공범을 두둔하였다 하더라도 자수의 효력이 있다.
(나) (○) 대법원 1999. 7. 9, 99도1695.
(다) (○) 대법원 1994. 10. 14, 94도2130. 형법 제52조 제1항 소정의 자수란 범인이 자발적으로 자신의 범죄사실을 수사기관에 신고하여 그 소추를 구하는 의사표시로서 이를 형의 감경사유로 삼는 주된 이유는 범인이 그 죄를 뉘우치고 있다는 점에 있으므로 범죄사실을 부인하거나 죄의 뉘우침이 없는 자수는 그 외형은 자수일지라도 법률상 형의 감경사유가 되는 진정한 자수라고 할 수 없

다(대법원 1993. 6. 11, 93도1054).
㈑ (×) 자발성이 없어 자수라 할 수 없다(대법원 1999. 4. 13, 98도4560).
㈒ (○) 대법원 2004. 6. 24, 2004도2003. [답 ②]

◇관련판례◇

대법원 1999.7.9, 99도1695 : 형법 제52조 제1항 소정의 자수란 범인이 자발적으로 자신의 범죄사실을 수사기관에 신고하여 그 소추를 구하는 의사표시를 함으로써 성립하는 것으로서, 일단 자수가 성립한 이상 자수의 효력은 확정적으로 발생하고 그 후에 범인이 번복하여 수사기관이나 법정에서 범행을 부인한다고 하더라도 일단 발생한 자수의 효력이 소멸하는 것은 아니다.

제 3 절 임의수사

01. 피의자 임의동행에 대한 설명으로 적절하지 않은 것은? (다툼이 있는 경우 판례에 의함)

① 임의동행은 오로지 피의자의 자발적인 의사에 의하여 수사관서에 동행이 이루어졌음이 객관적인 사정에 의하여 명백하게 입증된 경우에 한하여 적법하다.
② 임의동행의 임의성은 동행의 시간과 장소, 동행의 방법과 동행거부의사의 유무, 동행 이후의 조사방법과 퇴거의사의 유무 등 객관적 상황만을 기준으로 판단하면 충분하고, 피의자의 주관적인 자발성은 고려할 필요가 없다.
③ 임의동행에 앞서 수사관이 피의자에게 동행을 거부할 수 있음을 알려주었거나 동행한 피의자가 언제든지 자유로이 동행과정에서 이탈 또는 동행장소로부터 퇴거할 수 있었음이 인정되면 그 임의동행은 적법하다.
④ 임의동행이 사실상의 강제연행에 해당하는 경우, 임의동행 이후 긴급체포의 절차를 밟았더라도 긴급체포 또한 위법하다.
⑤ 행정경찰 목적의 경찰활동으로 행하여지는 경찰관직무집행법 제3조 제2항 소정의 질문을 위한 동행요구도 형사소송법의 규율을 받는 수사로 이어지는 경우에는 임의동행의 법리가 적용되어야 한다.

해설

① (○) 대법원 2006. 7. 6, 2005도6810; 대법원 2012. 9. 13, 2012도8890.
② (×) 위 2005도6810 판결은 위와 같은 사정을 종합하여 객관적 상황을 기준으로 임의성을 판단하는 것은 적절하지 아니한 점이 없지 않다고 판시하고 있다. 종래의 대법원 견해는 객관적 상황을 판단기준으로 하였다(대법원 1993. 11. 23, 93다35155).
③ (○), ④ (○), ⑤ (○) 각 대법원 2006. 7. 6, 2005도6810. [답 ②]

◇관련판례◇

대법원 2006. 7. 6, 2005도6810 : [1] 형사소송법 제199조 제1항은 "수사에 관하여 그 목적을 달성하기 위하여 필요한 조사를 할 수 있다. 다만, 강제처분은 이 법률에 특별한 규정이 있는 경우에 한하며, 필요한 최소한도의 범위 안에서만 하여야 한다."고 규정하여 임의수사의 원칙을 명시하고 있는바, 수사관이 수사과정에서 당사자의 동의를 받는 형식으로 피의자를 수사관서 등에 동행하는 것은, 상대방의 신체의 자유가 현실적으로 제한되어 실질적으로 체포와 유사한 상태에 놓이게 됨에도, 영장에 의하지 아니하고 그 밖에 강제성을 띤 동행을 억제할 방법도 없어서 제도적으로는 물론 현실적으로도 임의성이 보장되지 않을 뿐만 아니라, 아직 정식의 체포·구속단계 이전이라는 이유로 상대방에게 헌법 및 형사소송법이 체포·구속된 피의자에게 부여하는 각종의 권리보장 장치가 제공되지 않는 등 형사소송법의 원리에 반하는 결과를 초래할 가능성이 크므로, 수사관이 동행에 앞서 피의자에게 동행을 거부할 수 있음을 알려 주었거나 동행한 피의자가 언제든지 자유로이 동행과정에서 이탈 또는 동행장소로부터 퇴거할 수 있었음이 인정되는 등 오로지 피의자의 자발적인 의사에 의하여 수사관서 등에의 동행이 이루어졌음이 객관적인 사정에 의하여 명백하게 입증된 경우에 한하여, 그 적법성이 인정되는 것으로 봄이 상당하다. 형사소송법 제200조 제1항에 의하여 검사 또는 사법경찰관이 피의자에 대하여 임의적 출석을 요구할 수는 있겠으나, 그 경우에도 수사관이 단순히 출석을 요구함에 그치지 않고 일정 장소로의 동행을 요구하여 실행한다면 위에서 본 법리가 적용되어야 하고, 한편 행정경찰 목적의 경찰활동으로 행하여지는 경찰관직무집행법 제3조 제2항 소정의 질문을 위한 동행요구도 형사소송법의 규율을 받는 수사로 이어지는 경우에는 역시 위에서 본 법리가 적용되어야 한다.
[2] 사법경찰관이 피고인을 수사관서까지 동행한 것이 사실상의 강제연행, 즉 불법체포에 해당하고, 불법체포로부터 6시간 상당이 경과한 후에 이루어진 긴급체포 또한 위법하므로 피고인이 불법체포된 자로서 형법 제145조 제1항에 정한 '법률에 의하여 체포 또는 구금된 자'가 아니어서 도주죄의 주체가 될 수 없다고 한 사례.

02. 아래 사례와 관련한 다음 설명 중 틀린 것은? (다툼이 있는 경우 판례에 의함)

> 경찰관 X 등 4명은 절도 혐의가 있는 A를 검거하기 위하여 2014. 9. 3. 20:00경부터 A의 집 주변에서 잠복하다가 다음 날 06:00경 귀가하는 A를 발견하고, 동시에 잠복하던 차에서 내려 A를 정지시킨 뒤 경찰관임을 밝히고 혐의내용에 대하여 물어보았으나 완강히 부인하므로, 일단 경찰서에 가서 확인을 해 보고 혐의가 없으면 바로 집으로 돌려보내겠다고 설득하자 A가 아무런 저항 없이 이에 동의하여 경찰차에 태우고 경찰서로 동행하였다. 그러나 이 과정에서 A에게 임의동행을 거부할 수 있다는 말은 하지 아니하였다.
> X는 A를 경찰서로 동행하여 형사계 사무실에 머물게 하면서 A가 화장실에 갈 때는 다른 경찰관 1명을 따라가게 하는 등 계속 감시를 하다가 공범인 B와 대질수사를 한 다음, A의 범죄혐의가 인정된다고 판단하여 9. 4. 11:42경 A에게 범죄사실의 요지와 긴급체포의 이유 및 변호인선임권 등을 고지하면서 긴급체포를 하였다.

① A에 대한 동행은 오로지 A의 자발적인 의사에 의한 것이라고 볼 수 없기 때문에 임의동행이 아니라 불법체포에 해당한다.

② 만일 X가 A를 동행하기에 앞서 동행을 거부할 수 있음을 알려주고, 화장실 갈 때에 감시를 하지 아니하였다면 적법한 임의동행으로 볼 수 있다.

③ A에 대한 동행이 적법한 경우, 이는 수사로서의 임의동행에 해당하고 형사소송법 제199조에 의하여 허용된다.

④ X가 처음 A를 동행할 당시, 긴급체포로서의 요건이 이미 갖추어졌는데도 X가 긴급체포를 하지 않고 편의상 동행을 한 것이므로, 동행 후에 법에 따른 긴급체포의 절차를 거친 이상 긴급체포는 적법하다.

⑤ A가 동행된 후 경찰에서 진술한 자백을 기재한 조서는 증거능력이 없다.

해설

① (O) 대법원 2006. 7. 6, 2005도6810. 동행을 거부할 수 있다는 말을 하지 않았고, 동행 후 화장실에 갈 때도 경찰관이 따라간 점 등에 비추어 오로지 자발적인 의사에 따른 동행이라고 할 수 없고, 불법체포에 해당한다.

② (○) 대법원 2006. 7. 6, 2005도6810.
③ (○) 적법한 임의동행은 임의수사로서 허용된다(제199조).
④ (×) 대법원 2006. 7. 6, 2005도6810. 불법체포에 기하여 사후적으로 취해진 긴급체포 또한 위법하다.
⑤ (○) 위법수집증거로서 증거능력이 없다. [답 ④]

03. **다음 사례에 관한 설명 중 옳지 않은 것은?** (다툼이 있는 경우 판례에 의함) 〈변호사 2015〉

> 사법경찰관 甲은 乙이 반국가단체의 활동에 동조하였다는 제보를 받고 국가보안법위반의 범죄 혐의가 있다고 생각하여, 2014. 12. 18. 06:00경 乙의 집으로 가서 다짜고짜 "경찰서로 잠깐 가서 조사할 것이 있다."고 말하였다. 乙은 가기 싫었으나 겁이 나서 따라나섰고, 甲은 乙을 순찰차에 태워 경찰서로 이동하였다. 甲은 乙에게 혐의사실을 추궁하였으나 乙은 범행을 부인하였다. 甲은 乙이 조사 도중 화장실에 갈 때에도 따라가 감시하였고, 乙이 집에 가서 챙겨 올 것이 있다고 할 때에도 혐의사실을 인정할 때까지는 집에 가지 못한다며 제지하였다. 계속되는 조사에 지친 乙은 결국 같은 날 23:00경 혐의사실을 인정하였고, 이에 甲은 피의사실의 요지, 체포이유 등을 乙에게 고지하는 등 절차를 밟아 乙을 긴급체포하였다.

① 乙이 조사할 것이 있다는 甲의 말을 듣고 따라나섰다고 하더라도 乙에 대한 임의동행은 적법하지 않다.
② 乙이 집에 가서 챙겨 올 것이 있다고 하였음에도, 甲이 乙의 귀가를 막은 것은 적법하지 않다.
③ 甲이 사후적으로 위와 같이 긴급체포절차를 밟았더라도 이와 같은 긴급체포는 위법하다.
④ 만일 甲이 乙에게 피내사자 신분으로 동행을 요구하였더라도, 乙의 변호인 접견교통권은 인정되어야 한다.
⑤ 만일 甲이 잠깐 경찰서 내의 다른 사무실에 간 사이 乙이 도주하였다면 도주죄로 처벌된다.

해설

① (○) 대법원 2006. 7. 6, 2005도6810. 임의동행이 적법하기 위해서는 ⓐ 동행에 앞서 피의자에게 동행을 거부할 수 있음을 알려 주었거나, ⓑ 동행한 피의자가 언제든지 자유로이 동행과정에서 이탈, 또는 ⓒ 동행장소로부터 퇴거할

수 있었음이 인정되는 등 오로지 피동행자의 자발적인 의사에 의하여 동행이 이루어졌음이 객관적인 사정에 의하여 명백하게 입증되어야 하는데, ⓐ의 요건이 충족되지 않았고 乙은 가기 싫었으나 겁이 나서 따라나섰으므로 임의동행은 적법하지 않다.
② (○) 위 ⓒ의 요건에 비추어 甲이 乙의 귀가를 막은 것은 적법하지 않다.
③ (○) 대법원 2006. 7. 6, 2005도6810. 위 사례의 경우, 동행의 형식 아래 행해진 불법 체포에 기하여 사후적으로 긴급체포의 절차가 취해진 것에 불과하므로 긴급체포 또한 위법하다.
④ (○) 대법원 1996. 6. 3, 96모18.
⑤ (×) 법률에 의하여 체포 또는 구금된 자, 즉 널리 법률에 근거하여 적법하게 신체의 자유를 구속받고 있는 자가 도주한 때에 도주죄(형법 제145조 제1항)가 성립하는데, 乙은 불법 동행에 따른 위법한 긴급체포 상태에서 도주한 것이므로 도주죄로 처벌받지 않는다. [답 ⑤]

04. 음주측정과 관련한 다음 설명 중 틀린 것은? (다툼이 있는 경우 판례에 의함)

① 혈액의 채취 또는 검사과정에서 인위적인 조작이나 관계자의 잘못이 개입되는 등 혈액채취에 의한 검사결과를 믿지 못할 특별한 사정이 없는 한, 혈액검사에 의한 음주측정치가 호흡측정기에 의한 음주측정치보다 측정 당시의 혈중알코올농도에 더 근접한 음주측정치라고 보는 것이 경험칙에 부합한다.
② 운전자의 신체 이상 등의 사유로 호흡측정기에 의한 측정이 불가능 내지 심히 곤란하거나 운전자가 처음부터 호흡측정기에 의한 측정의 방법을 불신하면서 혈액채취에 의한 측정을 요구하는 경우 등에는 호흡측정기에 의한 측정의 절차를 생략하고 바로 혈액채취에 의한 측정으로 나아가야 할 것이고, 이와 같은 경우라면 호흡측정기에 의한 측정에 불응한 행위를 음주측정불응으로 볼 수 없다.
③ 음주측정을 위하여 당해 운전자를 강제로 연행하기 위해서는 수사상의 강제처분에 관한 형사소송법상의 절차에 따라야 한다.
④ 경찰관이 음주운전 단속시 운전자의 요구에 따라 곧바로 채혈을 실시하지 않은 채 호흡측정기에 의한 음주측정을 하고 1시간 12분이 경과한 후에야 채혈을 하였다는 사정만으로도 위 행위가 법령에 위배되거나 객관적 정당성을 상실한 것으로 운전자가 음주운전 단속과정에서 받을 수 있는 권익이 현저하게 침해되었다고 단정할 수 있다.
⑤ 도로교통법에 근거한 음주측정은 교통안전과 위험방지의 필요성이 있을 때에 한하여 음주운전의 혐의가 있는 운전자에 대하여 요구할

수 있는 예방적인 행정행위에 지나지 아니하므로, 이미 발생한 도로교통상의 범죄행위에 대한 수사를 위한 음주측정 권한을 부여한 것은 아니다.

해설

① (○) 대법원 2004. 2. 13, 2003도6905.
② (○) 대법원 2002. 10. 25, 2002도4220. 한편, 특별한 이유 없이 호흡측정기에 의한 측정에 불응하는 운전자에게 경찰공무원이 혈액채취에 의한 측정방법이 있음을 고지하고 그 선택 여부를 물어야 할 의무가 있다고는 할 수 없다.
③ (○) 대법원 2006. 11. 9, 2004도8404.
④ (×) 대법원 2008. 4. 24, 2006다32132.
⑤ (○) 대법원 1993. 5. 27, 92도3402. [답 ④]

05. **임의수사에 관한 다음 설명 중 틀린 것은?** (다툼이 있는 경우 판례에 의함)

① 피의자의 승낙을 받아 유치하는 것은 임의수사로서 허용되나, 수사의 필요성과 상당성이라는 제한을 받는다.
② 마취분석은 피의자의 동의 여부와 관계없이 허용되지 않는다.
③ 거짓말탐지기에 의한 검사는 검사를 받는 사람이 동의한 경우에는 임의수사로 허용될 수 있다.
④ 범죄의 현행성, 긴급성, 증거보전의 필요성, 촬영의 상당성이 인정되면 임의수사로서의 사진촬영은 허용된다.
⑤ 수사기관이 규제약물을 발견하더라도 바로 검거하지 않고 충분한 감시 하에서 그 반송을 허용·추적하는 통제배달은 임의수사로서 허용된다.

해설

① (×) 승낙유치는 임의수사로서 허용되지 않는다. 판례도 보호실유치의 관행을 엄격히 금지하고 있다(대법원 1994. 4. 11, 93도958).
② (○) 절대적으로 금지된다.
③ (○) 대법원 2005. 5. 26, 2005도130.
④ (○) 대법원 1999. 12. 7, 98도3329(무인장비에 의한 제한속도 위반차량 촬영).
⑤ (○) 마약류 불법거래방지에 관한 특례법 제3조, 제4조에 근거하여 이루어진다. [답 ①]

06. **수사기관이 행하는 사진 등의 촬영에 관한 다음 설명 중 틀린 것은?** (다툼이 있는 경우 판례에 의함)

① 무인장비에 의한 제한속도 위반차량의 차량번호 등을 촬영하는 행

위는 제한속도를 위반하여 차량을 주행하는 범죄가 현재 행하여지고 있고, 그 범죄의 성질·태양으로 보아 긴급하게 증거보전을 할 필요가 있는 상태에서 일반적으로 허용되는 한도를 넘지 않는 상당한 방법에 의한 것이므로 적법하다.

② 수사기관이 수사상 필요에 따라 택배업자의 동의를 얻어 운송 중이던 택배물을 건네받아 발송인이나 수취인의 승낙 없이 외부에서 엑스선을 투사하여 내용물의 형상을 촬영하는 행위는 사생활침해의 정도가 크지 않고 점유자인 택배업자의 동의를 얻었기 때문에 그 검사대상을 범죄와 관련된 것으로 의심되는 택배물에 한정할 경우에는 임의수사로서 허용된다.

③ 국가보안법위반 혐의를 받고 있는 피의자에 대하여 범죄혐의가 상당히 포착된 상태에서 회합의 증거를 보전하기 위하여 피의자의 주거지 외부에서 담장 밖 및 2층 계단을 통하여 그 집에 출입하는 사람들의 모습을 촬영하는 행위는 적법하다.

④ 압수·수색의 집행상황을 기록하고 목적물의 위치관계 등을 기록하는 사진촬영은 압수·수색영장의 집행에 따른 필요한 조치로서 허용된다.

⑤ 구속된 피의자에 대하여 나체로 그 신체를 사진촬영하기 위해서는 별도로 검증영장을 발부받아야 한다.

해설

① (○) 대법원 1999. 12. 7, 98도3329.

② (×) 택배물에 대한 엑스선검사는 내용물의 형상이나 재질을 살펴서 알 수 있을 뿐 아니라 내용물에 따라서는 품목 등을 상당한 정도로 구체적으로 특정할 수 있어 발송인이나 수취인의 내용물에 대한 사생활 등을 크게 침해하는 것이므로 검증으로서의 성질을 가진 강제처분에 해당한다(最決 2009. 9. 28. 刑集 63·7·868).

③ (○) 대법원 1999. 9. 3, 99도2317.

④ (○) 허용된다. 그러나 목적물 이외의 물건을 사진촬영하는 것은 다른 죄의 증거를 확보하여 남긴다는 점에서 영장주의를 침해하는 것으로 허용되지 않는다.

⑤ (○) 피의자에 대하여 나체로 사진촬영하는 것은 체포·구속이라는 강제처분이 예정하고 있는 사생활침해의 정도나 범위를 초과하는 것이므로 검증영장 없이는 허용되지 않는다. [답 ②]

07. 범죄수사를 위한 전기통신의 감청에 관한 다음 설명 중 옳은 것은? (다툼이 있는 경우 판례에 의함)

① 통신비밀보호법에서는 법원의 허가를 얻어 전기통신을 감청할 수 있는 대상범죄를 한정하고 있는데, 사기죄는 그 대상범죄에 포함되어 있다.

② 인터넷 통신망을 흐르는 전기신호 형태의 패킷을 중간에 확보하여 그 내용을 지득하는 패킷감청은 수사목적과 관련 없는 통신내용이나 제3자의 통신내용도 감청될 우려가 있으므로 허용되지 않는다.

③ 사법경찰관은 전기통신의 감청을 실시하고 있는 중에 행해진 통신이 통신제한조치청구서에 기재된 통신에 해당하는지 여부가 분명하지 아니한 경우, 즉시 감청을 정지하여야 한다.

④ 수사기관이 구속 수감되어 있는 사람에게 그의 압수된 휴대전화를 제공하여 마약 범행 관련자와 통화하고 그 범행에 관한 통화 내용을 녹음하게 하였더라도 결국은 대화의 일방이 상대방의 동의 없이 대화 내용을 녹음한 것이므로 적법하다.

⑤ 통신제한조치에 대한 기간연장결정은 원 허가 내용에 대하여 단지 기간을 연장하는 것일 뿐 원 허가의 대상과 범위를 초과할 수 없다.

해설

① (×) 대상범죄가 열거되어 있는데, 사기죄는 포함되지 않는다(통신비밀보호법 제5조 제1항). 공갈죄, 특정경제범죄가중처벌등에관한법률위반(사기)죄는 포함된다.

② (×) 패킷감청도 통신비밀보호법 제5조 제1항에 정한 요건을 갖추는 경우 다른 특별한 사정이 없는 한 허용된다(대법원 2012. 10. 11, 2012도7455).

③ (×) 통신제한조치의 기간은 2월을 초과하지 못하고, 그 기간 중 통신제한조치의 목적이 달성되었을 경우에는 즉시 종료하여야 한다(동법 제6조 제7항 본문).

④ (×) 대화의 일방이 상대방의 동의 없이 대화내용을 녹음하더라도 통신비밀보호법 제3조 제1항이 금지하는 '타인 간' 대화의 녹음이 아니므로 허용된다 (대법원 2006. 10. 12, 2006도4981). 그러나 수사기관이 구속수감된 자로 하여금 피고인의 범행에 관한 통화 내용을 녹음하게 한 행위는 수사기관 스스로가 주체가 되어 구속수감된 자의 동의만을 받고 상대방인 피고인의 동의가 없는 상태에서 그들의 통화 내용을 녹음한 것으로서 범죄수사를 위한 통신제한조치의 허가 등을 받지 아니한 불법감청에 해당한다고 보아야 할 것이므로, 그 녹음 자체는 물론이고 이를 근거로 작성된 수사보고의 기재 내용과 첨부 녹취록 및 첨부 mp3파일도 모두 피고인과 변호인의 증거동의에 상관없이 증거능력이 없다(대법원 2010. 10. 14, 2010도9016).

⑤ (○) 대법원 1999. 9. 3, 99도2317. 통신제한조치의 기간은 2개월을 초과하지 못하고, 허가요건이 존속하는 경우 2개월의 범위 안에서 그 기간의 연장을 청구할 수 있다(통신비밀보호법 제6조 제7항 단서). [답 ⑤]

08. 피의자신문에 관한 다음 설명 중 틀린 것은? (다툼이 있는 경우 판례에 의함)

① 甲을 국가보안법위반으로 구속 기소한 후, 재차 소환하여 공범들과의 조직구성 등에 관한 신문을 하면서 진술조서의 형식으로 조서를 작성하였다면, 진술거부권을 고지하지 않았더라도 위법이 아니다.

② 사법경찰관이 피의자신문에 참여한 변호인 A에게 피의자 甲으로부터 떨어진 곳으로 옮겨 앉으라고 지시하였으나 그 지시에 따르지 않는다는 이유로 퇴실을 명한 것은 허용되지 않는다.

③ 검찰에서는 피의자신문을 영상녹화하더라도 별도로 피의자신문조서를 반드시 작성하도록 하고 있다.

④ 수사기관에서 피의자로 조사하는 과정을 녹화한 비디오테이프, CD 또는 이에 준하는 것들은 실질적으로 피의자의 진술을 기재한 수사기관 작성의 피의자신문조서와 다를 바 없으나 법원 실무는 독립적 증거능력을 인정하지 않고 있다.

⑤ 구금된 피의자에 대한 피의자신문에 변호인의 참여를 불허하는 수사기관의 처분에 대하여는 준항고로 다툴 수 있다.

해설

① (×) 대법원 2009. 8. 20, 2008도8213. 실질은 피의자신문조서와 같으므로 진술거부권을 고지하여야 한다.

② (○) 변호인의 참여를 제한할 수 있는 '정당한 사유'란 변호인이 피의자신문을 방해하거나 수사기밀을 누설할 염려가 있음이 객관적으로 명백한 경우 등을 말한다. 따라서 이러한 정당한 사유 없는 퇴정은 허용되지 않는다.

③ (○) 검찰의 영상녹화 업무처리지침 제3조 제1항.

④ (○) 현행법 해석상 피의자신문 영상녹화물의 독자적 증거능력에 관하여는 긍정설(이재상 · 조균석, §40/43)과 부정설의 대립이 있으나, 법원 실무는 독자적 증거능력을 부정하고 있다.

⑤ (○) 대법원 2003. 11. 11, 2003모402. 제417조는 검사 또는 사법경찰관의 구금에 관한 처분에 불복이 있으면 법원에 그 처분의 취소 또는 변경을 청구할 수 있다고 규정하고 있는바, 이는 피의자의 구금 또는 구금 중에 행하여지는 검사 또는 사법경찰관의 처분에 대한 유일한 불복방법인 점에 비추어 볼 때, 영장에 의하지 아니한 구금이나 변호인 또는 변호인이 되려는 자와의 접견교통권을 제한하는 처분뿐만 아니라 구금된 피의자에 대한 신문에 변호인의 참여(입회)를 불허하는 처분 역시 구금에 관한 처분에 해당하는 것으로 보아야 한다. [답 ①]

09. **수사기관에 의한 피의자신문에 관한 설명 중 옳지 않은 것은?** (다툼이 있는 경우 판례에 의함) 〈변호사 2015〉

① 구속영장 발부에 의하여 적법하게 구금된 피의자가 피의자신문을 위한 출석요구에 응하지 아니하면서 수사기관 조사실에 출석하기를 거부한다면, 수사기관은 그 구속영장의 효력에 의하여 피의자를 조사실로 구인할 수 있다.

② 검사가 「검찰사건사무규칙」에 따른 범죄인지 절차를 밟지 않은 상태에서 행한 피의자신문은 위법한 수사에 해당하며, 당해 피의자신문조서는 증거능력이 없다.

③ 피의자신문에 참여한 변호인은 신문 후 의견을 진술할 수 있는 것이 원칙이나, 신문 중이라도 부당한 신문방법에 대하여 이의를 제기할 수 있고, 검사 또는 사법경찰관의 승인을 얻어 의견을 진술할 수 있다.

④ 수사기관이 변호인의 피의자신문 참여를 부당하게 제한하거나 중단시킨 경우에는 준항고를 통해 다툴 수 있다.

⑤ 수사기관은 피의자를 신문하기 전에 변호인의 조력을 받을 수 있다는 것을 알려주어야 한다.

해설

① (○) 대법원 2013. 7. 1, 2013모160.

② (×) 대법원 2001. 10. 26, 2000도2968. 검찰사건사무규칙 제2조 내지 제4조에 의하면, 검사가 범죄를 인지하는 경우에는 범죄인지서를 작성하여 사건을 수리하는 절차를 거치도록 되어 있으므로, 특별한 사정이 없는 한 수사기관이 그와 같은 절차를 거친 때에 범죄인지가 된 것으로 볼 것이나, 범죄의 인지는 실질적인 개념이고, 이 규칙의 규정은 검찰행정의 편의를 위한 사무처리절차 규정이므로, 검사가 그와 같은 절차를 거치기 전에 범죄의 혐의가 있다고 보아 수사를 개시하는 행위를 한 때에는 이때에 범죄를 인지한 것으로 보아야 하고, 그 뒤 범죄인지서를 작성하여 사건수리 절차를 밟은 때에 비로소 범죄를 인지하였다고 볼 것이 아니며, 이러한 인지절차를 밟기 전에 수사를 하였다고 하더라도, 그 수사가 장차 인지의 가능성이 전혀 없는 상태하에서 행해졌다는 등의 특별한 사정이 없는 한, 인지절차가 이루어지기 전에 수사를 하였다는 이유만으로 그 수사가 위법하다고 볼 수는 없고, 따라서 그 수사과정에서 작성된 피의자신문조서나 진술조서 등의 증거능력도 이를 부인할 수 없다.

③ (○) 제243조의2 제3항.

④ (○) 제417조.

⑤ (○) 제244조의3 제1항. [답 ②]

◇관련판례◇

대법원 2013.7.1, 2013모160 : 수사기관이 관할 지방법원 판사가 발부한 구속영장에 의하여 피의자를 구속하는 경우, 그 구속영장은 기본적으로 장차 공판정에의 출석이나 형의 집행을 담보하기 위한 것이지만, 이와 함께 법 제202조, 제203조에서 정하는 구속기간의 범위 내에서 수사기관이 법 제200조, 제241조 내지 제244조의5에 규정된 피의자신문의 방식으로 구속된 피의자를 조사하는 등 적정한 방법으로 범죄를 수사하는 것도 예정하고 있다고 할 것이다. 따라서 구속영장 발부에 의하여 적법하게 구금된 피의자가 피의자신문을 위한 출석요구에 응하지 아니하면서 수사기관 조사실에 출석을 거부한다면 수사기관은 그 구속영장의 효력에 의하여 피의자를 조사실로 구인할 수 있다고 보아야 한다. 다만 이러한 경우에도 그 피의자신문 절차는 어디까지나 법 제199조 제1항 본문, 제200조의 규정에 따른 임의수사의 한 방법으로 진행되어야 하므로, 피의자는 헌법 제12조 제2항과 법 제244조의3에 따라 일체의 진술을 하지 아니하거나 개개의 질문에 대하여 진술을 거부할 수 있고, 수사기관은 피의자를 신문하기 전에 그와 같은 권리를 알려주어야 한다.

10. 피의자의 진술거부권에 관한 설명 중 틀린 것은? (다툼이 있는 경우 판례에 의함)

① 신체를 구속당한 피의자의 진술거부권은 헌법이 보장하는 형사상 자기에게 불리한 진술을 강요당하지 않는 자기부죄거부의 권리에 터잡은 것이다.

② 수사기관이 신체를 구속당한 피의자를 신문할 때 피의자에게 미리 진술거부권을 고지하지 않은 때에는 그 피의자의 진술이 임의성이 인정되더라도 증거능력은 부정된다.

③ 진술거부권의 고지대상인 피의자로서 인정되는 시기는 조사대상자에 대한 범죄혐의를 인정하여 수사를 개시하는 행위를 한 때이다.

④ 진술거부권을 행사할 것인지에 관한 피의자의 답변은 반드시 조서에 기재하여야 한다.

⑤ 제1회 피의자신문 시에 진술거부권을 고지하지 않았더라도 제2회 피의자신문 시 진술거부권을 고지하고, 두 조서의 내용이 동일하면 제1회 신문 시 진술거부권을 고지하지 않은 하자는 치유된다.

✍ **해설**

① (○), ② (○), 대법원 2010. 5. 27, 2010도1755.
③ (○) 대법원 2011. 11. 10, 2011도8125.
④ (○) 제244조의3 제2항.
⑤ (×) 진술거부권의 고지는 피의자의 진술을 들을 때마다 고지하여야 한다(제244조의3 제1항). [답 ⑤]

◇관련판례◇

대법원 2010. 5. 27, 2010도1755 : 형사소송법이 보장하는 피의자의 진술거부권은 헌법이 보장하는 형사상 자기에 불리한 진술을 강요당하지 않는 자기부죄거부의 권리에 터잡은 것이므로 수사기관이 피의자를 신문함에 있어서 피의자에게 미리 진술거부권을 고지하지 않은 때에는 그 피의자의 진술은 위법하게 수집된 증거로서 진술의 임의성이 인정되는 경우라도 증거능력이 부인되어야 한다(대법원 1992. 6. 23, 92도682 ; 대법원 2009. 8. 20, 2008도8213).

11. 진술거부권에 관한 설명 중 옳지 않은 것은? (다툼이 있는 경우 판례에 의함) 〈변호사 2012〉

① 검사가 피의자를 신문할 때 피의자의 진술에 임의성이 인정된다면 미처 진술거부권을 고지하지는 않았더라도 그 조서는 원칙적으로 증거능력이 인정된다.
② 재판장은 공판준비기일에 출석한 피고인에게 진술을 거부할 수 있음을 알려주어야 한다.
③ 주취운전의 혐의를 받고 있는 운전자에게 호흡측정기에 의한 주취여부의 측정에 응할 것을 요구하는 것은 진술거부권을 침해한 것이 아니다.
④ 재판장은 피고인에 대하여 통상 인정신문 이전에 진술거부권에 대하여 1회 고지하면 되지만, 공판절차를 갱신하는 때에는 다시 고지하여야 한다.
⑤ 피고인 또는 피의자는 자신에게 불이익한 사실뿐만 아니라 이익되는 사실에 대하여도 진술을 거부할 수 있다.

✍ **해설**

① (×) 대법원 2009. 8. 20, 2008도8213. 수사기관이 피의자를 신문함에 있어서 피의자에게 미리 진술거부권을 고지하지 않은 때에는 그 피의자의 진술은 위법하게 수집된 증거로서 진술의 임의성이 인정되는 경우라도 증거능력이 부

인되어야 한다.
② (○) 제266조의8 제6항.
③ (○) 대법원 2009. 9. 24, 2009도7924. 헌법 제12조 제2항은 "모든 국민은 고문을 받지 아니하며, 형사상 자기에게 불리한 진술을 강요당하지 아니한다."고 규정하여 형사책임에 관하여 자신에게 불이익한 진술을 강요당하지 아니할 것을 국민의 기본권으로 보장하고 있고, 헌법이 진술거부권을 기본적 권리로 보장하는 것은 형사 피의자나 피고인의 인권을 형사소송의 목적인 실체적 진실발견이나 구체적 사회정의의 실현이라는 국가이익보다 우선적으로 보호함으로써 인간의 존엄성과 가치를 보장하고, 나아가 비인간적인 자백의 강요와 고문을 근절하려는 데 있고, 여기서 "진술"이라 함은 생각이나 지식, 경험사실을 정신작용의 일환인 언어를 통하여 표출하는 것을 의미하는데 반해, 도로교통법 제44조 제2항에 규정된 음주측정은 호흡측정기에 입을 대고 호흡을 불어 넣음으로써 신체의 물리적, 사실적 상태를 그대로 드러내는 행위에 불과하므로 이를 두고 "진술"이라 할 수 없으며, 따라서 주취운전의 혐의자에게 호흡측정기에 의한 주취 여부의 측정에 응할 것을 요구하고 이에 불응할 경우에는 같은 법 제150조 제2호에 따라 처벌한다고 하여도 이를 형사상 불리한 "진술"을 비인간적으로 강요하는 것에 해당한다고 볼 수는 없으므로, 도로교통법의 위 조항들이 자기부죄금지의 원칙을 규정한 헌법 제12조 제2항에 위반된다고 할 수 없다.
④ (○) 규칙 제144조 제1항 제1호.
1. 재판장은 제127조의 규정에 따라 피고인에게 진술거부권 등을 고지한 후 법 제284조에 따른 인정신문을 하여 피고인임에 틀림없음을 확인하여야 한다.
⑤ (○) 제244조의3 제1항 제1호. 일체의 진술을 거부할 수 있다. [답 ①]

12. 진술거부권에 관한 설명 중 옳지 않은 것은? (다툼이 있는 경우에는 판례에 의함) 〈변호사 2014〉

① 피고인 또는 피의자는 진술거부권을 포기하고 피고사건 또는 피의사건에 관하여 진술할 수 있으며, 더 나아가 피고인의 경우에는 진술거부권을 포기하고 증인적격을 취득할 수 있다.
② 변호인이 적극적으로 피고인 또는 피의자로 하여금 허위진술을 하도록 하는 것이 아니라 단순히 헌법상 권리인 진술거부권이 있음을 알려 주고 그 행사를 권고하는 것은 허용된다.
③ 수사기관이 피의자를 신문함에 있어서 피의자에게 미리 진술거부권을 고지하지 않은 경우 그 피의자의 진술은 위법하게 수집된 증거로서 진술의 임의성이 인정되는 경우라도 증거능력이 부정된다.
④ 피의자의 지위는 수사기관이 조사대상자에 대한 범죄 혐의를 인정하여 수사를 개시하는 행위를 한 때 인정되므로, 이러한 피의자 지위에 이르지 아니한 자에 대하여는 수사기관이 진술거부권을 고지

하지 아니하였더라도 진술의 증거능력이 부정되지 아니한다.

⑤ 검사가 피의자에게 진술거부권을 고지하였으나, 검사 작성의 피의자 신문조서에 진술거부권 행사 여부에 대한 피의자의 답변이 자필로 기재되어 있지 아니하거나 그 답변 부분에 피의자의 기명날인 또는 서명이 되어 있지 아니하였다면 그 피의자신문조서는 '적법한 절차와 방식'에 따라 작성된 것이라고 할 수 없다.

해설

① (×) 진술거부권을 포기할 수 있는지에 대해서는 부정설과 긍정설(통설)이 대립한다. 피고인이 진술거부권을 포기하고 당해 소송에서 증인이 될 수 있는지에 대하여, 판례는 이를 부정한다(대법원 2008. 6. 26, 2008도3300). 공범인 공동피고인도 다른 공동피고인에 대한 공소사실에 대하여 마찬가지로 증인이 될 수 없지만, 소송절차가 분리되면 증인이 될 수 있다(2008도3300).

② (○) 대법원 2007. 1. 31, 2006모657.

③ (○) 대법원 1992. 6. 23, 92도682.

④ (○) 대법원 2011. 11. 10, 2011도8125(피고인들이 중국에 있는 甲과 공모한 후 중국에서 입국하는 乙을 통하여 필로폰이 들어 있는 곡물포대를 배달받는 방법으로 필로폰을 수입하였다고 하여 주위적으로 기소되었는데 검사가 乙에게서 곡물포대를 건네받아 피고인들에게 전달하는 역할을 한 참고인 丙에 대한 검사 작성 진술조서를 증거로 신청한 사안에서, 丙이 위 범행의 공범으로서 피의자 지위에 있다고 단정한 후 진술거부권 불고지로 인하여 丙에 대한 진술조서의 증거능력이 없다고 본 원심판결에는 법리오해의 위법이 있다고 한 사례).

⑤ (○) 대법원 2013. 3. 28, 2010도3359. [답 ①]

13. 변호인의 피의자신문참여에 대한 설명으로 잘못된 것은?

〈법무부 모의시험 2010〉

① 피의자신문에 참여한 변호인은 원칙적으로 수사기관의 신문이 끝난 후에 의견을 진술할 수 있지만, 신문 중이라도 부당한 신문방법에 대하여 이의를 제기할 수 있고, 검사 또는 사법경찰관의 승인 없이 의견을 진술할 수 있다.

② 피의자신문 중에 피의자의 요청에 따라 변호인이 조언과 상담을 하는 것은 변호인의 조력을 받을 권리의 핵심적 내용으로서 당연히 허용되는 것이므로 법률에 별도의 규정이 없어도 피의자신문 과정에서 피의자가 요청하면 변호인은 언제라도 피의자에 대해 조언과 상담을 할 수 있다.

③ 변호인의 피의자신문참여는 정당한 사유가 있으면 제한될 수 있으

며, 여기서 정당한 사유란 변호인의 참여로 인하여 신문 방해, 수사기밀 누설 등 수사에 현저한 지장을 초래할 우려가 있다고 인정되는 경우를 말한다.

④ 검사 또는 사법경찰관이 변호인의 피의자신문참여를 제한하거나 참여한 변호인의 권한을 제한하는 경우 피의자 또는 변호인은 그 처분에 대하여 준항고를 제기할 수 있다.

⑤ ④항의 준항고가 제기된 경우에도 검사는 그에 대한 법원의 결정이 있기 전이라도 계속하여 피의자를 신문할 수 있다.

해설

① (×) 검사 또는 사법경찰관의 승인을 받아 의견을 진술할 수 있다(제243조의2 제3항 후단).
② (○) 헌법재판소 2004. 9. 23, 2000헌마138.
③ (○) 대법원 2008. 9. 12, 2008모793.
④ (○) 준항고(제417조)로 다툴 수 있다(대법원 2003. 11. 11, 2003모402).
⑤ (○) 준항고는 원칙적으로 집행정지의 효력이 없다. [답 ①]

14. 피의자신문에 있어 신뢰관계에 있는 자를 동석하게 할 수 있는 사유로만 묶인 것은?

㈎ 피의자의 신체적 또는 정신적 장애로 사물을 변별하거나 의사를 결정 · 전달할 능력이 미약할 경우 ㈏ 피의자의 연령 · 성별 · 국적 등의 사정을 고려하여 그 심리적 안정의 도모와 원활한 의사소통을 위하여 필요한 경우 ㈐ 피의자의 연령, 심신의 상태, 그 밖의 사정을 고려하여 피의자가 현저하게 불안 또는 긴장을 느낄 우려가 있다고 인정되는 경우 ㈑ 피의자가 16세 미만인 경우 ㈒ 피의자가 70세 이상인 경우

① ㈎, ㈏ ② ㈎, ㈒ ③ ㈏, ㈐
④ ㈐, ㈑ ⑤ ㈑, ㈒

해설

㈎ (○) 제244조의5 제1호.
㈏ (○) 제244조의5 제2호.
㈐ (×) 범죄로 인한 피해자를 조사하는 경우에 신뢰관계자를 동석시킬 수 있는

요건이다(제221조 제3항, 제163조의2 제1항).
(라) (×), (마) (×). [답 ①]

15. 진술의 영상녹화에 관한 설명 중 틀린 것으로 묶인 것은?

(가) 영상녹화가 완료된 이후 피의자가 영상녹화물의 내용에 대하여 이의를 진술하는 때에는 그 진술을 따로 영상녹화하여 첨부하여야 한다.
(나) 영상녹화가 완료된 때에는 피의자 또는 변호인 앞에서 지체없이 그 원본을 봉인하고 피의자로 하여금 기명날인 또는 서명하게 하여야 한다.
(다) 피의자는 물론 참고인의 경우도 동의를 얻어야 영상녹화할 수 있다.
(라) 조사의 개시부터 종료까지의 전 과정 및 객관적 정황을 영상녹화하여야 한다.
(마) 피의자의 진술을 영상녹화할 경우, 영상녹화가 완료되면 피의자로 하여금 기명날인 또는 서명하게 하여야 한다.

① (가), (다) ② (가), (마) ③ (나), (다)
④ (나), (라) ⑤ (라), (마)

해설

(가) (×) 피의자가 영상녹화물의 내용에 대하여 이의를 진술하는 때에는 그 취지를 기재한 서면을 첨부하여야 한다(제244조의2 제3항).
(나) (○) 제244조의2 제2항.
(다) (×) 제221조 제1항. 참고인의 경우는 동의를 받아 영상녹화할 수 있으나(제221조 제1항), 피의자는 미리 영상녹화사실을 알려주면 족하다(제244조의2 제1항).
(라) (○) 제244조의2 제1항.
(마) (○) 제244조의2 제2항. [답 ①]

16. 영상녹화물에 관한 설명 중 옳은 것으로 묶인 것은?

(가) 공판기일에 피고인이 진술함에 있어서 기억을 환기시켜야 할 필요가 있는 때에는 피고인이 아닌 자의 진술을 내용으로 하는 영상녹화물도 피고인에게 재생하여 시청하게 할 수 있다.
(나) 참고인의 진술을 내용으로 한 수사기관의 영상녹화물은 피고인의 동의가 없는 한 독립적인 증거로 사용할 수 없다.
(다) 검사 작성 피의자신문조서의 성립의 진정은 피고인의 진술에 의하

여야 하고, 영상녹화물의 방법으로 증명할 수 없다.
(라) 사법경찰관이 작성한 피의자신문조서에 대하여 피의자였던 피고인이 내용을 부인하더라도 영상녹화물의 재생을 통해 증거능력을 인정할 수 없다.
(마) 공소제기 전에 피고인을 조사한 사법경찰관이 증인으로 증언함에 있어 기억을 환기시키기 위하여 당시 피고인의 진술을 녹화한 영상녹화물을 재생하여 시청하게 할 수 있다.

① (가), (다) ② (가), (마) ③ (나), (다)
④ (나), (라) ⑤ (라), (마)

해설

(가) (×) 제318조의2 제2항. 피고인의 진술을 내용으로 하는 영상녹화물을 피고인에게 재생하여 시청하게 할 수 있다.
(나) (○) 대법원 2014. 7. 10, 2012도5041.
(다) (×) 제312조 제1항 · 제2항. 성립의 진정은 영상녹화물이나 그 밖의 객관적인 방법에 의하여 증명할 수 있다.
(라) (○) 제312조 제3항. 피의자였던 피고인이나 변호인이 그 내용을 부인하면 증거능력이 없고, 영상녹화물에 의하여 증거능력을 인정할 수 없다.
(마) (×) 제318조의2 제2항. [답 ④]

17. **형사절차상 영상녹화에 관한 설명 중 옳지 않은 것은?** (다툼이 있는 경우 판례에 의함) 〈변호사 2015〉

① 피고인 또는 피고인이 아닌 자의 진술을 내용으로 하는 영상녹화물은 공판준비 또는 공판기일에 피고인 또는 피고인이 아닌 자가 진술함에 있어서 기억이 명백하지 아니한 사항에 관하여 기억을 환기시켜야 할 필요가 있다고 인정되는 경우에 피고인 또는 피고인이 아닌 자에게 재생하여 시청하게 할 수 있다.
② 영상녹화물은 조사가 행해지는 동안 조사실 전체를 확인할 수 있도록 녹화된 것으로 진술자의 얼굴을 식별할 수 있는 것이어야 하고, 재생화면에는 녹화 당시의 날짜와 시간이 실시간으로 표시되어야 한다.
③ 아동 · 청소년 대상 성범죄 피해자의 진술내용과 조사과정에 대한 영상물 녹화는 피해자 또는 법정대리인이 이를 원하지 아니하는 의사를 표시한 때에는 촬영을 하여서는 안 된다. 다만, 가해자가 친족

일 경우는 그러하지 아니하다.

④ 19세 미만의 피해자 등에 대하여 「성폭력범죄의 처벌 등에 관한 특례법」에 규정된 절차에 따라 촬영한 영상물에 수록된 피해자의 진술은 공판준비 또는 공판기일에 피해자나 조사과정에 동석하였던 신뢰관계에 있는 사람 또는 진술조력인의 진술에 의하여 그 성립의 진정함이 인정된 경우에 증거로 할 수 있다.

⑤ 피고인이 된 피의자의 진술을 영상녹화할 경우에는 진술거부권, 변호인의 참여를 요청할 수 있다는 점 등의 고지가 포함되어야 한다.

해설

① (○) 제318조의2 제2항.

② (○) 규칙 제134조의2 제4항 · 제5항.

③ (×) 아동 · 청소년대상 성범죄 피해자의 진술내용과 조사과정은 비디오녹화기 등 영상물 녹화장치로 촬영 · 보존하여야 한다(아동 · 청소년의 성보호에 관한 법률 제26조 제1항). 그러나 피해자 또는 법정대리인이 이를 원하지 아니하는 의사를 표시한 때에는 촬영을 하여서는 아니 된다. 다만, 가해자가 친권자 중 일방인 경우는 그러하지 아니하다(동조 제2항).

④ (○) 성폭력범죄의 처벌 등에 관한 특례법 제30조 제6항.

⑤ (○) 제244조의2 제1항, 제244조의3 제1항, 규칙 제134조의2 제3항 제4호.

[답 ③]

제 2 장 강제처분과 강제수사

제 1 절 체포와 구속

01. 체포에 대한 설명 중 옳은 것으로 묶인 것은? (다툼이 있는 경우 판례에 의함)

> ㈎ 현행범인체포 시의 미란다원칙의 고지는 체포를 위한 실력행사 이전에 행하여야 하며, 제압한 후에 하여서는 안 된다.
> ㈏ 긴급체포한 피의자를 구속하고자 할 때에는 체포한 때부터 지체없이 지방법원 판사에게 구속영장을 청구하면 충분하고, 사후에 체포영장을 발부받아야 하는 것은 아니다.
> ㈐ 현행범인체포의 요건으로서는 행위의 가벌성, 범죄의 현행성·시간적 접착성, 범인·범죄의 명백성 외에 체포의 필요성, 즉 도망 또는 증거인멸의 염려도 필요하다.
> ㈑ 영장 없이 긴급체포된 피의자는 체포적부심을 청구할 수 없다.
> ㈒ 피의자가 일정한 주거가 없거나 정당한 이유없이 출석요구에 응하지 아니한 때는 다액 50만 원 이하의 벌금, 구류 또는 과료에 해당하는 사건에 관해서도 체포영장에 의한 체포가 가능하다.

① ㈎, ㈐ ② ㈎, ㈒ ③ ㈏, ㈐
④ ㈏, ㈑ ⑤ ㈑, ㈒

해설

㈎ (×) 현행범인체포 시의 미란다원칙의 고지는 체포를 위한 실력행사 이전에 행하여야 함이 원칙이나 그것이 여의치 않은 경우에라도 일단 붙들거나 제압한 후에 지체없이 행하였다면 적법한 공무집행이다(대법원 2008. 10. 9, 2008도3640).
㈏ (○) 제200조의4 제1항.
㈐ (○) 대법원 2011. 5. 26, 2011도3682. 현행범인으로 체포하기 위하여는 행위의 가벌성, 범죄의 현행성·시간적 접착성, 범인·범죄의 명백성 이외에 체포의 필요성, 즉 도망 또는 증거인멸의 염려가 있어야 하고, 이러한 요건을 갖추지 못한 현행범인체포는 법적 근거에 의하지 아니한 영장 없는 체포로서 위법한 체포에 해당한다.

㈑ (×) 대법원 1997. 8. 27, 97모21. 헌법 제12조 제6항은 누구든지 체포 또는 구속을 당한 때에는 적부의 심사를 법원에 청구할 권리를 가진다고 규정하고 있고, 형사소송법 제214조의2 제1항은 체포영장 또는 구속영장에 의하여 체포 또는 구속된 피의자 등이 체포 또는 구속의 적부심사를 청구할 수 있다고 규정하고 있는바, 형사소송법의 위 규정이 체포영장에 의하지 아니하고 체포된 피의자의 적부심사청구권을 제한한 취지라고 볼 것은 아니므로 긴급체포 등 체포영장에 의하지 아니하고 체포된 피의자의 경우에도 헌법과 형사소송법의 위 규정에 따라 그 적부심사를 청구할 권리를 가진다.

㈒ (○) 제200조의2 제1항 단서. [답 ③]

02. **체포영장에 의한 체포에 관한 설명 중 틀린 것으로 묶인 것은?** (다툼이 있는 경우 판례에 의함)

> ㈎ 체포영장이 이미 발부되어 있는 지명수배자에 대하여 별건으로 추가 체포영장을 청구할 수 없다.
> ㈏ 변호인선임 등 미란다원칙의 고지는 달아나는 피의자를 쫓아가 붙들거나 폭력으로 대항하는 피의자를 실력으로 제압하는 경우에는 붙들거나 제압하는 과정에서 하거나, 그것이 여의치 않은 경우에라도 일단 붙들거나 제압한 후에 지체없이 행하여야 한다.
> ㈐ 체포영장의 청구를 기각한 지방법원 판사의 결정에 대하여는 불복할 수 없다.
> ㈑ 체포한 때는 즉시 영장에 기재된 인치·구금장소로 호송하여 인치 또는 구금하여야 하는데, 판사의 허가 없이 임의로 구금장소를 변경하는 것은 위법하다.
> ㈒ 체포적부심절차에서도 보증금납입 조건부 석방을 할 수 있다.

① ㈎, ㈐ ② ㈎, ㈒ ③ ㈏, ㈐
④ ㈏, ㈑ ⑤ ㈑, ㈒

해설

㈎ (×) 규칙 제95조는 체포영장청구서에 '현재 수사 중인 다른 범죄사실에 관하여 그 피의자에 대하여 발부된 유효한 체포영장이 있는 경우에는 그 취지 및 범죄사실'(제9호)을 기재하도록 하고 있는데, 이는 별건 체포영장이 발부되어 있어도 다시 체포영장을 발부받을 수 있다는 것을 전제로 한 것이다.

㈏ (○) 대법원 2004. 8. 30, 2004도3212.

㈐ (○) 대법원 2006. 12. 18, 2006모646. 검사의 체포영장 또는 구속영장 청구에 대한 지방법원 판사의 재판은 제402조의 규정에 의하여 항고의 대상이 되는 '법원의 결정'에 해당되지 아니하고, 제416조 제1항의 규정에 의하여 준항고의

대상이 되는 '재판장 또는 수명법관의 구금 등에 관한 재판'에도 해당되지 아니하므로 불복할 수 없다.

㈑ (○) 대법원 1996. 5. 15, 95모94. 구금장소의 임의적 변경은 청구인의 방어권이나 접견교통권의 행사에 중대한 장애를 초래하는 것이므로 위법하다.

㈒ (×) 대법원 1997. 8. 27, 97모21. 형사소송법은 수사단계에서의 체포와 구속을 명백히 구별하고 있고 이에 따라 체포와 구속의 적부심사를 규정한 제214조의2에서 체포와 구속을 서로 구별되는 개념으로 사용하고 있는바, 같은 조 제4항에 기소 전 보증금 납입을 조건으로 한 석방의 대상자가 '구속된 피의자'라고 명시되어 있고, 제214조의3 제2항의 취지를 체포된 피의자에 대하여도 보증금 납입을 조건으로 한 석방이 허용되어야 한다는 근거로 보기는 어렵다 할 것이어서 현행법상 체포된 피의자에 대하여는 보증금 납입을 조건으로 한 석방이 허용되지 않는다. [답 ②]

03. 긴급체포와 관련된 다음 설명 중 틀린 것은? (다툼이 있는 경우 판례에 의함)

① 긴급체포의 요건을 갖추었는지 여부는 사후에 밝혀진 사정을 기초로 하는 것이 아니라 체포 당시의 상황을 기초로 판단하여야 한다.

② 자진출석한 피의자를 긴급체포하는 것은 긴급체포의 요건 중에 하나인 긴급성이 흠결되어 허용될 수 없다.

③ 긴급체포의 요건을 갖추었는지 여부에 관한 검사나 사법경찰관 등 수사주체의 판단에는 상당한 재량의 여지가 있다고 할 것이나, 요건의 충족 여부에 관한 검사나 사법경찰관의 판단이 경험칙에 비추어 현저히 합리성을 잃은 경우에는 그 체포는 위법한 체포이다.

④ 긴급체포 시의 유형력의 행사는 사회통념상 적정한 한계 내에서는 허용된다.

⑤ 검사는 긴급체포 후 구속영장을 청구하지 아니하고 피의자를 석방한 경우에는 석방한 날부터 30일 이내에 서면으로 법원에 통지하여야 한다.

해설

① (○) 대법원 2006. 9. 8, 2006도148. 긴급체포의 요건을 갖추었는지 여부는 사후에 밝혀진 사정을 기초로 판단하는 것이 아니라 체포 당시의 상황을 기초로 판단하여야 하고, 이에 관한 검사나 사법경찰관 등 수사주체의 판단에는 상당한 재량의 여지가 있다.

② (×) 대법원 2005. 11. 10, 2004도42는 자진출석한 피의자(뇌물수수 혐의를 받고 있는 기무부대장)에 대하여 도망 또는 증거인멸의 우려가 있다는 이유로 긴급체포가 적법하다고 판시하였으나, 대법원 2006. 9. 8, 2006도148은 참고인으로 자진출석한 자에 대하여 혐의가 인정되지 않을 뿐 아니라 도망 또는 증거

인멸의 우려가 없다는 이유로 긴급체포가 위법하다고 판시하였다. 결국 자진출석한 경우에 긴급체포를 할 수 있느냐 하는 문제로 접근할 것이 아니라, 긴급체포의 요건에 해당하느냐 하는 문제로 접근해야 함을 알 수 있다.
③ (○) 대법원 2006. 9. 8, 2006도148.
④ (○) 긴급체포 시의 유형력의 행사는 비례의 원칙의 한도 내에서 사회통념상 적정한 한계 내에서는 허용된다. 판례는 차를 손괴하고 도망가려는 현행범인을 도망가지 못하게 멱살을 잡고 흔들어 전치 14일의 흉부찰과상을 가한 사례에서 정당행위(형법 제20조)를 인정하였다(대법원 1999. 1. 26, 98도3029).
⑤ (○) 제200조의4 제4항. [답 ②]

04. 다음의 사실관계에 관한 설명 중 옳은 것은? (다툼이 있는 경우 판례에 의함) 〈변호사 2012〉

> 검사 甲은 2010. 12. 8. 16:40경 위증교사 혐의가 있는 변호사 丙의 사무장인 乙에게 참고인 조사를 위하여 검사실로 출석하여 달라고 요구하였고, 같은 날 17:30경 자진출석한 乙에 대하여 참고인으로 조사하지 않고 바로 위증교사 혐의로 피의자신문조서를 작성하기 시작하였다. 이에 乙은 인적사항만을 진술한 후 丙에게 전화하여 '데리고 나가달라'고 요청하였다. 더 이상의 신문이 이루어지지 못하는 사이 丙이 검사실로 찾아와서 乙에게 나가라고 지시하였다. 乙이 일어서서 검사실을 나서려 하자 검사 甲은 乙에게 '지금부터 긴급체포한다'고 하면서 피의사실의 요지나 체포이유 등을 전혀 고지하지 않은 채 乙을 긴급체포하였고, 같은 달 11일 구속영장을 발부받을 때까지 乙을 유치하면서 같은 달 9일과 10일에 각 피의자신문조서를 작성하였다. 乙은 위증교사 혐의로 기소되었으며 긴급체포되어 구속영장이 발부될 때까지 작성된 乙에 대한 피의자신문조서들이 乙에 대한 유죄의 증거로 제출되었다.

① 乙에 대한 긴급체포가 요건을 갖추었는지 여부는 사후에 밝혀진 사정을 기초로 판단하여야 한다.
② 甲은 검사로서 乙을 긴급체포하였으므로 긴급체포서를 작성할 필요가 없다.
③ 수사기관에 자진출석한 참고인에 대한 긴급체포는 언제나 위법하므로 乙에 대한 긴급체포도 위법하다.
④ 甲이 乙을 검사실에서 긴급체포하는 경우에는 피의사실의 요지, 체

포이유 등을 고지할 필요가 없다.

⑤ 乙에 대한 긴급체포에 의한 유치 중에 작성된 乙에 대한 甲 작성의 피의자신문조서는 위법하게 수집된 증거로서 특별한 사정이 없는 한 유죄의 증거로 할 수 없다.

해설

① (×) 긴급체포의 요건은 긴급체포 당시의 상황을 기초로 판단하여야 한다(대법원 2006. 9. 8, 2006도148 등 판례의 일관된 태도).

② (×) 긴급체포서를 작성하여야 한다(제200조의3 제3항).

③ (×) 자진출석한 사람을 긴급체포한 경우 언제나 긴급체포가 위법한 것은 아니고, 체포의 필요성 등 긴급체포의 요건을 충족하는 한 적법하다. 자진출석한 사람에 대한 긴급체포의 적법성을 인정한 판례도 있다(대법원 2005. 11. 10, 2004도42).

④ (×) 검사실에서 긴급체포하는 경우에도 피의사실의 요지 등은 고지하여야 한다(제200조의5).

⑤ (○) 甲의 乙에 대한 긴급체포는 그 요건을 충족하지 못하였을 뿐 아니라 피의사실의 요지 등도 고지하지 않았으므로 위법하다(대법원 2006. 9. 8, 2006도148: 위 사례에 관한 판례). 이러한 위법은 영장주의에 위배되는 중대한 것이므로 그 체포에 의한 유치 중에 작성된 피의자신문조서는 위법수집증거로서 특별한 사정이 없는 한 유죄의 증거로 할 수 없다(대법원 2002. 6. 11, 2000도5701).

[답 ⑤]

◇관련판례◇

대법원 2006. 9. 8, 2006도148 : [1] 긴급체포는 영장주의원칙에 대한 예외인 만큼 형사소송법 제200조의3 제1항의 요건을 모두 갖춘 경우에 한하여 예외적으로 허용되어야 하고, 요건을 갖추지 못한 긴급체포는 법적 근거에 의하지 아니한 영장 없는 체포로서 위법한 체포에 해당하는 것이고, 여기서 긴급체포의 요건을 갖추었는지 여부는 사후에 밝혀진 사정을 기초로 판단하는 것이 아니라 체포 당시의 상황을 기초로 판단하여야 하고, 이에 관한 검사나 사법경찰관 등 수사주체의 판단에는 상당한 재량의 여지가 있다고 할 것이나, 긴급체포 당시의 상황으로 보아서도 그 요건의 충족 여부에 관한 검사나 사법경찰관의 판단이 경험칙에 비추어 현저히 합리성을 잃은 경우에는 그 체포는 위법한 체포라 할 것이다.

[2] 형법 제136조가 규정하는 공무집행방해죄는 공무원의 직무집행이 적법한 경우에 한하여 성립하고, 여기서 적법한 공무집행은 그 행위가 공무원의 추상적 권한에 속할 뿐 아니라 구체적 직무집행에 관한 법률상 요건과 방식을 갖춘 경우를 가리키므로, 검사나 사법경찰관이 수사기관에 자진출석한 사람을 긴급체포의 요건을 갖추지 못하였

음에도 실력으로 체포하려고 하였다면 적법한 공무집행이라고 할 수 없고, 자진출석한 사람이 검사나 사법경찰관에 대하여 이를 거부하는 방법으로써 폭행을 하였다고 하여 공무집행방해죄가 성립하는 것은 아니다.

[3] 검사가 참고인 조사를 받는 줄 알고 검찰청에 자진출석한 변호사사무실 사무장을 합리적 근거 없이 긴급체포하자 그 변호사가 이를 제지하는 과정에서 위 검사에게 상해를 가한 것이 정당방위에 해당한다고 본 사례.

05. 사법경찰관 A는 피의자 甲을 절도 혐의로 긴급체포한 후 조사하였으나, 甲의 혐의를 입증할 증거가 부족하다고 판단하여 석방하였다. A는 이후 이 절도 사건에 관한 증거를 찾던 중 절도 현장을 목격한 X의 진술을 확보하게 되었다. 이에 관한 설명 중 옳지 않은 것은? (다툼이 있는 경우에는 판례에 의함) 〈변호사 2014〉

① A가 목격자 X의 진술을 확보하였다고 하더라도 더 이상 위 절도 혐의로 甲을 긴급체포할 수 없다.

② A는 甲의 위 절도 범행과 다른 별개의 범죄인 모욕죄 혐의에 관하여는 甲을 긴급체포할 수 없다.

③ A가 甲의 위 절도 범행과 다른 별개의 범죄인 강간치상 혐의에 관하여 甲을 긴급체포한 경우에는 즉시 검사의 승인을 얻어야 한다.

④ 수사기관이 위 절도 혐의에 관한 X의 진술조서 등 소명자료를 갖추더라도 법원으로부터 체포영장을 발부받을 수 없다.

⑤ 수사기관이 甲의 위 절도 혐의에 관한 X의 진술조서 등 소명자료를 갖춘 다음 법원으로부터 사전 구속영장을 발부받으면 위 절도 혐의로 甲을 구속할 수 있다.

✍ 해설

① (○) 제200조의4 제3항. 긴급체포 후 석방된 자는 영장 없이는 동일한 범죄사실에 관하여 체포하지 못한다.

② (○) 사형 무기 또는 장기 3년 이상의 징역이나 금고에 해당하는 죄를 범하였다고 의심할 만한 상당한 이유가 있는 경우에 긴급체포할 수 있는데(제200조의3 제1항), 모욕죄는 1년 이하의 징역이나 금고 또는 200만원 이하의 벌금에 해당하므로(형법 제311조) 긴급체포의 대상이 되지 않는다.

③ (○) 강간치상죄(형법 제301조. 무기 또는 5년 이상의 징역)는 긴급체포의 대상이 되는 범죄이므로 긴급체포할 수 있으나, 사법경찰관이 긴급체포를 한 경우에는 즉시 검사의 승인을 받아야 한다(제200조의3 제2항).

④ (×) 제200조의4 제3항. 체포영장을 발부받으면 긴급체포 후 석방된 자에 대해서도 동일한 범죄사실에 관하여 체포할 수 있다.
⑤ (○) 제201조 제1항 · 제2항. [답 ④]

06. 다음 중 적법한 현행범인체포에 해당하는 것은 모두 몇 개인가? (다툼이 있는 경우 판례에 의함)

> (가) 학교 교장실에서 흉기를 휘두른 교사를 범행 종료된 지 40분 경과 후 서무실에서 체포한 경우
> (나) 목욕탕 탈의실에서 타인에게 상해를 가한 사람에 대하여 범행 후 25-30분 경과 후 탈의실에서 옷을 입고 있는 것을 체포한 경우
> (다) 음주운전을 종료한 후 40분 이상 경과한 후 길가에 앉아서 술냄새를 풍기는 사람을 체포한 경우
> (라) 새벽에 숲속에 정차해 있던 영업용 택시에 여자와 함께 있는 운전자에 대하여, 불심검문 당시에는 강간의 흔적도 없고 아무 말 없이 고개만 숙이고 있었으나 따로 불러내서 물어보자 운전자가 강간을 하였다고 하므로 운전자를 체포한 경우
> (마) 피해자의 자동차를 발로 차고 폭행을 한 사람을 범행 종료 후 10분 정도 경과하여 범행장소에서 인접한 학교 운동장에서 체포한 경우

① 1개 ② 2개 ③ 3개 ④ 4개 ⑤ 5개

해설

(가) (×) 교사가 교장실에서 약 5분 동안 소란을 피운 후 40여분 정도가 지나 경찰관이 출동하여 교장실이 아닌 서무실에서 그를 연행하려 한 경우 '실행 즉후인 자'로서 현행범인에 해당한다고 단정한 위법이 있다(대법원 1991. 9. 24, 91도1314).

(나) (○) 경찰관이 피고인을 현행범인으로 체포한 시기와 장소, 체포 전후의 상황 등에 비추어, 체포 당시 피고인이 방금 범죄를 실행한 범인이라고 인정할 죄증이 명백히 존재한다고 보아 피고인을 현행범인이라고 볼 수 있다(대법원 2006. 2. 10, 2005도7158).

(다) (×) 음주운전을 종료한 후 40분 이상이 경과한 시점에서 길가에 앉아 있던 운전자를 술냄새가 난다는 점만을 근거로 음주운전의 현행범인으로 체포한 것은 적법한 공무집행으로 볼 수 없다(대법원 2007. 4. 13, 2007도1249).

(라) (×) 강간의 피해자가 어떠한 폭행이나 협박을 당한 흔적이나 반항의 흔적 또는 성교의 아무런 흔적조차도 발견할 수 없고, 아무런 말 없이 고개를 숙이고 있다가 따로 불러내어 물어보자 아저씨가 못된 짓을 하였다고 말을 한 것이라면, 이러한 사정만으로는 객관적 상황에 의하여 위 피고인이 강간죄의 범행을 종료한 직

후임이 명백히 인정되는 경우라고 보기 어렵다(대법원 1995. 5. 26, 94다37226).
㈒ (○) 대법원 1991. 9. 24, 91도1314. [답 ②]

07. **현행범인체포와 관련된 다음 설명 중 옳은 것은?** (다툼이 있는 경우에는 판례에 의함) 〈법전협 모의시험 2011 변형〉

① 사후적으로 구성요건에 해당하지 않아 무죄로 판단된다면, 범행 당시에 비록 객관적으로 보아 현행범인이라고 인정할 만한 충분한 이유가 있었다고 하더라도 적법한 체포라고 할 수 없다.
② 사법경찰관리가 현행범인을 체포하는 경우에 범죄사실의 요지 등에 대한 고지는 항상 체포를 위한 실력행사에 들어가기 전에 미리 하여야 하며 체포 이후나 상대방의 저항을 제압한 후에 하면 위법하다.
③ 甲이 경찰관의 불심검문을 받아 운전면허증을 교부한 후 불심검문에 항의하며 경찰관에게 큰 소리로 욕설을 하자 경찰관이 甲을 모욕죄의 현행범인으로 체포한 것은 적법한 체포라고 할 수 없다.
④ 검사 또는 사법경찰관리가 아닌 자가 현행범인을 체포한 때에는 즉시 검사 또는 사법경찰관리에게 인도하여야 하는데, '즉시'라고 함은 반드시 체포시점과 시간적으로 밀착된 시점이어야 한다.
⑤ 피해자의 자동차를 발로 걷어차고 그와 싸우는 범행을 한 지 10분 후에 피해자의 친구가 피의자의 도주 여부를 감시하는 중에 범행현장에 인접한 학교의 운동장에서 피의자를 체포한 것은 시간적·장소적 접착성을 인정할 수 없어 위법한 체포이다.

해설

① (×) 대법원 2013. 8. 23, 2011도4763. 피고인이 식당 안에서 소리를 지르거나 양은그릇을 부딪치는 등의 소란행위가 업무방해죄의 구성요건에 해당하지 않아 사후적으로 무죄로 판단된다고 하더라도, 피고인이 상황을 설명해 달라거나 밖에서 얘기하자는 경찰관의 요구를 거부하고 경찰관 앞에서 소리를 지르고 양은그릇을 두드리면서 소란을 피운 당시 상황에서는 객관적으로 보아 피고인이 업무방해죄의 현행범이라고 인정할 만한 충분한 이유가 있으므로, 경찰관들이 피고인을 체포하려고 한 행위는 적법한 공무집행이라고 보아야 하고, 그 과정에서 피고인이 체포에 저항하며 피해자들을 폭행하거나 상해를 가한 것은 공무집행방해죄 등을 구성한다.
② (×) 달아나는 피의자를 쫓아가 붙들거나 폭력으로 대항하는 피의자를 실력으로 제압하는 경우에는 붙들거나 제압하는 과정에서 하거나, 그것이 여의치 않은 경우에는 일단 붙들거나 제압한 후에 지체없이 하여야 한다(대법원 2010. 6. 24, 2008도11226).

③ (○) 대법원 2011. 5. 26, 2011도3682. 위 사례에서 甲은 경찰관의 불심검문에 응하여 이미 운전면허증을 교부한 상태이므로 甲이 도망하거나 증거를 인멸할 염려가 있다고 보기는 어렵고, 甲의 모욕 범행은 불심검문에 항의하는 과정에서 저지른 일시적, 우발적인 행위로서 사안 자체가 경미할 뿐 아니라, 경찰관이 범행현장에서 즉시 범인을 체포할 급박한 사정이 있다고 보기도 어려우므로, 경찰관이 甲을 체포한 행위는 적법한 공무집행이라고 볼 수 없다.
④ (×) 대법원 2011. 12. 22, 2011도12927. 형사소송법 제213조 제1항에서 '즉시'라고 함은 반드시 체포시점과 시간적으로 밀착된 시점이어야 하는 것은 아니고, '정당한 이유 없이 인도를 지연하거나 체포를 계속하는 등으로 불필요한 지체를 함이 없이'라는 뜻으로 볼 것이다. 그리고 검사 또는 사법경찰관리 아닌 자에 의하여 현행범인이 체포된 후 불필요한 지체 없이 검사 등에게 인도된 경우, 구속영장 청구기간인 48시간의 기산점은 검사 등이 현행범인을 인도받은 때이다.
⑤ (×) 형사소송법 제211조 제1항에 규정된 "범죄 실행의 즉후인 자"란 체포하는 자가 볼 때 범죄의 실행행위를 종료한 직후의 범인이라는 것이 명백한 경우를 일컫는 것으로서, 시간이나 장소로 보아 체포당하는 자를 방금 범죄를 실행한 범인이라고 볼 증거가 명백히 존재하는 것으로 인정된다면, 그를 현행범인으로 볼 수 있는데, 위 피의자는 이에 해당한다(대법원 1993. 8. 13, 93도926).

[답 ③]

08. 아래 설명 중 옳은 것(○)과 옳지 않은 것(×)을 올바르게 조합한 것은?
(다툼이 있는 경우 판례에 의함) 〈변호사 2013〉

> ㈎ 체포적부심사를 청구한 피의자에게 변호인이 없는 때에는 지체 없이 국선변호인을 선정해야 하나, 심문 없이 적부심사청구에 대해 기각 결정을 하는 경우에는 그러하지 아니하다.
> ㈏ 체포영장을 집행함에 있어서 필요한 때에는 영장 없이 타인의 주거에서 피의자를 수사하거나 체포현장에서 압수, 수색, 검증을 할 수 있다.
> ㈐ 영장에 의해 피의자를 체포한 경우 체포한 때부터 48시간 이내에 구속영장을 발부받지 못하면 즉시 석방하여야 한다.
> ㈑ 보석은 유효한 구속영장을 전제로 구속의 집행을 정지시키는 것에 불과하다.
> ㈒ 현행범체포에 있어서 체포의 목적을 달성하기 위하여 필요한 범위 내에서 사인이라도 강제력을 행사할 수 있다.

① ㈎(×), ㈏(○), ㈐(×), ㈑(○), ㈒(○)
② ㈎(×), ㈏(×), ㈐(○), ㈑(○), ㈒(○)

③ ㈎(○), ㈏(×), ㈐(×), ㈑(○), ㈒(○)
④ ㈎(○), ㈏(○), ㈐(○), ㈑(×), ㈒(×)
⑤ ㈎(×), ㈏(×), ㈐(○), ㈑(×), ㈒(×)

해설

㈎ (×) 체포적부심을 청구한 피의자에게 변호인이 없는 경우에는 국선변호인을 선정하여야 한다(제214조의2 제10항, 제33조). 이때, 심문 없이 적부심사청구에 대하여 기각결정을 하는 경우의 예외규정은 없다.
㈏ (○) 제216조 제1항 제1호.
㈐ (×) 48시간 이내에 구속영장을 청구하여야 한다(제200조의2 제5항).
㈑ (○) 보석은 일정한 보증금의 납부 등을 조건으로 하여 구속의 집행을 정지함으로써 구속된 피고인을 석방하는 제도이다(이재상 · 조균석, §19/123).
㈒ (○) 사인도 현행범체포를 할 수 있고(제212조), 체포 시에는 체포의 목적을 달성하기 위하여 필요한 범위 내에서 강제력을 행사할 수 있다(대법원 1999. 1. 26, 98도3029: 피고인의 차를 손괴하고 도망하려는 피해자를 현행범인체포하면서 도망하지 못하게 멱살을 잡고 흔들어 피해자에게 전치 14일의 흉부찰과상을 가한 경우, 정당행위에 해당한다). [답 ①]

09. **피의자를 체포한 후의 절차에 관한 다음 설명 중 틀린 것으로만 묶인 것은?** 〈일본 예비시험 2011 변형〉

㈎ 검사는 죄를 범하였다고 의심할 만한 상당한 이유가 있는 피의자가 정당한 이유없이 출석요구에 응하지 아니할 우려가 있는 때에는 체포영장을 발부받아 피의자를 체포할 수 있다.
㈏ 사법경찰관이 피의자를 긴급체포한 후 검사의 승인을 받았으나 구속영장을 신청하기 전에 피의자가 도주한 경우, 사법경찰관은 즉시 검사에게 보고하여야 한다.
㈐ 사인이 현행범인을 체포한 때에는 즉시 검사 또는 사법경찰관리에게 인도하여야 한다.
㈑ 사법경찰관이 피의자를 긴급체포하는 경우에는 피의사실의 요지, 체포의 이유와 변호인을 선임할 수 있음을 말하고 변명할 기회를 주어야 하지만, 체포영장에 의하여 피의자를 체포하는 경우는 체포영장을 피의자에게 제시하므로 피의사실의 요지와 체포의 이유는 말할 필요가 없고 변호인을 선임할 수 있음을 말하고 변명의 기회만을 주면 족하다.
㈒ 검사가 체포영장에 의하여 피의자를 체포한 경우, 구속하고자 할 때

> 는 24시간 이내에 구속영장을 청구하여야 하고 그 기간 내에 구속영장을 청구하지 아니하는 때에는 피의자를 즉시 석방하여야 한다.

① (가), (나) ② (가), (다) ③ (나), (라)
④ (다), (마) ⑤ (라), (마)

해설

(가) (○) 제200조의2 제1항.
(나) (○) 사법경찰관이 긴급체포한 피의자에 대하여 구속영장을 신청하지 아니하고 석방한 경우에는 즉시 검사에게 보고하여야 하는데(제200조의4 제6항), 도주한 경우에도 위 조문에 비추어 즉시 검사에게 보고하여야 한다고 해석된다.
(다) (○) 213조 제1항.
(라) (×) 체포하는 경우에는 피의사실의 요지, 체포의 이유와 변호인을 선임할 수 있음을 말하고 변명의 기회를 주어야 한다(제200조의5).
(마) (×) 48시간 이내(200조의2 제5항). [답 ⑤]

10. 다음 중 위법한 체포는? (다툼이 있는 경우 판례에 의함)

① 불법집회에 참가한 150명 중 9명을 현행범인으로 체포하면서 사법경찰관 P1이 그 중 1인인 甲을 체포하여 바로 호송버스에 탑승시킨 다음 사법경찰관 P2가 피의사실의 요지 등을 고지하였다.
② 사법경찰관 P는 지명수배된 甲을 체포하기 위하여 마스터키를 이용하여 甲이 투숙 중인 모텔방문을 열고 들어가 신분확인을 하는 과정에서 甲이 유리창을 깬 후 깨진 유리조각을 들고 위협하자 약 20분간 몸싸움을 하여 이를 제압한 다음 피의사실의 요지 등을 고지하였다.
③ 순찰 중이던 경찰관 P는 교통사고를 낸 차량이 도주하였다는 무전연락을 받고 주변을 수색하다가 범퍼 등의 파손상태로 보아 사고차량으로 인정되는 차량에서 내리는 甲을 발견하고 준현행범인으로 체포하려고 다가갔는데, 甲이 도주하자 추적하여 체포한 다음 바로 피의사실의 요지 등을 고지하였다.
④ 사법경찰관 P1은 마약밀매 혐의가 있는 甲을 긴급체포하기 위하여 甲의 집 앞에서 대기하던 중 집 밖으로 나오는 甲을 보고 이름을 부르자 도망가는 甲에게 사법경찰관 P2가 전기충격기를 발사하여 甲을 제압한 다음 피의사실의 요지 등을 고지하였다.
⑤ 사법경찰관 P1은 만취상태인 甲이 노상에서 A와 말다툼을 하다가

A를 밀어 방바닥에 넘어뜨리는 등 소란을 피우는 것을 보고 사법경찰관 P2와 甲을 일단 제압하였으나, 계속하여 甲이 제압상태에서 빠져나오기 위하여 저항하자 100미터 떨어진 파출소로 연행한 다음 피의사실 등을 고지하였다.

해설

① (○) 대법원 2012. 2. 9, 2011도7193.
② (○) 대법원 2007. 11. 29, 2007도7961.
③ (○) 대법원 2000. 7. 4, 99도4341.
④ (○) 대법원 2008. 7. 24, 2008도2794.
⑤ (×) 일단 제압한 후에 지체 없이 피의사실 등을 고지하여야 한다(대법원 2008. 10. 9, 2008도3640). [답 ⑤]

◇관련판례◇

대법원 2012. 2. 9, 2011도7193 : 검사 또는 사법경찰관리는 현행범인을 체포하거나 일반인이 체포한 현행범인을 인도받는 경우 형사소송법 제213조의2에 의하여 준용되는 형사소송법 제200조의5에 따라 피의자에 대하여 피의사실의 요지, 체포의 이유와 변호인을 선임할 수 있음을 말하고 변명할 기회를 주어야 하고, 이와 같은 고지는 체포를 위한 실력행사에 들어가기 전에 미리 하여야 하는 것이 원칙이지만, 달아나는 피의자를 쫓아가 붙들거나 폭력으로 대항하는 피의자를 실력으로 제압하는 경우에는 붙들거나 제압하는 과정에서 하거나 그것이 여의치 않은 경우에는 일단 붙들거나 제압한 후에 지체 없이 하면 된다.

11. 구속에 관한 다음 설명 중 틀린 것은? (다툼이 있는 경우 판례에 의함)

① 법원이 피고인을 구속하려면 피고인이 죄를 범하였다고 의심할 만한 상당한 이유가 있어야 한다.
② 범죄의 중대성, 재범의 위험성, 피해자 및 중요 참고인 등에 대한 위해 우려 등은 독립된 구속사유이다.
③ 구속의 요건에 해당하는 경우 검사는 지방법원 판사에게 청구하여 구속영장을 발부받아 피의자를 구속할 수 있다.
④ 무죄추정을 받는 피고인이라고 하더라도 그에게 구속의 사유가 있어 구속영장이 발부, 집행된 이상 신체의 자유가 제한되는 것은 당연한 것이므로 이러한 조치가 무죄추정의 원칙에 위배되는 것이라고 할 수는 없다,
⑤ 수사기관이 구속영장에 기재된 장소가 아닌 곳으로 구금장소를 임

의적으로 변경하는 것은 위법하다.

해설

① (○) 제70조 제1항.
② (×) 구속사유를 심사함에 있어서 고려사항이지 독립적인 구속사유는 아니다(제70조 제2항).
③ (○) 제201조 제2항.
④ (○) 대법원 2001. 11. 30, 2001도5225. 대법원의 파기환송 판결에 의하여 사건을 환송받은 법원은 제92조 제1항에 따라 2월의 구속기간이 만료되면 특히 계속할 필요가 있는 경우에는 2차(대법원이 규칙 제57조 제2항에 의하여 구속기간을 갱신한 경우에는 1차)에 한하여 결정으로 구속기간을 갱신할 수 있는 것이고, 한편 무죄추정을 받는 피고인이라고 하더라도 그에게 구속의 사유가 있어 구속영장이 발부, 집행된 이상 신체의 자유가 제한되는 것은 당연한 것이므로, 이러한 조치가 무죄추정의 원칙에 위배되는 것이라고 할 수는 없다.
⑤ (○) 대법원 1996. 5. 15, 95모94. [답 ②]

12. 구속의 요건에 관한 다음 설명 중 옳은 것은? (다툼이 있는 경우 판례에 의함) 〈일본 신사법시험 2008〉

① 피의자가 주민등록등본상 주소에 대하여 소유권·임차권 등 그 곳에 거주함에 있어 적당한 권원을 가지는 경우에는 실제로 어디서 기거침식 하는지 여부와 관계없이 주민등록등본에 기재된 주소가 「일정한 주거」에 해당한다.
② 「증거를 인멸할 염려가 있다」고 하기 위하여는 피의자에게 주관적으로 증거를 인멸하려는 의도가 있으면 족하고, 증거인멸행위가 행해진 경우에 진실발견을 곤란하게 하는 효과가 생겨야 할 필요는 없다.
③ 「증거를 인멸할 염려가 있다」에서의 증거인멸행위란 반드시 피의자 스스로 실행하는 경우에 한하는 것이 아니라 피의자가 제3자에게 명하거나 지시하는 등 제3자에게 증거인멸행위를 하게 하는 경우를 포함한다.
④ 장기간 같은 회사에서 근무하고 있는 피의자와 일용직으로서 단기간 근무처를 전전하고 있는 피의자를 비교해 볼 때, 「도망하거나 도망할 염려가 있는 때」의 판단에 차이는 없다.
⑤ 죄책이 중대하다는 것은 「도망하거나 도망할 염려가 있는 때」를 긍정하는 방향으로 영향을 미치는 사정이지만, 피의자에게 동종전과가 있는 것을 「도망하거나 도망할 염려가 있는 때」를 긍정하는 방향으로 고려하는 것은 허용되지 않는다.

✍ **해설**

① (×) 제70조 제1항 제1호의 '일정한 주거'에 해당하는지 여부는 현실로 기거 침식하고 있는 장소가 분명한지 여부에 따라 판단한다.
② (×) 제70조 제1항 제2호의 '증거를 인멸할 염려'가 있는지 여부는 주관적인 증거인멸의 의도만으로는 부족하고, 증거인멸행위가 행해진 경우에 진실발견을 곤란하게 할 구체적 위험이 있어야 한다.
③ (○) 증거에 부당한 영향을 미치는 행위는 증거인멸행위에 해당하며, 그 태양에는 제한이 없다.
④ (×) 다른 조건이 같으면 장기간 같은 회사에 근무하고 있는 피의자보다는 일용직으로 단기간 근무처를 전전하고 있는 피의자가 생활상태가 불안정하므로 도망할 염려가 더 크다고 평가할 수 있다.
⑤ (×) 죄책이 중대하면 중형이 선고될 가능성이 크고, 동종전과가 있는 것 또한 중형선고의 요인에 하나이므로 어느 경우에나 피의자가 '도망하거나 도망할 염려가 있는 때'를 긍정하는데 플러스 요인이 된다. [답 ③]

13. **구속에 관한 다음 설명 중 옳은 것은?** 〈법무부 문제유형 2010 변형〉

① 법원은 구인된 피고인을 경찰서 유치장에 유치할 수 있지만, 이 경우의 유치기간은 피고인을 인치한 때로부터 24시간을 초과할 수 없다.
② 검사의 구속영장신청 기각에 대하여는 준항고로 다툴 수 있다.
③ 현행 형사소송법은 재범의 위험성을 독립된 구속사유로 규정하고 있다.
④ 현행법상 피의자 구속과 피고인 구속을 위한 범죄혐의 정도는 구속기간이 다르기 때문에 비례성에 입각하여 다르게 규정되어 있다.
⑤ 검사는 출석요구에 불응하는 피의자를 구인영장에 의하여 구인할 수 있다.

✍ **해설**

① (○) 제71조의2.
② (×) 사법경찰관으로부터 영장의 신청을 받은 검사는 그 신청에 기속되지 않고 그때까지 이루어진 수사 내용 등 여러 사정을 참작하여 법원에 영장을 청구할 것인지, 그 신청한 영장에 요건 등의 불비를 이유로 보완을 명하거나 기각할 것인지를 판단한다. 사법경찰관은 검사의 이러한 직무상의 명령인 지휘에 복종하여야 할 의무가 있을 따름이고 신청기각에 대하여 다툴 수 없다(서울북부지방법원 2007. 1. 16, 2006보1). 마찬가지로 일반 국민(특히, 피해자)도 검사의 영장불청구에 대하여 다툴 수 없다(대법원 2007. 5. 25, 2007모82).
③ (×) 구속사유 판단 시 고려사항이 될 뿐이고 독립된 구속사유는 아니다(제70조 제2항).
④ (×) 제201조에서 제70조의 해당 사유가 있을 것을 요건으로 하므로 피의자

와 피고인 구속의 요건으로서 범죄혐의 정도는 동일하다.
⑤ (×) 제198조, 제199조. 검사의 피의자신문은 임의수사이므로 출석요구에 불응 시 구인할 수 없다. [답 ①]

14. 다음 사례에 관한 검사의 처리에 관한 설명 중 틀린 것은?

〈일본 신사법시험 2011 변형〉

> 甲은 2010. 4. 1. 09:50 서울 시내에서 사법경찰관으로부터 직무질문을 받으면서 소지품검사에 응하여 「절도 목적으로 X의 집에 침입하는데 사용하기 위하여 쇠톱을 숨겨 휴대하고 있다」는 취지로 말하고 소지하고 있던 가방에서 쇠톱을 꺼내보였으나 침입하려고 한 집에 대하여는 일체 대답하지 않았다. 이에, 사법경찰관은 甲의 주거가 분명하지 아니하므로 경범죄처벌법위반(동법 제1조 제2호 위반)에 해당하는 「정당한 이유가 없이 쇠톱을 숨기어 지니고 다녔다」는 사실이 인정되었기 때문에 같은 날 10:00 그 사실로 甲을 적법한 절차에 따라 현행범인 체포하였다. 그 후의 수사에 의하여 甲의 절도범행이 판명되었으나 여전히 甲의 주거는 분명하게 밝혀지지 않았다. 사법경찰관은 같은 달 3. 09:30 甲을 경범죄처벌법위반사실로 서울서부지방검찰청에 구속영장을 신청하는 서류를 작성하여 송부하였으며, 서울서부지방검찰청에서는 같은 날 09:30 관련서류를 접수하여 즉시 영장담당 검사에게 전달하였다.
>
> ※ 경범죄처벌법 제1조【경범죄의 종류】 다음 각 호의 1에 해당하는 사람은 10만 원 이하의 벌금, 구류 또는 과료의 형으로 벌한다.
> 2. (흉기의 은닉휴대) 칼·쇠몽둥이 등 사람의 생명 또는 신체에 중대한 해를 입히는데 사용될 연장이나 쇠톱 등 집 그 밖의 건조물에 침입하는데 사용될 연장을 정당한 이유없이 숨기어 지니고 다니는 사람.

① 사법경찰관이 현행범인으로 체포할 수 없는 경미사건에 관하여 체포하였으므로, 검사는 즉시 甲을 석방하여야 한다.
② 검사는 2011. 4. 3. 10:00까지 서울서부지방법원에 구속영장을 청구할 수 있다.
③ 검사는 경범죄처벌법위반사실뿐 아니라 절도사실도 합하여 구속영

장을 청구할 수 있다.
④ 검사가 구속영장을 청구하지 않으면 즉시 甲을 석방하여야 한다.
⑤ 검사는 경범죄처벌법위반죄에 대하여는 약식명령을 청구하고, 절도죄에 대하여는 공판청구할 수 있다.

해설

① (×) 甲의 경범죄처벌법위반죄가 다액 50만 원 이하의 벌금, 구류 또는 과료의 형에 해당하는 경미범죄에 해당하나, 甲의 주거가 분명하지 아니하므로 현행범인으로 체포할 수 있다(제214조).
② (○) 제213조의2, 제200조의2 제5항. 법정형으로 징역형이 규정되어 있지 않더라도 구속할 수 있다.
③ (○) 이 경우, 경범죄처벌법위반사실은 사후영장(제201조의2 제1항), 절도사실은 사전영장(제201조의2 제2항)의 청구이다.
④ (○) 제213조의2, 제200조의2 제5항.
⑤ (○) 제448조 제1항. [답 ①]

15. **구속전피의자심문**(영장실질심사)**에 관한 다음 설명 중 옳은 것은?**

① 피의자가 도망 등의 사유로 심문할 수 없는 때에도 구속영장을 청구받은 판사는 피의자가 죄를 범하였다고 의심할 만할 사유가 있는 경우 구인을 위한 구속영장을 발부하여 피의자를 구인한 후 심문하여야 한다.
② 피의자가 질병 그 밖의 출석이 현저하게 곤란한 때에는 검사는 판사에게 심문기일의 연기를 신청할 수 있다.
③ 피의자에 대한 심문절차는 원칙적으로 공개하여야 한다.
④ 심문할 피의자에게 변호인이 없는 때에는 지방법원 판사는 직권으로 변호인을 선정하여야 한다. 이 경우 변호인의 선정은 피의자에 대한 구속영장 청구가 기각되어 효력이 소멸한 경우를 제외하고는 심문 시까지 효력이 있다.
⑤ 변호인은 심문기일에 출석하여 의견을 진술할 수 있으나, 판사의 심문이 종료한 후에 가능하다.

해설

① (×) 피의자가 도망 등의 사유로 심문할 수 없는 때에는 피의자를 구인할 필요가 없다(제201조의2 제2항).
② (×) 피의자의 출석 없이 심문절차를 진행할 수 있다(규칙 제96조의13).
③ (×) 심문절차는 비공개가 원칙이다(규칙 제96조의14).
④ (×) 제1심까지 효력이 있다(제201조의2 제8항).

⑤ (○) 제201조의2 제4항 ; 규칙 제96조의16 제3항. [답 ⑤]

16. 피고인구속에 관한 설명 중 틀린 것은?

① 피고인에게 구속의 사유가 없거나 소멸된 때에는 법원은 직권 또는 검사 등의 청구에 의하여 결정으로 구속을 취소해야 한다.
② 법원이 피고인을 구속하였다가 구속기간의 만료로 석방한 경우에 상급법원은 동일한 범죄사실로 재차 구속할 수 있다.
③ 피고인을 구속하는 구속영장은 명령장의 성질을 가진다.
④ 구속 중인 피고인에 대하여 감정유치장이 집행되었을 때 피고인이 유치되어 있는 기간 동안 구속의 집행은 정지되지 아니한다.
⑤ 사형 또는 자유형의 판결이 확정된 때에는 구속영장의 효력이 상실된다.

해설

① (○) 제93조.
② (○) 제92조 제1항 · 제2항.
③ (○) 피고인의 구속영장은 명령장이나, 피의자의 구속영장은 허가장이다(헌법재판소 1997. 3. 27, 96헌바28).
④ (×) 정지된 것으로 간주한다(제172조의2 제1항).
⑤ (○) 자유형의 확정(대법원 1999. 9. 7, 99초355, 99도3454), 사형의 확정(확정 후 집행 시까지의 구금은 확정판결 자체의 효력이다)으로 구속영장의 효력이 상실한다. [답 ④]

17. 다음 각 절차 가운데 피의자의 구속과 피고인의 구속 모두에 관하여 형사소송법상 인정되는 것은 몇 개인가? 〈일본 신사법시험 2011 변형〉

(가) 보석 (나) 구속취소 (다) 구속집행정지 (라) 변호인 또는 변호인이 되려고 하는 자 이외의 자와의 접견 등의 제한 (마) 검사에 의한 구속영장청구

① 1개 ② 2개 ③ 3개 ④ 4개 ⑤ 5개

해설

(가) (×) 피고인 구속에만 인정된다(제94조). 구속된 피의자에 대하여는 구속심사를 청구한 경우에 보증금납입 조건부 석방이 가능하지만(제214조의2 제5항),

이것은 보석은 아니다.
(나) (○) 제93조(피고인), 제209조(피의자 준용).
(다) (○) 제101조(피고인), 제209조(피의자 준용).
(라) (○) 제91조(피고인), 제209조(피의자 준용).
(마) (×) 피의자 구속에만 인정된다(제201조). [답 ③]

18. 구속에 관한 판례의 태도가 아닌 것은? 〈행시 2004〉

① 국가보안법 제7조(찬양 · 고무등)의 죄의 경우 수사단계에서 피의자 구속기간은 최대 50일까지 허용된다.
② 구속만기 25일을 앞두고 제1회 공판이 있었더라도 법원이 구속기간 내에 재판을 하였다면 헌법상의 신속한 재판을 받을 권리를 침해하였다고 할 수 없다.
③ 재구속의 제한(형사소송법 제280조 제1항)은 검사 또는 사법경찰관이 피의자를 구속하는 경우에만 적용되고 법원이 피고인을 구속하는 경우에는 적용되지 않는다.
④ 수사기관이 피의자를 긴급체포한 후 사후구속영장을 발부받지 않고 통상의 구속영장을 발부받아 집행하였다면 피의자를 불법 체포 · 구금한 것에 해당한다.
⑤ 구속영장상의 구금장소를 임의적으로 다른 장소로 변경한 것은 피의자의 방어권이나 접견교통권의 행사에 중대한 장애를 초래한 것으로 볼 수 있다.

해설

① (×) 헌법재판소 1992. 4. 14, 90헌마82. 국가보안법 제7조(찬양 · 고무등) 및 제10조(불고지)의 죄는 구성요건이 특별히 복잡한 것도 아니고 사건의 성질상 증거수집이 더욱 어려운 것도 아님에도 불구하고 국가보안법 제19조가 제7조 및 제10조의 범죄에 대하여서까지 형사소송법상의 수사기관에 의한 피의자구속기간 30일보다 20일이나 많은 50일을 인정한 것은 국가형벌권과 국민의 기본권과의 상충관계 형량을 잘못하여 불필요한 장기구속을 허용하는 것이다.
② (○) 대법원 1990. 6. 12, 90도672.
③ (○) 대법원 1969. 5. 27, 69도509.
④ (○) 사후구속영장을 발부받아 집행하여야 할 것임에도 불구하고 통상의 구속영장을 발부받아 집행하면 실제로 긴급체포된 때로부터 구속영장이 발부되어 집행되기 전까지 기간 구속영장 없이 구속되었다고 할 것이다.
⑤ (○) 대법원 1996. 5. 15, 95모94. [답 ①]

19. 구속제도에 대한 다음 설명 중 옳은 것을 모두 고른 것은? (다툼이 있는 경우 판례에 의함) 〈변호사 2013〉

(가) 구속영장에 의해 구치소에 구금된 피의자가 검사의 소환에 불응하고 출석하지 않는 경우 검사가 그 피의자를 강제로 출석시킬 수 있도록 법원은 구금된 사람의 구인을 위한 영장을 발부할 수 있다.
(나) 구속영장을 청구받은 지방법원 판사는 체포된 피의자에 대하여 지체 없이 피의자를 심문하여야 하나, 체포되지 않은 피의자에 대하여는 직권으로 심문 여부를 결정한다.
(다) 지방법원 판사의 영장기각 결정에 대해서는 검사의 준항고가 허용되지 않는다.
(라) 이미 구속된 피고인에 대한 구속기간이 만료될 무렵 종전의 구속영장에 기재된 범죄사실과 다른 사실로 피고인을 구속하였다는 사정만으로는 위법하다고 할 수 없다.
(마) 구속되었다가 석방된 피의자 또는 피고인은 다른 중요한 증거가 발견된 경우가 아니면 동일한 범죄사실에 관하여 재차 구속하지 못한다.

① (가), (나) ② (가), (다) ③ (다), (라)
④ (다), (마) ⑤ (라), (마)

해설

(가) (×) 구인을 위한 구속영장은 체포되지 아니한 피의자에 대한 구속 전 피의자심문을 위해서만 발부할 수 있다(제201조의2 제1항).
(나) (×) 체포되었는지 여부를 불문하고 지체 없이 피의자를 심문하여야 한다(필요적 심문)(제201조의2 제1항).
(다) (○) 대법원 2006. 12. 18, 2006모646.
(라) (○) 대법원 2000. 11. 10, 2000모134. 구속의 효력은 원칙적으로 구속영장에 기재된 범죄사실에만 미치는 것이므로, 구속기간이 만료될 무렵에 종전 구속영장에 기재된 범죄사실과 다른 범죄사실로 피고인을 구속하였다는 사정만으로는 피고인에 대한 구속이 위법하다고 할 수 없다.
(마) (×) 재구속의 제한(제208조)은 피고인의 구속에는 적용되지 않는다. [답 ③]

20. 구속과 관련된 다음 설명 중 틀린 것은? (다툼이 있는 경우 판례에 의함)

① 검사는 구속영장청구 전 심사를 위하여 피의자를 검찰청으로 일시 인

치하여 접견 · 면접할 수 있고, 이를 위하여 사법경찰관리에게 인치 지휘하는 것은 적법하므로 사법경찰관리는 이를 준수할 의무가 있다.

② 사법경찰관은 검사의 구속영장신청 기각에 대하여 준항고로 다툴 수 있다.

③ 판사가 발부한 피의자에 대한 구속영장은 허가장이다.

④ 판사의 구속영장청구 기각결정에 대하여 검사는 준항고할 수 없다.

⑤ 다른 사유로 이미 구속영장이 실효된 때는 피고인이 계속 구금되어 있더라도 구속취소결정을 할 수 없다.

해설

① (○) 대법원 2010. 10. 28, 2008도11999.
② (×) 다툴 수 없다(서울북부지방법원 2007. 1. 16, 2006보1).
③ (○) 피고인에 대한 구속영장은 명령장, 피의자에 대한 구속영장은 허가장의 성질을 가진다.
④ (○) 대법원 2006. 12. 18, 2006모646.
⑤ (○) 대법원 1999. 9. 7, 99초355, 99도3454 [답 ②]

◇관련판례◇

대법원 2010. 10. 28, 2008도11999 : 사법경찰관이 검사에게 긴급체포된 피의자에 대한 긴급체포 승인 건의와 함께 구속영장을 신청한 경우, 검사는 긴급체포의 승인 및 구속영장의 청구가 피의자의 인권에 대한 부당한 침해를 초래하지 않도록 긴급체포의 적법성 여부를 심사하면서 수사서류뿐만 아니라 피의자를 검찰청으로 출석시켜 직접 대면조사할 수 있는 권한을 가진다고 보아야 한다. 따라서 이와 같은 목적과 절차의 일환으로 검사가 구속영장청구 전에 피의자를 대면조사하기 위하여 사법경찰관리에게 피의자를 검찰청으로 인치할 것을 명하는 것은 적법하고 타당한 수사지휘 활동에 해당하고, 수사지휘를 전달받은 사법경찰관리는 이를 준수할 의무를 부담한다.

21. **사법경찰관 A는 피의자 甲을 2011. 1. 1. 20:00에 긴급체포하여 조사를 한 뒤 검사 B에게 구속영장을 신청하여 구속영장 신청서 · 수사관계서류 및 증거서류가 2011. 1. 2. 07:00에 검찰청에 도달하였고, 이에 검사 B는 판사 C에게 구속영장을 청구하여 2011. 1. 2. 10:00에 구속영장청구서 · 수사관계서류 및 증거서류가 법원에 접수되었다. 판사 C는 피의자 甲을 심문하고 구속영장을 발부하여 2011. 1. 3. 13:00에 수사관계서류 및 증거서류가 검찰청에 반환되었고, 검찰청에서는 2011. 1. 3. 15:00에 위 서류들을 경찰서**

에 도달시켰다. 그렇다면 경찰의 피의자 甲에 대한 구속기간이 만료되는 시점은 언제인가?

① 2011. 1. 13. 08:00
② 2011. 1. 12. 24:00
③ 2011. 1. 12. 07:00
④ 2011. 1. 10. 24:00
⑤ 2011. 1. 11. 24:00

해설

② (○) 피의자심문을 하는 경우 법원이 구속영장청구서 등을 접수한 날부터 구속영장을 발부하여 검찰청에 반환한 날까지의 기간은 수사기관의 구속기간 적용에 있어 산입하지 아니하므로(제201조의2 제7항), 경찰의 구속기간 10일에서 위 기간(2일)을 더한 기간, 즉 12일이 구속기간이 된다. 따라서 구속기간은 2011. 1. 1.부터 기산하여 12일이 경과하는 2011. 1. 12. 24:00에 만료된다. [답 ②]

22. 다음 사실관계에서 검사가 구속기소를 할 수 있는 최종일로 옳은 것은?

(구속기간을 연장하지 않는 것을 전제로 함) 〈법무부 모의시험 2011〉

> 사법경찰관은 甲을 2010. 4. 27. 19:30경 강도 범죄사실로 긴급체포하여 조사한 후 2010. 4. 28. 11:30경 구속영장을 신청하였고, 검사가 구속영장을 청구하여 구속영장청구서 및 수사관계서류가 2010. 4. 28. 17:30경 법원에 접수되었다. 판사는 2010. 4. 29. 10:00경 구속전피의자심문을 마치고 2010. 4. 29. 17:00경 甲에 대한 구속영장을 발부하면서 구속영장과 함께 수사관계서류를 검찰청에 반환하였다. 사법경찰관은 甲에 대한 수사를 마친 후 2010. 5. 4. 수사기록과 함께 甲을 검사에게 인치하였다.

① 2010. 5. 12.
② 2010. 5. 13.
③ 2010. 5. 14.
④ 2010. 5. 15.
⑤ 2010. 5. 16.

해설

② (○) 구속전피의자심문을 하는 경우 법원이 구속영장청구서 등을 접수한 날부터 구속영장을 발부하여 검찰청에 반환한 날까지의 기간은 수사기관의 구속기간 적용에 있어 산입하지 않는다(제201조의2 제7항). 위 사례는 검찰 송치 전에 피의자심문이 청구된 것이므로 경찰 구속기간을 적용함에 있어서는 이를 산입하지 않으나, 검찰구속기간에는 아무런 영향이 없다. 따라서 구속기간은 2010. 5. 4.로부터 기산하여 10일이 경과하는 5. 13.에 만료한다. [답 ②]

23. 접견교통권에 대한 다음 설명 중 옳지 않은 것은? (다툼이 있는 경우 판례에 의함) 〈변호사 2013〉

① 접견교통권의 주체는 체포·구속을 당한 피의자이고, 신체 구속상태에 있지 않은 피의자는 포함되지 않는다.
② 미결수용자의 변호인 접견권은 국가안전보장·질서유지 또는 공공복리를 위해 필요한 경우 법률로써 제한될 수 있다.
③ 신체구속을 당한 피고인 또는 피의자에 대한 변호인의 접견교통권은 수사기관의 처분 등에 의해 이를 제한할 수 없고, 다만 법령에 의하여서는 제한이 가능하다.
④ 신체구속을 당한 사람이 그 변호인을 자신의 범죄행위에 공범으로 가담시키려고 하였다는 사정만으로 신체구속을 당한 사람과 그 변호인의 접견교통권을 금지하는 것은 정당화 될 수 없다.
⑤ 수사기관이 구금장소를 임의적으로 변경하여 접견교통을 어렵게 한 것은 접견교통권의 행사에 중대한 장애를 초래하는 것이므로 위법하다.

해설

① (×) 제34조는 신체구속을 당한 피고인 또는 피의자의 접견교통권을 규정하고 있다. 그러나 접견교통권은 변호인의 조력을 받을 권리를 실질적으로 보장하는 것이므로 임의동행된 피의자나 피내사자에 대해서도 인정된다(대법원 1996. 6. 3, 96모18).
② (○) 변호인의 접견교통권을 포함한 국민의 모든 자유와 권리는 국가안전보장·질서유지 또는 공공복리를 위하여 필요한 경우에 한하여 법률로써 제한할 수 있으며, 제한하는 경우에도 자유와 권리의 본질적인 내용을 침해할 수 없다(헌법 제37조 제2항). 현재 변호인의 접견교통권을 제한하는 법률은 없다(이재상·조균석, §19/82). 한편, 변호인과의 자유로운 접견권은 국가안전보장·질서유지 또는 공공복리 등 어떠한 명분으로도 제한될 수 있는 성질의 것이 아니다(헌법재판소 1992. 1. 28, 91헌마111 결정).
③ (○) 대법원 1996. 6. 3, 96모18.
④ (○) 대법원 2007. 1. 31, 2006모657.
⑤ (○) 대법원 1996. 5. 15, 95모94. [답 ①]

24. 접견교통권에 대한 다음 설명 중 틀린 것으로 묶인 것은? (다툼이 있는 경우 판례에 의함)

(가) 변호인의 구속 피의자에 대한 접견이 접견신청일이 경과하도록 이루어지지 아니한 것은 실질적으로 접견불허가처분이 있는 것과 동

일시된다.
(나) 법원은 상당한 이유가 있는 때에는 직권 또는 검사의 청구에 의하여 결정으로 구속된 피의자와 비변호인과의 접견을 금하거나 의류, 양식, 의료품의 수수를 금지할 수 있다.
(다) 검사에 의하여 피의자에 대한 변호인접견이 부당하게 제한되어 있는 동안에 작성된 피의자신문조서는 증거능력이 인정되지 않는다.
(라) 변호인의 접견교통에는 접견의 비밀이 보장되어야 하나, 미결수용자와 접견하는 경우에는 교도관이 참여할 수 있다.
(마) 사법경찰관이 경찰서 유치장에 수용된 피의자에 대한 변호인의 수진권 행사에 의무관의 참여를 요구한 것은 변호인의 수진권을 침해하는 위법한 처분이라 할 수 없다.

① (가), (다) ② (가), (라) ③ (나), (마)
④ (나), (라) ⑤ (다), (마)

해설

(가) (○) 대법원 1991. 3. 28, 91모24.
(나) (×) 의류, 양식, 의료품의 수수를 금지할 수 없다(제91조, 제209조).
(다) (○) 대법원 1990. 8. 24, 90도 1285.
(라) (×) 미결수용자와 접견하는 경우에는 교도관이 참여하지 못하고 그 내용을 청취 또는 녹취하지 못한다(형의 집행 및 수용자의 처우에 관한 법률 제84조 제1항).
(마) (○) 대법원 2002. 5. 6, 2000모112. [답 ④]

25. 체포 · 구속적부심사제도에 대한 설명으로 틀린 것은?

〈법무부 모의시험 2011〉

① 동거인이나 고용주도 체포 · 구속적부심사를 청구할 수 있다.
② 체포 · 구속적부심사는 체포 또는 구속이 불법한 경우를 포함하여 구속을 계속하는 것이 필요한지 여부에 대한 심사를 의미한다.
③ 체포 · 구속적부심사청구 후 피의자에 대하여 공소제기가 있는 경우에도 그 후 이루어진 석방결정은 효력이 있다.
④ 체포 · 구속적부심사의 결과 법원의 석방결정에 의하여 석방된 경우 동일한 범죄사실로 피의자를 다시 체포 또는 구속할 수 없다.
⑤ 체포 · 구속적부심사의 결과 법원의 석방결정에 의하여 석방된 경우 석방취소결정으로 피의자를 다시 구속할 수 없다.

✍ **해설**

① (○) 제214조의2 제1항.

② (○) 체포영장 또는 구속영장의 발부가 위법하지 않은 경우라도 구속계속의 필요성이 인정되지 않는 경우의 구속 계속에 대해서도 적부심사를 청구할 수 있다(이재상 · 조균석, §19/104).

③ (○) 제214조의2 제4항.

④ (×) 피의자가 도망하거나 죄증을 인멸하는 경우 등 일정한 경우에는 재차 체포 또는 구속할 수 있다(제214조의3 제1항 · 제2항).

⑤ (○) 석방취소결정은 인정되지 않는다. [답 ④]

26. 체포 · 구속적부심에 관한 설명 중 틀린 것으로 묶인 것은? (다툼이 있는 경우 판례에 의함)

> ㈎ 긴급체포된 피의자에 대하여 보증금 납입을 조건으로 한 석방은 허용되지 않는다.
> ㈏ 긴급체포된 피의자도 체포적부심을 청구할 수 있다.
> ㈐ 체포 · 구속적부심사는 영미법상의 인신보호영장에서 유래하는 것으로서 1948년 미군정법령에 의하여 처음 도입된 이래, 지금까지 계속 유지되고 있다.
> ㈑ 보증금납입을 조건으로 하는 피의자의 석방결정에 대하여 검사는 항고할 수 있다.
> ㈒ 구속적부심사 심문조서는 형사소송법 제311조에 따른 법원 또는 법관 면전에서 작성된 조서로서 당연히 그 증거능력이 인정된다.

① ㈎, ㈐ ② ㈎, ㈒ ③ ㈏, ㈑
④ ㈏, ㈑ ⑤ ㈐, ㈒

✍ **해설**

㈎ (○) 대법원 1997. 8. 27, 97모21. 형사소송법은 수사단계에서의 체포와 구속을 명백히 구별하고 있고, 이에 따라 체포와 구속의 적부심사를 규정한 제214조의2에서 체포와 구속을 서로 구별되는 개념으로 사용하고 있는바, 제214조의2 제4항에 기소 전 보증금납입을 조건으로 한 석방의 대상자가 '구속된 피의자'라고 명시되어 있고, 제214조의3 제2항의 취지를 체포된 피의자에 대하여도 보증금납입을 조건으로 한 석방이 허용되어야 한다는 근거로 보기는 어렵다 할 것이므로 현행법상 체포된 피의자에 대하여는 보증금납입을 조건으로 한 석방이 허용되지 않는다.

㈏ (○) 대법원 1997. 8. 27, 97모21.

㈐ (×) 체포 · 구속적부심사는 영미법상의 인신보호영장에서 유래하는 것으로서 1948년 미군정법령에 의하여 처음 도입되었으나 1972년 유신헌법에 의해 삭제

되었다가 제5공화국 헌법에서 다시 부활하였다.

㈑ (○) 대법원 1997. 8. 27, 97모21.

㈒ (×) 대법원 2004. 1. 16, 2003도5693. 구속적부심문조서는 제311조가 규정한 문서에는 해당하지 않는다 할 것이나, 특히 신용할 만한 정황에 의하여 작성된 문서라고 할 것이므로 특별한 사정이 없는 한, 피고인이 증거로 함에 부동의하더라도 제315조 제3호에 의하여 당연히 그 증거능력이 인정된다. [답 ⑤]

◇관련판례◇

대법원 1997. 8. 27, 97모21 : 체포 또는 구속적부심사절차에서의 법원의 결정에 대한 항고의 허용 여부에 관하여 형사소송법 제214조의2 제7항은 제2항과 제3항의 기각결정 및 석방결정에 대하여 항고하지 못하는 것으로 규정하고 있을 뿐이고 제4항에 의한 석방결정에 대하여 항고하지 못한다는 규정은 없을 뿐만 아니라, 형사소송법 제214조의2 제3항의 석방결정은 체포 또는 구속이 불법이거나 이를 계속할 사유가 없는 등 부적법한 경우에 피의자의 석방을 명하는 것임에 비하여, 형사소송법 제214조의2 제4항의 석방결정은 구속의 적법을 전제로 하면서 그 단서에서 정한 제한사유가 없는 경우에 한하여 출석을 담보할 만한 보증금의 납입을 조건으로 하여 피의자의 석방을 명하는 것이어서 형사소송법 제214조의2 제3항의 석방결정과 제4항의 석방결정은 원래 그 실질적인 취지와 내용을 달리 하는 것이고, 또한 기소 후 보석결정에 대하여 항고가 인정되는 점에 비추어 그 보석결정과 성질 및 내용이 유사한 기소 전 보증금납입 조건부 석방결정에 대하여도 항고할 수 있도록 하는 것이 균형에 맞는 측면도 있다 할 것이므로, 형사소송법 제214조의2 제4항의 석방결정에 대하여는 피의자나 검사가 그 취소의 실익이 있는 한 형사소송법 제402조에 의하여 항고할 수 있다.

27. **형사소송법상의 체포 또는 구속제도에 관한 설명 중 옳지 않은 것은?**

〈변호사 2012〉

① 법원이 구속 피고인에 대하여 집행유예의 판결을 선고하는 경우 구속영장의 효력이 소멸하므로 판결의 확정 전이라도 피고인을 석방하여야 한다.

② 법원은 체포와 구속의 적부심사에서 체포 또는 구속된 피의자에게 변호인이 없는 때에는 국선변호인을 선정하여야 하고, 심문 없이 기각결정을 하는 경우에도 국선변호인을 선정하여야 한다.

③ 피고인에 대한 구속기간에는 공소제기전의 체포기간도 산입한다.

④ 긴급체포되었지만 구속영장을 청구하지 아니하여 석방된 자는 영장 없이는 동일한 범죄사실에 관하여 다시 체포하지 못한다.

⑤ 피의자가 죄를 범하였다고 의심할 만한 상당한 이유가 있고 정당한 이유없이 출석요구에 응하지 아니하거나 아니할 우려가 있는 때라고 하더라도 명백히 체포의 필요가 인정되지 아니하는 경우에는 지방법원판사는 체포영장의 청구를 기각하여야 한다.

해설

① (○) 제331조. 구속영장이 실효하면 석방하여야 한다.
② (○) 제214조의2 제10항.
③ (×) 제92조 제3항. 공판절차가 정지된 기간 및 공소제기전의 체포 · 구인 · 구금기간은 구속기간에 산입하지 아니한다.
④ (○) 제200조의4 제2항 · 제3항.
⑤ (○) 제200조의2 제1항 · 제2항. [답 ③]

28. **H경찰서 사법경찰관은 '2014. 3. 1. 21:00경 I시내에 있는 J창고 뒤에서 甲이 乙에게 필로폰을 양도하는 거래를 할 계획이 있다'는 정보를 입수하고, 사법경찰리 X와 Y에게 위 필로폰 거래를 확인할 경우에 甲과 乙을 체포하도록 지시하였다. 그 후 X와 Y는 같은 날 21:00에 위 창고 뒤에서 甲이 乙에게 가방을 건네는 것을 직접 목격하고 바로 甲과 乙에게 직무질문을 하였다. 그러나 甲은 바로 도주하여 X가 추격하였지만 잡지 못하였다. 그러나 乙은 그 자리에 머물면서 Y의 요구에 따라 임의로 위 가방을 열고 그 안에 있던 백색분말이 든 비닐봉지를 Y에게 건네주었다. Y는 乙의 동의를 얻어 시약을 사용하여 그 백색분말이 필로폰인지 여부를 확인하고, 같은 날 21:20 乙을 필로폰소지 혐의로 현행범인체포를 하였다. 그 후 乙은 같은 날 22:00 사법경찰관에게 인치되었다. 한편, 甲을 찾고 있던 X는 Y로부터 휴대전화를 통하여 위 가방 안에 필로폰이 들어 있다는 내용을 들었으며, 같은 날 오후 23:50 I시내에서 甲을 발견하고 甲을 필로폰매매 혐의로 긴급체포한 다음 사법경찰관에게 인치하였다. 그 후 甲에 대하여는 같은 해 2. 27. I시내의 보석점에서 100만 원 상당의 보석을 절취하였다는 절도의 여죄가 있음이 밝혀졌다. 위 사실관계에 대한 다음 설명 중 옳은 것으로만 묶인 것은?** (다툼이 있는 경우에는 판례에 의함)
〈일본 예비시험 2013 변형〉

(가) 乙이 소지하고 있던 필로폰을 압수하기 위해서는 압수 · 수색영장이 필요하다.
(나) 甲을 긴급체포할 때에는 변명의 기회를 줄 필요가 있지만, 현행범

인체포된 乙에 대하여는 변명의 기회를 줄 필요가 없다.
(다) 甲을 구속하고자 할 때에는 지체없이 검사에게 구속영장을 신청하여야 하는데, X도 구속영장을 신청할 수 있다.
(라) 甲에 대하여는 필포폰매매 혐의로 체포되어 있는 중에도, 위 절도 혐의로 체포할 수 있다.
(마) 乙을 구속한 경우, 검사에게 2014. 3. 10. 24:00까지 송치하여야 한다.

① (가), (나) ② (가), (마) ③ (나), (다)
④ (다), (라) ⑤ (라), (마)

해설

(가) (×) 제218조. 소유자, 소지자 또는 보관자가 임의로 제출한 물건은 영장 없이 압수할 수 있고, 사후영장을 받을 필요가 없다.
(나) (×) 검사 또는 사법경찰관은 피의자를 체포하는 경우에는 피의사실의 요지, 체포의 이유와 변호인을 선임할 수 있음을 말하고 변명할 기회를 주어야 한다(제200조의5). 검사 또는 사법경찰관리가 현행범인을 체포하거나 현행범인을 인도받은 경우에도 마찬가지이다(제213조의2, 제200조의5).
(다) (×) 구속영장은 사법경찰관이 신청하여야 한다(제200조의4 제1항).
(라) (○) 이중체포 · 구속은 인정된다. 구속의 효력은 원칙적으로 (정해진) 방식에 따라 작성된 구속영장에 기재된 범죄사실에만 미치는 것이므로, 구속기간이 만료될 무렵에 종전 구속영장에 기재된 범죄사실과 다른 범죄사실로 피고인을 구속하였다는 사정만으로는 피고인에 대한 구속이 위법하다고 할 수 없다(대법원 2000. 11. 10, 2000모134).
(마) (○) 사법경찰관이 피의자를 구속한 때에는 10일 이내에 피의자를 검사에게 인치하지 아니하면 석방하여야 하는데(제202조), 피의자가 제200조의2 · 제200조의3 · 제201조의2 제2항 또는 제212조의 규정에 의하여 체포 또는 구인된 경우에는 제202조 또는 제203조의 구속기간은 피의자를 체포 또는 구인한 날부터 기산한다(제203조의2). 따라서 乙의 구속기간은 체포된 날인 2014. 3. 1.부터 기산되며, 만료일은 3. 10.이다. [답 ⑤]

29. **사법경찰관 P는 "길에서 사람이 몽둥이로 구타당하고 있다"는 내용의 112 신고를 받고 바로 현장에 출동해 보니 이미 범인이 도망간 뒤였기 때문에, 상해를 당한 피해자로부터 피해상황과 범인의 복장 · 체격 등을 물어본 뒤 범인을 찾기 시작하였다. P는 사건 발생 약 40분 후에 사건 현장에서 500미터 떨어진 도로변에서 피해자가 말한 내용과 일치하는 인물인 甲이 몽둥이를 들고 걸어가고 있는 것을 발견하고, 甲에게 "잠깐, 거기 서세요"라고 말을 건넸다. 그러자 甲이 바로 도주하기 시작하므로**

P는 甲을 추적하여 甲을 상해죄의 준현행범인으로 체포하였다. 위 사례와 관련하여 틀린 것으로만 묶인 것은? (다툼이 있는 경우에는 판례에 의함)
〈일본 신사법시험 2014 변형〉

> ㈎ 사법경찰관은 甲을 준현행범인으로 체포함에 있어 피의사실의 요지, 체포의 이유와 변호인을 선임할 수 있음을 말하고 변명할 기회를 주어야 한다.
> ㈏ 甲이 사법경찰관으로부터 "잠깐, 거기 서세요"라고 말을 건네자 바로 도주하기 시작한 것은 「누구임을 물음에 대하여 도망하려 하는 때」(형사소송법 제211조 제2항 제4호)에 해당한다.
> ㈐ 甲의 체포 후 구속영장청구 전의 시점에서 본 사건이 강도 목적으로 행하여졌다고 의심할 만한 상당한 이유가 생긴 경우, 검사는 강도치상죄로 구속영장을 청구할 수 없다.
> ㈑ 甲을 상해죄로 구속한 후, 본 사건이 강도 목적으로 행하여졌다고 의심할 만한 사정이 생긴 경우더라도 강도 목적이었는지 여부를 수사하기 위하여 구속기간을 연장하는 것은 허용된다.
> ㈒ 甲을 상해죄로 구속한 후, 甲이 "강도 목적으로 사건을 저질렀다"고 진술한 경우, 상해죄로 인한 구속 중에 강도치상죄로 체포하여도 적법하다.

① ㈎, ㈏ ② ㈎, ㈐ ③ ㈏, ㈑
④ ㈐, ㈒ ⑤ ㈑, ㈒

해설

㈎ (○) 제213조의2, 제200조의5.
㈏ (○) 제211조 제2항 제4호는 반드시 말로써 누구냐고 물을 것을 요하지 않는다(이재상 · 조균석, § 19/29).
㈐ (×) 체포의 이유가 된 상해 피의사실과 구속영장 청구의 이유가 된 강도치상 피의사실은 행위로서 서로 공통되므로 피의사실의 동일성이 인정된다. 따라서 강도치상죄로 구속영장을 청구할 수 있다.
㈑ (○) 구속의 이유가 된 상해 피의사실과 강도치상 피의사실은 피의사실의 동일성이 인정되므로 구속기간의 연장이 허용된다.
㈒ (×) 상해죄의 피의사실과 강도치상죄의 피의사실은 동일성이 인정되므로 1죄 · 1체포 · 1구속의 원칙에 비추어 다시 체포할 수 없다. [답 ④]

30. 현행 형사소송법상 보석제도에 관한 설명으로 옳은 것은?

① 구속적부심사가 청구된 경우 보증금납입을 조건으로 한 석방을 명

할 수 있는데, 이것은 피의자에 대한 보석에 해당한다.
② 보석허가결정에 대하여는 즉시항고는 물론 보통항고도 할 수 없다.
③ 법원이 보석을 허가하는 경우에는 검사의 의견을 물어야 하지만, 보석의 청구를 기각하는 경우에는 검사의 의견을 묻지 않아도 된다.
④ 피고인에 대한 보석취소 시의 보증금 몰수는 임의적 몰취이다.
⑤ 보석 중인 피고인에 대하여 징역 4년의 형에 처하는 판결이 선고되면 판결이 확정되지 않더라도 보석이 실효되므로 피고인을 형사시설에 수용할 수 있다.

해설

① (×) 구속적부심사가 청구된 경우에 보증금납입을 조건으로 한 석방을 명할 수 있으나(제214조의2 제5항), 이것은 피의자에 대한 보석을 인정한 것은 아니다.
② (×) 즉시항고할 수 없고(제97조 제4항 참조), 보통항고(제403조 제2항)를 할 수 있다(대법원 1997. 4. 18, 97모26).
③ (×) 반드시 검사의 의견을 물어야 한다(제97조 제1항).
④ (○) 제103조 제1항.
⑤ (×) 보석은 보석의 취소와 구속영장의 실효에 의하여 그 효력을 상실한다. 자유형이나 사형이 확정된 경우에 구속영장이 실효되므로 보석도 그 효력을 잃게 되는데, 자유형이 선고되었더라도 확정되지 않고 또 보석이 취소되지 않는 한 보석의 효력은 상실되지 않는다. [답 ④]

31. **보석의 조건에 관한 설명으로 옳은 것은?**

① 법원은 보석허가결정을 집행한 후에 서약서, 보증금약정서, 출석보증서, 피해액 공탁, 보증금납입과 같은 보석조건을 이행하도록 정할 수 있다.
② 법원은 범죄의 성질 및 죄상, 증거의 증거능력, 피고인의 전과·성격·환경 및 자산, 피해자에 대한 배상 등 범행 후의 정황에 관련된 사항을 고려하여야 한다.
③ 법원은 직권 또는 검사의 신청에 따라 결정으로 피고인의 보석조건을 변경하거나 일정기간 동안 당해 조건의 이행을 유예할 수 있다.
④ 법원은 정당한 사유없이 보석조건을 위반한 피고인에 대하여 과태료 또는 감치의 결정을 할 수 있고, 이 결정에 대하여는 즉시항고를 할 수 있다
⑤ 보석의 조건은 제한적으로 열거되어 있어, 법원이 임의로 피고인의 출석을 보증하기 위한 적당한 조건을 이행하도록 할 수 없다.

해설

① (×) 서약서, 보증금약정서, 출석보증서, 피해액 공탁, 보증금납입과 같은 보석조건을 이행한 후가 아니면 보석허가결정을 집행하지 못한다(제100조 제1항).
② (×) 증거의 증거능력은 고려사항이 아니고, 증거의 증명력이 고려사항이다(제99조 제1항).
③ (×) 법원은 직권 또는 제94조에 규정된 자(보석의 청구권자)의 신청에 따라 결정으로 피고인의 보석조건을 변경하거나 일정기간 동안 당해 조건의 이행을 유예할 수 있다(제102조 제1항).
④ (○) 제102조 제4항.
⑤ (×) 할 수 있다(제98조 제9호). [답 ④]

32. 보석에 관한 다음 설명 중 틀린 것으로 묶인 것은? (다툼이 있는 경우 판례에 의함)

> ㈎ 검사의 의견청취절차는 보석결정의 본질적 부분이므로 위반하면 그 결정이 적정하더라도 절차상의 하자만을 들어 그 결정을 취소할 수 있다.
> ㈏ 피고인이 집행유예기간 중에 있을 때에는 보석을 허가할 수 없다.
> ㈐ 보석보증금을 몰수하려면 반드시 보석취소와 동시에 하여야만 하는 것이 아니라 보석취소 후에 별도로 보증금몰수결정을 할 수도 있다.
> ㈑ 법원의 보석허가결정에 대하여 검사는 즉시항고를 할 수 없다.
> ㈒ 상소 중인 사건에 관하여 소송기록이 원심법원에 있는 때에는 보석에 관한 결정은 원심법원이 하여야 한다.

① ㈎, ㈏ ② ㈎, ㈒ ③ ㈏, ㈑
④ ㈐, ㈑ ⑤ ㈐, ㈒

해설

㈎ (×) 취소할 수 없다(대법원 1997. 11. 27, 97모88).
㈏ (×) 허가할 수 있다(대법원 1990. 4. 18, 90모22).
㈐ (○) 대법원 2001. 5. 29, 2000모22(전원합의체) ; 대법원 2002. 5. 17, 2001모53.
㈑ (○) 대법원 1997. 4. 18, 97모26.
㈒ (○) 제105조. [답 ①]

33. 구속영장이 당연히 실효되는 경우가 아닌 것으로 묶인 것은?

> ㈎ 형면제의 판결

(나) 공소기각의 판결
(다) 헌법 제44조에 의한 구속된 국회의원에 대한 석방요구
(라) 보석의 허가결정
(마) 집행유예의 판결

① (가), (나) ② (가), (마) ③ (나), (라)
④ (다), (라) ⑤ (다), (마)

해설

(가), (나), (마) (○) 제331조.
(다) (×) 구속영장의 집행이 정지된다(제101조 제4항)
(라) (×) 보석의 허가결정이 내려져도 구속영장은 실효되지 않는다. [답 ④]

제 2 절 압수 · 수색 · 검증

01. 압수와 관련한 다음 설명 중 틀린 것은? (다툼이 있는 경우 판례에 의함)

① 수사기관의 압수절차 위반행위가 적법절차의 실질적인 내용을 침해하는 경우에 해당하지 아니하고, 오히려 그 증거의 증거능력을 배제하는 것이 헌법과 형사소송법이 형사소송에 관한 절차조항을 마련하여 적법절차의 원칙과 실체적 진실 규명의 조화를 도모하고 이를 통하여 형사사법 정의를 실현하려 한 취지에 반하는 결과를 초래하는 것으로 평가되는 예외적인 경우라면, 법원은 그 증거를 유죄 인정의 증거로 사용할 수 있다.

② 주취운전이라는 범죄행위로 당해 음주운전자를 구속 · 체포하지 아니한 경우, 그 차량열쇠는 범행 중 또는 범행 직후의 범죄장소에서의 압수로서 형사소송법 제216조 제3항에 의하여 영장 없이 이를 압수할 수는 없는 것이다.

③ 압수수색영장에서 압수할 물건을 '압수장소에 보관중인 물건'이라고 기재하고 있는 것을 '압수장소에 현존하는 물건'으로 해석할 수는 없다.

④ 검사가 압수수색영장의 청구 등 강제처분을 위한 조치를 취하지 아니한 것 그 자체를 '압수에 관한 처분'으로 보아 이에 대한 준항고로 불복할 수 없다.

⑤ 압수수색영장을 한번 집행하였다면, 아직 그 영장의 유효기간이 남아 있더라도 동일한 장소 또는 목적물에 대하여 압수·수색을 하기 위하여는 다시 새로운 압수수색영장을 발부받아야 한다.

✍ **해설**

① (○) 대법원 2007. 11. 15, 2007도3061(전원합의체).
② (×) 압수할 수 있다(대법원 1998. 5. 8, 97다54482).
③ (○) 대법원 2009. 3. 12, 2008도763.
④ (○) 대법원 2007. 5. 25, 2007모82.
⑤ (○) 대법원 1997. 12. 1, 99모161. [답 ②]

02. 영장에 의한 압수·수색의 요건과 관련된 다음 설명 중 틀린 것은? (다툼이 있는 경우 판례에 의함)

① 압수·수색의 요건으로는 통상적으로 범죄의 혐의, 압수·수색 대상물과 범죄사실의 관련성, 대상물이 존재할 개연성, 강제처분의 비례성, 특정성이 필요하다.
② 강제처분 중 체포와 구속에는 '상당한 범죄혐의'가 있을 것을 요건으로 하고 있으나, 압수·수색의 경우는 '범죄수사에 필요한 때에 죄를 범하였다고 의심할 정황이 있고, 피고사건과 관계가 있다고 인정할 수 있는 것'에 한정한다고 규정하고 있다.
③ 피고인 아닌 자의 신체, 물건, 주거 기타 장소에 관하여는 압수할 물건이 있음을 인정할 수 있는 경우에 한하여 수색할 수 있다.
④ 수사기관으로서는 압수·수색장소의 내부구조를 사전에 명확히 아는 것은 곤란하므로, 통상적으로 보아 압수수색영장에 기재된 장소와 동일성이 인정되는 범위 내에서는 영장기재장소라고 볼 수 있다.
⑤ 폐수무단방류 혐의가 인정될 경우, '공장부지, 건물, 기계류 일체 및 폐수운반차량 7대'를 압수하였다 하여 위법이라 할 수 없다.

✍ **해설**

① (○) 압수·수색의 요건이다.
② (○) 제215조 제1항. 수사상 압수·수색의 요건에 대해서는 2011. 7. 18. 개정되었다(2012. 1. 1.부터 시행).
③ (○) 제115조.
④ (○) 광주고등법원 2008. 1. 15, 2007노370.
⑤ (×) 대법원 2004. 3. 23, 2003모126. 검사의 압수처분이 수사상의 필요에서 행하는 압수의 본래의 취지를 넘는 것으로 상당성이 없을 뿐만 아니라, 수사상의 필요와 그로 인한 개인의 재산권 침해의 정도를 비교형량해 보면 비례성의

원칙에 위배되어 위법하다. [답 ⑤]

03. 압수수색영장의 집행과 관련된 다음 설명 중 틀린 것은?

① 압수수색영장은 처분을 받는 자에게 반드시 제시하여야 한다.
② 압수수색영장을 집행할 때는 참여권자가 참여하지 아니한다는 의사를 표명하거나 급속을 요하는 경우가 아니면, 미리 집행의 일시와 장소를 참여권자에게 통지하여야 한다.
③ 여자의 신체에 대하여 수색할 때는 성년의 여자를 참여하게 하여야 한다.
④ 일출 전, 일몰 후에는 어떤 경우에도 그 영장을 집행하기 위하여 타인의 주거, 간수자 있는 가옥, 건조물, 항공기 또는 선차 내에 들어가지 못한다.
⑤ 수색한 경우에 증거물 또는 몰수할 물건이 없는 때에는 그 취지의 증명서를 교부하여야 한다.

해설

① (○) 제118조.
② (○) 제122조.
③ (○) 제124조.
④ (×) 제125조. 압수 수색영장에 야간집행을 할 수 있는 기재가 있으면 타인의 주거, 간수자 있는 가옥, 건조물, 항공기 또는 선차 내에 들어갈 수 있다.
⑤ (○) 제128조. [답 ④]

04. 다음 글에서 사법경찰관 甲이 취한 행위 중 위법한 것으로 묶인 것은?

사법경찰관 甲은 2008. 1. 18. 18:00경 乙이 丙을 칼로 위협하고 가방을 빼앗으려는 것을 목격하고 乙을 현장에서 체포하려고 하였으나 실패하였다. 그 직후 甲은 乙이 떨어뜨렸던 乙 소유의 지갑을 현장에서 발견하였다. ㈎ 甲은 乙이 현장에 떨어뜨리고 간 지갑을 검사에게 영장을 신청하지 않고 경찰서로 가져왔다. ㈏ 甲은 乙의 소재를 파악하기 위하여 2008. 1. 23. 14:00경까지 乙 소유의 지갑과 지갑 속의 사진을 탐문수사에 적극 활용하였다. 그러던 중에 ㈐ 甲은 2008. 1. 23. 15:00경 범죄현장에서 배회하던 乙을 우연히 발견하고 도망가는 乙을 긴급체포하였다. ㈑ 甲은 乙을 긴급체포할 당시 체포현장에서 乙이

소지하고 있던 칼을 영장 없이 압수하였다. (마) 甲은 마침 乙이 고가의 금반지를 끼고 있는 것을 보고 어떻게 구한 것이냐고 다그쳤다. 이에 乙이 2007. 12. 25. 어느 금은방에서 훔친 것이라고 말하자, 긴급체포된 자가 소지하는 물건이라며 이를 영장 없이 압수하였다.

① (가), (다)　　② (가), (마)　　③ (나), (라)
④ (나), (마)　　⑤ (다), (라)

해설

(가) (적법) 범행 직후의 현장에서 긴급하게 압수한 것으로 적법하다(제216조 제3항).
(나) (위법) (가)와 같이 영장 없이 압수한 경우에는 사후에 지체없이 영장을 받아야 하는데(제216조 제3항), 영장을 받지 않고 계속 활용하는 것은 위법하다.
(다) (적법) 긴급체포로서 적법하다(제200조의3 제1항).
(라) (적법) 체포현장에서의 영장 없는 압수로서 적법하다(제216조 제1항 제2호).
(마) (위법) 긴급체포된 범죄사실과의 관련성이 없어 위법하다. [답 ④]

05. 압수 · 수색에 관한 다음 설명 중 옳은 것은? (다툼이 있는 경우 판례에 의함)

① 마약혐의 수사를 위한 압수수색영장으로 피의자의 차고를 수색하다가 최근 발생한 살인사건에서 사용된 것으로 보이는 총기를 발견한 경우, 이를 압수할 수 있다.
② 상해사건에 사용된 피의자 소유의 쇠파이프를 피의자의 집 앞에서 발견하였으나 피의자가 도망가고 없는 경우, 피해자로부터 임의로 이를 제출받아 영장 없이 압수할 수 있다.
③ 피압수자가 압수물에 대하여 소유권을 포기하였더라도 환부사유가 생기고 피압수자가 환부를 청구하면 이를 환부하여야 한다.
④ 압수 · 수색장소의 관리책임자에게 영장을 제시한 경우, 그 장소에 있는 다른 사람으로부터 물건을 압수하더라도 별도로 영장을 제시할 필요는 없다.
⑤ 피의자가 숙박하고 있는 호텔 객실을 압수 · 수색하면서 영장제시 전에 객실문을 마스터 키로 열게 하고 입실하는 것은 허용되지 아니한다.

해설

① (×) 압수수색영장 기재 범죄사실과 별개의 범죄사실에 대한 압수(긴급압수)로 허용되지 않는다.

② (×) 대법원 2010. 1. 28, 2009도10092. 제218조를 위반하여 소유자, 소지자 또는 보관자가 아닌 자로부터 제출받은 물건은 영장 없이 압수할 수 없다.
③ (○) 대법원 1996. 8. 16, 94모51(전원합의체).
④ (×) 별도로 영장을 제시하여야 한다(대법원 2009. 3. 12, 2008도763).
⑤ (×) 집행 시 필요한 처분으로서 인정된다고 할 것이다(最決 2002. 10. 4. 刑集 56 · 8 · 507). [답 ③]

06. **압수·수색에 관한 설명 중 옳지 않은 것은?** (다툼이 있는 경우에는 판례에 의함)

① 사법경찰리가 불법게임장 주변에서 순찰 도중 남자들이 들어가는 것을 우연히 목격하고 따라 들어가 불법게임기를 압수한 것은 범죄장소에서의 영장 없는 긴급압수로 볼 수 없다.
② 음주운전 중 교통사고를 야기하고 의식불명이 된 자에 대하여 사고현장으로부터 곧바로 후송된 병원응급실에서 의사로 하여금 혈액을 채취하게 한 뒤 영장 없이 이를 압수하더라도 적법하다.
③ 압수수색영장의 유효기간이 남아 있더라도 수사기관이 압수수색영장을 제시하고 집행에 착수하여 그 집행을 종료하였다면 이를 다시 제시하고 압수 · 수색할 수 없다.
④ 차량을 대전차방호벽에 충돌시켜 피해자를 살해한 사건에서, 대전차방호벽의 안쪽 벽면에 부착된 철제구조물에서 발견된 강판조각을 영장 없이 압수한 것은 위법하다.
⑤ 피압수자가 수사기관에 소유권포기서를 제출한 경우에도 수사기관은 압수물환부의무를 면할 수 없다.

해설

① (○) 대법원 2012. 2. 9, 2009도14884. 단속리스트에 기재된 게임장들 주위를 순찰하던 도중 이 사건 게임장에 남자들이 들어가는 것을 우연히 목격한 후 따라 들어가 그 내부를 수색한 점, 불법 게임장 영업은 그 성질상 상당한 기간 동안 계속적으로 이루어지고 불법 게임기는 상당한 부피 및 무게가 나가는 것들로서 은폐나 은닉이 쉽지 아니한 점 등 그 판시와 같은 사정들에 비추어 보면, 위 경찰관들의 압수수색은 형사소송법 제216조 제3항 소정의 '긴급성' 요건을 충족시키지 못한 것으로 위법하다고 한 원심의 판단은 정당하다.
② (○) 대법원 2012. 11. 15, 2011도15258. 범죄장소에서의 긴급압수로서 적법하다(제216조 제3항).
③ (○) 대법원 1997. 12. 1, 99모161.
④ (×) 대법원 2011. 5. 26, 2011도1902. 강판조각은 유류물로서 영장 없이 압수할 수 있다(제218조).

⑤ (○) 대법원 1996. 8. 16, 94모51(전원합의체). [답 ④]

07. **수사의 적법성과 관련된 다음 설명 중 틀린 것은?** (다툼이 있는 경우 판례에 의함)

① 경찰관이 교통사고를 내고 의식을 잃은 채 병원에 입원한 사람의 동서로부터 채혈동의를 받고 영장 없이 의사로 하여금 채혈하게 한 것은 위법하다.

② 검사가 뇌물수수죄로 기소한 후, 공소사건에 관하여 형사소송법 제215조에 따라 수소법원이 아닌 지방법원 판사로부터 압수·수색영장을 발부받아 추가로 뇌물로 제공된 수표의 발행전표사본 등을 압수한 것은 위법하다.

③ 출입국관리사무소장의 전속적 고발권이 있는 체류자격 없는 외국인 고용 범죄사실에 관하여 일반사법경찰관리가 인지하여 고발이 있기 전에 수사하였더라도 항상 적법하다.

④ 사법경찰관으로부터 신문을 받던 피의자가 도중에 진술을 거부하자, 계속하여 신문에 응하여 진술하도록 설득하면서 그 거부 장면을 동영상으로 촬영하는 것은 위법하다.

⑤ 수사기관이 절도 범죄사실을 인지하고도 범인을 바로 체포하지 않고 체포시기를 조절하면서 추가 범행을 지켜보고 있다가 범죄사실이 많이 늘어난 뒤에야 체포한 것은 적법하다.

해설

① (○) 대법원 2011. 4. 28, 2009도2109. 위와 같이 채취한 혈액을 이용한 감정결과보고서 및 이에 기초한 주취운전자적발보고서는 위법수집증거로서 증거능력이 없다.
② (○) 대법원 2011. 4. 28, 2009도10412.
③ (×) 대법원 2011. 3. 10, 2008도7724(출입국관리법위반). 그 수사가 장차 고소나 고발이 없는 상태 하에서 행하여졌다는 특단의 사정이 있으면 위법하다. 같은 취지 판결로는 대법원 1995. 2. 24, 94도252(조세범처벌법위반).
④ (○) 창원지방법원 2008. 2. 12, 2007노1311.
⑤ (○) 대법원 2007. 6. 29, 2007도3164. [답 ③]

◇관련판례◇

대법원 2011. 4. 28, 2009도10412 : 검사는 공소제기 후에 수소법원에 압수·수색에 관한 직권발동을 촉구하거나 형사소송법 제272조에 의한 사실조회를 신청하여 위 자료를 확보하여 증명목적을 달성할 수 있는데도, 이러한 절차를 거치지 않고 형사소송법 제215조(압수, 수색, 검증)에 따라 수소법원 이외의 지방법원 판사로부터 발부받은 압수수색영장에 의하여 수집한 증거는 증거능력이 없다.

08. 압수 · 수색에 관한 설명 중 옳은 것만으로 묶인 것은? (다툼이 있는 경우 판례에 의함)

(가) 압수할 물건을 '압수장소에 보관중인 물건'이라고 기재하였다면, 압수 당시 '압수장소에 현존하는 물건'도 이에 포함된다.
(나) 수사기관이 압수 · 수색에 착수하면서 그 장소의 관리책임자에게 영장을 제시하였더라도 그 장소에서 물건을 소지하고 있는 다른 사람으로부터 이를 압수하고자 할 때는 그 사람에게 따로 영장을 제시하여야 한다.
(다) 압수한 경우에는 목록을 작성하여 소유자 등에게 교부하여야 하나, 교부시기에 대하여는 아무런 규정이 없으므로 압수 · 수색이 종료된 지 5개월이 지난 뒤에 교부하여도 위법이 아니다.
(라) 압수수색영장에는 피의자의 성명, 죄명, 압수할 물건, 수색할 장소, 신체, 물건, 발부연월일, 유효기간과 그 기간을 경과하면 집행에 착수하지 못하여 영장을 반환하여야 한다는 취지 등을 기재하여야 하는데, 특별법위반죄에 대하여는 피의사건을 특정하기 위하여 죄명 외에 그 적용법조 또는 범죄사실을 기재하여야 한다.
(마) 압수수색영장의 집행 중에는 타인의 출입을 금지할 수 있으며, 이를 위반한 자에게는 집행종료 시까지 간수자를 붙일 수 있다.

① (가), (나) ② (가), (다) ③ (나), (마)
④ (다), (라) ⑤ (라), (마)

해설

(가) (×) 대법원 2009. 3. 12, 2008도763. 피압수자 등에게 불리한 내용으로 확장 또는 유추해석하는 것은 허용될 수 없다.
(나) (○) 대법원 2009. 3. 12, 2008도763.
(다) (×) 대법원 2009. 3. 12, 2008도763. 압수물환부 · 가환부신청 등 권리행사에 지장이 없도록 압수 직후 현장에서 바로 작성하여 교부해야 하는 것이 원칙이다.
(라) (×) 제219조, 제114조 제1항.
(마) (○) 제119조 제1항 · 제2항. [답 ③]

09. 사법경찰관 P는 甲이 자택에서 필로폰을 밀매하고 있다는 피의사실로 甲에 대한 체포영장과 甲의 집에 대한 압수·수색영장을 발부받아 甲의 집으로 갔다. 甲의 집에는 甲의 처 A밖에 없었으므로 P는 ① A에게 위 압수·수색영장을 제시하고 甲의 집에 들어가 A를 참여시키고 수색하여 필로폰과 전자저울 등을 압수하였다. 다시 수색을 계속하던 P는 거실 탁자 위에 甲이 야구도박을 개장한 사실이 기재된 노트를 발견하고 A에게 위 노트의 제출을 요구하였다. 노트는 甲의 소유였으나 ② A는 P에게 노트를 임의로 제출하여 P는 영장 없이 이를 압수하였다. 수색이 종료된 후 그 날 중에 甲이 집으로 돌아왔다는 정보를 입수한 P는 바로 甲의 집으로 가서 ③ 현관을 통하여 안으로 들어가 집에 있던 甲에게 체포영장을 제시하고 甲을 체포하였다. 다음 날 A는 甲의 승낙을 받지 않고 위 노트를 제출한 것을 후회하고 ④ P에게 위 노트의 환부를 청구하였다. 위 사실관계에 대한 다음 설명 중 틀린 것으로만 묶인 것은? (다툼이 있는 경우에는 판례에 의함)

〈일본 신사법시험 2013 변형〉

㈎ ①과 관련하여, 필로폰과 전자저울 등이 甲의 소유인 경우에 甲에게 압수·수색영장을 제시하지 않았더라도 P가 이를 압수한 것은 적법하다. ㈏ ①과 관련하여, 만일 A가 부재 중이어서 甲의 집에 아무도 없는 경우에는 참여인 없이 수색할 수 없다. ㈐ ②와 관련하여, 임의제출을 할 수 있는 자는 소유자 또는 소지자에 한정되고, 소지자는 자기를 위하여 해당 물건을 점유하는 자이므로 P가 A로부터 노트를 영치한 것은 위법하다. ㈑ ③과 관련하여, 이미 甲의 집에 대하여 수색이 종료된 후이지만 甲의 집에 들어가기 위해서는 甲 또는 A의 승낙을 받을 필요가 없다. ㈒ ④와 관련하여, 임의제출물을 영장 없이 압수한 경우에는 제출자가 환부를 청구하면 즉시 환부하여야 한다.

① ㈎, ㈏ ② ㈎, ㈑ ③ ㈏, ㈐
④ ㈐, ㈒ ⑤ ㈑, ㈒

해설

㈎ (○) 압수·수색영장은 처분을 받는 자에게 반드시 제시하여야 한다(형소법 제219조, 제118조). 그러나 이 규정은 영장제시가 현실적으로 가능한 상황을 전제로 한 규정으로 보아야 하고, 피처분자가 현장에 없거나 현장에서 그를 발견할 수 없는 경우 등 영장제시가 현실적으로 불가능한 경우에는 영장을 제시하

지 아니한 채 압수·수색을 하더라도 위법하다고 볼 수 없다(대법원 2015. 1. 22, 2014도10978(전원합의체)).

(나) (○) 타인의 주거, 간수자 있는 가옥, 건조물, 항공기 또는 선거 내에서 압수·수색영장을 집행함에는 주거주, 간수자 또는 이에 준하는 자를 참여하게 하여야 한다(제219조, 제123조 제2항).

(다) (×) 제218조. 검사, 사법경찰관은 피의자 기타인의 유류한 물건이나 소유자, 소지자 또는 보관자가 임의로 제출한 물건을 영장 없이 압수할 수 있다.

(라) (○) 검사 또는 사법경찰관은 제200조의2·제200조의3·제201조 또는 제212조의 규정에 의하여 피의자를 체포 또는 구속하는 경우에 필요한 때에는 영장 없이 타인의 주거나 타인이 간수하는 가옥, 건조물, 항공기, 선거 내에서의 피의자 수사를 할 수 있다(제216조 제1항 제1호).

(마) (×) 검사는 사본을 확보한 경우 등 '압수를 계속할 필요가 없다'고 인정되는 압수물 및 증거에 사용할 압수물에 대하여 공소제기 전이라도 소유자, 소지자, 보관자 또는 제출인의 청구가 있는 때에는 환부 또는 가환부하여야 한다(제218조의2 제1항). 따라서 환부청구가 있다고 하여 즉시 환부하는 것이 아니라 '압수를 계속할 필요가 없다'고 인정되어야 환부한다. [답 ④]

10. **수색에 대한 다음 설명 중 옳은 것으로 묶인 것은?** (다툼이 있는 경우 판례에 의함) 〈일본 예비시험 2011 변형〉

(가) 사법경찰관이 압수수색영장에 의하여 피의자의 주거를 수색할 때는 피의자의 동거인인 처가 참여하는 경우에도 피의자를 참여시켜야 한다.

(나) 사법경찰관이 압수수색영장에 의하여 피의자 이외의 사람의 주거를 수색할 때는, 미리 그 사람에게 집행의 일시와 장소를 통지하여야 한다.

(다) 사법경찰관이 압수수색영장에 의하여 숙박업소을 수색하는 경우, 영장에 야간집행을 할 수 있는 기재가 없더라도 야간에 집행할 수 있다.

(라) 사법경찰관은 압수수색영장에 의하여 피의자 이외의 사람이 혼자 거주하고 있는 아파트의 거실을 수색할 경우, 그 사람을 참여하게 할 수 없으면 아파트의 관리인을 참여시켜 수색할 수 있다.

(마) 사법경찰관은 수색장소가 회사 사무실로 기재된 압수수색영장에 의하여 그 사무실을 수색할 경우, 그 사무실에 있는 금고 안을 수색할 수 없다.

① (가), (라) ② (가), (마) ③ (나), (다)

④ (나), (마) ⑤ (다), (라)

해설

(가) (×) 제219조, 제123조 제2항. 주거주, 간수자 또는 이에 준하는 자를 참여하게 하여야 한다.

(나) (×) 영장집행의 통지는 참여권자, 즉 피의자 또는 변호인에게 하여야 한다. 다만, 참여하지 아니한다는 의사를 표명하거나 급속을 요하는 때에는 예외로 한다(제219조, 제122조, 제121조).

(다) (○) 제219조, 제126조 제2호.

(라) (○) 제219조, 제123조 제2항.

(마) (×) 압수·수색장소의 범위는 사회통념에 비추어 판단하여야 하는데, 통상 관리권이 미치는 범위 내에서는 수색이 가능하다. 따라서 '회사 사무실'로 기재된 영장으로는 사무실에 있는 금고 안을 수색할 수 있다. 판례는 피의자, 범죄사실과 압수·수색이 필요한 사유에 기초하여 통상적으로 보아 압수수색영장에 기재된 장소와 동일성이 인정되는 범위 내에서는 영장기재 장소라고 볼 수 있다고 한다(광주고등법원 2008. 1. 15, 2007노370 판결: 제주도지사사건 파기환송심판결). [답 ⑤]

11. 다음 사례에 관한 설명 중 틀린 것은? (다툼이 있는 경우 판례에 의함)

> X는 2015. 3. 5. 23:45경 도로에서 오토바이를 운전하여 가다가 선행 차량의 뒷부분을 들이받는 교통사고를 야기한 후 의식을 잃은 채 119 구급차량에 의하여 곧 바로 인근 병원 응급실로 후송되었다. 같은 달 6.00:50경 사고신고를 받고 위 병원 응급실로 출동한 경찰관 P는 X의 입에서 술 냄새가 강하게 나자 X의 혈중알코올농도 등 음주운전의 증거수집을 위하여 법원으로부터 아무런 영장도 발부받지 아니한 채 X의 아들 Y(23세, 대학생)로부터 동의를 받아 간호사로 하여금 의식을 잃고 응급실에 누워 있는 X로부터 채혈을 하도록 하고, 이를 압수하였다. P는 그 후 바로 경찰서로 돌아와 지체 없이 압수사유 등을 기재한 압수·수색영장을 검사에게 신청하여 영장을 발부받았다.

① X는 준현행범인으로 볼 수 있다.

② P가 X의 혈액을 압수한 것은 형사소송법 제216조 제3항에서 규정한 범죄장소에서의 영장에 의하지 아니한 압수로서 적법하다.

③ X의 혈액의 강제적인 취득·보관은 압수·수색영장의 집행에 있어 필요한 처분으로 한 것이지만, 감정처분허가장을 발부받아 감정에

필요한 처분으로 할 수도 있다.

④ 만일 Y가 정신지체로 동의에 대한 의미를 잘 모르는데다가 P의 태도에 겁을 먹고 동의하였다면 P가 X의 혈액을 압수한 것은 적법하다고 할 수 없다.

⑤ P가 채혈을 하지 않고 X의 입에서 나오는 호기(呼氣)을 채취하여 혈중알콜농도를 측정하더라도 위법이라고 할 수 없다.

해설

① (○) 대법원 2012. 11. 15, 2011도15258. 신체 또는 의복류에 현저한 증적이 있는 때에 해당하므로 준현행범이다(제211조 제2항 제3호).

② (○) 대법원 2012. 11. 15, 2011도15258.

③ (○) 대법원 2012. 11. 15, 2011도15258.

④ (×) P의 압수는 범죄장소에서의 영장에 의하지 아니한 압수이지 Y의 동의에 의한 압수가 아니므로 Y의 동의의 임의성 · 자발성 여부에 불구하고 적법하다. 판례는 피의자 본인의 동의 없이 가족의 동의를 받아 혈액을 채취하는 것은 위법하다고 판시하고 있다(대법원 2011. 4. 28, 2009도2109. 사후영장도 발부받지 않는 사안).

⑤ (○) 임의수사로서 적법하다. [답 ④]

◇관련판례◇

대법원 2012. 11. 15, 2011도15258 : 피의자의 신체 내지 의복류에 주취로 인한 냄새가 강하게 나는 등 형사소송법 제211조 제2항 제3호가 정하는 범죄의 증적이 현저한 준현행범인으로서의 요건이 갖추어져 있고 교통사고 발생 시각으로부터 사회통념상 범행 직후라고 볼 수 있는 시간 내라면, 피의자의 생명·신체를 구조하기 위하여 사고현장으로부터 곧바로 후송된 병원 응급실 등의 장소는 형사소송법 제216조 제3항의 범죄 장소에 준한다 할 것이므로, 검사 또는 사법경찰관은 피의자의 혈중알코올농도 등 증거의 수집을 위하여 의료법상 의료인의 자격이 있는 자로 하여금 의료용 기구로 의학적인 방법에 따라 필요 최소한의 한도 내에서 피의자의 혈액을 채취하게 한 후 그 혈액을 영장 없이 압수할 수 있다고 할 것이다. 다만 이 경우에도 형사소송법 제216조 제3항 단서, 형사소송규칙 제58조, 제107조 제1항 제3호에 따라 사후에 지체 없이 강제채혈에 의한 압수의 사유 등을 기재한 영장청구서에 의하여 법원으로부터 압수영장을 받아야 함은 물론이다.

12. 다음 사례에 대한 설명으로 옳은 것은? (다툼이 있는 경우 판례에 의함)

〈법무부 모의시험 2010〉

> 검사 甲은 도지사 乙이 뇌물을 수수한 혐의를 범죄사실로 하여 압수·수색장소를 도지사 乙의 사무실, 압수·수색할 물건을 압수·수색 장소에 보관중인 수표, 현금, 예금통장, 컴퓨터, 수첩, 뇌물수수와 관련된 자료 일체로 기재된 압수·수색영장을 발부받아 수사관 丙과 함께 乙의 사무실로 갔다. 이때 乙의 비서관인 A가 손에 수첩을 들고 허겁지겁 乙의 사무실로 들어 왔는데, 곧 검사와 수사관을 보고 당황하는 기색을 보이면서 밖으로 나가려했다. 검사와 수사관은 A가 무엇인가를 급히 감추려하고 있다는 것을 알아채고, 영장을 제시하면서 가지고 있는 물건을 임의로 제출하지 않으면 영장에 의하여 강제로 압수할 수도 있다고 말했다.
>
> 이에 A는 망설이다가 자발적으로 수첩을 제출하였다. 수첩에는 뇌물을 준 회사 사장 B와의 면담 시간과 장소가 기재되어 있었고, 수사관은 이를 압수하였다. 검사는 도지사 乙의 사무실을 영장에 의하여 수색하는 과정에서 우연히 사무실 캐비닛 서랍 안에 든 선거자금을 불법적으로 사용한 공직선거법 위반 관련 장부를 발견하였다. 검사는 그 장부를 그대로 둔다면 도지사 乙이나 관련 직원이 이를 은폐할 것으로 생각하고 이것도 압수하였다. 도지사 乙은 외부에서 지인을 만나고 있다가 도 직원으로부터 검찰에서 압수·수색을 나와 뇌물 관련 수첩을 압수했다는 연락을 받고 낙담하여, 술을 마시기 시작하여 만취상태에 이르렀다. 乙은 운전중 사망사고를 일으키고 의식불명의 상태로 병원에 후송 되었는데, 출동한 경찰관 丁이 술 냄새를 맡고 채혈을 하고자 했으나 가족이 동의하지 않았다. 경찰관 丁은 긴급하게 채혈을 하지 않는다면 혈중 알코올이 분해되어 버릴 수 있다고 판단하여 가족의 반대에도 불구하고 의사의 동의를 받아 간호사 戊로 하여금 채혈하게 하였다.

① 현행법은 압수·수색영장을 처분을 받는 자에게 반드시 사전에 제시하여야 한다고 규정하고 있으므로, 수사관 丙이 압수·수색을 착수한 이후에 뒤늦게 압수수색영장을 제시하였다면 위법한 압수·수색이다.

② A가 乙의 사무실에 들고 들어간 수첩은 검사가 발부받은 압수수색

영장의 대상물에 속하지 않는 것이 명백하므로 검사는 위 영장에 의하여 압수할 수 없다.

③ 검사가 A에게 영장을 제시하였다고 하더라도 영장에 의하여 집행하는 것이 아니라는 설명을 하였고, A가 이를 알고 영장에 의한 집행보다는 수첩을 임의로 제출하는 것이 낫다고 판단하여 자발적으로 제출한 것이라면 별도로 영장을 발부받거나, 영장에 의하여 압수한 것으로 압수조서를 작성할 필요는 없다.

④ 현행법상 검사 甲의 공직선거법 관련 장부의 압수는 근거가 있는 적법한 것이다.

⑤ 간호사 戊가 채혈한 혈액에 대한 혈중 알코올 농도 감정결과는 증거능력이 인정된다.

해설

① (×) 반드시 제시하도록 규정하고 있을 뿐, 사전에 제시하여야 한다고 규정하고 있지는 않다(제118조).

② (×) 압수장소에 보관 중인 물건이 아닌 압수장소에 현존하는 물건을 압수하는 것은 위법이다(대법원 2009. 3. 12, 2008도763). 그런데 위 사례에서는 압수장소가 '乙의 사무실'이고, A가 乙의 비서로서 A가 가지고 있던 수첩이 '乙의 수첩으로 乙의 사무실에 보관되어 있던 것을 A가 가지고 있었던 것인지' 'A의 개인 수첩으로 乙의 사무실이 아닌 다른 곳에 보관되어 있던 것인지'가 명백하지 않다.

③ (○) 결과적으로 동의에 의한 압수 · 수색이므로 영장 없이 임의 제출받아 압수한 것으로 압수조서를 작성하면 될 것이다.

④ (×) 뇌물수수죄의 압수 · 수색을 하면서 공직선거법 관련 장부를 압수하는 것은 위법하다.

⑤ (×) 대법원 2011. 4. 28, 2009도2109. [답 ③]

◇관련판례◇

대법원 2011. 4. 28, 2009도2109 : 피고인이 운전 중 교통사고를 내고 의식을 잃은 채 병원 응급실로 호송되자, 출동한 경찰관이 법원으로부터 압수·수색 또는 검증영장을 발부받지 아니한 채 피고인의 동서로부터 채혈동의를 받고 의사로 하여금 채혈을 하도록 한 사안에서, 원심이 적법한 절차에 따르지 아니하고 수집된 피고인의 혈액을 이용한 혈중알코올농도에 관한 국립과학수사연구소 감정서 및 이에 기초한 주취운전자적발보고서의 증거능력을 부정한 것은 정당하고, 음주운전자에 대한 채혈에 관하여 영장주의를 요구할 경우 증거가치가 없게 될 위험성이 있다거나 음주운전 중 교통사고를 야기하고 의식불명 상태에 빠져 병원에 후송된 자에 대해 수사기관이 수사의 목적으로 의료진에게 요청하여 혈액을 채취한 사정이 있다고 하더라도 이러한 증거의 증거능력을 배제하는 것이 형사사법 정의를 실현하려고 한 취지에 반하는 결과를 초래하는 예외적인 경우에 해당한다고 볼 수 없다.

13. 사법경찰관 甲은 검사의 지휘를 받아 정보통신망이용촉진및정보보호등에관한법률위반(음란물유포)의 범죄 혐의를 이유로 발부받은 압수·수색영장에 기하여 피의자 A의 주거지를 수색하는 과정에서 대마가 발견되자, A를 체포하지 않으면 도망하거나 증거를 인멸할 염려가 있어 A를 대마소지로 인한 마약류관리에관한법률위반(대마)죄의 현행범인으로 체포하면서 이 대마를 압수하였다. 그러나 다음 날 甲은 체포된 A에 대하여 검사에게 구속영장을 신청하지 않고 A를 석방하였고, 대마의 압수에 대하여는 사후 압수·수색영장을 받지 아니하였다. 이에 관한 설명 중 옳지 않은 것은? (다툼이 있는 경우에는 판례에 의함) 〈변호사 2014〉

① 음란물유포 혐의로 발부받은 압수·수색영장에 의하여 압수·수색을 할 때에는 A에게 영장을 제시하여야 한다.

② A를 체포하는 과정에 甲은 피의사실의 요지와 체포의 이유, 그리고 변호인을 선임할 수 있음을 말하고 변명할 기회를 주어야 한다.

③ 甲이 대마를 압수한 것은 사전영장 없이 압수할 수 있는 경우에 해당한다.

④ 甲이 A를 체포영장 없이 체포한 행위는 적법하다.

⑤ 압수한 대마와 그 압수조서의 기재는 위법하게 수집한 증거가 아니므로 대마 소지의 점에 관하여 증거로 할 수 있다.

해설

① (O) 제219조, 제118조. 압수·수색영장은 처분을 받는 자에게 반드시 제시하여야 한다.

② (O) 제213조의2, 제200조의5.

③ (O) 현행범인 체포현장에서의 영장 없는 압수로서 적법하다(제216조 제1항 제2호).

④ (O) A는 체포 당시 대마를 소지하고 있었으므로 범죄를 실행 중인 현행범인에 해당한다(제211조 제1항). 따라서 甲이 A를 체포영장 없이 체포한 행위는 적법하다(제212조).

⑤ (×) 체포현장에서 영장 없이 압수한 물건을 계속 압수할 필요가 있는 경우에는 지체없이 압수·수색영장을 청구하여야 하며, 이 경우 청구는 체포한 때로부터 48시간 이내에 하여야 한다(제217조 제2항, 제216조 제1항 제2호). 그런데 甲이 사후 압수·수색영장을 발부받지 않았으므로 압수한 대마와 그 압수

조서의 기재는 형사소송법상 영장주의 원칙에 위배하여 수집하거나 그에 기초한 증거로서 그 절차위반행위가 적법절차의 실질적인 내용을 침해하는 정도에 해당하여 대마 소지의 점에 관하여 증거로 할 수 없다(대법원 2009. 5. 14, 2008도10914). [답 ⑤]

14. 노상에서 어떤 남자가 소란을 피우고 있다는 통보를 받은 사법경찰관 X 등이 정복 차림으로 순찰차로 현장에 도착하니, 甲이 상반신 나체로 고함을 지르고 있었다. X 등은 甲의 말과 행동으로 보아 필로폰을 투약한 것으로 판단하고 직무질문을 하기 위하여 순찰차에서 내려 甲에게 접근하였다. 甲은 X 등이 오는 것을 눈치 채고 그 자리를 떠나려고 하므로 ① X는 甲을 뒤 쫓아가 "기다리세요"라고 말을 걸면서 경찰봉으로 甲의 앞을 막아 세웠다. 甲은 혼자 말로 무언가 말하였으나 더 이상 그 자리를 떠나려고 하지 않자 X는 막고 있던 경찰봉을 내려놓았다. X는 甲이 비아냥거리는 등 비협조적으로 나오므로 근처 H경찰서로 동행할 것을 요구하였다. ② 甲은 처음에는 이를 거절하였으나 동행을 거절할 수 있지만 자칫 불이익을 받을 수도 있다는 X의 말에 마지못해 순찰차에 승차하여 X 등과 함께 H경찰서에 도착하였다. 경찰서에 도착한 후, X는 甲의 좌측 팔에 주사 흔적이 있는 것을 확인하고 필로폰 투약사실을 물어보았으나 甲은 이를 부인하였다. 甲은 X에게 소변을 제출할 것을 요구하였으나 계속 거부하므로 ③ 판사로부터 강제로 소변을 채취할 수 있는 영장을 발부받았다. X는 甲에게 위 영장을 제시하면서 재차 소변의 임의제출을 요구하였으나 이를 거절하고, 나아가 부근 J병원에 가는 것도 거절하였다. 이에, ④ X 등은 甲을 끌고 J병원으로 연행하였다. 甲은 위 병원 병실에 연행된 뒤에도 몸을 움직이며 심하게 저항하며 설득에도 응하지 않으므로 ⑤ X 등은 甲의 신체를 위 병실 침대에 눕혀 꼼짝 못하게 한 다음, 의사로 하여금 채뇨관을 甲의 요도에 삽입하여 소변을 채취하였다. 위 소변을 감정한 결과 필로폰 성분이 검출되었기 때문에 甲은 필로폰투약 혐의로 긴급체포되었다. 위 사실관계에 대한 다음 설명 중 틀린 것으로만 묶인 것은? (다툼이 있는 경우에는 판례에 의함)

〈일본 예비시험 2013 변형〉

㈎ ①과 관련하여, 직무질문의 목적 달성에 필요한 최소한의 범위 내에서 사회통념상 용인될 수 있는 상당한 방법으로 甲을 정지시켰으므로 적법하다.

㈏ ②와 관련하여, 오로지 甲의 자발적인 의사에 의한 동행이 아니므로 위법하다.

(다) ③과 관련하여, 소변은 신체내부물이므로 압수 · 수색영장만으로는 부족하고 반드시 감정처분허가장을 함께 발부받아야 한다.
(라) ④와 관련하여, 甲을 채뇨장소로 임의로 동행하는 것이 사실상 불가능한 것으로 인정되더라도 유형력을 행사하는 것은 허용되지 않는다.
(마) ⑤와 관련하여, 채뇨 등 절차는 강제로 소변을 채취할 수 있는 영장의 집행을 위하여 필요한 처분이므로 적법하다.

① (가), (나) ② (가), (마) ③ (나), (다)
④ (다), (라) ⑤ (라), (마)

해설

(가) (○) 대법원 2012. 9. 23, 2010도6203. 경찰관은 경찰관직무집행법 제3조 제1항에 규정된 대상자에게 질문을 하기 위하여 범행의 경중, 범행과의 관련성, 상황의 긴박성, 혐의의 정도, 질문의 필요성 등에 비추어 그 목적 달성에 필요한 최소한의 범위 내에서 사회통념상 용인될 수 있는 상당한 방법으로 그 대상자를 정지시킬 수 있고 질문에 수반하여 흉기의 소지 여부도 조사할 수 있다 할 것이다.
(나) (○) 대법원 2006. 7. 6, 2005도6810.
(다) (×) 압수 · 수색영장을 발부받아 소변을 채취할 수 있다(대법원 2013. 3. 14, 2012도13611; 대법원 2012. 11. 15, 2011도15258).
(라) (×) 채뇨장소로의 강제인치는 강제채뇨를 위한 영장의 집행 시 필요한 처분으로서(대법원 2013. 3. 14, 2012도13611), 또는 위 영장이 예정하고 있는 범위의 행위로서 적법하다.
(마) (○) 대법원 2013. 3. 14, 2012도13611; 대법원 2012. 11. 15, 2011도15258.

[답 ④]

15. 디지털 정보 저장매체를 압수하여 증거로 사용함에 관한 설명 중 옳지 않은 것은? (다툼이 있는 경우 판례에 의함) 〈변호사 2012〉

① 컴퓨터디스크에 기억된 문자정보를 증거로 제출하는 경우에는 이를 읽을 수 있도록 출력하여 인증한 등본으로 낼 수 있다.
② 컴퓨터디스크에 기억된 문자정보를 증거로 하는 경우에 상대방이 요구한 때에는 컴퓨터디스크에 입력한 사람과 입력한 일시, 출력한 사람과 출력한 일시를 밝혀야 한다.
③ 디지털 저장매체로부터 출력한 문건을 증거로 사용하기 위해서는 정보저장매체 원본에 저장된 내용과 출력한 문건의 동일성이 인정되어야 하고, 이를 위해서는 디지털 저장매체원본이 압수시부터 문

건 출력시까지 변경되지 않았음이 담보되어야 한다.

④ 복제한 정보저장매체로부터 출력한 문건을 증거로 사용하기 위해서는 정보저장매체 원본과 복제한 매체 사이에 자료의 동일성도 인정되어야 할 뿐만 아니라, 이를 확인하는 과정에서 이용한 컴퓨터의 기계적 정확성, 프로그램의 신뢰성, 입력·처리·출력의 각 단계에서 조작자의 전문적인 기술능력과 정확성이 담보되어야 한다.

⑤ 디지털 저장매체로부터 출력한 문건을 진술증거로 사용하는 경우, 그 기재 내용의 진실성에 관하여는 전문법칙이 적용되므로, 문서의 압수·수색의 주체가 검사인가 사법경찰관인가에 따라 증거능력의 인정요건이 달라지게 된다.

해설

① (○) 규칙 제134조의7 제1항.
② (○) 규칙 제134조의7 제2항.
③ (○), ④ (○), ⑤ (×) 대법원 2007. 12. 13, 2007도7257. [답 ⑤]

◇관련판례◇

대법원 2007. 12. 13, 2007도7257 : 압수물인 디지털 저장매체로부터 출력한 문건을 증거로 사용하기 위해서는 디지털 저장매체 원본에 저장된 내용과 출력한 문건의 동일성이 인정되어야 하고, 이를 위해서는 디지털 저장매체 원본이 압수시부터 문건 출력시까지 변경되지 않았음이 담보되어야 한다. 특히 디지털 저장매체 원본을 대신하여 저장매체에 저장된 자료를 '하드카피' 또는 '이미징'한 매체로부터 출력한 문건의 경우에는 디지털 저장매체 원본과 '하드카피' 또는 '이미징'한 매체 사이에 자료의 동일성도 인정되어야 할 뿐만 아니라, 이를 확인하는 과정에서 이용한 컴퓨터의 기계적 정확성, 프로그램의 신뢰성, 입력·처리·출력의 각 단계에서 조작자의 전문적인 기술능력과 정확성이 담보되어야 한다. 그리고 압수된 디지털 저장매체로부터 출력한 문건을 진술증거로 사용하는 경우, 그 기재 내용의 진실성에 관하여는 전문법칙이 적용되므로 형사소송법 제313조 제1항에 따라 그 작성자 또는 진술자의 진술에 의하여 그 성립의 진정함이 증명된 때에 한하여 이를 증거로 사용할 수 있다.

16. 다음 사례에 관한 설명 중 틀린 것은? (다툼이 있는 경우 판례에 의함)

검사 P는 전교조 간부 41명의 국가공무원법위반사건을 수사하던 중,

> 2009. 7. 2. 서울중앙지방법원으로부터 압수·수색영장(부득이한 경우 저장매체의 외부 반출을 허용하는 취지의 기재 있음)을 발부받았으며, 검사의 지휘에 따라 사법경찰관 Q는 2009. 7. 3. 05:00- 07:00까지 사이에 전교조 본부 사무실에서 위 영장을 집행하였다. 영장 집행 당시 Q는 저장매체에 저장된 파일들을 카피하기 위하여 하드 복사기 2대를 준비하여 갔으나 위 사무실에 설치된 컴퓨터 50여 대 중 대부분의 컴퓨터에서 하드디스크가 제거된 상태였고, 컴퓨터와 서버의 전원공급은 차단된 상태여서 저장매체에 저장된 내용을 확인할 수도 없는 상태였다. 이에, Q는 저장매체가 포함된 데스크톱 컴퓨터 3대 및 서버 컴퓨터 10대를 압수하여 서울영등포경찰서로 가지고 갔는데, 위 저장매체에는 2009. 5. 1. 이후 열람된 문서(단 엑셀문서는 2009. 6. 1. 이후)파일 만 8,000여 개(DVD 3장 분량 및 CD 1장 분량)가 존재하였다. 영장집행 직후에 Q는 서울영등포경찰서에서 전교조의 직원들 및 그 변호인이 참관하고 있는 가운데 압수된 저장매체에 저장된 파일들 중 2009. 5. 1. 이후 열람한 모든 문서(다만, 엑셀문서는 2009. 6. 1. 이후) 파일들을 해쉬값 교환 등을 통하여 무결성을 확보하는 방식으로 DVD 및 CD에 카피하였다. 이때 전교조 직원들 및 그 변호인은 카피 범위가 너무 넓다는 이유로 이를 축소할 것(시국선언과 가까운 일자에 '작성된 문서' 등) 등을 요구하기도 하였으나 관련성이나 절차에 관하여 이의를 제기하지는 아니하였다. 위와 같이 파일 카피가 마쳐진 후 Q는 저장매체 2개 중 1개를 포함하여 압수물을 전교조 측에 가환부하였고, 전교조 측은 2009. 7. 6. 압수·수색과 관련한 준항고를 제기하였다.

① Q가 저장매체 자체를 수사기관 사무실로 옮긴 것은 영장이 예외적으로 허용한 부득이한 사유의 발생에 따른 것으로 볼 수 있다.

② 전교조 측의 참여권 보장 등 압수·수색 대상물건의 훼손이나 임의적 열람 등을 막기 위해 법령상 요구되는 상당한 조치가 이루어진 것으로 볼 수 있으므로 이 부분은 적법하다.

③ Q가 저장매체 자체를 수사기관 사무실 등으로 옮긴 후 영장에 기재된 범죄 혐의 관련 전자정보를 탐색하여 해당 전자정보를 문서로 출력하거나 파일을 복사하는 과정 역시 전체적으로 압수·수색영장 집행의 일환에 포함된다.

④ Q가 임의로 정한 시점 이후의 접근 파일 일체를 복사하는 방식으로 위 파일을 복사한 것은 압수수색영장이 허용한 범위내로서 위법하다고 볼 여지가 없다.

⑤ 전교조 측의 준항고는 이유 없어 기각되어야 된다.

해설

① (○) ② (○) ③ (○) ⑤ (○)

④ (×) 대법원 2011. 5. 26, 2009모1190. [답 ④]

◇관련판례◇

대법원 2011. 5. 26, 2009모1190 : [1] 전자정보에 대한 압수·수색영장을 집행할 때에는 원칙적으로 영장 발부의 사유인 혐의사실과 관련된 부분만을 문서 출력물로 수집하거나 수사기관이 휴대한 저장매체에 해당 파일을 복사하는 방식으로 이루어져야 하고, 집행현장 사정상 위와 같은 방식에 의한 집행이 불가능하거나 현저히 곤란한 부득이한 사정이 존재하더라도 저장매체 자체를 직접 혹은 하드카피나 이미징 등 형태로 수사기관 사무실 등 외부로 반출하여 해당 파일을 압수·수색할 수 있도록 영장에 기재되어 있고 실제 그와 같은 사정이 발생한 때에 한하여 위 방법이 예외적으로 허용될 수 있을 뿐이다. 나아가 이처럼 저장매체 자체를 수사기관 사무실 등으로 옮긴 후 영장에 기재된 범죄 혐의 관련 전자정보를 탐색하여 해당 전자정보를 문서로 출력하거나 파일을 복사하는 과정 역시 전체적으로 압수·수색영장 집행의 일환에 포함된다고 보아야 한다. 따라서 그러한 경우 문서출력 또는 파일복사 대상 역시 혐의사실과 관련된 부분으로 한정되어야 하는 것은 헌법 제12조 제1항, 제3항, 형사소송법 제114조, 제215조의 적법절차 및 영장주의 원칙상 당연하다. 그러므로 수사기관 사무실 등으로 옮긴 저장매체에서 범죄 혐의 관련성에 대한 구분 없이 저장된 전자정보 중 임의로 문서출력 혹은 파일복사를 하는 행위는 특별한 사정이 없는 한 영장주의 등 원칙에 반하는 위법한 집행이다. 한편 검사나 사법경찰관이 압수·수색영장을 집행할 때에는 자물쇠를 열거나 개봉 기타 필요한 처분을 할 수 있지만 그와 아울러 압수물의 상실 또는 파손 등의 방지를 위하여 상당한 조치를 하여야 하므로(형사소송법 제219조, 제120조, 제131조 등), 혐의사실과 관련된 정보는 물론 그와 무관한 다양하고 방대한 내용의 사생활 정보가 들어 있는 저장매체에 대한 압수·수색영장을 집행할 때 영장이 명시적으로 규정한 위 예외적인 사정이 인정되어 전자정보가 담긴 저장매체 자체를 수사기관 사무실 등으로 옮겨 이를 열람 혹은 복사하게 되는 경우에도, 전체 과정을 통하여 피압수·수색 당사자나 변호인의 계속적인 참여권 보장, 피압수·수색 당사자가 배제된 상태의 저장매체에 대한 열람·

복사 금지, 복사대상 전자정보 목록의 작성·교부 등 압수·수색 대상인 저장매체 내 전자정보의 왜곡이나 훼손과 오·남용 및 임의적인 복제나 복사 등을 막기 위한 적절한 조치가 이루어져야만 집행절차가 적법하게 된다.
[2] 수사기관이 전국교직원노동조합 본부 사무실에 대한 압수·수색영장을 집행하면서 방대한 전자정보가 담긴 저장매체 자체를 영장 기재 집행장소에서 수사기관 사무실로 가져가 그곳에서 저장매체 내 전자정보파일을 다른 저장매체로 복사하자, 이에 대하여 위 조합 등이 준항고를 제기한 사안에서, 수사기관이 저장매체 자체를 수사기관 사무실로 옮긴 것은 영장이 예외적으로 허용한 부득이한 사유의 발생에 따른 것으로 볼 수 있고, 나아가 당사자 측의 참여권 보장 등 압수·수색 대상 물건의 훼손이나 임의적 열람 등을 막기 위해 법령상 요구되는 상당한 조치가 이루어진 것으로 볼 수 있으므로 이 점에서 절차상 위법이 있다고는 할 수 없으나, 다만 영장의 명시적 근거 없이 수사기관이 임의로 정한 시점 이후의 접근 파일 일체를 복사하는 방식으로 8,000여 개나 되는 파일을 복사한 영장집행은 원칙적으로 압수·수색영장이 허용한 범위를 벗어난 것으로서 위법하다고 볼 여지가 있는데, 위 압수·수색 전 과정에 비추어 볼 때, 수사기관이 영장에 기재된 혐의사실 일시로부터 소급하여 일정 시점 이후의 파일들만 복사한 것은 나름대로 대상을 제한하려고 노력한 것으로 보이고, 당사자 측도 그 적합성에 대하여 묵시적으로 동의한 것으로 보는 것이 타당하므로, 위 영장 집행이 위법하다고 볼 수는 없다는 이유로, 같은 취지에서 준항고를 기각한 원심의 조치를 수긍한 사례.

17. 다음 사례에 관한 설명 중 틀린 것은? (다툼이 있는 경우 판례에 의함)

> 검사 P는 범민련 간부 甲에 대하여 국가보안법위반(회합 · 통신)사건을 수사하던 중, 인터넷서비스공급자인 A 주식회사의 메일서버에 저장된 甲의 전자우편을 대상으로 압수수색영장을 발부받았다. 그러나 영장 집행 사실을 미리 알려주면 증거인멸 염려 등 압수 · 수색의 실효를 거두기 어려울 것으로 판단하고 사전에 甲과 A 회사에 아무런 통지 없이 이를 집행하였다.

① P가 甲과 A회사에 미리 집행의 일시와 장소를 통지하지 않은 것은 '급속을 요하는 때'에 해당되어 적법하다.
② P는 원칙적으로 국가보안법위반 혐의사실과 관련된 부분만을 문서 출력물로 수집하거나 미리 휴대한 저장매체에 해당파일을 복사하는

방식으로 압수·수색영장을 집행하여야 한다.

③ 압수·수색영장 집행 시에 국가보안법위반 혐의사실과 관련된 부분만을 선별하여 압수하는 것이 현저히 곤란한 부득이한 사정이 발생하고, 압수·수색영장에 저장매체 자체를 이미징 형태로 외부로 반출하여 해당 파일을 압수·수색할 수 있다는 내용이 기재되어 있다면 그와 같은 방법으로 영장을 집행할 수 있다.

④ P는 위 압수·수색영장으로 이미 수신이 완료된 전자우편만을 압수할 수 있고, 영장 집행 중에 송신 중인 전자우편은 압수할 수 없다.

⑤ P는 수사에 방해될 염려가 없더라도 甲에게 전자우편을 압수하였다는 취지를 통지할 필요는 없다.

해설

① (○) 대법원 2012. 10. 11, 2012도7455. '급속을 요하는 때'는 압수·수색영장의 집행통지를 생략할 수 있는데(제219조, 제122조 단서), 여기서 '급속을 요하는 때'는 영장 집행사실을 미리 알려주면 증거물을 은닉할 염려 등이 있어 압수·수색의 실효를 거두기 어려울 경우라고 해석함이 옳고, 그와 같이 합리적인 해석이 가능하므로 명확성의 원칙 등에 반하여 위헌이라고 할 수 없다(헌법재판소 2012. 12. 27, 2011헌바225 합헌 결정).

② (○) 대법원 2012. 3. 29, 2011도10508.

③ (○) 대법원 2012. 3. 29, 2011도10508. 집행현장의 사정상 ②의 지문과 같은 방식에 의한 집행이 불가능하거나 현저히 곤란한 부득이한 사정이 발생하고, 그 같은 경우에 그 저장매체 자체를 직접 또는 하드카피나 이미징 등 형태로 수사기관 사무실 등 외부로 반출하여 해당 파일을 압수·수색할 수 있도록 영장에 기재되어 있으면 예외적으로 그와 같은 방식의 영장 집행이 허용될 수 있다.

④ (○) 압수·수색영장에 기재된 기간 내에 수신된 전자우편만 압수의 대상이 된다. 송신 중인 전자우편은 감청의 대상이며(대법원 2012. 10. 25, 2012도4644), 집행 중 송신되어 수신된 전자우편은 영장의 범위 밖이므로 압수할 수 없다.

⑤ (×) 제219조, 제107조 제3항. 우체물 또는 전기통신(통신비밀보호법 제2조 제3호)에 관하여 제107조 제1항에 따른 처분(제출을 명하거나 압수)을 할 때에는 발신인이나 수신인에게 그 취지를 통지하여야 하고(제107조 제3항 본문), 다만 심리에 방해될 염려가 있는 경우에는 예외로 한다(제107조 제3항 단서). 구체적으로 검사는 송·수신이 완료된 전기통신에 대하여 압수·수색·검증을 집행한 경우 그 사건에 관하여 공소를 제기하거나 공소의 제기 또는 입건을 하지 아니하는 처분(기소중지결정을 제외한다)을 한 때에는 그 처분을 한 날부터 30일 이내에 수사대상이 된 가입자에게 압수·수색·검증을 집행한 사실을 서면으로 통지하여야 하고(통신비밀보호법 제9조의3 제1항), 사법경찰관은 송·수신이 완료된 전기통신에 대하여 압수·수색·검증을 집행한 경우 그 사건에 관하여 검사로부터 공소를 제기하거나 제기하지 아니하는 처분의 통보를 받거나 내사사건에 관하여 입건하지 아니하는 처분을 한 때에는 그 날부터 30일 이내에

수사대상이 된 가입자에게 압수 · 수색 · 검증을 집행한 사실을 서면으로 통지하여야 한다(통신비밀보호법 제9조의3 제2항). [답 ⑤]

18. 피압수자 등 환부를 받을 자가 압수 후에 그 소유권을 포기하는 행위의 소송법적 효과에 관한 설명 중 틀린 것은? (다툼이 있는 경우 판례에 의함)

〈행시 2002〉

① 피압수자 등 압수물을 환부받을 자가 수사기관에 대하여 가지는 형사소송법상의 환부청구권은 수사기관의 필요적 환부의무에 대응하는 절차법상의 권리이다.

② 우리나라의 제반 법률은 압수물에 대한 소유권의 박탈을 원칙으로 몰수재판에 의하여서만 할 수 있도록 규정하고 있다고 해석된다.

③ 현행 형사소송법에는 압수물을 몰수재판에 의하지 않고 국고에 귀속시킬 수 있는 예외적 근거규정을 두고 있다.

④ 개인이 국가에 대하여 가지는 공법상의 권리(공권), 특히 절차법상의 권리를 포기하게 하는 등의 방법으로 국가로 하여금 개인에 대한 절차법상의 의무를 면하게 하는 것은 법규에 특별한 규정이 없다 하더라도 그 권리포기가 그 개인의 진정한 의사에 기초한 경우에는 허용될 수 있다.

⑤ 외국산 물품을 관세장물의 혐의가 있다고 보아 압수하였다 하더라도 그것이 언제, 누구에 의하여 관세포탈된 물건인지 알 수 없어 기소중지 처분을 한 경우에는 그 압수물은 관세장물이라고 단정할 수 없어 이를 국고에 귀속시킬 수 없을 뿐 아니라 압수를 더 이상 계속할 필요도 없는 것이다.

해설

① (○), ② (○), ③ (○), ⑤ (○) 각 대법원 1996. 8. 16, 94모51(전원합의체).
④ (×) 대법원 1996. 8. 16, 94모51(전원합의체). [답 ④]

◇관련판례◇

대법원 1996. 8. 16, 94모51(전원합의체) : 형사소송법상의 환부청구권은 수사기관의 필요적 환부의무에 대응하는 절차법상의 권리라 할 것인데, 개인이 국가에 대하여 가지는 공법상의 권리(공권), 특히 절차법상의 권리를 포기하게 하는 등의 방법으로 국가로 하여금 개인에 대한 절차법상의 의무를 면하게 하는 것은 법규에 특별한 규정이 있는 경우를 제외하고는 원칙적으로 허용될 수 없다.

19. 압수물처리에 관한 다음 설명 중 옳은 것은? (다툼이 있는 경우 판례에 의함)

① 몰수하여야 할 압수물에 대해서도 가환부할 수 있는 경우가 있다.

② 약속어음이 범죄행위로 인하여 생긴 위조문서인 경우에는 몰수의 선고가 있기 이전이라도 위조표시를 하여 환부할 수 있다.

③ 수사단계에서 소유권을 포기한 압수물에 대하여 몰수형이 선고되지 아니한 경우, 국가에 대한 민사소송으로 반환을 청구할 수 없다.

④ 피고인에게 의견을 진술할 기회를 주지 아니한 채 한 가환부결정은 재판의 결과에 영향을 미쳤다고 할 수 없다.

⑤ 압수한 물건은 피해자에게 반환할 이유가 명백한 때에도 피고사건의 종결 전에는 결정으로 피해자에게 환부할 수 없다.

해설

① (○) 대법원 1998. 4. 16, 97모25. 몰수할 것이라고 사료되어 압수한 물건 중 법률의 특별한 규정에 의하여 필요적으로 몰수할 것에 해당하거나 누구의 소유도 허용되지 아니하여 몰수할 것에 해당하는 물건에 대한 압수는 몰수재판의 집행을 보전하기 위하여 한 것이라는 의미도 포함된 것이므로 그와 같은 압수 물건은 가환부의 대상이 되지 않지만(대법원 1966. 1. 28, 65모21; 대법원 1984. 7. 24, 84모43 등 참조), 그 밖의 형법 제48조에 해당하는 물건에 대하여는 이를 몰수할 것인지는 법원의 재량에 맡겨진 것이므로 특별한 사정이 없다면 수소법원이 피고 본안사건에 관한 종국판결에 앞서 이를 가환부함에 법률상의 지장이 없는 것으로 보아야 한다.
② (×) 몰수의 선고가 있은 뒤에 할 수 있다(대법원 1984. 7. 24, 84모43). 즉, 제133조의 규정에 의하면 압수를 계속할 필요가 없다고 인정되는 압수물 또는 증거에 공할 압수물은 환부 또는 가환부할 수 있도록 되어 있는바, 본건 약속어음은 범죄행위로 인하여 생긴 위조문서로서 아무도 이를 소유하는 것이 허용되지 않는 물건이므로 몰수가 될 뿐 환부나 가환부할 수 없고 다만 검사는 몰수의 선고가 있은 뒤에 제485조에 의하여 위조의 표시를 하여 환부할 수 있다.
③ (×) 반환청구할 수 있다(대법원 1996. 8. 16, 94모51(전원합의체)).
④ (×) 위법하여 재판의 결과에 영향을 미친다(대법원 1980. 2. 5, 80모3). 피고인에게 의견을 진술할 기회를 주지 아니한 채 한 가환부결정은 제135조(압수물처분과 당사자에의 통지)에 위배되어 위법하고, 이 위법은 재판의 결과에 영향을 미쳤다고 할 것이다.
⑤ (×) 환부할 수 있다(제134조). [답 ①]

20. 다음 설명 중 각 상황에서 처분을 받는 자 A가 이를 거부하는 경우에 ( ) 안의 영장에 의하여 직접 처분할 수 없는 것은? (다툼이 있는 경우 판례와 실무에 의함) 〈일본 신사법시험 모의문제〉

① A의 소유지인 건축현장에서 중기가 쓰러져 근처에 있던 현장작업자

가 사망한 업무상과실치사사건에서, 사법경찰관은 사고발생 당시의 건축현장의 상황을 조사하고자 한다. (건축현장의 검증영장)

② 피의자 A는 자동차를 운전하던 중 횡단보도를 건너던 피해자를 자신의 자동차로 충돌하여 사망케 하였다. 횡설수설하는 A의 언동에 비추어 사법경찰관은 A의 약물사용을 의심하게 되어 A로부터 소변을 채취하기 위하여 A를 사고현장에서 가장 가까운 병원까지 데리고 가려고 한다. (A의 소변에 대한 압수수색영장)

③ 피의자 A는 자동차를 운전하던 중 횡단보도를 건너던 피해자를 자신의 자동차로 충돌하여 사망케 하였는데, A도 다쳐서 병원에 이송되었다. A의 상태를 살펴본 결과, 호흡 시 술냄새가 나므로 사법경찰관은 혈중알코올농도를 측정하기 위하여 의사로 하여금 주사기를 사용하여 혈액을 채취하고자 한다. (A의 혈액에 대한 감정처분허가장 및 A의 신체에 대한 검증영장)

④ 피의자 甲을 체포하려고 하자 甲이 도주하여 A의 주거에 숨어 들어간 경우, 사법경찰관은 甲을 발견하여 신병을 확보하기 위하여 A의 주거 내에 들어가고자 한다. (甲에 대한 체포영장)

⑤ 메스암페타민 소지 혐의로 피의자 A의 주택을 수색하던 중, 사법경찰관은 참여하고 있던 A가 속옷 안에 메스암페타민을 숨기고 있는지 여부를 확인하기 위하여 A를 알몸으로 조사하고자 한다. (A의 주택에 대한 압수 · 수색영장)

해설

① (○) 검증영장에 의하여 직접 강제할 수 있다.

② (○) 실무는 압수수색영장에 의하여 인근 병원에서 강제채뇨하고 있다. 일본 판례도 같은 입장이다(最決 1980. 10. 23. 刑集 34 · 5 · 300).

③ (○) 감정처분허가장으로는 직접 강제할 수 없으나, 검증영장으로는 직접 강제할 수 있다.

④ (○) 제216조 제1항 제1호. 체포 · 구속 목적의 피의자수사로서 허용된다.

⑤ (×) 장소에 대한 압수수색영장으로 그 장소에 함께 있던 사람의 신체를 수색하는 것이 바로 허용되는 것은 아니며, 특히 알몸으로 조사하는 경우에는 신체검사를 위한 검증영장을 요한다. [답 ⑤]

21. 검증에 관한 다음 설명 중 틀린 것은? (다툼이 있는 경우 판례에 의함)

① 수사기관이 임의로 범죄의 현장 기타 장소에서 실황을 조사하는 일종의 임의처분으로 행해지는 검증이다.

② 체포현장에서는 영장 없이 신체검사를 할 수 있다.
③ 구속된 피의자에 대하여 영장 없이는 지문 또는 족형을 채취하거나 신장과 체중 또는 흉위를 측정할 수 없다.
④ 택배 발송인이나 수취인의 승낙 없이 내용물이 필로폰인지 여부를 확인하기 위하여 택배물상자의 외부에서 X선을 발사하여 내용물의 형태를 관찰하기 위해서는 검증영장이 필요하다.
⑤ 피의자가 동의하면 영장 없이 위내시경으로 삼킨 물건의 형상을 확인하기 위하여 위 내부를 관찰할 수 있다.

해설

① (○) 검찰사건사무규칙 제17조.
② (○) 제216조, 제217조.
③ (×) 구속현장에서도 영장 없이 신체검사를 할 수 있으므로(제216조), 원칙적으로 할 수 있다(이재상 · 조균석, §20/50).
④ (○) 最決 2009. 9. 28. 刑集 63 · 7 · 868.
⑤ (○) 강제배출하는 경우에는 영장이 필요하다. [답 ③]

22. **수사기관으로부터 감정의 촉탁을 받은 사람에 의하여 행해지는 신체검사에 관한 다음 설명 중 옳은 것은?**

① 신체검사영장을 필요로 한다.
② 처분의 주체는 감정을 촉탁한 수사기관이다.
③ 일몰 전에 신체검사에 착수한 때에는 일몰 후에도 계속할 수 있다.
④ 대상자가 영장에 의한 신체검사를 거부한 경우에는 과태료나 벌금, 구류의 제재를 받는 경우가 있고, 영장의 효력으로서 신체검사의 직접강제가 가능하다.
⑤ 대상자가 동의하지 않는 한 입으로 삼킨 물건을 강제로 배출할 수는 없다.

해설

① (×) 감정처분허가장을 필요로 한다. 수사기관으로부터 감정위촉(제221조 제2항)을 받은 사람은 검사의 청구에 의하여(제221조의4 제2항) 판사가 발부한 감정처분허가장(제221조의4 제3항)을 받아 제173조 제1항에 규정된 처분(주거 등에 들어감, 신체검사, 사체해부, 분묘발굴, 물건파괴)을 할 수 있다(제221조의4 제1항).
② (×) 처분주체는 감정수탁자이다.
③ (○) 제221조의4 제항, 제173조 제5항, 제143조 제2항.
④ (×) 일본 형사소송법에는 관련 근거규정이 있으나(일본 형소법 제168조 제6

항, 제138조 내지 제140조) 우리 법에는 없다.
⑤ (×) 강제로 배출할 수 있다. 삼킨 물건(연하물)의 강제배출에 필요한 영장에 관하여는 압수 · 수색영장설, 압수 · 수색영장+감정처분허가장설(이재상 · 조균석, § 20/52), 압수 · 수색영장+검증영장설, 검증영장+감정처분허가장설 등 다양한 견해가 있다. [답 ③]

23. 다음 사례에 관한 검사의 처리에 관한 설명 중 틀린 것은?

〈일본 신사법시험 2010 변형〉

> 사법경찰관 P는 피의자 甲에 대한 마약류관리에관한법률위반(대마) 피의사건에 관하여, 甲이 혼자 살고 있는 원룸을 수색장소로, 대마 및 대마흡입기구를 압수하여야 할 물건으로 기재한 압수수색영장을 발부받아 위 원룸을 수색하였다. 이때, 갑은 위 원룸에 있었다. P는 수색과정에서 대마나 대마흡입기구를 발견하지는 못했으나, 필로폰처럼 생긴 백색결정체와 혈액이 섞여 있는 것처럼 보이는 액체가 든 주사기를 발견하였다. 그래서 P는 ① 위 백색결정체에 대하여 필로폰간이시험을 실시하였는바, 필로폰이라는 시험결과가 나왔다. 이에, P는 ② 甲을 마약류관리에관한법률위반(향정)의 피의사실로 체포하고, ③ 위 백색결정체를 압수함과 동시에, 위 주사기를 압수하였다. 그리고 P는 ④ 甲이 임의로 소변을 제출하자 이를 압수하였다. 그런데 甲이 채혈은 거부하므로 P는 甲의 혈액형을 밝히기 위하여 甲을 인근 병원으로 연행하여 ⑤ 위 병원 의사 D로 하여금 甲의 혈액을 채취토록 하였다.

① 甲이 ①의 간이시험 실시에 동의하였다면, P는 판사가 발부한 영장 없이도 필로폰예비시험을 실시할 수 있다.
② P는 판사가 발부한 영장 없이도 ②와 같이 甲을 체포할 수 있다.
③ P는 판사가 발부한 영장 없이도 ③의 백색결정체와 주사기를 압수할 수 있다.
④ 甲이 ④와는 달리 임의로 소변을 제출하지 아니하였더라도 P는 압수수색영장을 발부받아 의사로 하여금 甲으로부터 강제로 채뇨케 할 수 있다.
⑤ P는 판사가 발부한 영장 없이도 의사 D에게 감정위촉하여 甲으로부터 ⑤와 같이 채혈할 수 있다.

✍ **해설**

① (○) 간이시험을 하면 甲의 재산을 소비하게 되지만, 처분권을 가진 자가 동의하면 판사가 발부한 감정처분허가장(제221조의4 제1항) 없이도 가능하다.
② (○) 판사가 발부한 영장 없이도 필로폰 소지의 현행범인으로 체포할 수 있다(제212조).
③ (○) 현행범인 체포현장에서의 압수로서 영장 없이 압수할 수 있다(제216조 제1항 제3호).
④ (○) 강제채뇨가 허용된다는 것이 통설이다(이재상 · 조균석, §20/52). 다만, 강제채뇨에 필요한 영장에 대하여는 견해의 대립이 있으나, 실무에서는 압수 · 수색영장에 의하여 의사로 하여금 병원에서 채뇨하고 있다.
⑤ (×) 채혈은 신체의 일부를 구성하는 혈액을 채취하는 것이므로 강제처분에 해당하고, 따라서 판사가 발부한 영장이 필요하다. 따라서 임의처분인 감정위촉(제221조의3)에 의하여 강제채혈할 수 없다. 일반적으로 강제채혈에 관하여는 강제채뇨에서의 논의가 그대로 적용된다고 한다. 다만, 강제채혈 시 영장에 대하여 판례는 "감정처분허가장 등을 발부받아 강제로 채혈할 수 있다"고 판시하거나(대법원 2004. 11. 12, 2004도5257), "영장(압수 · 수색 또는 검증) 또는 감정처분허가장을 발부받아 강제로 채혈할 수 있다"고 판시하고 있다(대법원 2011. 4. 28, 2009도2109). 실무에서는 강제채뇨 시와 같이 압수수색영장에 의하고 있다. [답 ⑤]

24. 아래 사례에 대한 사법경찰관의 수사 중 법관이 발부한 영장을 미리 발부받지 않으면 위법한 것은? (다툼이 있는 경우 판례에 의함)

〈일본 신사법시험 2014 변형〉

> 사법경찰관 P는 살해된 피해자 X의 사체가 발견되자 수사를 개시하였는데, 사체 발견 전날에 X의 신용카드를 사용하여 은행 현금자동지급기로부터 예금이 인출된 것을 발견하고, 은행에 설치된 CCTV를 임의로 제출받아 분석하였다. 그 결과, X의 예금을 인출한 사람의 용모가 X의 친구 Y와 비슷한 것을 알게 되었다. P는 Y를 피의자로 인지하고 수사를 진행하였다.

① 긴급하게 필요하여 Y 모르게 도로변을 걸어가던 Y의 용모를 사진촬영하였다.
② Y가 자택 옆 도로 쓰레기수거함에 버린 비닐봉투를 Y 모르게 수거하였다.
③ Y 모르게 Y의 거래은행에 요구하여 Y의 은행거래기록을 교부받았다.
④ Y의 동의를 얻어 채취한 구강 내 세포를 시료로 Y의 DNA형을 검사하였다.

⑤ Y의 동의를 얻어 Y에 대하여 심리생리검사를 실시하였다.

해설

① (○) 범죄의 현행성, 긴급성, 증거보전의 필요성, 촬영방법의 상당성이 인정되는 경우에는 임의수사로서 사진촬영이 허용된다(대법원 1999. 9. 3, 99도2317). 그리고 일반적으로 공개적인 장소에서의 사진촬영은 영장 없이 허용된다(대법원 2013. 7. 13, 2013도2511).

② (○) 유류물로서 영장 없이 영치할 수 있다(最決 2008. 4. 15. 刑集 62 · 5 · 1398).

③ (×) 수사기관이 명의자의 서면상 동의를 받지 않고 금융기관에 거래정보를 요구하는 경우에는 법관이 발부한 영장에 의하여야 한다(금융실명거래 및 비밀보장에 관한 법률 제4조 제1항 제1호).

④ (○) 피의자의 동의를 얻어 구강 내 세포를 채취하는 것은 임의제출물에 대한 영치로서 영장 없이 가능하다. 구강 내 세포를 시료로 DNA형을 검사하는 것은 영치물에 대한 필요한 처분(제219조, 제120조)으로서 영장 없이 할 수 있다.

⑤ (○) 동의에 의한 심리생리검사는 영장 없이 할 수 있다는 것이 통설 · 판례(대법원 2005. 5. 26, 2005도130)이다. [답 ③]

제 3 절 수사상의 증거보전

01. 증거보전절차와 관련하여 틀린 것으로 묶인 것은? (다툼이 있는 경우 판례에 의함)

(가) 증거보전절차에서 검사는 피의자신문을 청구할 수 있다.
(나) 공동피고인과 피고인이 뇌물을 주고받은 사이로 필요적 공범관계에 있다고 하더라도 검사는 수사단계에서 피고인에 대한 증거를 미리 보전하기 위하여 필요한 경우에는 판사에게 공동피고인을 증인으로 신문할 것을 청구할 수 있다.
(다) 증거보전은 제1심 제1회 공판기일 전에 한하여 허용되는 것이므로 재심청구사건에서는 증거보전청구가 허용되지 아니한다.
(라) 증거보전절차에서 증인신문을 하면서 피의자 및 변호인이 증인신문에 참여할 수 있는 기회를 주지 아니하였고, 변호인이 제1심 공판기일에서 증인신문조서의 증거조사에 관하여 이의신청을 하였다면 그 증인신문조서는 증거능력이 없다.
(마) 증거보전절차에서 작성된 증인신문조서 중 피의자였던 피고인이

자신의 범행사실을 시인하는 전제 하에 증인에게 반대신문한 내용이 기재되어 있는 경우, 피의자의 진술기재부분은 형사소송법 제311조에 의한 증거능력을 인정할 수 있다.

① (가), (다) ② (가), (마) ③ (나), (라)
④ (나), (마) ⑤ (다), (라)

해설

(가) (×) 대법원 1972. 11. 28, 72도2104 ; 대법원 1977. 12. 13, 77도2770. 증거보전절차에서 피의자 또는 피고인의 신문을 청구할 수 없다.
(나) (○) 대법원 1988. 11. 8, 86도1646. 이때, 그 증인신문조서는 다른 공동피고인에 대하여 증거능력이 있다(대법원 1966. 5. 17, 66도276).
(다) (○) 대법원 1984. 3. 29, 84모15. 증거보전이란 장차 공판에 있어서 사용하여야 할 증거가 멸실되거나 또는 그 사용하기 곤란한 사정이 있을 경우에 당사자의 청구에 의하여 공판 전에 미리 그 증거를 수집 보전하여 두는 제도로서, 제1심 제1회 공판기일 전에 한하여 허용되는 것이므로 재심청구사건에서는 증거보전절차는 허용되지 않는다.
(라) (○) 대법원 1992. 2. 28, 91도2337. 그리고 그 증인이 후에 법정에서 그 조서의 진정성립을 인정한다 하여 다시 그 증거능력을 취득한다고 볼 수도 없다.
(마) (×) 대법원 1984. 5. 15, 84도508. 위 조서는 공판준비 또는 공판기일에 피고인 등의 진술을 기재한 조서도 아니고, 반대신문과정에서 피의자가 한 진술에 관한 한 제184조에 의한 증인신문조서도 아니므로 피의자의 기재부분에 대하여는 제311조에 의한 증거능력을 인정할 수 없다. [답 ②]

02. **제1회 공판기일 전에 행해진 증인신문에 관한 다음 설명 중 틀린 것은?**
(다툼이 있는 경우 판례에 의함) 〈일본 신사법시험 2008 변형〉

① 검사, 피고인, 피의자 또는 변호인은 미리 증거를 보전하지 아니하면 그 증거를 사용하기 곤란한 사정이 있는 때에는 제1회 공판기일 전이라도 판사에게 증인신문을 청구할 수 있다.
② 범죄의 수사에 없어서는 아니 될 사실을 안다고 명백히 인정되는 자가 조사에 대하여 출석 또는 진술을 거부한 경우에는 제1회 공판기일 전에 한하여 검사는 판사에게 그 자에 대한 증인심문을 청구할 수 있다.
③ 형사소송법은 종래 수사기관에서 진술한 참고인이 공판기일에서 진술을 번복할 위험이 있는 경우에도 증인신문을 청구할 수 있는 것으로 규정하고 있었으나, 적법절차의 원칙과 공정한 재판을 받을 권리에 위배된다는 이유로 위헌결정이 내려짐에 따라 그 규정은 삭

제되었다.

④ 제1회 공판기일 전에 행해진 증인신문에 의하여 작성된 증인신문조서는 형사소송법 제311조의 「법관의 조사」에 해당되어 증거로 할 수 있다.

⑤ 판사는 특별히 수사에 지장이 있다고 인정하는 경우를 제외하고는 피고인, 피의자 또는 변호인을 제1회 공판기일 전의 증인신문에 참여하게 하여야 한다.

해설

① (○) 제184조 제1항. 증거보전을 위하여 증인신문 외에 압수, 수색, 검증 또는 감정을 청구할 수 있다.
② (○) 제221조의2 제1항.
③ (○) 헌법재판소 1996. 12. 26, 94헌바1. 구법 제221조의2 제2항.
④ (○) 제311조.
⑤ (×) 판사는 증인신문기일을 정한 때에는 피고인, 피의자 또는 변호인에게 이를 통지하여 증인신문에 참여할 수 있도록 하여야 한다(제221조의2 제5항). 구조문은 문항 ⑤와 같이 되어 있었으나, 위 94헌바1 결정 이전인 1995년 12월 29일 개정되었다. [답 ⑤]

03. 범죄의 수사에 없어서는 아니 될 사실을 안다고 명백히 인정되는 자가 진술을 거부하였기 때문에 형사소송법 제221조의2에 의하여 증인신문을 청구하는 경우에 관한 다음 기술 중 틀린 것으로만 묶인 것은? (다툼이 있는 경우에는 판례에 의함) 〈일본 신사법시험 2014 변형〉

㈎ 검사는 제1회 공판기일 후에는 증인신문을 청구할 수 없다. ㈏ 검사가 기소 후에 증인신문을 청구하는 경우에도 법원이 아니라 판사에게 청구하여야 한다. ㈐ 피고인, 피의자 및 변호인은 판사가 특별히 수사에 지장이 있다고 인정하는 경우를 제외하고는 증인신문에 참여할 권리를 가진다. ㈑ 증인신문이 실시된 후 그 신문의 결과를 기재한 서면이 증거로 신청된 경우 법원은 공판기일에서 이를 조사하여야 한다. ㈒ 증인은 소환에 응하지 않더라도 구인되지 않는다.

① ㈎, ㈏ ② ㈎, ㈑ ③ ㈏, ㈐
④ ㈐, ㈒ ⑤ ㈑, ㈒

해설

㈎ (○) 제221조의2 제1항. 제1회 공판기일 전에 한하여 증인신문을 청구할 수

있다.
㈏ (○) 제221조의2 제1항. 판사에게 청구하여야 한다.
㈐ (×) 제221조의2 제5항. 언제나 증인신문에 참여할 수 있다. 수사에 지장이 있다고 인정하는 경우에 제외할 수 있도록 한 종전 규정은 헌법재판소에서 위헌결정을 하였다.
㈑ (○) 판사는 신문조서나 그 밖의 신문에 관한 서류는 심문 후 지체 없이 검사에게 송부하여야 한다(제221조의2 제6항). 신문조서가 공판에서 조사되는가 여부는 검사가 그 신문조서에 대하여 증거조사를 청구하는가, 그 청구에 대하여 피고인이나 변호인이 어떻게 대응하느냐 여부에 달려 있다(제294조 제1항).
㈒ (×) 증인신문의 청구를 받은 판사는 증인신문에 관하여 법원 또는 재판장과 동일한 권한이 있으므로(제221조의2 제4항), 정당한 사유 없이 소환에 응하지 않는 증인은 구인할 수 있다(제152조). [답 ④]

제 3 장 수사의 종결

01. **다음 중 검사의 결정이 틀린 것은?**

① 절도죄로 구속된 피의자에 대하여 벌금형을 과하는 것이 적절하다고 판단한 경우, 구속취소하여 피의자를 석방한 뒤 약식명령을 청구한다.

② 절도죄가 인정되는 피의자에 대하여 범죄경력을 조회한 결과 이미 절도의 상습범으로 기소되어 1심 재판 계속 중인 경우, 소송계속 중인 사건에 추가로 공소장변경을 하는 한편 공소권없음 처분을 한다.

③ 피의자의 업무방해행위가 정당행위에 인정된다고 판단한 경우, 혐의없음(범죄인정안됨) 처분을 한다.

④ 고소장의 기재에 의하여 과실재물손괴임이 명백한 경우, 각하처분을 한다.

⑤ 소년에 대한 공갈죄를 수사한 결과 소년원에 수용하거나 보호관찰을 하는 것이 적절하다고 판단한 경우, 관할 가정법원 또는 지방법원 소년부에 송치한다.

해설

① (○) 검찰사건사무규칙 제65조 제3항.
② (○) 대법원 2004. 9. 16, 2001도3206(전원합의체).
③ (×) 죄가안됨 처분을 하여야 한다(검찰사건사무규칙 제69조 제3항 제3호).
④ (○) 검찰사건사무규칙 제69조 제3항 제5호.
⑤ (○) 소년법 제49조 제1항. [답 ③]

02. **다음 중 틀린 것은?**

① 검사의 불기소처분에는 일사부재리 효력이 없으므로 수사를 재개할 수 있다.

② 구금되었던 피의자가 기소유예처분을 받은 경우에는 형사보상청구권이 인정되지 않는다.

③ 검사의 불기소처분에 대해서 고소·고발인의 청구가 있으면 7일 이

내에 서면으로 그 이유를 설명해야 한다.

④ 검사가 타관송치의 처분을 한 때에는 피의자에게 즉시 그 취지를 통지하여야 한다.

⑤ 검사의 기소유예처분에 대해서는 피의자가 재정신청을 할 수 없다.

해설

① (○) 대법원 2009. 10. 29, 2009도6614. 검사의 불기소처분에는 확정력이 없다.
② (○) 형사보상법 제27조 제1항.
③ (○) 제259조.
④ (○) 제258조 제2항.
⑤ (×) 기소유예처분에 대해서도 재정신청을 할 수 있다(제260조 제1항). [답 ⑤]

03. 아래 사례와 관련한 다음 설명 중 옳지 않은 것은? (다툼이 있는 경우는 판례에 의함)

X는 동거하지 않는 4촌 형인 피의자 甲을 상대로, ⓐ 甲이 사실은 돈 1,000만 원을 빌리더라도 변제기일에 이를 변제할 의사와 능력이 없었음에도 거짓말하여 차용금조로 돈 1,000만 원을 편취하였고, ⓑ 위 차용한 돈을 갚으라고 요구하자 멱살을 잡아 흔들어 전치 2주의 경부타박상을 가하였고, ⓒ 이웃인 Y와 함께 술을 마시던 중 갑자기 “X는 전에 동사무소에 근무할 적에 업자들로부터 뇌물을 받아 돈을 모았다”고 허위의 사실을 말하여 명예를 훼손하고, ⓓ 구정에 X의 집에 왔다가 승낙도 없이 X 소유의 아이패드를 가지고 나가 사용하다가 나중에야 돌려주었다는 내용으로 서울서부지방검찰청에 고소장을 제출하여, 주임검사 P가 이 사건을 배당받아 수사하였다.

① 수사 중 X가 ⓐ에 관하여 고소를 취소한 경우, 검사는 공소권없음 결정을 하여야 한다.

② P가 수사한 결과, ⓑ에 관하여 甲의 행위가 정당방위에 해당한다고 인정하였다면 죄가안됨 결정을 하여야 한다.

③ X가 ⓑ에 관한 P의 불기소결정에 대하여 항고절차를 거쳐 재정신청을 하자 재정신청사건 담당 재판부가 심리 후 재정신청기각결정을 한 경우, X는 법원의 재정신청기각결정에 대하여 불복할 수 없다.

④ ⓒ와 관련하여, X는 고소인 보충조사 시 甲이 고소 내용과 같은 말을 하였고 같이 있던 Y가 들었다고 진술하고, 甲은 고소 내용과 같은 말을 한 사실이 없고 같이 있던 Y가 그런 사실이 없다는 것을

잘 알고 있다고 진술하므로, P가 Y를 조사하기 위하여 수차 소환하였으나 출석하지 않아 경찰에 소재수사지휘를 하여 확인한 바, Y가 가출하여 그 행방을 알 수 없다는 소재수사보고서가 도착한 경우, P는 참고인중지 결정을 할 수 있다.

⑤ P가 수사한 결과 ⓓ에 관하여 1시간 만에 돌려준 것으로 인정하였다면 혐의없음(범죄인정안됨) 결정을 하여야 한다.

해설

① (○) 甲의 ⓐ 사기죄와 관련하여, X와 甲은 동거하지 않는 4촌으로 상대적 친고죄에 해당하므로 고소가 취소되면 공소권없음 결정을 하여야 한다(검찰사건사무규칙 제69조 제3항 제4호).

② (○) 검찰사건사무규칙 제69조 제3항 제3호.

③ (×) 제262조 제4항은 재정결정에는 불복할 수 없다고 규정하고 있으나, 헌법재판소는 "제262조 제4항 전문의 불복에 재항고가 포함되는 것으로 해석하는 한 헌법에 위반된다"고 판시하고 있는 점(헌법재판소 2011. 11. 24, 2008헌마578)에 비추어, 기각결정에 대하여 재항고(즉시항고)를 할 수 있다(실무).

④ (○) 검찰사건사무규칙 제74조.

⑤ (○) 불법영득의사가 없어 절도죄가 성립하지 않으므로 혐의없음(범죄인정안됨) 결정을 하여야 한다(사건사무규칙 제69조 제3항 제2호). [답 ③]

제 4 장 공소의 제기

제 1 절 공소와 공소권이론

01. 공소권남용과 관련하여 다음 설명 중 틀린 것을 모두 고르면? (다툼이 있는 경우 판례에 의함)

> (가) 검사가 자의적으로 공소권을 행사하여 피고인에게 실질적인 불이익을 줌으로써 소추재량권을 현저히 일탈하였다고 보이는 경우에는 이를 공소권의 남용으로 보아 공소제기의 효력을 부인할 수 있다.
> (나) 공소가 종전 사건의 항소심판결 선고일 이후에 제기되는 바람에 피고인이 관련사건으로 병합하여 재판을 받지 못하게 된 불이익을 받게 되었다고 하더라도 그것이 검사가 자의적으로 공소권을 행사하여 소추재량권을 현저히 일탈한 위법으로 인한 것으로 볼 수 없다면, 공소권을 남용하여 공소가 제기된 것으로 볼 수 없다.
> (다) 절취한 차량을 무면허로 운전하다가 적발되어 절도범행의 기소중지자로 검거되었음에도 무면허 운전의 범행만이 기소되어 유죄의 확정판결을 받고 그 형의 집행 중 가석방되면서 다시 그 절도범행의 기소중지자로 긴급체포되어 절도범행과 이미 처벌받은 무면허 운전의 일부 범행까지 포함하여 기소된 경우 공소권남용에 해당한다.
> (라) 검찰이 수사와 기소단계에서 정치적인 고려를 하여 공소를 제기하였다면 검사의 공소제기가 소추재량권을 현저히 일탈하였다고 볼 수 있다.

① (가), (나), (다)　　② (가), (다)　　③ (나), (라)
④ (다), (라)　　⑤ (라)

해설

(가) (O) 대법원 2007. 12. 27, 2007도5313.
(나) (O) 대법원 2004. 7. 8, 2004도2189.
(다) (O) 대법원 2001. 9 .7, 2001도3026.

㈑ (×) 대법원 2004. 4. 27, 2004도482(검사의 공소제기가 소추재량권을 현저히 일탈하였다고 볼 수 없다). [답 ⑤]

02. 공소권남용에 관한 다음 설명 중 틀린 것은? (다툼이 있는 경우 판례에 의함)

① 피고인이 甲사건에 대한 공소사실을 부인함으로 말미암아 검사가 증거를 확보하느라 상당한 시간이 경과되어 甲사건보다 늦게 범하여진 별개의 乙사건에 대한 항소심판결이 선고된 후에야 甲사건이 기소됨으로써 피고인이 두 개의 사건을 한꺼번에 재판받을 수 있는 기회를 상실하게 되었다고 하여, 甲사건 공소가 공소권을 남용하여 제기된 것이라고 볼 수는 없다.

② 현역복무확인서와 인감증명서를 위조하여 보험회사를 상대로 금원을 편취한 일련의 범죄행위에 대하여 피고인이 수사기관에서 이를 모두 자백한 상태에서 검사가 그 중 인감증명서 위조사실을 기소대상에서 누락시켰다가 뒤늦게 다시 그 행위에 대하여 공소를 제기함으로써, 결과적으로 피고인으로 하여금 자기의 책임 없는 사유로 인하여 판결확정 전에 저질러진 일련의 범죄행위에 대하여 동시에 재판을 받지 못함으로 인하여 집행유예 결격자가 되어 두 번의 실형을 선고받도록 하는 것은, 공소권을 남용한 경우에 해당한다.

③ 피고인의 범죄사실 중 일부에 대한 검사의 1차 무혐의결정에 대해 고소인이 이의를 제기하지 않다가 그로부터 약 3년이 지난 뒤에 다시 피고인을 동일한 혐의로 고소함에 따라 검사가 새로이 수사를 재기하여 그 수사결과에 터잡아 공소를 제기한 것을 공소권을 남용한 것이라고 볼 수 없다.

④ 검사가 피고인의 여러 범죄행위를 일괄하여 기소하지 아니하고 수사진행 상황에 따라 여러 번에 걸쳐 나누어 분리기소하였다고 하여 검사의 공소제기가 소추재량을 현저히 일탈한 것으로 보이지는 아니한다.

⑤ 검사가 사기죄에 대하여 약식명령의 청구를 한 다음, 피고인이 약식명령의 고지를 받고 정식재판의 청구를 하여 그 사건이 제1심 법원에 계속 중일 때, 사기죄의 수단의 일부로 범한 사문서위조 및 동행사죄에 대하여 추가로 공소를 제기하였다고 하더라도, 공소권을 남용한 것으로 공소제기의 절차가 법률의 규정에 위반하여 무효인 때에 해당한다고 볼 수는 없다.

✍ 해설

① (○) 대법원 1996. 9. 24, 96도1730.

② (×) 대법원 1996. 2. 13, 94도2658. 검사가 관련사건을 수사할 당시 이 사건 범죄사실이 확인된 경우 이를 입건하여 관련사건과 함께 기소하는 것이 상당하기는 하나 이를 간과하였다고 하여 검사가 자의적으로 공소권을 행사하여 소추재량권을 현저히 일탈한 위법이 있다고 보이지 아니할 뿐 아니라, 이 사건 공소가 관련사건의 항소심판결 선고 이전에 행하여지지 아니하여 피고인이 관련사건과 병합하여 재판을 받지 못하게 되는 불이익을 받게 되었다고는 하나, 검사가 항소심판결 선고 이후에 이 사건 공소를 제기한 것이 검사의 태만 내지 위법한 부작위에 의한 것으로 인정되지 아니하며, 피고인으로서는 관련사건이 법원에 계류중 이와 별도로 이 사건 범죄사실에 대하여 수사를 받고 있느니 만큼 관련사건의 재판과정에서 이 사건 범죄사실에 대하여 추후 기소되는 경우 관련사건과 병합하여 재판을 받을 수 있도록 변론기일의 속행 내지 선고기일의 연기를 신청할 수도 있었을 터인데 아무런 조치를 취하지 아니한 채 관련사건에 대하여 확정판결을 선고받았으므로 이 사건 공소에 대하여 별도로 재판을 받는데 대하여 피고인에게 아무런 책임이 없다고도 볼 수 없음에도 불구하고 원심은 피고인이 관련사건의 재판 때 이 사건 범죄사실에 대하여 병합하여 재판을 받지 못하였다는 점에만 주목하여 이 사건 공소제기가 공소권의 남용에 해당한다고 만연히 인정하고 말았으니, 원심의 이러한 조치에는 필경 기소편의주의와 공소권남용에 관한 법리를 오해한 위법이 있다.

③ (○) 대법원 1995. 3. 10, 94도2598.

④ (○) 대법원 2007. 12. 27, 2007도5313.

⑤ (○) 대법원 1990. 2. 23, 89도2102. [답 ②]

03. **옳은 것(○)과 틀린 것(×)의 표시가 바르게 된 것은?** (다툼이 있는 경우 판례에 의함)

㈎ 위법한 함정수사에 기한 공소제기는 그 절차가 법률의 규정에 위반하여 무효인 때에 해당한다.

㈏ 항소심판결 선고 이후 동종 사건의 다른 피해자들이 진정서 및 고소장을 제출함에 따라 그때 비로소 수사가 개시된 경우, 그 사건에 대한 공소가 공소권을 남용하여 제기된 것이라고 볼 수 없다.

㈐ 불법구금, 구금장소의 임의적 변경 등의 위법사유가 있다고 하더라도 그 위법한 절차에 의하여 수집된 증거를 배제할 이유는 될지언정 공소제기의 절차 자체가 위법하여 무효인 경우에 해당한다고 볼 수 없다.

㈑ 세무공무원 등의 고발이 있어야 공소를 제기할 수 있는 조세범처벌법 위반죄에 관하여 일단 불기소처분이 있었다면, 나중에 공소

를 제기함에 있어 세무공무원 등의 새로운 고발이 있어야 한다.

① ㈎(×) ㈏(×) ㈐(○) ㈑(○)　② ㈎(×) ㈏(○) ㈐(○) ㈑(○)
③ ㈎(○) ㈏(○) ㈐(×) ㈑(×)　④ ㈎(○) ㈏(○) ㈐(○) ㈑(○)
⑤ ㈎(○) ㈏(○) ㈐(○) ㈑(×)

해설

㈎ (○) 대법원 2008. 10. 23, 2008도7362.
㈏ (○) 대법원 1997. 6. 27, 97도508.
㈐ (○) 대법원 1996. 5. 14, 96도561.
㈑ (×) 대법원 2009. 10. 29, 2009도6614. 검사의 불기소처분에는 확정재판에 있어서의 확정력과 같은 효력이 없어 일단 불기소처분을 한 후에도 공소시효가 완성되기 전이면 언제라도 공소를 제기할 수 있으므로, 세무공무원 등의 고발이 있어야 공소를 제기할 수 있는 조세범처벌법 위반죄에 관하여 일단 불기소처분이 있었더라도 세무공무원 등이 종전에 한 고발은 여전히 유효하다. 따라서 나중에 공소를 제기함에 있어 세무공무원 등의 새로운 고발이 있어야 하는 것은 아니다. [답 ⑤]

제 2 절 공소제기의 기본원칙

01. 공소의 취소에 관한 설명 중 옳은 것은? (다툼이 있는 경우 판례에 의함)

① 공소취소는 검사만이 할 수 있으며, 공판정 내외를 불문하고 이유를 기재한 서면으로 하여야 한다.
② 공소가 취소되었을 때에는 판결로 공소기각의 선고를 하여야 한다.
③ 공소취소 후 재기소제한은 범죄의 태양, 수단, 피해의 정도, 범죄로 얻은 이익 등 종전의 범죄사실을 변경하여 재기소하는 경우에도 적용된다.
④ 공소취소 후 재기소제한에 위반하여 공소가 제기된 때에는 공소기각결정을 하여야 한다.
⑤ 제1심 판결에 대한 재심소송절차가 진행 중에 있는 경우 공소취소를 할 수 있다.

해설

① (×) 공소취소는 이유를 기재한 서면으로 하여야 하지만, 공판정에서는 구술로도 가능하다(제255조 제2항).
② (×) 결정으로 공소를 기각하여야 한다(제328조 제1항 제1호).

③ (○) 대법원 2009. 8. 20, 2008도9634. 제329조는 공소취소에 의한 공소기각의 결정이 확정된 때에는 공소취소 후 그 범죄사실에 대한 다른 중요한 증거를 발견한 경우에 한하여 다시 공소를 제기할 수 있다고 규정하고 있는바, 이는 단순일죄인 범죄사실에 대하여 공소가 제기되었다가 공소취소에 의한 공소기각결정이 확정된 후 다시 종전 범죄사실 그대로 재기소하는 경우뿐만 아니라 범죄의 태양, 수단, 피해의 정도, 범죄로 얻은 이익 등 범죄사실의 내용을 추가 변경하여 재기소하는 경우에도 마찬가지로 적용된다. 따라서 단순일죄인 범죄사실에 대하여 공소취소로 인한 공소기각결정이 확정된 후에 종전의 범죄사실을 변경하여 재기소하기 위하여는 변경된 범죄사실에 대한 다른 중요한 증거가 발견되어야 한다.
④ (×) 판결로 공소기각의 선고를 하여야 한다(제327조 제4호).
⑤ (×) 대법원 1976. 12. 28, 76도3203. 제1심 판결이 선고된 이상 동 판결이 확정되어 이에 대한 재심소송절차가 진행 중에 있으므로 공소취소를 할 수 없다. [답 ③]

02. 공소취소와 관련된 다음 설명 중 틀린 것은? (다툼이 있는 경우 판례에 의함)

① 포괄일죄로 기소된 공소사실 중 일부에 대하여 형사소송법 제298조 소정의 공소장변경의 방식으로 이루어지는 공소사실의 일부 철회의 경우에도 재기소제한이 적용된다.
② 공소장변경의 방식에 의한 공소사실의 철회는 공소사실의 동일성이 인정되는 범위 내의 일부 공소사실에 한하여 가능한 것이므로, 공소장에 기재된 수개의 공소사실이 서로 동일성이 없고 실체적 경합관계에 있는 경우에 그 일부를 소추대상에서 철회하려면 공소장변경의 방식에 의할 것이 아니라 공소의 일부취소절차에 의하여야 한다.
③ 실체적 경합관계에 있는 수개의 공소사실 중 어느 한 공소사실을 전부 철회하는 검사의 공판정에서의 구두에 의한 공소장변경신청이 있는 경우 이것이 그 부분의 공소를 취소하는 취지가 명백하다면 비록 공소취소신청이라는 형식을 갖추지 아니하였더라도 이를 공소취소로 보아 공소기각결정을 하여야 한다.
④ 공소취소에 의한 공소기각결정이 확정된 때 다시 공소를 제기하는 요건으로서 '다른 중요한 증거를 발견한 경우'라 함은 공소취소 전의 증거만으로는 증거불충분으로 무죄가 선고될 가능성이 있으나 새로 발견된 증거를 추가하면 충분히 유죄의 확신을 가지게 될 정도의 증거가 있는 경우를 말한다.
⑤ 경합범으로 기소된 강간치상죄와 강도죄의 공소사실 중 검사가 공

소장변경신청을 하면서 강도의 점에 해당하는 부분을 삭제한 경우 법원은 그 부분 공소를 기각하여야 한다.

해설

① (×) 대법원 2004. 9. 23, 2004도3203. 포괄일죄로 기소된 공소사실 중 일부에 대하여 제298조 소정의 공소장변경의 방식으로 이루어지는 공소사실의 일부 철회의 경우에는 재기소제한이 적용되지 아니한다.
② (○) 대법원 1992. 4. 24, 91도1438.
③ (○) 대법원 1992. 4. 24, 91도1438.
④ (○) 대법원 1977. 12. 27, 77도1308.
⑤ (○) 대법원 1986. 9. 23, 86도1487. [답 ①]

03. 재정신청에 대한 다음 설명 중 틀린 것은? (다툼이 있는 경우 판례에 의함)

① 고발인의 재정신청은 사전에 검찰항고를 경유하여야 하지만, 고소인의 경우에는 그러하지 아니하다.
② 재정신청사건의 심리는 특별한 사정이 없는 한 공개하지 아니하며, 심리 중에는 관련 서류 및 증거물을 열람 또는 등사할 수 없다.
③ 재정신청의 제기기간 내에 법원의 심판에 부칠 사건의 범죄사실 및 증거 등 재정신청을 이유 있게 하는 사유를 기재하지 아니한 경우 그 재정신청은 법률의 방식에 위배되므로 재정신청을 기각한 조치는 정당하다.
④ 재정신청에 대한 고등법원의 공소제기결정에 대하여는 형사소송법 제415조의 재항고가 허용되지 않는다.
⑤ 재정신청을 기각하는 결정이 확정된 사건에 대하여는 다른 중요한 증거를 발견한 경우를 제외하고는 소추할 수 없다.

해설

① (×) 제260조 제1항. 고소인도 검찰청법 제10조에 따른 항고를 거쳐야 한다.
② (○) 제262조의2.
③ (○) 대법원 2002. 2. 23, 2000모216.
④ (○) 대법원 2012.10.29, 2012모1090. 공소제기결정에 잘못이 있는 경우에는 그 공소제기에 따른 본안사건의 절차가 개시되어 본안사건 자체의 재판을 통하여 대법원의 최종적인 판단을 받는 길이 열려 있으므로, 이와 같은 공소제기의 결정에 대한 재항고를 허용하지 않는다고 하여 재판에 대하여 최종적으로 대법원의 심사를 받을 수 있는 권리가 침해되는 것은 아니고, 따라서 제262조 제2항 제2호의 공소제기결정에 대하여는 제415조의 재항고가 허용되지 않는다고 보아야 한다.
⑤ (○) 제262조 제4항 제2문. [답 ①]

04. 재정신청에 관한 다음 설명 중 옳은 것을 모두 고른 것은?

> ㈎ 재정신청사건의 관할법원은 불기소처분을 한 검사가 소속한 지방검찰청 소재지를 관할하는 고등법원이다.
> ㈏ 재정신청을 하려는 자는 항고기각 결정을 통지받은 날로부터 10일 이내에 지방검찰청 검사장 또는 지청장에게 재정신청서를 제출하여야 한다.
> ㈐ 법원은 신청이 이유 있는 때에는 사건에 대한 공소제기를 결정하고, 법원으로부터 공소제기 결정서를 송부받은 지방검찰청 검사장 또는 지청장은 담당검사를 지정하여야 하며, 지정받은 검사는 공소를 제기하여야 한다.
> ㈑ 담당검사가 법원의 공소제기결정에 따라 공소를 제기한 때에는 그 때부터 비로소 공소시효가 정지된다.

① ㈎, ㈐ ② ㈏, ㈐ ③ ㈎, ㈏, ㈐
④ ㈎, ㈏, ㈑ ⑤ ㈎, ㈏, ㈐, ㈑

해설

㈎ (○) 제260조 제1항
㈏ (○) 제260조 제3항.
㈐ (○) 제262조 제2항 · 제6항.
㈑ (×) 제262조의4. 재정신청이 있으면 재정결정이 있을 때까지 공소시효의 진행이 정지되며, 법원의 공소제기결정이 있는 때에는 공소시효에 관하여 그 결정이 있는 날에 공소가 제기된 것으로 본다. [답 ③]

05. 재정신청에 관한 다음 설명 중 틀린 것은? (다툼이 있는 경우 판례에 의함)

① 재정신청의 기간 내에 교도소장에게 제출한 재소자의 재정신청서는 적법하다.
② 재정신청의 취소는 관할 고등법원에 서면으로 하여야 하지만, 기록이 관할 고등법원에 송부되기 전에는 그 기록이 있는 검찰청 검사장 또는 지청장에게 하여야 한다.
③ 재정신청서를 송부받은 고등법원은 3개월 이내에 항고의 절차에 준하여 재정신청이 이유 있는 때에는 사건에 대한 공소제기를 결정한다.
④ 법원의 공소제기결정에 따라 검사가 공소를 제기한 후에는 통상의 공판절차에서와 마찬가지로 기본적인 사실관계가 동일한 한 공소사

실 및 적용법조의 변경이 가능하다.

⑤ 법원은 재정신청 기각결정 또는 재정신청 취소의 경우 재정신청인에게 피의자가 재정신청절차에서 부담하였거나 부담할 변호인 선임료 등 비용의 전부 또는 일부의 지급을 명할 수 있다.

해설

① (×) 대법원 1998. 12. 14, 98모127. 재정신청서에 대하여는 형사소송법에 제344조 제1항과 같은 특례규정이 없으므로 재정신청서는 제260조 제2항이 정하는 기간 안에 불기소처분을 한 검사가 소속한 지방검찰청의 검사장 또는 지청장에게 도달하여야 하고, 설령 구금중인 고소인이 재정신청서를 그 기간 안에 교도소장 또는 그 직무를 대리하는 사람에게 제출하였다 하더라도 재정신청서가 위의 기간 안에 불기소처분을 한 검사가 소속한 지방검찰청의 검사장 또는 지청장에게 도달하지 아니한 이상 이를 적법한 재정신청서의 제출이라고 할 수 없다.
② (○) 규칙 제121조 제1항.
③ (○) 제262조 제2항.
④ (○) 대법원 1989. 3. 14, 88도2428.
⑤ (○) 제262조의3. [답 ①]

06. 아래 사례와 관련한 설명 중 틀린 것은? (다툼이 있는 경우 판례에 의함)

> A는 상해죄로 B를 서울서부지방검찰청에 고소하였으나 담당검사 X는 혐의 없음(증거불충분) 결정을 하였다. A는 X의 결정에 대하여 항고를 하였으며, 서울고등검찰청 담당검사 Y는 수사가 미진하였다는 이유로 재기수사명령을 내렸다. 재기수사명령에 따라 서울서부지방검찰청 검사 Z는 재수사를 하였지만 역시 증거가 없다는 이유로 Y의 승인을 얻어 다시 혐의 없음(증거불충분) 결정을 하였다.

① A는 검사 Z의 처분에 대하여 바로 재정신청을 할 수 있다.

② A의 재정신청 후, 법원이 범행에 사용된 도구를 확인하기 위하여 B의 집에 대한 압수수색영장을 발부할 수 있는지에 관해서 견해가 대립하나, 다수설은 이를 긍정한다.

③ A의 재정신청 후 B의 변호사 C가 수사서류의 열람·등사를 신청한 경우, 법원은 이를 허가할 수 없다.

④ 법원은 심리 결과, B의 혐의가 인정되지만 A가 먼저 싸움을 걸었고, 상해 정도가 비교적 경미한 점 등 기소유예처분을 할 만한 사건이라고 인정되더라도 검사 Z의 혐의 없음 처분 자체가 잘못된 것인 이상 재정신청 기각결정은 할 수 없다.

⑤ A의 재정신청에 대한 법원의 공소제기결정에 따라 기소된 공판절차에서 검사는 공소장변경을 할 수 있으나 공소취소는 할 수 없다.

해설

① (○) 제260조 제2항 제1호.
② (○) 재정신청사건의 심리에 있어 법원은 필요한 때에는 증거를 조사할 수 있다(제260조 제2항 제2문). 이와 관련하여 피의자구속이나 압수·수색 등의 강제처분을 할 수 있는가에 대하여 부정설과 긍정설이 대립하는데, 수소법원에 준하여 할 수 있다고 하는 긍정설이 다수설이다.
③ (○) 제262조의2.
④ (×) 대법원 1997. 4. 22, 97모30. 공소를 제기하지 아니하는 검사의 처분의 당부에 관한 재정신청이 있는 경우에 법원은 검사의 무혐의 불기소처분이 위법하다 하더라도 기소유예의 불기소처분을 할 만한 사건이라고 인정되는 경우에는 재정신청을 기각할 수 있다.
⑤ (○) 제264조의2. [답 ④]

07. 재정신청에 관한 설명 중 옳은 것을 모두 고른 것은? (다툼이 있는 경우 판례에 의함) 〈변호사 2015〉

> ㄱ. 검사의 불기소처분에 대하여 고소권자의 경우 재정신청을 할 수 있는 대상 범죄에 제한이 없으며, 기소유예 처분에 대해서도 재정신청을 할 수 있다.
> ㄴ. 공소취소에 대해서는 재정신청을 할 수 없다.
> ㄷ. 공동신청권자 중 1인의 재정신청은 그 전원을 위하여 효력을 발생하고, 그 취소의 경우에도 마찬가지이다.
> ㄹ. 재정신청을 취소한 자는 다시 재정신청을 할 수 없다.
> ㅁ. 헌법재판소 결정에 의하면 재정신청에 관한 법원의 기각결정에 대해서는 재항고로 불복할 수 있다.

① ㄱ, ㄴ, ㄷ ② ㄱ, ㄷ, ㄹ ③ ㄱ, ㄴ, ㄷ, ㄹ
④ ㄱ, ㄴ, ㄹ, ㅁ ⑤ ㄴ, ㄷ, ㄹ, ㅁ

해설

ㄱ (○) 고소권자로서 고소를 한 자가 재정신청을 할 수 있으므로(제260조 제1항) 고소권자의 경우 대상 범죄에 제한이 없다. 협의의 불기소처분은 물론 기소유예에 대하여도 재정신청을 할 수 있다.
ㄴ (○) 공소취소는 불기소처분이 아니므로 재정신청의 대상이 되지 아니한다.
ㄷ (×) 재정신청의 취소는 다른 공동신청권자에게 효력을 미치지 아니한다(제264조 제3항).

ㄹ (○) 제264조 제2항 제2문.
ㅁ (○) 헌법재판소 2011.11.24, 2008헌마578, 2009헌마41 · 98(병합) 전원재판부 : 형사소송법 제262조 제4항의 "불복할 수 없다."는 부분은, 재정신청 기각결정에 대한 '불복'에 제415조의 '재항고'가 포함되는 것으로 해석하는 한, 재정신청인의 재판청구권을 침해하고, 또 제415조의 재항고가 허용되는 고등법원의 여타 결정을 받은 사람에 비하여 합리적 이유 없이 재정신청인을 차별취급함으로써 재정신청인의 평등권을 침해한다. [답 ④]

08. 다음 사례에 관한 설명 중 틀린 것은? (다툼이 있는 경우 판례에 의함)

> 【1】 A는 B를 상대로 사기죄와 폭행죄로 서울중앙지방검찰청에 고소하였으나 담당검사 X는 B가 혐의사실을 부인하고 있고, 달리 혐의를 인정할 증거가 없다는 이유로 고소사실 모두에 대하여 혐의 없음(증거불충분) 결정을 하였다.
> 【2】 이에 A는 서울고등검찰청에 항고를 하였으며, 고등검찰청 담당검사 Y는 사기죄에 대해서는 수사가 미진하였다는 이유로 재기수사명령을 내리고, 폭행죄에 대해서는 X의 결정을 번복할 만한 증거가 없다는 이유로 항고를 기각하였다.
> 【3】 위 재기수사명령에 따라 서울중앙지방검찰청 검사 Z는 사기죄에 대하여 재기수사를 하였지만 역시 증거가 없다는 이유로 Y의 승인을 얻어 다시 혐의 없음(증거불충분) 결정을 하였다.

① A는 검사 X의 결정에 대하여 바로 재정신청을 할 수는 없고, Y의 항고기각결정을 거쳐야만 재정신청을 할 수 있으나, 검사 Z의 결정에 대하여는 항고를 거치지 않고 재정신청을 할 수 있다.
② A는 폭행죄에 대한 검사 Y의 결정에 대하여 재정신청을 할 수 있으므로 검찰총장에게 재항고할 수 없으며, 재항고하더라도 진정으로서의 성격을 가질 뿐이다.
③ A의 재정신청서에 재정신청을 이유 있게 하는 사유가 기재되어 있지 않음에도 이를 간과한 채 공소제기결정을 한 관계로 그에 따른 공소가 제기되어 본안사건의 절차가 개시된 경우 그 본안사건에서 위와 같은 잘못을 다툴 수 있다.
④ A가 재정신청 제기기간이 경과된 후에 재정신청보충서를 제출하면서 원래의 재정신청에 재정신청 대상으로 포함되어 있지 않은 고발사실을 재정신청의 대상으로 추가한 경우, 그 재정신청보충서에서

추가한 부분에 관한 재정신청은 법률상 방식에 어긋난 것으로서 부적법하다.

⑤ A의 재정신청에 대하여 공소제기결정이 내려진 경우에는, 공소시효에 관해서는 공소제기결정이 있는 날에 공소가 제기된 것으로 본다.

해설

① (○) 제260조 제2항 제1호.

② (○) A는 재정신청을 할 수 있으므로 재항고를 할 수 없다(검찰청법 제10조 제3항).

③ (×) 대법원 2010. 11. 11, 2009도224. 법원이 재정신청서에 재정신청을 이유 있게 하는 사유가 기재되어 있지 않음에도 이를 간과한 채 제262조 제2항 제2호 소정의 공소제기결정을 한 관계로 그에 따른 공소가 제기되어 본안사건의 절차가 개시된 후에는, 다른 특별한 사정이 없는 한 이제 그 본안사건에서 위와 같은 잘못을 다툴 수 없다. 그렇지 아니하고 위와 같은 잘못을 본안사건에서 다툴 수 있다고 한다면 이는 재정신청에 대한 결정에 대하여 그것이 기각결정이든 인용결정이든 불복할 수 없도록 한 제262조 제4항의 규정취지에 위배하여 형사소송절차의 안정성을 해칠 우려가 있기 때문이다. 또한 위와 같은 잘못은 본안사건에서 공소사실 자체에 대하여 무죄, 면소, 공소기각 등을 할 사유에 해당하는지를 살펴 무죄 등의 판결을 함으로써 그 잘못을 바로잡을 수 있다. 뿐만 아니라 본안사건에서 심리한 결과 범죄사실이 유죄로 인정되는 때에는 이를 처벌하는 것이 오히려 형사소송의 이념인 실체적 정의를 구현하는 데 보다 충실하다는 점도 고려하여야 한다.

④ (○) 대법원 1997. 4. 22, 97모30.

⑤ (○) 제262조의4 제2항. [답 ③]

09. 다음 설명에 대하여 옳은 것(○)과 옳지 않은 것(×)을 올바르게 조합한 것은? (다툼이 있는 경우 판례에 의함) 〈변호사 2012〉

(가) 재정신청에 대하여 법원의 공소제기 결정이 있게 되면 공소제기가 의제되므로 이는 불고불리의 원칙의 예외라고 할 수 있다.

(나) 행위자에게 유죄의 재판을 하지 아니하면서 몰수를 선고하기 위하여서는 몰수의 요건이 공소가 제기된 공소사실과 관련되어 있어야 하고, 공소가 제기되지 아니한 별개의 범죄사실을 인정하여 몰수만을 선고하는 것은 허용되지 아니한다.

(다) 피고인만 정식재판을 청구한 사건에 대하여 법원은 약식명령의 형보다 중한 형을 선고하지 못한다.

(라) 공범 중 1인으로 기소된 자가 범죄의 증명이 없다는 이유로 무죄

의 판결을 선고받아 그 판결이 확정되었더라도, 무죄로 확정된 그 피고사건에서 공범으로 지적된 진범인에 대하여 공소시효정지의 효력이 생긴다.
(마) 검사가 공소제기 후에 그 피고사건에 관하여 수소법원이 아닌 지방법원판사에게 청구하여 발부받은 영장에 의하여 압수·수색을 하여 수집된 증거는 원칙적으로 유죄의 증거로 삼을 수 없다.

① (가)(×), (나)(○), (다)(○), (라)(×), (마)(×)
② (가)(×), (나)(○), (다)(○), (라)(○), (마)(○)
③ (가)(○), (나)(×), (다)(×), (라)(○), (마)(×)
④ (가)(×), (나)(○), (다)(○), (라)(×), (마)(○)
⑤ (가)(○), (나)(×), (다)(×), (라)(×), (마)(○)

해설

(가) (×) 재정신청에 대한 법원의 공소제기결정에 따른 재정결정서를 송부받은 관할 지방검찰청 검사장 또는 지청장은 지체 없이 담당 검사를 지정하고 지정받은 검사는 공소를 제기하여야 한다(제262조 제6항). 이에 따른 검사의 공소제기가 있어야 심판이 개시될 수 있으므로 불고불리원칙에 대한 예외가 아니다.
(나) (○) 대법원 1992. 7. 28, 92도700.
(다) (○) 제457조의2.
(라) (×) 대법원 1999. 3. 9, 98도4621. 공범의 1인으로 기소된 자가 구성요건에 해당하는 위법행위를 공동으로 하였다고 인정되기는 하나 책임조각을 이유로 무죄로 되는 경우와는 달리 범죄의 증명이 없다는 이유로 공범 중 1인이 무죄의 확정판결을 선고받은 경우에는 그를 공범이라고 할 수 없어 그에 대하여 제기된 공소로써는 진범에 대한 공소시효정지의 효력이 없다.
(마) (○) 대법원 2011. 4. 28, 2009도10412. [답 ④]

제 3 절 공소제기의 방식

01. 공소제기에 관하여 틀린 설명을 모두 모은 것은? (다툼이 있는 경우 판례에 의함)

(가) 공소장의 제출이 없는 경우에는 소송행위로서의 공소제기는 무효라고 할 것이다.
(나) 공소의 제기에 있어서 현저한 방식위반이 있는 경우에는 공소제기의 절차가 법률의 규정에 위반하여 무효인 경우에 해당된다고 할

것이지만, 이에 대하여 피고인과 변호인이 이의를 제기하지 아니하고 변론에 응하였다면 그 하자가 치유된다.
(다) 피고인의 성명이 위명 또는 가명이었던 경우에도 공소의 제기는 유효하다.
(라) 죄명의 표시를 잘못하였더라도 이로 인하여 피고인의 방어에 실질적 불이익이 없다면 공소제기의 효력에 영향이 없다.

① (나) ② (가), (나) ③ (가), (다)
④ (나), (다) ⑤ (다), (라)

해설

(가) (×) 대법원 2003. 11. 14, 2003도2735. 소송행위가 성립하기 위하여는 소송행위에 요구되는 소송법상의 정형을 충족하기 위한 본질적 개념요소를 구비하여야 할 것이고, 공소제기는 법원에 대하여 특정한 형사사건의 심판을 요구하는 검사의 법률행위적 소송행위로서 제254조 제1항은 공소를 제기함에는 공소장을 관할법원에 제출하여야 하도록 규정하고, 같은 조 제4항은 위 공소장에는 피고인의 성명 기타 피고인을 특정할 수 있는 사항, 죄명, 공소사실, 적용법조 등 일정한 사항을 기재하도록 하고 있는바, 형사소송법이 공소의 제기에 관하여 위와 같은 서면주의와 엄격한 요식행위를 채용한 것은 공소의 제기에 의해서 법원의 심판이 개시되므로, 심판을 구하는 대상(공소사실 및 피고인)을 명확하게 하고 피고인의 방어권을 보장하기 위한 것이라 할 것이어서 검사에 의한 공소장의 제출은 공소제기라는 소송행위가 성립하기 위한 본질적 요소라고 보아야 할 것이므로, 이러한 공소장의 제출이 없는 경우에는 소송행위로서의 공소제기가 성립되었다고 할 수 없다.
(나) (×) 대법원 2009. 2. 26, 2008도11813. 형사소송법이 공소의 제기에 관하여 서면주의와 엄격한 요식행위를 채용한 것은 공소의 제기에 의해서 법원의 심판이 개시되므로 심판을 구하는 대상을 명확하게 하고 피고인의 방어권을 보장하기 위한 것이다. 따라서 위와 같은 엄격한 형식과 절차에 따른 공소장의 제출은 공소제기라는 소송행위가 성립하기 위한 본질적 요소라고 할 것이므로, 공소의 제기에 있어서 현저한 방식위반이 있는 경우에는 공소제기의 절차가 법률의 규정에 위반하여 무효인 경우에 해당된다고 할 것이고, 위와 같은 절차위배의 공소제기에 대하여 피고인과 변호인이 이의를 제기하지 아니하고 변론에 응하였다고 하여 그 하자가 치유되지는 않는다.
(다) (○) 피고인의 성명 등 피고인을 특정할 수 있는 사항을 기재하여야 하는바, 성명을 알 수 없는 경우에는 위명·가명을 기재하더라도 공소제기의 효력에 영향이 없다.
(라) (○) 죄명은 적용법조와 함께 공소제기의 범위를 확정하는데 보조기능을 가지므로, 그것의 기재에 잘못이 있더라도 피고인의 방어에 실질적 불이익이 없다면 공소제기의 효력에는 영향이 없다. [답 ②]

02. 다음 중 공소장의 기재에 관한 설명 중 틀린 것은? (다툼이 있는 경우 판례에 의함)

① 공소사실 중 범죄의 일시는 이중기소나 시효에 저촉되지 않는 정도로, 범죄의 장소는 토지관할을 가름할 수 있는 정도로 기재하면 공소사실이 특정되었다고 할 수 있다.

② 폭행죄의 공소사실로서 그 범행의 일시, 장소, 수단 등이 특정되어 있으나 단지 피해자가 성명미상으로 표시된 경우 공소사실이 특정되었다고 할 수 있다.

③ 모발감정결과만을 토대로 마약류 투약가능기간을 추정하고 투약장소나 방법에 관해서도 별다른 사실적 근거 없이 막연한 추정만으로 기재한 공소사실은 특별한 사정이 없는 한 '범죄의 시일, 장소와 방법을 명시하여 사실을 특정할 수 있도록' 기재한 것이라고 할 수 없다.

④ 살인죄의 범죄사실과 범인도피죄의 범죄사실은 동일성이 인정되지 아니하므로 1인을 기소하면서 살인죄를 본위적(주위적) 공소사실로, 범인도피죄를 예비적 공소사실로 기재하여 기소하는 것은 허용되지 않는다.

⑤ 방조범의 공소사실을 기재함에 있어서는 그 전제가 되는 정범의 범죄구성을 충족하는 구체적 사실을 기재하여야 한다.

해설

① (○) 대법원 1994. 12. 9, 94도1680 ; 대법원 2005. 7. 29, 2005도2003.
② (○) 대법원 1999. 4. 23, 99도82.
③ (○) 대법원 2013. 5. 23, 2012도16200.
④ (×) 대법원 1966. 3. 24, 65도114(전원합의체). 제254조 제5항에 수개의 범위사실과 적용법조를 예비적 또는 택일적으로 기재할 수 있다 함은 그들 수개의 범죄사실 간에 범죄사실의 동일성이 인정되는 범위 내에서는 물론 그들 범죄상호간에 범죄의 일시, 장소, 수단 및 객체 등이 달라서 수개의 범위사실로 인정되는 경우에도 이들 수개의 범죄사실을 예비적 또는 택일적으로 기재할 수 있다고 해석할 것이다.
⑤ (○) 대법원 1983. 12. 27, 82도2840; 대법원 2001. 12. 28, 2001도5158. [답 ④]

03. 공소사실의 특정과 관련하여 옳은 서술을 모두 고르면? (다툼이 있는 경우 판례에 의함)

> ㈎ 공소장에 상표법위반 등의 범죄구성요건 중 침해의 대상이 된 등록상표 · 서비스표 · 디자인이나 주지표지를 명확하게 적시하지 아

니한 경우 그 공소사실은 특정되지 않았다.
(나) 사문서변조의 공소사실에 변조행위의 일시 · 장소와 방법, 변조의 실행행위자 등이 기재되지 않은 경우 범죄구성요건의 특정 요소에 관한 기재 자체가 누락된 것이므로 공소사실이 특정되지 않았다.
(다) 외국 유명대학교의 박사학위기를 위조 · 행사하였다는 공소사실에 관하여 위조되었다고 하는 박사학위기 사본만 현출된 경우 그 공소사실은 특정되지 않았다.
(라) 메스암페타민의 양성반응이 나온 소변감정결과에 의하여 그 투약일시를 '2009. 8. 10.부터 2009. 8. 19.까지 사이'로, 투약장소를 '서울 또는 부산 이하 불상'으로 기재하였다면, 공소사실이 특정되지 않았다.

① (가), (나) ② (가), (라) ③ (가), (나), (라)
④ (나), (다), (라) ⑤ (가), (나), (다), (라)

해설

(가) (○) 대법원 2007. 8. 23, 2005도5847.
(나) (○) 대법원 2009. 1. 15, 2008도9327.
(다) (×) 대법원 2009. 1. 30, 2008도6950. 공소사실의 기재는 범죄의 일시, 장소와 방법을 명시하여 사실을 특정할 수 있도록 하여야 하는데, 문서의 위조 여부가 문제되는 사건에서 그 위조된 문서가 압수되어 현존하고 있는 이상, 그 범죄 일시와 장소, 방법 등은 범죄의 동일성 인정과 이중기소의 방지, 시효저촉 여부 등을 가름할 수 있는 범위에서 사문서의 위조사실을 뒷받침할 수 있는 정도로만 기재되어 있으면 충분하다. 따라서 외국 유명대학교의 박사학위기를 위조 · 행사하였다는 공소사실에 관하여 위조되었다고 하는 박사학위기 사본만 현출된 사안에서, 공소사실이 특정되지 않았다고 판단한 원심을 파기하였다.
(라) (×) 대법원 2010. 8. 26, 2010도4671. [답 ①]

◇관련판례◇

(1) 공소사실이 특정되었다고 한 경우
1) 대법원 2010. 8. 26, 2010도4671 : 메스암페타민의 양성반응이 나온 소변감정결과에 의하여 그 투약일시를 '2009. 8. 10.부터 2009. 8. 19.까지 사이'로 열흘의 기간 내로 표시하고, 투약장소를 '서울 또는 부산 이하 불상'으로 공소장에 기재한 경우(공소사실이 향정신성의약품투약범죄의 특성을 고려하여 합리적인 정도로 특정된 것으로 볼 수 있음).
2) 대법원 2010. 4. 29, 2010도2556 : 뇌물수수의 공소사실 중 수뢰금액을 '2억 원 상당'으로 기재한 경우(공소사실을 특정할 수 있어 공소제

기의 효력에 영향이 없다).

3) 대법원 2010. 3. 11, 2009도14828 : 피고인이 향응을 제공받은 범행 일시와 장소가 구체적으로 명시되어 있고, 향응에 참석한 인원만큼 접대비용을 평등하게 분할한 액수를 공소사실에 기재한 경우(피고인의 방어권 행사가 가능할 정도로 특정되어 있다는 이유로, '향응 수수'로 인한 구 특정범죄가중처벌 등에 관한 법률 위반(알선수재)의 점에 대해 공소사실이 특정되지 않았다는 피고인의 주장을 배척).

4) 대법원 2009. 6. 11, 2008도11042 : 공소사실의 기재는 범죄의 일시, 장소와 방법을 명시하여 사실을 특정할 수 있도록 하여야 하는데, 문서의 위조 여부가 문제되는 사건에서 그 위조된 문서가 압수되어 현존하고 있는 이상, 그 범죄 일시와 장소, 방법 등은 범죄의 동일성 인정과 이중기소의 방지, 시효저촉 여부 등을 가름할 수 있는 범위에서 사문서의 위조사실을 뒷받침할 수 있는 정도로만 기재되어 있으면 충분하다.

5) 대법원 2008. 3. 27, 2007도11000 : 유가증권변조의 공소사실이 범행일자를 "2005.1. 말경에서 같은 해 2.4. 사이"로, 범행장소를 "서울 불상지"로, 범행방법을 "불상의 방법으로 수취인의 기재를 삭제"한 것으로 된 경우, 변조된 유가증권이 압수되어 현존하고 있는 이상 위 공소사실이 특정되었다고 본 사례.

6) 대법원 1999. 4. 23, 99도82 : 폭행죄의 공소사실로서 그 범행의 일시, 장소, 수단 등이 특정되어 있으나 단지 피해자가 성명미상으로 표시된 경우.

7) 대법원 1997. 8. 22, 97도1211 : 피해자가 공소제기 당시 5세 9개월에 불과한 아동으로 피해를 당한 정확한 일자를 표현·진술하지 못하고 있고, 피고인은 범행을 부인하고 있어, 검사는 피해자의 일부 진술과 다른 증거들을 기초로 범행의 일자는 1996년 초경부터 피해사실이 드러난 1996. 7. 15. 사이의 날로, 범행시각은 11:30경으로 가능한 한 특정하여 공소를 제기하였음을 알 수 있는 한편, 공소장에 범행의 장소와 방법 등이 구체적으로 기재되어 있는 점과 미성년자의제강제추행치상죄의 성격을 고려하면, 범죄의 시일을 위와 같이 기재하였다고 하더라도 그 공소사실은 특정되어 있다고 본 사례.

8) 대법원 1992. 7. 24, 92도1148 : 분신자살을 하겠다는 생각을 갖고 있는 사람에 대하여 그 실행을 용이하게 도와주겠다는 의도로 1991. 4. 27.경부터 같은 해 5.8.까지의 어느 날 서울 어느 곳에서 유서 2장을 작성하여 줌으로써 유서내용에 의하여 암시하는 방법으로 분신자살의 실행을 용이하게 도와주어 자살을 방조하였다는 공소사실은 자살방조죄의 공소장 기재로서 적법하다고 한 사례.

9) 대법원 1984. 3. 13, 83도3006 : 업무상과실치상 공소사실 중 그 일부 피해자에 대하여 치료기간이 미상이라고 기재하고 있다고 하더라도 공소사실의 기재는 범죄의 시일, 장소와 방법을 명시하여 사실을 특정할

수 있도록 하면 되는 것이고 치상의 경우 그 치료기간은 필요적 기재사항이라고 할 수는 없는 것이니 위의 공소사실은 모두 특정되어 있다 할 것이다.

10) 대법원 1983. 12. 27, 83도2602 : 배임죄의 공소사실 중에 피해자의 재산상 손해가 추상적으로 적시되어 있을 뿐이므로 공소기각되어야 한다는 주장은 받아들여질 수 없다.

(2) 공소사실이 특정되지 않았다고 한 경우

1) 대법원 2011. 5. 13, 2008도10116 : ① 형법 제314조 제2항에서 정한 '컴퓨터 등 장애 업무방해죄'는 피해자의 업무를 보호객체로 삼고 있는데, 불특정 다수인이 업무처리를 위하여 사용하는 컴퓨터 등 정보처리장치 등을 대상으로 위 조항에서 정한 범죄가 저질러진 경우에는 최소한 컴퓨터 등 정보처리장치 등을 이용한 업무주체가 구체적으로 누구인지, 나아가 그 업무가 위 조항의 보호객체인 업무에 해당하는지를 심리·판단할 수 있을 정도로 특정되어야만 하고, 이에 이르지 못한 경우에는 공소사실로서 적법하게 특정되었다고 보기 어렵다. ② 피고인들이 불특정 다수 인터넷 이용자들의 컴퓨터에 자신들의 프로그램을 설치하여 경쟁업체 프로그램이 정상적으로 사용되거나 설치되지 못하도록 함으로써 인터넷 이용자들의 인터넷 이용에 관한 업무를 방해하였다고 하여 '컴퓨터 등 장애 업무방해'로 기소된 경우(공소장의 기재만으로는 피해자인 인터넷 이용자들이 누구이고 몇 명인지 특정되지 않아 몇 개의 죄로 공소제기한 것인지 알 수 없고, 방해된 업무내용이 구체적으로 무엇인지 알 수 없어 보호객체인 업무에 해당하는지를 심리·판단할 수 없다).

2) 대법원 2010. 10. 14, 2010도9835 : "마약류 취급자가 아님에도, 2008년 1월경부터 같은 해 2월 일자불상 15:00경까지 사이에 메스암페타민 약 0.7g을 매수한 외에, 그때부터 2009년 2월 내지 3월 일자불상 07:00경까지 총 21회에 걸쳐 매수·투약하였다."는 공소사실의 경우, 메스암페타민의 매수 및 투약시기에 관한 위와 같은 개괄적인 기재만으로는 피고인의 방어권 행사에 지장을 초래할 위험성이 크고, 단기간 내에 반복되는 공소 범죄사실의 특성에 비추어 위 매수 및 투약시기로 기재된 기간 내에 복수의 범행가능성이 농후하여 심판대상이 한정되었다고 보기 어려워, 이러한 공소사실의 기재는 특정한 구체적 사실의 기재에 해당한다고 볼 수 없음.

3) 대법원 2010. 4. 29, 2010도2857 : 대법원 2006. 4. 28, 2006도391 : '2009년 3월 말경부터 같은 해 6월 말경까지 진주시 이하 장소를 알 수 없는 곳에서, 메스암페타민(일명 필로폰) 불상 양을 불상의 방법으로 1회 투약하였다'는 공소사실의 경우, 투약시기에 관한 위와 같은 기재만으로는 공소사실이 특정되었다고 볼 수 없다고 한 사례.

4) 대법원 2009. 5. 14, 2008도10885 : 범행일시를 모발에서 메스암페타민이 검출될 수 있는 일정 범위의 기간 내로, 범행장소를 그 기간 동안 주로 생활한 곳 일원으로, 투약량 및 투약방법을 불상으로 하여 공소를 제기한 경우.
5) 대법원 2009.1.15, 2008도9327 : 사문서변조의 공소사실에 변조행위의 일시·장소와 방법, 변조의 실행행위자 등이 기재되지 않은 경우(범죄구성요건의 특정 요소에 관한 기재 자체가 누락된 것이므로 공소사실이 특정되지 않았다).
6) 대법원 1999. 9. 17, 99도2976 : "피고인이 1998. 4. 20. 18:00경부터 약 4시간 동안 위험한 물건으로 피해자의 머리 부분을 내리치는 등 여러 차례 폭행하여 피해자에게 상해를 가하였다."는 폭력행위 등 처벌에 관한 법률 제3조 제2항 위반죄의 공소사실은 범행 당일 일몰시각이 19:12이어서 폭행 시각이 주간인지 야간인지를 특정할 수 없으므로 결국 범죄행위가 야간에 행하여질 것을 요건으로 하는 위 범죄에 있어서 구체적인 범죄사실이 특정되지 않았다고 본 사례.
7) 대법원 1991. 9. 10, 91도1550 : 음란도서의 제조 및 판매에 관한 죄의 공소사실에 있어서 그 음란성의 요건사실을 "위와 같은 내용"이라고만 기재한 것이 비교적 구체적으로 음란성의 요건사실을 특정하여 기재한 전단의 음란도서의 내용과 같은 종류의 유사한 내용이라는 뜻이라면, 그 내용과 어느 정도로 유사한 것인지가 분명치 아니하여 당해 도서의 음란성 요건사실을 구체적으로 특정하여 기재한 것으로 보기 어렵다고 본 사례.
8) 대법원 1983. 9. 13, 82도2063 : 공소사실의 기재는 각 범죄사실을 개별적으로 특정할 수 있도록 구체적으로 하여야 하므로 사문서위조 공소사실을 기재함에 있어서 2인의 명의만 특정하였을 뿐 나머지 채권자 4명에 대하여는 그 명의를 구체적으로 특정하지 않은채 만연히 채권자들이라고만 지적하였다면 나머지 채권자 4명 명의의 사문서를 위조하였다는 공소는 그 공소사실을 기재하지 않은 것으로서 공소의 제기가 법률의 규정에 위반된 경우에 해당한다.
9) 대법원 1975. 11. 25, 75도2946 : 공소장에 피고인이 절취하였다는 물품이 "품명불상의 재물"이라고만 표현되었고 또 피고인이 "성명불상자들과 합동하여 통행중인 성명불상 여자로부터 품명불상의 재물을 절취하였다"고 기재한 경우.

04. **공소사실의 특정에 관한 설명으로 틀린 것은?** (다툼이 있는 경우 판례에 의함) 〈행시 2004 변형〉

① 공소사실이란 범죄의 특별구성요건을 충족하는 구체적인 범죄사실

을 말한다.

② 공소사실이 특정되지 않으면 피고인의 방어권 행사가 곤란하고 법원의 심판대상이 불명확하게 된다.

③ 피고인이 마약류취급자가 아니면서 2010년 1월에서 3월 사이 일자불상 03:00경 서산시 소재 상호불상의 모텔에서, 갑과 공모하여 여자 청소년 을에게 메스암페타민(일명 필로폰)을 투약하였다고 기재한 공소사실은, 투약 대상인 을의 진술에 기초한 것이라는 점에서 공소사실이 특정되었다고 할 것이다.

④ 경합범의 경우에는 개별범죄사실을 구체적으로 특정하여야 한다.

⑤ 공소사실이 특정되지 않은 이상 구체적 범죄사실이 표시되어 있더라고 법원은 반드시 공소기각의 판결을 하여야 한다.

해설

① (○) 대법원 2001. 12. 28, 2001도5158.
② (○) 대법원 2010. 8. 26, 2010도4671. 공소사실의 기재는 범죄의 시일, 장소와 방법을 명시하여 사실을 특정할 수 있도록 하여야 하는데(제254조 제4항), 이처럼 공소사실의 특정을 요구하는 법의 취지는 피고인의 방어권 행사를 쉽게 해 주기 위한 데에 있다.
③ (○) 대법원 2014. 10. 30, 2014도6107.
④ (○) 대법원 2007. 1. 11, 2004도3870.
⑤ (×) 대법원 2006. 5. 11, 2004도5972. 공소장의 기재가 불명확한 경우 법원은 규칙 제141조의 규정에 의하여 검사에게 석명을 구한 다음, 그래도 검사가 이를 명확하게 하지 않은 때에야 공소사실의 불특정을 이유로 공소를 기각함이 상당하다고 할 것이다. [답 ⑤]

05. 공소사실의 특정에 관한 설명 중 틀린 것은? (다툼이 있는 경우 판례에 의함)

① 비록 범의가 단일하고 범행방법이 동일하더라도 여러 사람의 피해자에 대하여 따로 기망행위를 하여 각각 재물을 편취한 경우 그 공소사실은 각 피해자와 피해자별 피해액을 특정할 수 있도록 기재하여야 하는 것이다.

② 유가증권변조의 공소사실이 범행일자를 '2005.1. 말경에서 같은 해 2.4. 사이'로, 범행장소를 '서울 불상지'로, 범행방법을 '불상의 방법으로 수취인의 기재를 삭제'한 것으로 된 경우 변조된 유가증권이 압수되어 현존하고 있다고 하더라도 공소사실이 특정되었다고 할 수 없다.

③ 범행일시를 모발에서 메스암페타민이 검출될 수 있는 일정 범위의

기간 내로, 범행장소를 그 기간 동안 주로 생활한 곳 일원으로, 투약량 및 투약방법을 불상으로 하여 공소를 제기한 경우 공소사실이 특정되었다고 볼 수 없다.

④ '마약류 취급자가 아님에도, 2008년 1월경부터 같은 해 2월 일자불상 15:00경까지 사이에 메스암페타민 약 0.7g을 매수한 외에, 그때부터 2009년 2월 내지 3월 일자불상 07:00경까지 총 21회에 걸쳐 매수 · 투약하였다'는 공소사실의 경우 이러한 공소사실의 기재는 특정한 구체적 사실의 기재에 해당한다고 볼 수 없다.

⑤ 불특정 다수인이 업무처리를 위하여 사용하는 컴퓨터 등 정보처리장치 등을 대상으로 컴퓨터 등 장애 업무방해죄가 저질러진 경우에는 최소한 컴퓨터 등 정보처리장치 등을 이용한 업무주체가 구체적으로 누구인지, 나아가 그 업무가 위 조항의 보호객체인 업무에 해당하는지를 심리 · 판단할 수 있을 정도로 공소사실이 특정되어야만 한다.

해설

① (○) 대법원 2004. 7. 22, 2004도2390. 비록 범의가 단일하고 범행방법이 동일하더라도 각 피해자의 피해법익은 독립한 것이므로 그 전체가 포괄일죄로 되지 아니하고 피해자별로 독립한 여러 개의 사기죄가 성립되고, 이러한 경우 그 공소사실은 각 피해자와 피해자별 피해액을 특정할 수 있도록 기재하여야 하는 것이다.

② (×) 대법원 2008. 3. 27, 2007도11000. 변조된 유가증권이 압수되어 현존하고 있는 이상 위 공소사실은 특정되었다.

③ (○) 대법원 2009. 5. 14, 2008도10885.

④ (○) 대법원 2010. 10. 14, 2010도9835. 메스암페타민의 매수 및 투약시기에 관한 위와 같은 개괄적인 기재만으로는 피고인의 방어권 행사에 지장을 초래할 위험성이 크고, 단기간 내에 반복되는 공소 범죄사실의 특성에 비추어 위 매수 및 투약시기로 기재된 기간 내에 복수의 범행가능성이 농후하여 심판대상이 한정되었다고 보기 어려워, 이러한 공소사실의 기재는 특정한 구체적 사실의 기재에 해당한다고 볼 수 없음에도, 위 공소사실이 특정되었다는 전제 아래 유죄를 선고한 원심판결에 법리오해의 위법이 있다.

⑤ (○) 대법원 2011. 5. 13, 2008도10116. 피고인들이 불특정 다수 인터넷 이용자들의 컴퓨터에 자신들의 프로그램을 설치하여 경쟁업체 프로그램이 정상적으로 사용되거나 설치되지 못하도록 함으로써 인터넷 이용자들의 인터넷 이용에 관한 업무를 방해하였다고 하여 '컴퓨터 등 장애 업무방해'로 기소된 사안에서, 공소장의 기재만으로는 피해자인 인터넷 이용자들이 누구이고 몇 명인지 특정되지 않아 몇 개의 죄로 공소제기한 것인지 알 수 없고, 방해된 업무 내용이 구체적으로 무엇인지 알 수 없어 보호객체인 업무에 해당하는지를 심리 · 판단할 수 없다는 이유로, 공소사실이 특정되지 않았다고 하였다. [답 ②]

06. 다음 중 법원이 공소기각의 판결을 하여야 하는 경우로서 옳은 것을 모두 고른 것은? (다툼이 있는 경우 판례에 의함) 〈법무부 모의시험 2011〉

(가) 검사가 공소장일본주의에 위배하여 공소제기하였으나 공소장 기재의 방식에 관하여 피고인 측으로부터 아무런 이의가 제기되지 아니하였고 법원 역시 범죄사실의 실체를 파악하는데 지장이 없다고 판단하여 그대로 공판절차를 진행한 결과 증거조사절차가 마무리되어 법관의 심증형성이 이루어진 경우
(나) 검사가 공소장에 '피고인은 2008. 5. 중순경부터 2008. 11. 19.경까지 사이에 부산 이하 불상지에서 향정신성의약품인 메스암페타민 0.03g을 1회용 주사기를 이용하여 팔 등의 혈관에 주사하거나 음료수 등에 타 마시는 방법으로 이를 투약하였다.'고 기재한 경우
(다) 검사가 공소장 첫머리에 범죄의 직접적인 동기가 아닌 범행 경위를 길고 장황하게 기재한 경우
(라) 검사가 공소장에 '피고인은 2002. 6. 11.부터 2002. 12. 20.까지 자신이 1인주주로 있는 주식회사 새마을신문사의 금원을 임의로 처분하는 등의 방법으로 약 10여회에 걸쳐 총 1,700여만 원을 횡령하였다.'고 기재한 경우

① (나) ② (라) ③ (가), (나)
④ (가), (다) ⑤ (나), (라)

해설

(가) (×) 대법원 2009. 10. 22, 2009도7436(전원합의체). 공소장일본주의에 위반한 경우라 하더라도 피고인 측으로부터 이의가 제기되지 아니하였고, 증거조사절차가 마무리되어 법관의 심증형성이 이루어진 단계에서는 소송절차의 동적 안정성 및 소송경제의 이념에 비추에 이제는 더 이상 공소장일본주의의 위배를 주장하여 이미 진행된 소송절차의 효력을 다툴 수 없다.
(나) (○) 대법원 2000. 10. 27, 2000도3082. 그 투약량은 메스암페타민 투약자들이 보통 1회에 투약하는 최소한의 단위로 알려진 것이고, 그 투약방법 역시 어느 것이나 메스암페타민 투약자들이 일반적으로 사용하는 방법에 지나지 않는 것을 막연히 기재한 것에 불과할 뿐더러 그 투약의 일시와 장소마저 위와 같은 정도로 기재한 것만으로는 제254조 제4항의 요건에 맞는 구체적 사실의 기재라고 볼 수 없으므로 그 공소는 공소사실이 특정되었다고 할 수 없다.
(다) (×) 공소제기의 방식이 공소장일본주의 내지 예단금지의 원칙에 위배된다고 할 수 없다(대법원 2007. 5. 11, 2007도748).
(라) (×) 대법원 1989. 5. 23, 89도570 ; 대법원 1999. 11. 12, 99도2934. [답 ①]

07. 공소사실의 특정에 관한 설명 중 옳지 않은 것은? (다툼이 있는 경우에는 판례에 의함) 〈변호사 2014 변형〉

① 포괄일죄에 있어서는 그 일죄의 일부를 구성하는 개개의 행위에 대하여 구체적으로 특정하지 않더라도 전체 범행의 시기와 종기, 범행방법, 피해자나 상대방, 범행횟수, 피해액의 합계 등을 명시하면 공소사실이 특정된 것으로 본다.

② 교사범이나 방조범의 경우 교사나 방조의 사실뿐만 아니라 정범의 범죄사실도 특정하여야 한다.

③ 특정경제범죄 가중처벌 등에 관한 법률 제3조 제1항에 정한 이득액은 단순일죄의 이득액이나 혹은 포괄일죄가 성립되는 경우의 이득액의 합산액을 의미하는 것이지 경합범으로 처벌될 수죄에 있어서 그 이득액을 합한 금액을 말한다고 볼 수는 없으므로, 횡령행위를 포괄하여 특경법 위반(횡령)죄로 의율하려면 원칙적으로 피해자 및 피해자별 피해액에 관한 공소사실의 특정을 요하지 아니한다.

④ 유가증권변조의 공소사실이 범행일자를 '2005.1. 말경에서 같은 해 2.4. 사이'로, 범행장소를 '서울 불상지'로, 범행방법을 '불상의 방법으로 수취인의 기재를 삭제'로 되어 있는 경우, 변조된 유가증권이 압수되어 현존하고 있는 이상 공소사실이 특정되었다고 볼 수 있다.

⑤ 공소장의 기재사실 중 일부가 명확하지 아니한 경우 법원이 검사에게 석명을 구하지 않고 곧바로 공소기각판결을 하면 심리미진의 위법이 될 수 있다.

해설

① (○) 대법원 2012.9.13, 2010도17418.
② (○) 대법원 1981.11.24, 81도2422.
③ (×) 대법원 2014.2.27, 2013도12155. 원칙적으로 피해자 및 피해자별 피해액에 관한 공소사실의 특정을 요한다.
④ (O) 대법원 2008.3.27, 2007도11000.
⑤ (O) 대법원 2006.5.11, 2004도5972. 공소장의 기재가 불명확한 경우 법원은 형사소송규칙 제141조의 규정에 의하여 검사에게 석명을 구한 다음, 그래도 검사가 이를 명확하게 하지 않은 때에야 공소사실의 불특정을 이유로 공소를 기각함이 상당하다고 할 것이므로, 원심이 검사에게 공소사실 특정에 관한 석명에 이르지 아니한 채 곧바로 공소사실의 불특정을 이유로 공소기각의 판결을 한 데에는, 공소사실의 특정에 관한 법리를 오해하였거나 심리를 미진한 위법이 있다고 할 것이다. [답 ③]

08. 공소의 제기에 관한 다음 설명 중 판례의 입장과 다른 것은?

① 검사가 제출한 공소장이 통상적인 경우와는 달리 기명 및 서명날인이 아닌 기명날인만 된 채 제1심 법원에 제출되었더라도 공소제기 검사가 제1심의 제1회 공판기일에 공판검사로 출석하여 기소요지를 진술하고 기명날인이 된 공소장에 서명을 추가함으로써 그 공소제기의 의사를 명확히 하였다면 위 공소의 제기는 검사의 의사에 의하여 적법하게 이루어진 것으로 인정된다.

② 검사가 공판기일에서 피고인 등이 특정되어 있지 않은 공소장변경허가신청서를 공소장에 갈음하는 것으로 구두진술한 경우 피고인과 변호인이 이의를 제기하지 않았다고 하더라도 이를 적법한 공소제기로 볼 수 없다.

③ 집회 및 시위에 관한 법률상 해산명령위반의 공소사실에 대한 적용법조로 처벌규정인 같은 법 제24조 제5호, 제20조 제2항만을 기재하고 해산명령의 근거가 되는 규정과 이에 관한 사실을 기재하지 않은 것은 공소제기의 절차가 무효인 경우에 해당하지만, 검사가 제1심 변론종결 후 해산명령의 근거조항을 제시하였다면 공소장변경의 절차를 밟지 아니하였더라도 위 공소제기절차상의 위법은 치유된다.

④ 기소 당시에는 이중기소된 위법이 있었다 하여도 그 후 공소사실과 적용법조가 적법하게 변경되어 새로운 사실의 소송계속상태가 있게 된 때에는 이중기소된 위법상태가 계속 존재한다고 할 수는 없다.

⑤ 공소장에 적용법조의 기재에 오기나 누락이 있는 경우라 할지라도 이로 인하여 피고인의 방어에 실질적인 불이익을 주지 않는 한 공소제기의 효력에는 영향이 없고, 법원으로서도 공소장변경의 절차를 거침이 없이 곧바로 공소장에 기재되어 있지 않은 법조를 적용할 수 있다.

해설

① (○) 대법원 2007. 10. 25, 2007도4961.
② (○) 대법원 2009. 2. 26, 2008도11813.
③ (×) 대법원 2009. 8. 20, 2009도9. 피고인의 방어권 행사에 실질적인 불이익을 주는 것이어서 공소제기의 절차가 무효인 경우에 해당하고, 검사가 제1심 변론종결 후 해산명령의 근거조항을 제시하였다고 하더라도 공소장변경의 절차를 밟지 아니한 이상 위 공소제기절차상의 위법이 치유된다고 할 수 없다.

④ (○) 대법원 1989. 2. 14, 85도1435.
⑤ (○) 대법원 2006. 4. 28, 2005도4085. [답 ③]

09. 공소장일본주의에 대한 설명 중 틀린 것은? (다툼이 있는 경우 판례에 의함)

① 공소장일본주의에 위배된 공소제기라고 인정되는 때에는 그 절차가 법률의 규정을 위반하여 무효인 때에 해당하는 것으로 보아 공소기각의 판결을 선고하는 것이 원칙이다.
② 공소장일본주의를 위반한 공소제기는 법률의 규정에 위배된 것으로서 치유될 수 없는 것이므로 공소제기 후 공판절차가 진행되어 법관의 심증형성이 이루어진 단계에서도 공소기각판결을 하여야 한다.
③ 검사가 약식명령의 청구와 동시에 증거서류와 증거물을 법원에 제출한 것은 공소장일본주의를 위반한 것이라고 할 수 없다.
④ 살인, 방화 등의 경우 범죄의 직접적인 동기 또는 공소범죄사실과 밀접불가분의 관계가 있는 동기를 공소장에 기재하는 것이 공소장일본주의 위반이 아님은 명백하고, 설사 범죄의 직접적인 동기가 아닌 경우에도 동기의 기재는 공소장의 효력에 영향을 미치지 아니한다.
⑤ 즉결심판에 대한 정식재판청구로 제1회 공판기일 전에 사건기록 및 증거물이 관할 법원에 송부된다고 하여 그 이전에 적법하게 제기된 경찰서장의 즉결심판청구의 절차가 위법하게 되는 것은 아니다.

해설

① (○) 대법원 2012. 8. 30, 2012도5220.
② (×) 대법원 2009. 10. 22, 2009도7436(전원합의체). 공소장일본주의에 위반한 경우라 하더라도 피고인 측으로부터 아무런 이의가 제기되지 아니하였고, 증거조사절차가 마무리되어 법관의 심증형성이 이루어진 단계에서는 소송절차의 동적 안정성 및 소송경제의 이념 등에 비추어 이제는 더 이상 공소장일본주의의 위배를 이유로 이미 진행된 소송절차의 효력을 다툴 수는 없다.
③ (○) 대법원 2007. 7. 26, 2007도3906.
④ (○) 대법원 2007. 5. 11, 2007도748.
⑤ (○) 대법원 2011. 1. 27, 2008도7375. [답 ②]

10. 공소장일본주의에 대한 설명으로 틀린 것은? 〈행시 2004〉

① 이 원칙은 공판중심주의를 실현하는 데 기여할 수 있다.
② 군사법원 관할사건에 대하여도 이 원칙이 적용된다.
③ 변호인선임서나 구속에 관한 서류는 공소장에 첨부하여야 한다.

④ 법관의 예단을 생기게 할 우려가 없는 단순한 여사기재는 검사에게 그 삭제를 명하면 족하다.

⑤ 즉결심판에 대하여 정식재판의 청구가 있는 때에도 이 원칙이 적용된다.

✍ **해설**

① (○) 대법원 2009. 10. 22, 2009도7436(전원합의체).

② (○) 군사법원법 제296조 제6항.

③ (○) 규칙 제118조 제1항.

④ (○) 법관에게 사건에 대하여 예단이 생기게 할 수 있는 것이 아닌 단순한 여사기재에 불과한 경우에는 공소장일본주의의 위반이라고 할 수 없으며, 이 경우 단순히 삭제하면 족하다.

⑤ (×) 대법원 2011. 1. 27, 2008도7375. 판사는 정식재판청구서를 받은 날부터 7일 이내에 경찰서장에게 정식재판청구서를 첨부한 사건기록과 증거물을 송부하고, 경찰서장은 지체 없이 관할 지방검찰청 또는 지청의 장에게 이를 송부하여야 하며, 그 검찰청 또는 지청의 장은 지체 없이 관할법원에 이를 송부하여야 한다(즉결심판에 관한 절차법 제14조 제3항). 따라서 즉결심판에 대하여 정식재판의 청구가 있는 때에는 공소장일본주의가 적용되지 않는다. [답 ⑤]

◇관련판례◇

대법원 2011. 1. 27, 2008도7375 : ① 즉결심판에 관한 절차법이 즉결심판의 청구와 동시에 판사에게 증거서류 및 증거물을 제출하도록 한 것은 즉결심판이 범증이 명백하고 죄질이 경미한 범죄사건을 신속·적정하게 심판하기 위한 입법적 고려에서 공소장일본주의가 배제되도록 한 것이라고 보아야 한다. ② 피고인이 택시요금을 지불하지 않아 경범죄처벌법 위반으로 즉결심판에 회부되었다가 정식재판을 청구한 사안에서, 위 정식재판청구로 제1회 공판기일 전에 사건기록 및 증거물이 경찰서장, 관할 지방검찰청 또는 지청의 장을 거쳐 관할법원에 송부된다고 하여 그 이전에 이미 적법하게 제기된 경찰서장의 즉결심판청구의 절차가 위법하게 된다고 볼 수 없고, 그 과정에서 정식재판이 청구된 이후에 작성된 피해자에 대한 진술조서 등이 사건기록에 편철되어 송부되었더라도 달리 볼 것은 아니다.

11. **공소장일본주의에 관하여 틀린 설명을 모두 모은 것은?** (다툼이 있는 경우 다수설·판례에 의함)

㈎ 공소사실 중에 피고인의 전과는 법관에게 사건에 관하여 예단을 가지게 할 우려가 있는 사항에 해당하므로, 전과를 과시하여 행한

공갈과 같이 전과가 범죄의 실행행위의 일부가 된 경우일지라도 공소사실 중에 전과를 기재하는 것은 허용되지 아니한다.
(나) 공갈의 수단으로 송부된 협박장의 전문을 공갈죄의 공소사실에 인용하는 것은 공소장일본주의에 반하는 증거의 인용에 해당하므로 허용되지 아니한다.
(다) 공판절차 갱신 후의 절차에도 공소장일본주의가 적용된다.
(라) 상소심의 절차나 파기환송 이후의 절차에는 공소장일본주의가 적용되지 않는다.
(마) 약식명령에 대한 정식재판청구가 제기되었음에도 법원이 증거서류 및 증거물을 검사에게 반환하지 않고 보관하고 있다고 하여 그 이전에 이미 적법하게 제기된 공소제기의 절차가 위법하게 된다고 할 수 없다.

① (가), (나), (다), (마) ② (가), (다), (라), (마) ③ (가), (나), (다)
④ (나), (다), (마) ⑤ (다), (마)

해설

(가) (×) 전과는 법관에게 예단을 생기게 할 수 있는 사항이므로 범죄구성에 해당(상습범)하거나 범죄사실의 내용을 이루는 경우(전과를 수단으로 한 공갈)에 한하여 예외적으로 기재가 허용된다는 것이 다수설이다. 다만 판례(대법원 1966. 7. 19, 66도793)는 전과의 기재는 피고인을 특정할 수 있는 사항으로 허용된다고 한다.
(나) (×) 문서의 기재내용 자체가 범죄구성요건에 해당하는 경우이므로 공소사실을 특정하기 위하여 문서의 전부 또는 일부를 인용하는 것은 적법하다(다수설).
(다) (×) 공소장일본주의는 공소제기에 대하여 적용되는 것이므로 공판절차갱신 후의 절차, 상소심의 절차, 파기이송 후의 절차에는 공소장일본주의가 적용될 여지가 없다.
(라) (○) 이재상 · 조균석, §26/40.
(마) (○) 대법원 2007. 7. 26, 2007도3906. 검사가 약식명령을 청구하는 때에는 약식명령의 청구와 동시에 약식명령을 하는 데 필요한 증거서류 및 증거물을 법원에 제출하여야 하는바(규칙 제170조), 이는 약식절차가 서면심리에 의한 재판이어서 공소장일본주의의 예외를 인정한 것이므로 약식명령의 청구와 동시에 증거서류 및 증거물이 법원에 제출되었다 하여 공소장일본주의를 위반하였다 할 수 없고, 그 후 약식명령에 대한 정식재판청구가 제기되었음에도 법원이 증거서류 및 증거물을 검사에게 반환하지 않고 보관하고 있다고 하여 그 이전에 이미 적법하게 제기된 공소제기의 절차가 위법하게 된다고 할 수도 없다. [답 ③]

제 4 절 공소제기의 효과

01. 공소제기의 효과에 관한 설명 중 옳은 것을 모두 고르면? (다툼이 있는 경우 판례에 의함)

㈎ 공소의 제기에 의하여 소송계속이 발생하는바, 이는 공소제기가 적법 · 유효할 것을 전제로 하지 아니한다. ㈏ 동일사건이 수개의 법원에 이중으로 공소가 제기된 경우 심판할 수 없게 된 법원은 공소기각의 판결을 하여야 한다. ㈐ 범인 아닌 자에 대하여 공소가 제기되었다고 하더라도 공소시효의 정지는 진범인에 대하여도 그 효력이 있다. ㈑ 하나의 행위가 부작위범인 직무유기죄와 작위범인 범인도피죄의 구성요건을 동시에 충족하는 경우 검사는 재량에 의하여 작위범인 범인도피죄로 공소를 제기하지 않고 부작위범인 직무유기죄로만 공소를 제기할 수도 있다.

① ㈎, ㈏, ㈐, ㈑ ② ㈎, ㈏, ㈑ ③ ㈎, ㈐, ㈑
④ ㈎, ㈑ ⑤ ㈏, ㈑

해설

㈎ (○) 이재상 · 조균석, § 27/5.
㈏ (×) 결정으로 공소를 기각하여야 한다(제328조 제1항 제3호).
㈐ (×) 진범인에 대하여는 공소시효정지의 효력이 없다.
㈑ (○) 대법원 1999. 11. 26, 99도1904. [답 ④]

02. 공소제기의 효력범위에 관한 설명으로 틀린 것은? (다툼이 있는 경우 다수설 · 판례에 의함)

① 상상적 경합관계에 있는 공소사실 중 일부가 먼저 기소된 후 나머지 공소사실이 추가기소되고 이들 공소사실이 상상적 경합관계에 있음이 밝혀진 경우 법원의 석명권 행사에 따른 검사의 석명에 의하여 추가기소가 상상적 경합관계에 있는 행위 중 먼저 기소된 공소장에 누락된 것을 추가 보충하는 취지로서 1개의 죄에 대하여 중복하여 공소를 제기한 것이 아님이 분명해진 경우에는, 추가기소에 의하여 공소장변경이 이루어진 것으로 보아 전후에 기소된 공소사실 전부에 대하여 실체판단을 하여야 하고 추가기소에 대하여 공소

기각판결을 할 필요가 없다.

② 甲이 乙의 성명을 모용하여 乙의 이름으로 공소가 제기된 경우에 공소제기의 효력은 甲에게만 미친다.

③ 공소장에 기재된 자와 다른 자가 위장출석하여 재판을 받은 경우에 공소제기의 효력은 공소장에 기재된 자에게만 미친다.

④ 공범의 1인에 대한 공소제기의 효력은 다른 공범자에게 미치지 않지만, 공범의 1인에 대한 공소시효정지의 효력은 다른 공범자에게도 미친다.

⑤ 동일법원에 동일사건이 다시 기소된 경우 뒤에 기소된 사건에 대하여 판결선고가 있었다면 먼저 기소된 사건에 대하여는 공소기각판결을 하여야 한다.

해설

① (○) 대법원 2012.6.28, 2012도2087(추가기소에 의하여 전후에 기소된 각 공소사실 전부를 처벌할 것을 신청하는 취지가 포함되었다고 볼 수 있어, 공소사실을 추가하는 등의 공소장변경과는 절차상 차이가 있을 뿐 실질에 있어서 별 차이가 없다).

② (○) 대법원 1997. 11. 28, 97도2215.

③ (○) 위장출석의 경우 공소장에 표시된 자가 실질적 피고인, 위장출석한 자가 형식적 피고인이 되지만, 공소제기의 효력은 공소장에 피고인으로 표시된 자에게만 미친다.

④ (○) 제253조 제2항.

⑤ (×) 대법원 1969. 6. 24, 68도858. 동일법원에 동일사건이 다시 공소된 때에 뒤에 공소된 사건에 대하여 판결선고가 있었다고 하더라도 확정되기 전에는 먼저 공소된 사건을 심판하여야 되고 뒤에 공소된 사건은 공소기각판결을 하여야 한다. [답 ⑤]

제 5 절 공소시효

01. 공소시효에 관한 설명 중 틀린 것을 모두 고르면? (다툼이 있는 경우 판례에 의함) 〈행시 2004 변형〉

㉠ 형법에 의하여 형을 가중 · 감경해야 할 경우에 가중 · 감경하지 아니한 형이 시효기간의 기준이 된다.

㉡ 범죄 후 법률의 개정에 의하여 법정형이 가벼워진 경우, 「형법」 제1조 제2항에 의하여 당해 범죄사실에 적용될 가벼운 법정형이 공

소시효기간의 기준이 된다.
㉢ 국외체류 중인 범인이 외국에서 다른 범죄로 수감된 기간에는 그 기간이 국내에서 범한 범죄의 공소시효기간보다 장기이든 단기이든 불문하고 '형사처분을 면할 목적'을 인정할 수 없다.
㉣ 공소장변경이 있는 경우에는 당초의 공소제기가 있었던 때가 시효기간의 기준이 된다.
㉤ 공소장이 변경되어 법정형에 차이가 있는 경우 본래의 공소사실에 대한 법정형이 시효기간의 기준이 된다.

① ㉠, ㉡, ㉣ ② ㉠, ㉣, ㉤ ③ ㉡, ㉢, ㉣
④ ㉢, ㉤ ⑤ ㉢

해설

㉠ (○) 제251조.
㉡ (○) 대법원 2008. 12. 11, 2008도4376. 범죄 후 법률의 개정에 의하여 법정형이 가벼워진 경우에는 형법 제1조 제2항에 의하여 당해 범죄사실에 적용될 가벼운 법정형(신법의 법정형)이 공소시효기간의 기준이 된다.
㉢ (×) 대법원 2008. 12. 11, 2008도4101. ① 공소시효 정지에 관한 형사소송법 제253조 제3항의 입법 취지는 범인이 우리나라의 사법권이 실질적으로 미치지 못하는 국외에 체류한 것이 도피의 수단으로 이용된 경우에 그 체류기간 동안은 공소시효가 진행되는 것을 저지하여 범인을 처벌할 수 있도록 하여 형벌권을 적정하게 실현하고자 하는 데 있다. 따라서 위 규정이 정한 '형사처분을 면할 목적'은 국외체류의 유일한 목적으로 되는 것에 한정되지 않고 범인이 가지는 여러 국외체류 목적 중에 포함되어 있으면 족하다. 범인이 국외에 있는 것이 형사처분을 면하기 위한 방편이었다면 '형사처분을 면할 목적'이 있었다고 볼 수 있고, 위 '형사처분을 면할 목적'과 양립할 수 없는 범인의 주관적 의사가 명백히 드러나는 객관적 사정이 존재하지 않는 한 국외체류기간 동안 '형사처분을 면할 목적'은 계속 유지된다. ② 국외에 체류 중인 범인에게 형사소송법 제253조 제3항의 '형사처분을 면할 목적'이 계속 존재하였는지가 의심스러운 사정이 발생한 경우, 그 기간 동안 '형사처분을 면할 목적'이 있었는지 여부는 당해 범죄의 공소시효의 기간, 범인이 귀국할 수 없는 사정이 초래된 경위, 그러한 사정이 존속한 기간이 당해 범죄의 공소시효의 기간과 비교하여 도피 의사가 인정되지 않는다고 보기에 충분할 만큼 연속적인 장기의 기간인지, 귀국 의사가 수사기관이나 영사관에 통보되었는지, 피고인의 생활근거지가 어느 곳인지 등의 제반 사정을 참작하여 판단하여야 한다. 통상 범인이 외국에서 다른 범죄로 외국의 수감시설에 수감된 경우, 그 범행에 대한 법정형이 당해 범죄의 법정형보다 월등하게 높고, 실제 그 범죄로 인한 수감기간이 당해 범죄의 공소시효 기간보다도 현저하게 길어서 범인이 수감기간 중에 생활근거지가 있는 우리나라로 돌아오려고 했을 것으로 넉넉잡아 인정할 수 있는 사정이 있다면, 그 수감

기간에는 '형사처분을 면할 목적'이 유지되지 않았다고 볼 여지가 있다. 그럼에도 그러한 목적이 유지되고 있었다는 점은 검사가 입증하여야 한다. ③ 법정최고형이 징역 5년인 부정수표단속법 위반죄를 범한 사람이 중국으로 출국하여 체류하다가 그곳에서 징역 14년을 선고받고 8년 이상 복역한 후 우리나라로 추방되어 위 죄로 공소제기된 경우 위 수감기간 동안에는 형사소송법 제253조 제3항의 '형사처분을 면할 목적'을 인정할 수 없어 공소시효의 진행이 정지되지 않는다.
㉣ (○) 대법원 2001. 8. 24, 2001도2902 ; 대법원 2002. 10. 11, 2002도2939.
㉤ (×) 대법원 2001. 8. 24, 2001도2902 ; 대법원 2003. 3. 11, 2003도585. 공소장변경절차에 의하여 공소사실이 변경됨에 따라 그 법정형에 차이가 있는 경우에는 변경된 공소사실에 대한 법정형이 공소시효기간의 기준이 된다. [답 ④]

02. **공소시효에 관한 다음 설명 중 틀린 것은?** 〈법무부 모의시험 2011 변형〉

사기죄 : 10년 이하의 징역 또는 2,000만 원 이하의 벌금 횡령죄 : 5년 이하의 징역 또는 1,500만 원 이하의 벌금 변호사법위반죄 : 7년 이하의 징역 또는 5,000만 원 이하의 벌금

① 상상적 경합관계에 있는 사기죄와 변호사법위반죄 중 변호사법위반죄의 공소시효가 완성되더라도 사기죄의 공소시효까지 완성되는 것은 아니다.
② 단순횡령죄를 범한 사람이 중국으로 출국하여 체류 중 징역 14년을 선고받아 8년 이상 복역한 후 우리나라로 추방되었다면 공소시효는 완성되지 않았다.
③ 형사소송법 제251조(형법에 의하여 형을 가중·감경해야 할 경우에 가중·감경하지 아니한 형이 시효기간의 기준이 된다)는 형법 이외의 법률에 의하여 형을 가중, 감경할 경우에는 적용되지 않는다.
④ 포괄일죄에 있어서의 공소시효의 기산점은 최종 범죄행위가 종료된 때이다.
⑤ 공범의 1인에 대한 공소시효의 정지는 다른 공범자에 대하여도 효력이 미친다.

해설

① (○) 대법원 2006. 12. 8, 2006도6356. 1개의 행위가 여러 개의 죄에 해당하는 경우 형법 제40조는 이를 과형상 일죄로 처벌한다는 것에 지나지 아니하고, 공소시효를 적용함에 있어서는 각 죄마다 따로 따져야 할 것인바, 변호사법 위반죄의 공소시효가 완성되었다고 하여 그 죄와 상상적 경합관계에 있는 사기죄의 공소시효까지 완성되는 것은 아니다.
② (×) 대법원 2008. 12. 11, 2008도4101. 위 수감기간 동안에는 제253조 제3

항의 '형사처분을 면할 목적'을 인정할 수 없어 공소시효의 진행이 정지되지 않는다.
③ (○) 대법원 1973. 3. 13, 72도2976.
④ (○) 통설 · 판례(대법원 2009. 10. 29, 2009도8069)이다.
⑤ (○) 제253조 제2항. [답 ②]

03. 다음 설문의 경우 甲에 대하여 항소법원은 어떠한 재판을 해야 하는가? (다툼이 있는 경우 판례에 의함)

甲은 2009. 1. 17.에 절도죄로 기소되었고, 공소사실은 甲이 2004. 1. 17.에 타인의 재물을 절취하였다는 내용이었다. 제1심에서 절도죄로 유죄판결이 선고되자 甲은 무죄를 주장하며 항소하였다. 항소심 심리 중인 2009. 5. 24. 甲의 행위가 절도가 아니라 점유이탈물횡령으로 판명되자, 검사는 법원의 허가를 받아 점유이탈물횡령죄로 공소장을 변경하였다(절도죄의 공소시효는 7년, 점유이탈물횡령죄의 공소시효는 5년이며, 시효정지사유는 없었다고 가정한다).

① 면소판결 ② 공소기각결정 ③ 공소기각판결
④ 유죄판결 ⑤ 무죄판결

해설

공소장변경이 있는 경우 공소시효의 완성 여부는 당초의 공소제기가 있었던 시점을 기준으로 판단하고, 공소시효기간은 변경된 공소사실에 대한 기간을 기준으로 한다(대법원 2001. 8. 24, 2001도2902 ; 대법원 2004. 7. 22, 2003도8153). 설문의 경우 점유이탈물횡령죄로 공소장이 변경되었으므로 공소시효기간은 점유이탈물횡령죄를 기준으로 한다. 공소시효가 완성되었는지 문제되는바, 형사소송법 제66조 제1항에 의해 초일이 산입되므로 공소시효는 2009. 1. 16. 24:00로 완성되었다. 따라서 제326조 제3호에 의해 면소의 판결을 하여야 한다. [답 ①]

04. 공소시효에 관한 다음 설명 중 틀린 것은? (다툼이 있는 경우 판례에 의함)

① 당해 사건으로 처벌받을 가능성이 있음을 인지하였다고 보기 어려운 경우라면 다른 고소사건과 관련하여 형사처분을 면할 목적으로 국외에 있은 경우라고 하더라도 당해 사건의 형사처분을 면할 목적으로 국외에 있었다고 볼 수 없다.
② 공소시효의 기산점에 관하여 규정하는 형사소송법 제252조 제1항의 '범죄행위'는 당해 범죄행위의 결과까지도 포함하는 취지로 해석함이 상당하다.

③ 개정 형사소송법 시행 당시 공소시효가 완성되지 아니한 범죄에 대한 공소시효는 법률이 개정되면서 신설된 조항에 의하여 피고인이 외국에 있는 기간 동안 정지되었다고 보아야 한다.

④ 공범의 1인으로 기소된 자가 범죄의 증명이 없다는 이유로 무죄의 확정판결을 선고받은 경우에는 그에 대하여 제기된 공소로써는 진범에 대한 공소시효정지의 효력이 없다.

⑤ 공범 중 1인에 대해 약식명령이 확정된 후 그에 대한 정식재판청구권회복결정이 있었다면, 그 사이의 기간 동안 다른 공범자에 대한 공소시효는 정지한다고 보아야 한다.

해설

① (○) 대법원 2014. 4. 24, 2013도9162.

② (○) 대법원 1997. 11. 28, 97도1740 ; 대법원 2003. 9. 26, 2002도3924.

③ (○) 대법원 2003. 11. 27, 2003도4327.

④ (○) 대법원 1999. 3. 9, 98도4621. 공범의 1인으로 기소된 자가 구성요건에 해당하는 위법행위를 하였다고 인정되기는 하나 책임조각을 이유로 무죄로 되는 경우와는 달리 범죄의 증명이 없다는 이유로 공범 중 1인이 무죄의 확정판결을 선고받은 경우에는 그를 공범이라고 할 수 없어 그에 대하여 제기된 공소로써는 진범에 대한 공소시효정지의 효력이 없다.

⑤ (×) 대법원 2012.3.29, 2011도15137. 공범 중 1인에 대해 약식명령이 확정된 후 그에 대한 정식재판청구권회복결정이 있었다고 하더라도 그 사이의 기간 동안에는, 특별한 사정이 없는 한, 다른 공범자에 대한 공소시효는 정지함이 없이 계속 진행한다고 보아야 할 것이다. [답 ⑤]

제 4 편

공　판

제1장　공판절차
제2장　증　　거
제3장　재　　판

제 1 장 공판절차

제 1 절 공판절차의 기본원칙

01. 공판절차의 기본원칙에 대한 다음 설명 중 틀린 것은? (다툼이 있는 경우 판례에 의함)

① 우리 형사소송법은 공판중심주의의 한 요소로서, 법관의 면전에서 직접 조사한 증거만을 재판의 기초로 삼을 수 있고 증명대상이 되는 사실과 가장 가까운 원본증거를 재판의 기초로 삼아야 하며, 원본증거의 대체물 사용은 원칙적으로 허용되어서는 안 된다는 실질적 직접심리주의를 채택하고 있다.

② 항소심으로서는 제1심 증인이 한 진술의 신빙성 유무에 대한 제1심의 판단이 항소심의 판단과 다르다는 이유만으로 이에 대한 제1심의 판단을 함부로 뒤집어서는 아니 된다.

③ 헌법과 법원조직법에서 정한 공개금지사유가 없음에도 불구하고 재판의 심리에 관한 공개를 금지하기로 결정한 경우 그 절차에 의하여 이루어진 증인의 증언은 증거능력이 없고, 변호인의 반대신문권이 보장되었더라도 달리 볼 수 없다.

④ 공판준비 또는 공판기일에서 이미 증언을 마친 증인을 검사가 소환한 후 피고인에게 유리한 그 증언 내용을 추궁하여 이를 일방적으로 번복시키는 방식으로 작성한 진술조서를 유죄의 증거로 삼는 것은 당사자주의 · 공판중심주의 · 직접주의를 지향하는 현행 형사소송법의 소송구조에 어긋나는 것일 뿐만 아니라, 헌법 제27조가 보장하는 재판을 받을 권리를 침해하는 것이므로, 이러한 진술조서는 피고인이 증거로 할 수 있음에 동의하더라도 그 증거능력이 없다.

⑤ 헌법 제109조는 재판공개의 원칙을 규정하고 있는 것으로서 검사의 공소제기절차에는 적용될 여지가 없으므로, 공소가 제기되기 전까지 피고인이 그 내용이나 공소제기 여부를 알 수 없었다거나 피고

인의 소송기록 열람·등사권이 제한되어 있었다고 하더라도 그 공소제기절차가 위 헌법규정을 위반하였다고는 할 수 없다.

✍ **해설**

① (○) 대법원 2010. 6. 24, 2010도3846.
② (○) 대법원 2010. 6. 24, 2010도3846.
③ (○) 대법원 2013. 7. 26, 2013도2511.
④ (×) 대법원 2008. 9. 25, 2008도6985. 이러한 진술조서는 피고인이 증거로 할 수 있음에 동의하지 아니하는 한 그 증거능력이 없다고 하여야 할 것이고, 그 후 원진술자인 종전 증인이 다시 법정에 출석하여 증언을 하면서 그 진술조서의 성립의 진정함을 인정하고 피고인측에 반대신문의 기회가 부여되었다고 하더라도 그 증언 자체를 유죄의 증거로 할 수 있음은 별론으로 하고 위와 같은 진술조서의 증거능력이 없다는 결론은 달리할 것이 아니다.
⑤ (○) 대법원 2008. 12. 24, 2006도1427. [답 ④]

제 2 절 공판심리의 범위

01. 공소장변경에 대한 설명 중 틀린 것은? (다툼이 있는 경우 판례에 의함)

① 검사는 법원의 허가를 얻어 공소사실과 적용법조 등을 예비적 또는 택일적으로 변경할 수 있다.

② 법원이 적법하게 공판의 심리를 종결한 뒤에 이르러 검사가 공소장변경허가신청을 한 경우 검사의 공소장변경허가신청이 공소사실의 동일성을 해하지 아니하는 한, 법원은 반드시 공판의 심리를 재개하여 공소장변경을 허가하여야 한다.

③ 공소사실이나 범죄사실의 동일성 여부는 사실의 동일성이 갖는 법률적 기능을 염두에 두고 피고인의 행위와 그 사회적인 사실관계를 기본으로 하면서 규범적 요소 또한 아울러 고려하여 판단하여야 한다.

④ 공소장에 기재된 수개의 공소사실이 서로 동일성이 없고 실체적 경합관계에 있는 경우에 그 일부 사실을 소추대상에서 철회하려면 공소장변경의 방식에 의할 것이 아니라 공소의 일부취소의 절차에 의하여야 한다.

⑤ 피고인의 방어권 행사에 있어서 실질적인 불이익을 초래할 염려가 존재하는지 여부는 공소사실의 기본적 동일성이라는 요소 이외에도 법정형의 경중 및 그러한 경중의 차이에 따라 피고인이 자신의 방

어에 들일 노력 · 시간 · 비용에 관한 판단을 달리할 가능성이 뚜렷한지 여부 등의 여러 요소를 종합하여 판단해야 한다.

해설

① (○) 제298조 제1항.
② (×) 대법원 2010. 4. 29, 2007도6553. 검사의 공소장변경허가신청이 공소사실의 동일성을 해하지 아니하는 한 법원은 이를 허가하여야 하나, 공소장의 변경은 그 변경사유가 변론종결 이후에 발생하는 등 특별한 사정이 없는 한 법원에서 공판의 심리를 종결하기 전에 한 신청에 한하여 공소사실의 동일성을 해하지 아니하는 한도에서 허가하여야 하는 것이지, 법원이 적법하게 공판의 심리를 종결한 뒤에 이르러 검사가 공소장변경허가신청을 한 경우에는 반드시 공판의 심리를 재개하여 공소장변경을 허가하여야 하는 것은 아니다.
③ (○) 대법원 2011. 4. 28, 2009도12249; 대법원 2012.9.13, 2011도6911.
④ (○) 대법원 1982. 3. 23, 81도3073.
⑤ (○) 대법원 2011. 2. 10, 2010도14391. [답 ②]

02. 공소장변경에 대한 설명 중 옳은 것은? (다툼이 있는 경우 판례에 의함)

① 제1회 공판기일 이전에 법원이 공소장변경요구를 하는 것은 허용되지 않는다.
② 공소장변경절차 없이도 법원이 심리 판단할 수 있는 죄가 한 개가 아니라 여러 개인 경우에는 법원으로서는 그 중 어느 하나를 임의로 선택할 수 있다.
③ 법원이 공소장을 변경하지 않고도 인정할 수 있는 사실에 대한 법정형을 기준으로 하면 공소제기 당시 이미 공소시효가 완성된 경우에는 애초의 공소사실에 대하여 무죄판결을 선고하여야 한다.
④ 항소심에서 공소장변경절차를 거치지 아니하고 법원 직권에 의하여 친고죄가 아닌 범죄를 친고죄로 인정한 경우 항소심에 이르러 비로소 고소인이 고소를 취소하였다면 이는 친고죄에 대한 고소취소로서의 효력이 있다.
⑤ '의사인 피고인이 갑 병원의 실제 운영자인 을에게 의사면허증을 대여하였다'는 공소사실과 '의사인 피고인이 의사면허 없는 을과 공모하여 을이 피고인 명의로 갑 병원을 개설하였다'는 공소사실은 서로 동일성이 인정되지 않는다.

해설

① (○) 제298조 제2항. 공소장변경요구는 심리의 경과에 비추어 상당하다고 인정되는 때에 해야 한다.

② (×) 대법원 2005. 7. 8, 2005도279. 법원으로서는 그 중 어느 하나를 임의로 선택할 수 있는 것이 아니라 검사에게 공소사실 및 적용법조에 관한 석명을 구하여 공소장을 보완하게 한 다음 이에 따라 심리 판단하여야 할 것이다.
③ (×) 대법원 2013.7.26, 2013도6182. 법원이 공소장을 변경하지 않고도 인정할 수 있는 사실에 대한 법정형을 기준으로 하면 공소제기 당시 이미 공소시효가 완성된 경우에도 공소시효의 완성을 이유로 면소판결을 선고하여야 한다.
④ (×) 대법원 1999. 4. 15, 96도1922(전원합의체). 항소심에서 공소장변경절차를 거치지 아니하고 법원 직권에 의하여 친고죄가 아닌 범죄를 친고죄로 인정하였더라도 항소심을 제1심이라 할 수는 없는 것이므로, 항소심에 이르러 비로소 고소인이 고소를 취소하였다면 이는 친고죄에 대한 고소취소로서의 효력은 없다.
⑤ (×) 동일성이 인정된다(대법원 2012.9.13, 2010도11338). [답 ①]

03. 공소장변경을 요하는 경우를 모두 고르면? (다툼이 있는 경우 판례에 의함)

(가) 강도상해죄로 기소된 것을 주거침입죄 및 상해죄로 인정하는 경우
(나) 허위사실적시 출판물에 의한 명예훼손죄로 기소된 것을 사실적시 출판물에 의한 명예훼손죄로 인정하는 경우
(다) 장물보관죄로 기소된 것을 업무상과실 장물보관죄로 인정하는 경우
(라) 수뢰후 부정처사죄로 기소된 것을 뇌물수수죄로 인정하는 경우
(마) 특수강도죄로 기소된 것을 특수공갈죄로 인정하는 경우
(바) '흉기를 휴대하여 타인의 재물을 갈취하였다'는 공소사실을 폭력행위 등 처벌에 관한 법률 제3조 제1항에 함께 규정되어 있는 '다중의 위력으로써 타인의 재물을 갈취하였다'는 것으로 인정하는 경우

① (가), (다), (라), (마), (바) ② (가), (나), (라), (바) ③ (가), (다), (바)
④ (다), (마), (바) ⑤ (다), (바)

해설

(가) (불요) 대법원 1996. 5. 10, 96도755.
(나) (불요) 대법원 1997. 2. 14, 96도2234 ; 대법원 2008. 10. 9, 2007도1220(다만, 법원이 공소사실의 동일성이 인정되는 범위 내에서 공소가 제기된 범죄사실에 포함된 이보다 가벼운 범죄사실을 공소장변경 없이 직권으로 인정할 수 있는 경우라고 하더라도, 공소가 제기된 범죄사실과 대비하여 볼 때 실제로 인정되는 범죄사실의 사안이 중대하여 공소장이 변경되지 않았다는 이유로 이를 처벌하지 않는다면 적정절차에 의한 신속한 실체적 진실의 발견이라는 형사소송의 목적에 비추어 현저히 정의와 형평에 반하는 것으로 인정되는 경우가 아닌 한, 법원이 직권으로 그 범죄사실을 인정하지 아니하였다고 하여 위법한 것은 아니다). 이에 반하여, 검사가 형법 제307조 제1항의 사실적시 명예훼손죄로

기소한 공소사실에 대하여 법원이 공소장의 변경 없이 그보다 형이 중한 형법 제307조 제2항의 허위사실적시 명예훼손죄를 인정하는 것은 피고인의 방어권 행사에 불이익을 주는 것으로서 허용될 수 없다(대법원 2001. 11. 27, 2001도5008).

(다) (필요) 대법원 1984. 2. 28, 83도3334. 장물보관죄로 공소제기된 사건을 검사의 공소장변경 절차 없이 업무상과실 장물보관죄로 의율 처단할 수는 없다.

(라) (불요) 대법원 1999. 11. 9, 99도2530.

(마) (필요) 대법원 1968. 9. 19, 68도995(전원합의체).

(바) (필요) 대법원 2013. 6. 27, 2013도3983. 비록 함께 규정되어 있기는 하지만, 그 행위태양이 전혀 다르고 그에 대응할 피고인의 방어행위 역시 달라질 수밖에 없으므로 공소장변경의 절차를 거쳐야 할 것이다. [답 ④]

04. 공소장변경이 허용되지 않는 경우는? (다툼이 있는 경우 판례에 의함)

① 거래처로부터 수금한 돈을 보관하던 중 횡령하였다는 공소사실을 그 돈의 수금권한이 없는데도 있는 것처럼 가장하고 수금하여 이를 편취하였다고 변경하는 경우

② 절도죄로 공소제기된 피고인이 장물을 보관하고 있었다고 주장하는 경우에 절도의 공소사실을 장물보관죄로 변경하는 경우

③ 피고인이 피해자를 살해하려고 목을 누르는 등 폭행을 가하였으나 미수에 그쳤다는 살인미수의 공소사실을 피고인이 피해자를 강간하려고 위와 같은 폭행을 가하였으나 미수에 그치고 피해자에게 상해를 입혔다는 강간치상으로 변경하는 경우

④ 회사의 대표이사가 회사 자금을 빼돌려 횡령하였다는 공소사실에 그 일부를 배임증재에 공여하였다는 사실을 추가하는 경우

⑤ 흉기를 휴대하고 다방에 모여 강도예비를 하였다는 공소사실을 정당한 이유 없이 폭력범죄에 공용될 우려가 있는 흉기를 휴대하고 있었다는 폭력행위등처벌에관한법률 제7조 소정의 죄로 변경하는 경우

해설

① (○) 허용된다(대법원 1984. 2. 28, 83도3074).

② (○) 허용된다(대법원 1999. 5. 14, 98도1483).

③ (○) 허용된다(대법원 1984. 6. 26, 84도666).

④ (×) 허용되지 않는다. 횡령죄와 배임증재죄는 별개의 범죄이므로 기본적 사실관계가 동일하지 않다(대법원 2010. 5. 13, 2009도13463).

⑤ (○) 허용된다(대법원 1987. 1. 20, 86도2396). [답 ④]

05. 공소사실의 동일성을 인정할 수 있는 경우는? (다툼이 있는 경우 판례에 의함)

① 과실로 교통사고를 발생시켰다는 '교통사고처리 특례법 위반죄'와 고의로 교통사고를 낸 뒤 보험금을 청구하여 수령하거나 미수에 그쳤다는 '사기 및 사기미수죄'

② 공동피고인이 피해자로부터 강취한 피해자 소유의 국민카드 1매를 장물인 정을 알면서도 교부받아 취득하였다는 공소사실과 피고인이 공동피고인과 합동하여 피해자를 폭행하여 상해를 입히고 같은 재물을 강취하였다는 강도상해죄사실

③ 경범죄처벌법상 통고처분에 의하여 범칙금을 납부한 '인근소란'의 범칙행위와 '흉기휴대상해'의 폭력행위 등 처벌에 관한 법률 위반의 공소사실

④ 상습범 아닌 단순사기죄의 공소사실과 위 사실과 함께 상습성이 인정되어 포괄일죄의 관계에 있다고 인정되는 기간 안에 범하여진 사기죄의 범죄사실

⑤ 참고인에 대하여 허위진술을 하여 달라고 요구하면서 이에 불응하면 어떠한 위해를 가할 듯한 태세를 보여 외포케 하여 참고인을 협박하였다는 공소사실과 위와 같이 협박하여 겁을 먹은 참고인으로 하여금 허위로 진술케 함으로써 수사기관에 검거되어 신병이 확보된 채 조사를 받고 있던 자를 증거불충분으로 풀려나게 하여 도피케 하였다는 범인도피죄의 공소사실

해설

① (×) 동일성이 인정되지 않는다(대법원 2010. 2. 25, 2009도14263).
② (×) 대법원 1994. 3. 22, 93도2080(전원합의체).
③ (×) 대법원 2011. 4. 28, 2009도12249. 경범죄처벌법상 범칙금제도는 형사절차에 앞서 경찰서장 등의 통고처분에 의하여 일정액의 범칙금을 납부하는 기회를 부여하여 그 범칙금을 납부하는 사람에 대하여는 기소를 하지 아니하고 사건을 간이하고 신속, 적정하게 처리하기 위하여 처벌의 특례를 마련해 둔 것이라는 점에서 법원의 재판절차와는 제도적 취지 및 법적 성질에서 차이가 있다. 그리고 범칙금의 납부에 따라 확정판결에 준하는 효력이 인정되는 범위는 범칙금 통고의 이유에 기재된 당해 범칙행위 자체 및 그 범칙행위와 동일성이 인정되는 범칙행위에 한정된다. 따라서 범칙행위와 같은 시간과 장소에서 이루어진 행위라 하더라도 범칙행위의 동일성을 벗어난 형사범죄행위에 대하여는 범칙금의 납부에 따라 확정판결에 준하는 일사부재리의 효력이 미치지 아니한다. 또한 대법원 2012.9.13., 2011도6911은 '인근소란' 범칙행위와 '중상해'의 사실 사이에 동일성이 없다고 하였다.

④ (×) 대법원 2004. 9. 16, 2001도3206(전원합의체). 상습범으로서 포괄적 일죄의 관계에 있는 여러 개의 범죄사실 중 일부에 대하여 유죄판결이 확정된 경우에, 그 확정판결의 사실심판결 선고 전에 저질러진 나머지 범죄에 대하여 새로이 공소가 제기되었다면 그 새로운 공소는 확정판결이 있었던 사건과 동일한 사건에 대하여 다시 제기된 데 해당하므로 이에 대하여는 판결로써 면소의 선고를 하여야 하는 것인바, 다만 이러한 법리가 적용되기 위해서는 전의 확정판결에서 당해 피고인이 상습범으로 기소되어 처단되었을 것을 필요로 하는 것이고, 상습범 아닌 기본 구성요건의 범죄로 처단되는 데 그친 경우에는, 가사 뒤에 기소된 사건에서 비로소 드러났거나 새로 저질러진 범죄사실과 전의 판결에서 이미 유죄로 확정된 범죄사실 등을 종합하여 비로소 그 모두가 상습범으로서의 포괄적 일죄에 해당하는 것으로 판단된다 하더라도 뒤늦게 앞서의 확정판결을 상습범의 일부에 대한 확정판결이라고 보아 그 기판력이 그 사실심판결 선고 전의 나머지 범죄에 미친다고 보아서는 아니 된다(같은 취지: 대법원 2010. 2. 11, 2009도12627).

⑤ (○) 공소사실의 동일성이 인정된다(대법원 1987. 2. 10, 85도897). [답 ⑤]

06. **공소장변경에 대한 설명 중 옳은 것은?** (다툼이 있는 경우 판례에 의함)

① 성폭력범죄의 처벌 등에 관한 특례법 제3조 제1항의 주거침입에 의한 강간미수죄와 주거침입에 의한 강제추행죄의 법정형은 동일하지만, 법원이 성폭력범죄의 처벌 등에 관한 특례법상 주거침입강간미수의 공소사실을 공소장변경 없이 직권으로 같은 법의 주거침입강제추행죄로 인정하는 것은 위법하다.

② 약 4개월간의 치료를 요하는 상해라고 기재된 것을 약 8개월간의 치료를 요하는 것으로 인정하는 경우 공소장변경이 필요하지 않지만, 뇌물전달자를 다르게 인정하는 경우 공소장변경을 필요로 한다.

③ 강간치상으로 공소가 제기된 경우 공소장변경절차 없이 준강제추행죄를 인정할 수 없다.

④ 형법상의 상습절도로 기소된 피고인에게 특정범죄가중처벌 등에 관한 법률상의 상습절도를 인정하는 경우 공소장변경을 요하지 않는다.

⑤ 약식명령에 대하여 피고인만이 정식재판을 청구하였는데, 검사가 법정형에 유기징역형만 있는 죄의 공소사실을 예비적으로 추가하는 내용의 공소장변경을 신청한 경우 법원이 공소사실의 동일성을 인정하면서도 불이익변경금지의 원칙을 이유로 공소장변경허가신청을 불허한 것은 정당하다.

✍ **해설**

① (○) 대법원 2008. 9. 11, 2008도2409. 법정형은 동일하지만, 주거침입강간미수의 경우 형법 제25조 제2항에 의한 미수감경을 할 수 있어 법원의 감경 여부에 따라 처단형의 하한에 차이가 발생할 수 있으므로 법원이 주거침입강간미수의 공소사실을 공소장변경 없이 직권으로 주거침입강제추행죄로 인정하여 미수감경의 가능성을 배제하는 것은 피고인의 방어권 행사에 실질적인 불이익을 초래할 염려가 있어 위법하다.

② (×) 모두 공소장변경을 요하지 않는다(대법원 1984. 10. 23, 84도1803 ; 대법원 1984. 5. 29, 84도682).

③ (×) 대법원 2008. 5. 29, 2007도7260. 준강제추행죄는 강간치상죄의 공소사실과 동일성이 인정되고 공소제기된 범죄사실에 포함되어 충분히 심리되었으므로 별도의 공소장변경절차 없이 준강제추행죄를 인정할 수 있다.

④ (×) 공소장변경이 필요하다(대법원 2007. 12. 27, 2007도4749).

⑤ (×) 대법원 2013.2.28, 2011도14986. 약식명령에 대하여 피고인만이 정식재판을 청구하였는데, 검사가 당초 사문서위조 및 위조사문서행사의 공소사실로 공소제기하였다가 제1심에서 사서명위조 및 위조사서명행사의 공소사실을 예비적으로 추가하는 내용의 공소장변경을 신청한 경우, 두 공소사실은 기초가 되는 사회적 사실관계가 기본적인 점에서 동일할 뿐만 아니라, 주위적 공소사실이 유죄로 되면 예비적 공소사실은 주위적 공소사실에 흡수되고 주위적 공소사실이 무죄로 될 경우에만 예비적 공소사실의 범죄가 성립할 수 있는 관계에 있어 규범적으로 보아 공소사실의 동일성이 있다고 보이고, 나아가 피고인에 대하여 사서명위조와 위조사서명행사의 범죄사실이 인정되는 경우에는 비록 사서명위조죄와 위조사서명행사죄의 법정형에 유기징역형만 있다 하더라도 형사소송법 제457조의2에서 규정한 불이익변경금지 원칙이 적용되어 벌금형을 선고할 수 있으므로, 위와 같은 불이익변경금지 원칙 등을 이유로 공소장변경을 불허할 것은 아닌데도, 이를 불허한 채 원래의 공소사실에 대하여 무죄를 선고한 제1심판결을 그대로 유지한 원심의 조치에 공소사실의 동일성이나 공소장변경에 관한 법리오해의 위법이 있다. [답 ①]

07. **공소장변경에 관한 다음 설명 중 옳은 것은?** (다툼이 있는 경우 판례에 의함) 〈법무부 모의시험 2010 변형〉

① 피고인의 상고에 의하여 상고심에서 원심판결을 파기하고 사건을 항소심에 환송한 경우에는 공소사실의 동일성이 인정되더라도 공소장변경이 허용되지 아니한다.

② 공소사실의 동일성을 해하지 않는 범위라고 하더라도 피고인에게 불리한 경우에는 법원은 공소장의 변경을 허가하지 않을 수 있다.

③ 간이공판절차에서는 공소장의 변경이 허용되지 아니한다.

④ 적용법조의 기재에 오기나 누락이 있는 경우라 할지라도 이로 인하

여 피고인의 방어에 실질적인 불이익을 주지 않는 한 법원이 공소장변경 없이 공소장에 기재되어 있지 않은 법조를 적용할 수 있다.

⑤ 법원이 단독정범으로 기소된 것을 공동정범으로 인정하려는 경우에는 반드시 공소장을 변경하여야 한다.

해설

① (×) 대법원 2004. 7. 22, 2003도8153. 현행법상 형사항소심의 구조가 사후심으로서의 성격만을 가지는 것은 아니므로, 공소사실의 동일성이 인정되면 공소장변경이 허용된다.

② (×) 제298조 제1항. 검사의 공소장변경신청이 공소사실의 동일성을 해하지 아니하는 한 법원은 이를 허가하여야 한다(대법원 1999. 5. 14, 98도1438). 즉, 공소장변경에 대한 법원의 허가 여부의 기준은 공소사실의 동일성일 뿐 피고인의 유·불리가 아니다.

③ (×) 간이공판절차에서는 증거조사절차의 간이화(제297조의2), 증거능력제한의 완화(제318조의3)를 제외하고 일반 공판절차 규정이 적용되므로 공소장변경이 허용된다.

④ (○) 대법원 2006. 4. 28, 2005도4085.

⑤ (×) 대법원 2007. 4. 26, 2007도309. 단독범으로 기소된 것을 다른 사람과 공모하여 동일한 내용의 범행을 한 것으로 인정하는 경우에는 이 때문에 피고인에게 불의의 타격을 주어 그 방어권의 행사에 실질적 불이익을 줄 우려가 있지 아니하는 경우에는 반드시 공소장변경을 필요로 한다고 할 수 없다. [답 ④]

08. 공소장변경에 대한 설명 중 옳은 것을 모두 고르면? (다툼이 있는 경우 판례에 의함)

> ㈎ 공소장변경은 제1심은 물론 항소심에서도 가능하다.
> ㈏ 공소장변경 허가결정에 대하여 항고의 방법으로 불복할 수 있다.
> ㈐ 공소사실의 동일성이 인정되지 않는 등의 사유로 공소장변경 허가결정에 위법사유가 있는 경우에는 공소장변경 허가를 한 법원이 스스로 이를 취소할 수 있다.
> ㈑ 장물취득으로 기소된 피고인에게 장물보관이 인정되는 경우 공소장이 변경되지 않았다는 이유로 장물보관으로 처벌하지 않는 것은 위법하다.
> ㈒ 쇠젓가락에 의한 상해로 기소된 피고인에게 단순상해가 인정되는 경우 공소장이 변경되지 않았다는 이유로 단순상해로 처벌하지 않는 것은 위법하다.

① ㈎, ㈏, ㈐, ㈑ ② ㈎, ㈏, ㈑, ㈒ ③ ㈎, ㈐, ㈑

④ (가), (다) ⑤ (라), (마)

해설

(가) (○) 대법원 1999. 9. 21, 99도2484 ; 대법원 2008. 9. 25, 2008도7052.

(나) (×) 대법원 1987. 3. 28, 87모17. 판결 전의 소송절차에 관한 결정에 대하여는 특히 즉시항고를 할 수 있는 경우 외에는 항고를 하지 못하는 것인바 공소사실 또는 적용법조의 추가, 철회 또는 변경의 허가에 관한 결정은 판결 전의 소송절차에 관한 결정이라 할 것이므로, 그 결정을 함에 있어서 저지른 위법이 판결에 영향을 미친 경우에 한하여 그 판결에 대하여 상소를 하여 다툼으로써 불복하는 외에는 당사자가 이에 대하여 독립하여 상소할 수 없다.

(다) (○) 대법원 2001. 3. 27, 2001도116.

(라) (○) 대법원 2003. 5. 13, 2003도1366.

(마) (×) 대법원 2007. 8. 23, 2007도3710. 공소사실의 동일성 범위 내에서는 피고인의 방어권 행사에 불이익이 없는 한 법원이 공소사실에 포함된 보다 가벼운 죄를 인정할 수 있다고 하더라도 법원이 언제나 그와 같이 할 의무가 있는 것은 아니며, 피고인이 위험한 물건인 쇠젓가락으로 피해자의 우측 눈 부분을 찔러서 피해자에게 상해를 가하였다는 공소사실에 대하여 원심은 피고인이 쇠젓가락으로 피해자를 찔렀다거나 또는 피해자의 눈에 쇠젓가락에 찔린 것과 같은 예리한 상처가 발생하였음을 인정할 증거가 없다는 이유로 무죄로 선고한 것이므로, 원심이 위 공소사실에 포함된 단순상해의 점에 대하여 유죄로 인정하지 아니한 것이 판단누락이라고 하는 상고이유의 주장은 이유가 없다. [답 ③]

09. 공소장변경에 대한 설명 중 틀린 것은? (다툼이 있는 경우 판례에 의함)

① 기소된 공소사실의 재산상의 피해자와 공소장기재의 피해자가 다른 것이 판명된 경우에는 공소사실에 있어서 동일성을 해하지 아니하고 피고인의 방어권 행사에 실질적 불이익을 주지 아니하는 한 공소장변경절차 없이 직권으로 공소장기재의 사기피해자와 다른 실제의 피해자를 적시하여 이를 유죄로 인정하여야 한다.

② 친고죄로 기소된 후에 피해자의 고소가 취소되더라도 제1심이나 항소심에서 당초에 기소된 공소사실과 동일성이 인정되는 범위 내에서 다른 공소사실로 공소장을 변경할 수 있으며 이러한 경우 변경된 공소사실에 대하여 심리 · 판단하여야 한다.

③ 피고인이 재정하는 공판정에서 검사가 구술로 공소장변경신청을 하자 피고인이 이에 동의하였고 법원도 위 변경신청을 기각하지 아니한 채 바로 다음 공판절차를 진행하였다면, 법원이 공소장변경신청에 대하여 명시적인 허가결정을 하지 아니하였다 하더라도 그 허가가 있었던 것으로 봄이 상당하다.

④ 공소장의 적용법조의 오기나 누락으로 잘못 기재된 적용법조에 규정된 법정형보다 법원이 그 공소장의 적용법조의 오기나 누락을 바로잡아 직권으로 적용한 법조에 규정된 법정형이 더 무겁다는 이유만으로 그 법령적용이 불고불리의 원칙에 위배되어 위법하다고 할 수 없다.

⑤ 동업으로 인한 배임죄의 신분관계가 있음을 전제로 배임죄의 공범으로 기소된 자에 대하여 심리 결과 동업관계는 인정되지 아니하나 동업관계가 없는 자가 비신분자로서 신분이 있는 자와 공모하여 배임죄를 저지른 사실이 인정되는 경우 공소장변경 없이는 비신분자에 대하여 형법 제33조 본문에 의하여 배임죄의 공범으로 처단할 수 없다.

해설

① (○) 대법원 2002. 8. 23, 2001도6876.
② (○) 대법원 2011. 5. 13, 2011도2233.
③ (○) 대법원 2002. 3. 29, 2002도587.
④ (○) 대법원 2006. 4. 14, 2005도9743.
⑤ (×) 대법원 2003. 10. 24, 2003도4027. 피고인의 방어권 행사에 실질적인 불이익을 초래할 염려가 없다면 공소장변경 없이도 비신분자에 대하여 형법 제33조 본문에 의하여 배임죄의 공범으로 처단할 수 있다. [답 ⑤]

◇관련판례◇

대법원 2006. 5. 25, 2004도3934 : 법원은 공소사실의 동일성이 인정되는 범위 내에서 공소가 제기된 범죄사실에 포함된 보다 가벼운 범죄사실이 인정되는 경우에 심리의 경과에 비추어 피고인의 방어권 행사에 실질적 불이익을 초래할 염려가 없다고 인정되는 때에는 공소장이 변경되지 않았더라도 직권으로 공소장에 기재된 공소사실과 다른 공소사실을 인정할 수 있고, 이러한 이치는 공소제기된 범죄는 친고죄나 피해자의 명시한 의사에 반하여 처벌할 수 없는 이른바 반의사불벌죄가 아닌 반면 법원이 직권으로 인정하는 범죄는 친고죄나 반의사불벌죄라 하여 달라질 것은 아니다.

10. 판례에 의할 때 법원이 공소장변경 없이도 유죄판결을 해야 하는 경우를 모두 고르면?

(가) 피고인이 공범과 공모하여 사문서위조죄를 저지른 것으로 공소제기되었으나, 피고인이 제3자가 실제 사문서를 위조하였다고 주장함에 따라 그에 관하여 증거조사 등 심리를 진행한 결과 피고인이

공범 및 위 제3자와 함께 공모하여 사문서위조 범행을 저지른 것으로 밝혀진 경우
(나) 사기죄의 공소사실과 증거에 의하여 인정되는 범죄사실 사이에 피해자의 재산상의 처분행위로 인한 이익이 누구에게 귀속되는가 하는 점에 차이가 있을 뿐인 경우
(다) 횡령죄의 공소사실은 인정되지 않지만 배임죄가 인정되는 경우
(라) 허위사실 적시에 의한 명예훼손으로 기소되었으나 적시한 사실이 허위임에 대한 입증이 없어 사실적시에 의한 명예훼손죄가 인정되는 경우

① (가), (나) ② (가), (라) ③ (가), (나), (다)
④ (가), (나), (라) ⑤ (가), (나), (다), (라)

해설

(가) (○) 대법원 2006. 4. 13, 2005도9268 판결은 “원심으로서는 따로 공소장변경절차 없이도 직권으로 피고인, 공범 및 위 제3자의 공모에 의한 사문서위조죄를 인정하였어야 한다”는 이유로, 이 부분 공소사실에 대하여 무죄를 선고한 원심판결을 파기하였다.
(나) (○) 대법원 2002. 11. 22, 2000도4419 판결은 “공소제기된 사실과 증거에 의하여 인정되는 범죄사실 사이에 피해자의 재산상의 처분행위로 인한 이익이 누구에게 귀속되는가 하는 법적 평가에 차이가 있을 뿐 공소사실의 동일성이 인정되는 범위 내이고, 피고인을 증거에 의하여 인정되는 범죄사실로 유죄로 인정하더라도 피고인의 방어권 행사에 실질적인 불이익을 초래할 염려가 있다고 보이지 아니하며, 단순히 피고인이 직접 이익을 취득한 것이 아니라는 이유만으로 피고인을 처벌하지 아니하는 것은 현저히 정의와 형평에 반하므로, 법원은 직권으로 그 범죄사실을 유죄로 인정하여야 한다”고 하였다.
(다) (×) 대법원 2008. 6. 26, 2007도11125. 법원이 횡령죄의 공소사실에 대하여 무죄를 선고하면서 공소장변경 없이 직권으로 배임죄로 처벌하지 않은 것은 위법하지 않다.
(라) (×) 대법원 2008. 10. 9, 2007도1220. 형법 제307조 제2항의 허위사실적시에 의한 명예훼손의 공소사실 중에는 같은 조 제1항 소정의 사실적시에 의한 명예훼손의 공소사실이 포함되어 있으므로, 허위사실 적시에 의한 명예훼손으로 기소된 사안에서 적시한 사실이 허위임에 대한 입증이 없다면 법원은 공소장변경절차 없이도 직권으로 사실적시에 의한 명예훼손죄를 인정할 수 있다 할 것이나, 다만 법원이 공소사실의 동일성이 인정되는 범위 내에서 공소가 제기된 범죄사실에 포함된 이보다 가벼운 범죄사실을 공소장변경 없이 직권으로 인정할 수 있는 경우라고 하더라도 공소가 제기된 범죄사실과 대비하여 볼 때 실제로 인정되는 범죄사실의 사안이 중대하여 공소장이 변경되지 않았다는 이유로 이를 처벌하지 않는다면 적정절차에 의한 신속한 실체적 진실의 발견이라는

형사소송의 목적에 비추어 현저히 정의와 형평에 반하는 것으로 인정되는 경우가 아닌 한, 법원이 직권으로 그 범죄사실을 인정하지 아니하였다고 하여 위법한 것이라고까지 볼 수는 없다. [답 ①]

◇관련판례◇ 축소사실의 인정 의무 여부

(1) 축소사실을 인정하지 않은 것이 위법한 경우

1) 대법원 2004. 4. 9, 2003도7828 : 검사가 재물 편취의 사기죄로 공소를 제기하였으나 실제로는 이익 편취의 사기죄가 인정되는 경우, 재물 편취의 범죄사실과 이익 편취의 범죄사실을 비교하여 볼 때, 그 금액, 기망의 태양, 피해의 내용이 실질에 있어 동일하여 피해자를 기망하여 금원을 편취하였다는 기본적 사실에 아무런 차이가 없으므로 공소사실의 동일성을 벗어났다고 볼 수 없고, 피고인도 편취의 범의를 제외한 나머지 공소사실을 인정하고 있어 피고인의 방어에 불이익이 있다고 볼 수도 없으므로, 원심으로서는 공소장변경절차가 없더라도 이 부분 공소사실을 이익 편취의 사기죄로 인정할 수 있는지 여부에 대하여 심리하였어야 한다.

2) 대법원 2002. 11. 8, 2002도3881 : 향정신성의약품을 제조·판매하여 영리를 취할 목적으로 그 원료가 되는 물질을 소지한 것이라는 공소사실에 대하여 비록 영리의 목적이 인정되지 않더라도 무죄를 선고할 것이 아니라 위 공소사실에 포함된 향정신성의약품을 제조할 목적으로 그 원료가 되는 물질을 소지한 범죄사실을 공소장변경 없이 유죄로 인정하여야 한다.

3) 대법원 1999. 11. 9, 99도3674 : 히로뽕 투약죄의 기수범으로 기소된 공소사실에 대하여 실행행위에 착수한 사실은 인정되나 기수에 이른 사실은 인정되지 않는 경우, 마약류의 심각한 폐해와 마약사범의 급속한 증가현상에 비추어 볼 때 히로뽕 투약의 경우 그 미수범도 기수범에 못지않게 그 사안이 중대하다고 할 것이어서 공소장이 변경되지 않았다는 이유로 이를 처벌하지 않으면 현저히 정의와 형평에 반한다고 여겨지므로, 심리의 경과에 비추어 그 미수의 범죄사실을 인정한다고 하여 피고인의 방어권 행사에 실질적인 불이익을 초래할 염려가 있다고 보여지지 않는다면 법원은 공소사실에 포함된 히로뽕 투약 미수의 범죄사실을 유죄로 인정하여야 한다.

(2) 축소사실을 인정하지 않은 것이 위법하지 않은 경우

1) 대법원 2007. 10. 25, 2007도4663 : 부동산 명의수탁자를 처벌하는 규정인 부동산 실권리자명의 등기에 관한 법률 제7조 제2항 위반죄의 간접정범으로 공소가 제기되었는데, 공소장의 변경 없이 부동산 명의신탁행위의 방조범을 처벌하는 규정인 위 법률 제7조 제3항 위반죄가 성립되는지 여부를 심리하여 처벌하지 아니한 경우.

2) 대법원 2006.3.9, 2004도206 : 공동정범으로 기소된 사건에서, 공동정범에 해당하지는 아니하고 방조범으로는 처벌할 수 있는 경우.
3) 대법원 2001.12.11, 2001도4013 : 특수강도의 공소사실은 인정할 수 없으나 공동 폭행·협박 또는 특수강도 종범에 관한 사실은 인정되는 경우.
4) 대법원 1997.8.26, 97도1452 : 성폭력범죄의처벌및피해자보호등에관한법률위반죄를 심리한 결과 강간의 점은 인정되지 아니하나 상해의 점은 인정되는 경우.
5) 대법원 1997.2.14, 96도2234 : 허위사실적시 출판물에 의한 명예훼손으로 공소가 제기되었으나 사실적시 출판물에 의한 명예훼손이나 사실적시 명예훼손이 인정되는 경우.

11. **공소사실의 동일성이 인정되는 경우 공소장변경의 절차 없이도 법원이 직권으로 유죄를 인정할 수 있는 것을 모두 고른 것은?** (다툼이 있는 경우 판례에 의함) 〈변호사 2012〉

㈎ 배임죄로 기소된 공소사실에 대하여 횡령죄를 인정한 경우
㈏ 피해자의 적법한 고소가 있어 강간죄로 기소된 공소사실에 대하여 폭행죄만을 인정한 경우
㈐ 동일한 범죄사실을 가지고 포괄일죄로 기소된 공소사실에 대하여 실체적 경합관계에 있는 수죄를 인정한 경우
㈑ 살인죄로 기소된 공소사실에 대하여 폭행치사죄를 인정한 경우
㈒ 미성년자 약취 후 재물을 요구하였으나 취득하지는 못한 자에 대하여 '미성년자 약취 후 재물취득 미수'에 의한 특정범죄 가중처벌 등에 관한 법률 위반죄로 기소된 공소사실에 대하여 '미성년자 약취 후 재물요구 기수'에 의한 같은 법 위반죄를 인정한 경우

① ㈎, ㈏, ㈐ ② ㈎, ㈏, ㈒ ③ ㈏, ㈐, ㈑
④ ㈏, ㈑, ㈒ ⑤ ㈐, ㈑, ㈒

해설

㈎ (불요) 대법원 1999.11.26, 99도2651. 횡령죄와 배임죄는 다 같이 신임관계를 기본으로 하고 있는 같은 죄질의 재산범죄로서 그 형벌에 있어서도 경중의 차이가 없고 동일한 범죄사실에 대하여 단지 법률적용만을 달리하는 경우에 해당하므로 법원은 배임죄로 기소된 공소사실에 대하여 공소장변경 없이도 횡령죄를 적용하여 처벌할 수 있다.
㈏ (불요) 대법원 2010.11.11, 2010도10512.

㈐ (불요) 대법원 2005.10.28, 2005도5996. 법원이 동일한 공소 범죄사실을 가지고 포괄일죄로 보지 아니하고 실체적 경합관계에 있는 수죄로 인정하였다고 하여도 이는 다만 죄수에 관한 법률적 평가를 달리한 것에 불과할 뿐이지 소추대상인 공소사실과 다른 사실을 인정한 것도 아니고 또 피고인의 방어권 행사에 실질적으로 불이익을 초래할 우려도 없어서 공소장변경을 요하지 않는다.
㈑ (필요) 대법원 2001.6.29, 2001도1091. 살인죄의 범죄사실에 대하여는 그 증명이 없으나 폭행치사죄의 증명이 있는 경우에도 살인죄의 구성요건이 반드시 폭행치사 사실을 포함한다고 할 수 없고, 따라서 공소장변경 없이 폭행치사죄를 인정함은 결국 폭행치사죄에 대한 피고인의 방어권 행사에 불이익을 주는 것이므로, 법원은 위와 같은 경우에 검사의 공소장변경 없이는 이를 폭행치사죄로 처단할 수 없다.
㈒ (필요) 대법원 2008.7.10, 2008도3747. [답 ①]

12. 공소장변경에 관한 다음 설명 중 옳은 것은? (다툼이 있는 경우 판례에 의함)

〈변호사 2013〉

① 비록 사실인정에 변화가 없고 그 사실에 대한 법률적 평가만을 달리하는 경우라도, 배임죄로 기소된 공소사실에 대하여 법원이 공소장변경 없이 횡령죄로 인정하는 것은 구성요건을 달리하는 것이어서 허용되지 않는다.
② 공소사실의 동일성이 인정되더라도 법원은 허위사실 적시 출판물에 의한 명예훼손의 공소사실에 대하여 공소장변경 없이 사실 적시 출판물에 의한 명예훼손죄로 처벌할 수 없다.
③ 일반법과 특별법의 동일한 구성요건에 모두 해당하는 범죄사실에 대하여 검사가 형이 가벼운 일반법을 적용하여 기소한 경우 법원이 공소장변경 없이 형이 더 무거운 특별법위반의 죄로 처단할 수 없다.
④ 동일한 범죄사실에 대하여 포괄일죄로 기소된 것을 법원이 공소장변경 없이 실체적 경합으로 인정하는 것은 허용되지 아니한다.
⑤ 공소장변경은 서면에 의하여야 하므로, 피고인이 공판정에 재정하여 그 동의하에 검사가 공판정에서 구술로 공소장변경허가신청을 한 경우에는 법원이 이를 허가하였더라도 효력이 없다.

해설

① (×) 대법원 1999.11.26, 99도2651.
② (×) 대법원 1993.9.24, 93도1732. 허위사실 적시 출판물 등에 의한 명예훼손의 공소사실 중에는 사실 적시 출판물 등에 의한 명예훼손의 공소사실도 포함되어 있는 것이므로, 적시된 사실이 허위사실이 아니라면 법원은 공소장변경 절차 없이도 사실 적시 출판물 등에 의한 명예훼손죄로 인정할 수 있다.

③ (○) 대법원 2008.3.14, 2007도10601. 비록 그 공소사실에 변경이 없고 적용법조의 구성요건이 완전히 동일하다 하더라도, 그러한 적용법조의 변경이 피고인의 방어권 행사에 실질적인 불이익을 초래한다고 보아야 하며, 따라서 법원은 공소장변경 없이는 형이 더 무거운 특별법의 법조를 적용하여 특별법 위반의 죄로 처단할 수는 없다.
④ (×) 대법원 2005.10.28, 2005도5996.
⑤ (×) 형사소송규칙 제142조 제5항. 대법원 2002.3.29, 2002도587. [답 ③]

13. 공소장변경에 관한 설명 중 옳지 않은 것은? (다툼이 있는 경우 판례에 의함)

〈변호사 2015〉

① 피해자가 제1심에서 처벌불원의사를 표시한 후에도 검사가 항소하여 계속된 항소심에서 공소사실을 폭행에서 상해로 변경하는 공소장변경을 할 수 있고, 이 경우 항소심이 변경된 공소사실인 상해의 점에 대해 심리·판단하여 유죄로 인정한 것은 정당하다.
② 관세포탈미수로 인한 특정범죄 가중처벌 등에 관한 법률위반(관세)죄로 공소제기된 경우에는 공소장변경 없이 관세포탈예비로 인한 특정범죄 가중처벌 등에 관한 법률위반(관세)죄로 인정할 수 없다.
③ 피고인의 방어권 행사에 실질적인 불이익을 초래할 염려가 없는 경우에는 공소사실과 기본적 사실이 동일한 범위 내에서 법원이 공소장변경절차를 거치지 아니하고 다르게 사실을 인정하였다고 할지라도 불고불리의 원칙에 위배되지 아니한다.
④ 간접정범으로 공소가 제기된 경우, 공소장의 변경 없이 방조범 성립 여부를 심리하여 판단하는 것은 피고인의 방어권 행사에 실질적 불이익을 초래할 염려가 있으므로 위법하다.
⑤ 공소장변경허가에 관한 법원의 결정은 판결 전의 소송절차에 관한 결정이므로 그 결정에 대하여 독립하여 항고할 수 없으나, 공소장변경허가에 관한 결정의 위법이 판결에 영향을 미친 경우에 한하여 그 판결에 대하여 상소를 제기할 수 있다.

해설

① (○) 대법원 2011.5.13, 2011도2233. 친고죄에서 피해자의 고소가 없거나 고소가 취소되었음에도 친고죄로 기소되었다가 그 후 당초에 기소된 공소사실과 동일성이 인정되는 비친고죄로 공소장변경이 허용된 경우 그 공소제기의 흠은 치유되고, 친고죄로 기소된 후에 피해자의 고소가 취소되더라도 제1심이나 항소심에서 당초에 기소된 공소사실과 동일성이 인정되는 범위 내에서 다른 공소사실로 공소장을 변경할 수 있으며 이러한 경우 변경된 공소사실에 대하여 심

리 · 판단하여야 하는데, 이는 반의사불벌죄에서 피해자의 '처벌을 희망하지 아니하는 의사표시' 또는 '처벌을 희망하는 의사표시의 철회'가 있는 경우에도 마찬가지로 보아야 한다.

② (○) 대법원 1983.4.12, 82도2939. 세관직원에게 부탁하여 사위의 방법으로 밀수입하려고 외국에서 구입한 손목시계 등 물품을 가지고 왔다가 통관시켜 줄 세관직원을 찾지 못하여 이를 보세창고에 예치시킨 행위에 대하여 관세포탈미수로 인한 특정범죄 가중처벌 등에 관한 법률위반죄로 공소제기된 경우에는 위 소위가 관세포탈예비로 인한 특정범죄 가중처벌 등에 관한 법률위반죄를 구성한다고 하더라도 검사가 공소장변경을 하지 아니한 이상 법원은 이에 관하여 심판할 수 없다.

③ (○) 대법원 1990.11.13, 90도153; 대법원 2013.12.12, 2013도12803.

④ (×) 일반적으로 간접정범이나 공동정범(대법원 2012.6.28, 2012도2628)으로 기소된 범죄사실을 공소장변경 없이 방조사실로 인정할 수 있다. 다만 대법원 2007.10.25, 2007도4663은 '부동산 명의수탁자를 처벌하는 규정인 부동산 실권리자명의 등기에 관한 법률 제7조 제2항 위반죄의 간접정범으로 공소가 제기된 경우, 공소장의 변경 없이 부동산 명의신탁행위의 방조범을 처벌하는 규정인 위 법률 제7조 제3항 위반죄가 성립되는지 여부를 심리하여 판단하는 것은 피고인의 방어권 행사에 실질적 불이익을 초래할 염려가 없다고 보기 어려울 뿐만 아니라, 이를 심리하여 처벌하지 아니하는 것이 현저히 정의와 형평에 반하여 위법하다고 볼 수도 없다.'고 하였다.

⑤ (○) 대법원 1987.3.28, 87모17. [답 ④]

※ 다음 사례에 관한 아래 각 문항(14. ~ 15.)에 답하시오.

> 甲(1994.4.15.생)은 2011.6.15. 서울중앙지방법원에서 폭력행위 등 처벌에 관한 법률위반(집단 · 흉기 등 상해)죄로 징역 1년에 집행유예 2년을 선고받아 2011.6.22. 판결이 확정되었다.
> 甲은 19세 미만이던 2013.2.1. 11:00경 피해자(여, 55세)가 현금인출기에서 돈을 인출하여 가방에 넣고 나오는 것을 발견하고 오토바이를 타고 피해자를 뒤따라가 인적이 드문 골목길에 이르러 속칭 '날치기' 수법으로 손가방만 살짝 채어 갈 생각으로 피해자의 손가방을 순간적으로 낚아채어 도망을 갔다. 甲이 손가방을 낚아채는 순간 피해자가 넘어져 2주간의 치료가 필요한 상해를 입었다.
> 甲은 같은 날 22:30경 주택가를 배회하던 중 주차된 자동차를 발견하고 물건을 훔칠 생각으로 자동차의 유리창을 통하여 그 내부를 손전등으로 비추어 보다가 순찰 중이던 경찰관에게 검거되었다. 당시 甲은 절도범행이 발각되었을 경우 체포를 면탈하는데 도움이 될 수 있을

것이라는 생각에서 등산용 칼과 포장용 테이프를 휴대하고 있었다.
검사는 2013.2.15. 甲을 강도치상, 절도미수, 강도예비로 기소하였고 재판 도중에 강도예비를 주위적 공소사실로, 「폭력행위 등 처벌에 관한 법률」 제7조 위반을 예비적 공소사실로 공소장변경을 신청하였다.
제1심법원은 2013.3.29. 유죄 부분에 대하여 징역 단기 2년, 장기 4년을 선고하였다.
이에 대하여 甲만 항소하였는데, 항소심법원은 2013.6.28. 판결을 선고하였다.

*참조 조문: 「폭력행위 등 처벌에 관한 법률」 제7조(우범자)
정당한 이유 없이 이 법에 규정된 범죄에 공용될 우려가 있는 흉기 기타 위험한 물건을 휴대하거나 제공 또는 알선한 자는 3년 이하의 징역 또는 300만원 이하의 벌금에 처한다.

14. **위 사례에 관한 설명 중 옳지 않은 것은?** (다툼이 있는 경우에는 판례에 의함) 〈변호사 2014〉

① 甲이 손가방을 낚아채어 달아나면서 피해자에게 상해를 입힌 것은 강도치상죄에 해당하지 아니한다.
② 만일 피해자가 넘어진 상태에서 손가방을 빼앗기지 않으려고 계속 붙잡고 매달리자 甲이 이 상태로 피해자를 10여m 끌고 가 피해자에게 상해를 입힌 경우라면 甲은 강도치상죄로 처벌될 수 있다.
③ 甲의 절도미수의 점은 무죄이다.
④ 강도예비 공소사실에 대하여는 甲에게 단순히 '준강도'할 목적이 있음에 그쳤으므로 강도예비죄로 처벌할 수 없다.
⑤ 강도예비의 공소사실과 "폭력행위 등 처벌에 관한 법률" 제7조 위반의 공소사실은 그 동일성의 범위를 벗어나므로 제1심법원은 공소장변경을 허가하여서는 아니 된다.

해설

① (○) 대법원 2003. 7. 25, 2003도2316.
② (○) 대법원 2007. 12. 13, 2007도7601.
③ (○) 대법원 1985. 4. 23, 85도464. 절도의 예비행위로 볼 수는 있겠으나 타인의 재물에 대한 지배를 침해하는데 밀접한 행위를 한 것이라고는 볼 수 없어 절취행위의 착수에 이른 것이었다고 볼 수 없다.

④ (○) 대법원 2006. 9. 14, 2004도6432.
⑤ (×) 동일성이 인정된다(대법원 1987. 1. 20, 86도2396). [답 ⑤]

15. 위 사례에 관한 설명 중 옳지 않은 것은? (다툼이 있는 경우에는 판례에 의함) 〈변호사 2014〉

① 부정기형의 선고 대상인 소년인지 여부는 행위시가 아니라 재판시를 기준으로 하므로 항소심법원은 甲에게 정기형을 선고하여야 한다.
② 항소심법원이 甲에게 정기형을 선고하여야 한다는 결론이 맞다면 제1심 법원에서 선고된 장기형보다 낮은 징역 3년을 선고하는 것은 불이익변경금지의 원칙에 반하지 않는다.
③ 법원은 공소장변경이 없어도 강도치상죄의 공소사실을 절도죄로 처벌할 수 있다.
④ 甲에게 강도치상죄를 인정하지 않고 절도죄를 인정한 법원의 결론이 맞다면 법원은 판결이유에서 강도치상의 점이 무죄임을 판단하여야 한다.
⑤ 甲은 항소심판결 선고시 집행유예기간이 경과하였으므로 항소심법원이 다시 집행유예를 선고하더라도 위법하지 않다.

해설

① (○) 대법원 1990.4.24, 90도539. 항소심판결 선고 당시 성년이 되었음에도 불구하고 정기형을 선고함이 없이 부정기형을 선고한 제1심 판결을 인용하여 항소를 기각한 것은 위법하다.
② (×) 대법원 2006.4.14, 2006도734. 불이익변경금지 규정을 적용함에 있어, 부정기형과 정기형 사이에 그 경중을 가리는 경우에는 부정기형 중 최단기형과 정기형을 비교하여야 한다.
③ (○) 대법원 2013.12.12, 2013도12803(피고인의 방어권 행사에 실질적인 불이익을 초래할 염려가 없다).
④ (○) 공소제기된 사실을 인정하지 않고 다른 사실을 인정하는 경우 판결이유에서 그 이유를 설명하여야 한다.
⑤ (○) 대법원 2007.7.27, 2007도768. 집행유예기간 중에 범한 죄에 대하여 형을 선고할 때에, 집행유예의 결격사유를 정하는 현행 형법 제62조 제1항 단서의 요건에 해당하는 경우란, 이미 집행유예가 실효 또는 취소된 경우와 그 선고 시점에 미처 유예기간이 경과하지 아니하여 형선고의 효력이 실효되지 아니한 채로 남아 있는 경우로 국한되고, 집행유예가 실효 또는 취소됨이 없이 유예기간을 경과한 때에는 위 단서 소정의 요건에 해당하지 않으므로, 집행유예기간 중에 범한 범죄라고 할지라도 집행유예가 실효 또는 취소됨이 없이 그 유예기간이 경과한 경우에는 이에 대해 다시 집행유예의 선고가 가능하다. [답 ②]

제 3 절 공판준비절차

01. 공판준비절차에 대한 설명 중 옳은 것은? (다툼이 있는 경우 다수설에 의함)

① 국민참여재판의 경우 피고인이 공판전 준비절차를 실시할 것을 신청한 사건에 대하여는 공판준비절차가 필수적이다.

② 공판준비기일이 지정된 사건에 관하여 변호인이 없는 때에는 직권으로 변호인을 선정하여야 한다.

③ 공판전 준비절차는 공판전 준비기일을 열어 소송관계인을 출석시켜 진술하게 하는 방법으로 행한다.

④ 공판준비절차는 제1회 공판기일 전에 이루어지므로 제1회 공판기일 후에는 사건을 공판준비절차에 부칠 수 없다.

⑤ 공판준비기일에서 신청하지 못한 증거는 부득이한 사유를 소명한 경우에 한하여 공판기일에 신청할 수 있으며, 이는 법원의 직권에 의한 증거조사의 경우도 동일하다.

해설

① (×) 국민참여재판에 있어서는 피고인의 신청 여부와 무관하게 공판전 준비절차가 필수적이다(국민의 형사재판 참여에 관한 법률 제36조 제1항). 이에 반하여 일반 형사재판에서는 공판준비절차는 임의적이다(제266조의5 제1항).

② (○) 제266조의8 제4항.

③ (×) 공판전 준비절차는 기일방식은 물론 서면방식으로도 가능하다(제266조의5 제2항).

④ (×) 쟁점 및 증거의 정리를 위해 필요한 때에는 법원은 제1회 공판기일 후에도 사건을 공판준비절차에 부칠 수 있다(제266조의15). 이를 기일간 공판준비절차라고 한다.

⑤ (×) 공판준비기일에서 신청하지 못한 증거는 그 신청으로 인하여 소송을 현저히 지연시키지 아니하는 때 또는 중대한 과실 없이 공판준비기일에 제출하지 못하는 등 부득이한 사유를 소명한 때에 한하여 공판기일에 신청할 수 있다. 단, 법원은 직권으로 증거를 조사할 수 있다(제266조의13 제2항). [답 ②]

02. 공판준비에 관한 기술 중 틀린 것은? (다툼이 있는 경우 다수설에 의함)

① 제1심이 공소장 부본을 피고인 또는 변호인에게 송달하지 아니한 채 공판절차를 진행한 경우에는 피고인이 제1심 법정에서 이의함이 없이 공소사실에 관하여 충분히 진술할 기회를 부여받았다고 하더라도 판결에 영향을 미친 위법이 있다고 할 것이다.

② 공판기일 전의 증거조사는 검사, 피고인 또는 변호인의 신청이 있는 때에만 가능하며, 증거조사가 가능한 공판기일이란 제1회 공판기일 이후의 공판기일을 의미한다.

③ 검사, 피고인 또는 변호인은 법원에 대하여 공판준비기일의 지정을 신청할 수 있으며, 당해 신청에 관한 법원의 결정에 대하여는 불복할 수 없다.

④ 피고인 또는 변호인은 검사에게 공소제기된 사건에 관한 서류 또는 물건의 목록과 공소사실의 인정 또는 양형에 영향을 미칠 수 있는 서류 또는 물건의 열람·등사 또는 서면의 교부를 신청할 수 있으나, 피고인에게 변호인이 있는 경우에는 피고인은 열람만을 신청할 수 있다.

⑤ 재판장은 직권 또는 검사, 피고인이나 변호인의 신청에 의하여 공판기일을 변경할 수 있는데, 공판기일 변경신청을 기각한 명령은 송달하지 아니한다.

해설

① (×) 대법원 2014.4.24, 2013도9498. 피고인이 제1심 법정에서 이의함이 없이 공소사실에 관하여 충분히 진술할 기회를 부여받았다면 판결에 영향을 미친 위법이 있다고 할 수 없다.
② (○) 제273조 제1항. 공소장일본주의와의 관계에서 공판기일 전의 증거조사가 가능한 공판기일이란 제1회 공판기일 이후의 공판기일을 의미한다.
③ (○) 제266조의7 제2항.
④ (○) 제266조의3 제1항.
⑤ (○) 제270조 제1항·제2항. [답 ①]

03. **공판전 준비절차에 관한 설명 중 틀린 것을 모두 고르면?** (다툼이 있는 경우 판례에 의함)

> (가) 공판준비기일은 공개하지만, 공개로 인하여 국가의 안전보장·안녕질서 또는 선량한 풍속을 해할 우려가 있는 때에는 공개하지 않을 수 있다.
> (나) 피고인은 법원의 소환이 없는 때에는 공판준비기일에 출석할 수 없다.
> (다) 공판준비기일에 신청하지 못한 증거라도 공판기일에 법원이 직권으로 증거조사를 할 수 있다.

(라) 법원은 공판준비절차에서도 공소사실 또는 적용법조의 추가 · 철회 또는 변경을 허가할 수 있다.
(마) 법원은 공판준비기일을 종료하는 때에는 검사, 피고인 또는 변호인에게 쟁점 및 증거에 관한 정리결과를 고지하고, 이에 대한 이의의 유무를 확인하여야 한다.

① (가), (나) ② (나), (라) ③ (가), (나), (라)
④ (나), (다), (라) ⑤ (나), (다), (라), (마)

해설

(가) (×) 공판준비기일은 원칙적으로 공개하지만, 공개하면 절차의 진행이 방해될 우려가 있는 때에는 공개하지 아니할 수 있다(제266조의7 제4항). 공판준비기일은 공판전 준비절차로서 쟁점정리 · 증거정리 · 증거개시 · 심리계획에 관한 행위만 이루어질 뿐 실체에 대한 심리가 행하여져서는 안 되며, 따라서 공개제한사유는 실체관련사유가 아닌 절차진행사유에 한정된다.
(나) (×) 피고인은 법원의 소환이 없는 때에도 공판준비기일에 출석할 수 있다(제266조의8 제5항).
(다) (○) 제266조의13 제2항.
(라) (○) 제266조의9 제1항 제2호.
(마) (○) 제266조의10 제1항. [답 ①]

제 4 절 공판정의 심리

01. 형사절차에서 소환대상이 될 수 없는 자는? 〈행시 2003〉

① 증인 ② 감정인 ③ 통역인
④ 변호인 ⑤ 피고인

해설

① (○) 제152조.
② (○) 제177조.
③ (○) 제183조.
④ (×) 제267조 제3항. 변호인은 소환의 대상이 아닌 공판기일 통지의 대상이다.
⑤ (○) 제267조 제2항. [답 ④]

02. 공판정의 구성에 대한 다음 설명 중 틀린 것은? (다툼이 있는 경우 판례에 의함)

① 검사의 좌석과 피고인 및 변호인의 좌석은 대등하며 법대의 좌우

측에 마주 보고 위치하고, 증인의 좌석은 법대의 정면에 위치한다. 다만 피고인신문을 하는 때에는 피고인은 증인석에 좌석한다.

② 필요적 변호사건과 국선변호사건에 있어서는 변호인 없이 개정하지 못한다.

③ 공판정에서는 원칙적으로 피고인의 신체를 구속하지 못하지만, 재판장은 피고인이 폭력을 행사하거나 도망할 염려가 있다고 인정하는 때에는 피고인의 신체의 구속을 명하거나 기타 필요한 조치를 할 수 있다.

④ 다액 500만 원 이하의 벌금 또는 과료에 해당하거나 공소기각 또는 면소의 재판을 할 것이 명백한 사건에 관하여는 피고인의 출석을 요하지 아니한다.

⑤ 검사가 공판기일의 통지를 2회 이상 받고도 출석하지 아니하는 때에는 검사의 출석 없이 개정할 수 있는데, 2회 이상 불출석이란 연속하여 2회 불출석하는 경우를 말하며 전의 불출석과 합하여 2회 불출석은 포함되지 아니한다.

✍ **해설**

① (○) 제275조.
② (○) 제282조.
③ (○) 제280조.
④ (○) 제277조 제1호, 제2호.
⑤ (×) 연속하여 2회 불출석하는 경우는 물론 전의 불출석과 합하여 2회 불출석도 포함된다(대법원 1966. 11. 29, 66도1415). [답 ⑤]

03. **공판정의 구성과 심리에 관한 설명 중 틀린 것은?** (다툼이 있는 경우 판례에 의함)

① 피고인이 법인인 경우 그 대표자가 소송행위를 대표하며, 수인이 공동하여 법인을 대표하는 경우에도 소송행위에 관하여는 각자가 대표한다.

② 필요적 변호사건에서 피고인이 재판장의 허가 없이 퇴정하고 변호인마저 이에 동조하여 퇴정해 버렸다면 법원으로서는 피고인이나 변호인의 재정 없이 심리·판결할 수 있다.

③ 다액 500만 원을 초과하는 벌금 또는 구류에 해당하는 사건에서 법원이 피고인의 불출석을 허가한 사건에서는 인정신문시에도 피고인

의 출석을 요하지 아니한다.

④ 공소기각 또는 면소의 재판을 할 것이 명백한 사건인 경우에 피고인은 대리인을 출석하게 할 수 있다.

⑤ 피고인이 판결선고를 위한 공판기일에 출석하지 아니하여 법원이 다시 기일을 지정 · 고지한 경우, 그 기일 고지는 출석하지 아니한 당사자에게 효력이 미치므로 그 기일을 해태한 당사자에게 새로운 기일의 통지를 하여야 하는 것은 아니다.

해설

① (○) 제27조 제2항.

② (○) 대법원 1991. 6. 28, 91도865. 필요적 변호사건이라 하여도 피고인이 재판거부의 의사를 표시하고 재판장의 허가 없이 퇴정하고 변호인마저 이에 동조하여 퇴정해 버린 것은 모두 피고인측의 방어권의 남용 내지 변호권의 포기로 볼 수밖에 없는 것이므로 수소법원으로서는 제330조에 의하여 피고인이나 변호인의 재정 없이도 심리 판결할 수 있다.

③ (×) 제277조 제3호 단서. 인정신문에 따른 절차를 진행하거나 판결을 선고하는 경우에는 피고인이 공판기일에 출석해야 한다.

④ (○) 제277조 제2호.

⑤ (○) 대법원 2000. 9. 26, 2000도2879. [답 ③]

04. 피고인의 출석에 관한 설명 중 옳은 것을 모두 고르면?

(가) 피고인이 출석하지 아니하면 개정하지 못하는 경우에 구속된 피고인이 정당한 사유 없이 출석을 거부하고 교도관에 의한 인치가 불가능하거나 현저히 곤란하다고 인정되는 때에는 피고인의 출석 없이 공판절차를 진행할 수 있다.

(나) 장기 3년 이하의 징역 또는 금고, 다액 500만 원을 초과하는 벌금 또는 구류에 해당하는 사건에서 피고인의 불출석허가 신청이 있는 때에는 피고인의 출석을 요하지 아니한다.

(다) 피고인이 재판장의 퇴정명령에 의하여 출석하지 않은 때에는 증거동의가 의제되지 아니한다는 것이 통설적 견해이다.

(라) 피고인의 출정 없이 증거조사를 할 수 있는 경우 피고인이 출정하지 아니한 때에는, 피고인의 대리인 또는 변호인이 출정하여도 피고인이 증거로 함에 동의한 것으로 간주한다.

(마) 공판기일에는 피고인을 소환하여야 하는데, 법원의 구내에 있는 피고인에 대하여 공판기일을 통지한 때에는 소환장송달의 효력이

있다.

① ㈎, ㈏, ㈑ ② ㈎, ㈐, ㈒ ③ ㈎, ㈏, ㈐, ㈒
④ ㈎, ㈏, ㈑, ㈒ ⑤ ㈎, ㈏, ㈐, ㈑, ㈒

해설

㈎ (○) 제277조의2 제1항.
㈏ (×) 제277조 제3호. 피고인의 불출석 허가신청에 대하여 법원이 피고인의 불출석이 그의 권리를 보호함에 지장이 없다고 인정하여 이를 허가한 사건의 경우 피고인의 출석 없이 개정할 수 있으며, 이 경우에도 인정신문절차를 진행하거나 판결을 선고하는 공판기일에는 출석하여야 한다.
㈐ (○) 피고인이 출석하지 않거나 허가 없이 퇴정하여 반대신문권을 포기한 것으로 볼 수 있는 경우와는 달리, 재판장의 퇴정명령에 의하여 출석하지 않은 때에 증거동의가 의제되지 아니한다는 것이 통설적 견해이다.
㈑ (×) 제318조 제2항. 피고인의 출정 없이 증거조사를 할 수 있는 경우 피고인이 출정하지 아니한 때에는 증거로 함에 대한 동의가 있는 것으로 간주하지만, 대리인 또는 변호인이 출정한 때에는 예외로 한다.
㈒ (○) 제267조 제2항, 제268조. [답 ②]

05. **전문심리위원에 관한 다음 설명 중 틀린 것은?**

① 전문심리위원은 기일에 재판장의 허가를 받아 피고인 또는 변호인, 증인 또는 감정인 등 소송관계인에게 소송관계를 분명하게 하기 위하여 필요한 사항에 관하여 직접 질문할 수 있다.
② 제척 또는 기피 신청이 있는 전문심리위원은 그 신청에 관한 결정이 확정될 때까지 그 신청이 있는 사건의 소송절차에 참여할 수 없다.
③ 전문심리위원이 공판준비기일 또는 공판기일에 참여한 때에는 조서에 그 성명을 기재하여야 한다.
④ 검사와 피고인 또는 변호인이 동시에 전문심리위원의 참여 결정을 취소할 것을 신청한 때에는 신청이유를 밝히지 않아도 된다.
⑤ 전문심리위원은 전문적인 지식에 의한 설명 또는 의견을 기재한 서면을 제출하거나 기일에서 전문적인 지식에 의하여 설명이나 의견을 진술할 수 있고, 재판의 합의에 참여할 수 있다.

해설

① (○) 제279조의2 제3항.
② (○) 제279조의5 제2항.
③ (○) 규칙 제126조의12 제1항.
④ (○) 규칙 제126조의13 제2항

⑤ (×) 전문심리위원은 재판의 합의에는 참여할 수 없다(제279조의2 제2항 단서).
[답 ⑤]

제5절 공판기일의 절차

01. 모두절차 및 증거조사절차와 관련하여 틀린 설명만을 열거한 것은?

(가) 재판장은 인정신문을 한 후 피고인에게 진술하지 아니하거나 개개의 질문에 대하여 진술을 거부할 수 있음을 고지하여야 한다.
(나) 피고인은 검사의 모두진술이 끝난 뒤에 공소사실의 인정 여부를 진술하여야 하지만, 진술거부권을 행사하는 경우에는 그러하지 아니하다.
(다) 재판장은 피고인의 모두진술이 끝난 다음에 피고인 또는 변호인에게 쟁점의 정리를 위하여 필요한 질문을 할 수 있고, 증거조사를 하기에 앞서 검사 및 변호인으로 하여금 공소사실 등의 증명과 관련된 주장 및 입증계획 등을 진술하게 할 수 있다.
(라) 법원은 검사가 신청한 증거를 조사한 후 피고인 또는 변호인이 신청한 증거를 조사하고, 그러한 조사가 끝난 후 직권으로 결정한 증거를 조사한다. 다만 법원은 검사, 피고인·변호인의 신청이 있는 때에 한하여 그 순서를 변경할 수 있다.
(마) 법원이 직권으로 증거서류를 조사하는 때에는 소지인 또는 재판장이 이를 낭독하여야 하며, 재판장은 필요하다고 인정하는 때에는 내용을 고지하는 방법으로 조사할 수 있고, 법원사무관 등으로 하여금 위와 같은 낭독이나 고지를 하게 할 수 있으며, 열람이 다른 방법보다 적절하다고 인정하는 때에는 증거서류를 제시하여 열람하게 하는 방법으로 조사할 수 있다.

① (가), (다) ② (가), (라) ③ (나), (라)
④ (나), (마) ⑤ (다), (마)

해설

(가) (×) 인정신문을 하기 전에 진술거부권을 고지하여야 한다(제283조의2).
(나) (○) 제286조 제1항.
(다) (○) 제287조.
(라) (×) 법원은 직권 또는 검사, 피고인·변호인의 신청에 따라 그 순서를 변경

할 수 있다(제291조의2 제3항).
(마) (○) 제292조. [답 ②]

02. **공판기일의 절차에 대한 설명 중 옳은 것은?** (다툼이 있는 경우 다수설에 의함)

① 인정신문에 대하여는 진술거부권을 행사할 수 없다.
② 재판장은 검사로 하여금 공소장에 의해 기소의 요지를 진술하게 하여야 한다.
③ 증거조사는 재판장의 쟁점정리 및 검사 · 변호인의 증거관계 등에 대한 진술이 끝난 후에 실시한다.
④ 증거서류와 증거물에 대한 조사는 신청인이 이를 제시하여야 한다.
⑤ 당사자의 증거신청에 대한 법원의 채택 여부의 결정은 판결 전의 소송절차에 관한 결정으로 이에 대해서는 즉시항고를 할 수 있다.

해설

① (×) 인정신문에 대하여도 진술거부권을 행사할 수 있다.
② (×) 검사는 공소장에 의해 공소사실 · 죄명 및 적용법조를 낭독하여야 하고, 다만 재판장은 필요하다고 인정하는 때에는 검사에게 공소의 요지를 진술하게 할 수 있다(제285조).
③ (○) 제290조.
④ (×) 증거물에 대한 조사방법은 제시이고(제292조의2), 증거서류에 대한 조사방법은 낭독이다(제292조 제1항과 제2항).
⑤ (×) 대법원 1990. 6. 8, 90도646. 당사자의 증거신청에 대한 법원의 채택 여부의 결정은 판결 전의 소송절차에 관한 결정으로서 이의신청을 하는 외에는 달리 불복할 수 있는 방법이 없고, 다만 그로 말미암아 사실을 오인하여 판결에 영향을 미치기에 이른 경우에만 이를 상소의 이유로 삼을 수 있을 뿐이다.
[답 ③]

03. **증거조사에 관한 다음 설명 중 옳은 것을 모두 고르면?** (다툼이 있는 경우 판례에 의함)

(가) 법원은 검사 · 피고인 · 변호인이 고의로 증거를 뒤늦게 신청함으로써 공판의 완결을 지연하는 것으로 인정할 때에는 직권 또는 상대방의 신청에 따라 결정으로 이를 각하할 수 있다.
(나) 증거조사는 원칙적으로 피고인에 대한 신문이 종료한 뒤에 하여야 한다.
(다) 녹음 · 녹화매체에 대한 증거조사는 녹음 · 녹화매체를 재생하여 청

취 또는 시청하는 방법으로 한다.
(라) 피고인이 철회한 증인을 법원이 직권으로 신문하고 이를 증거로 채택한 것은 위법이다.
(마) 증거조사에 대한 이의신청은 법령의 위반이 있음을 이유로 하여서만 할 수 있다.

① (가), (다) ② (가), (라) ③ (가), (다), (마)
④ (나), (다), (라) ⑤ (다), (라), (마)

해설

(가) (○) 제294조 제2항.
(나) (×) 증거조사는 재판장의 쟁점정리 및 검사, 변호인의 증거관계 등에 대한 진술이 끝난 후에 실시하며(제290조), 피고인신문은 원칙적으로 증거조사 종료 후에 한다(제296조의2).
(다) (○) 규칙 제134조의8 제3항.
(라) (×) 대법원 1983. 7. 12, 82도3216. 증인은 법원이 직권에 의하여 신문할 수도 있고 증거의 채부는 법원의 직권에 속하는 것이므로 피고인이 철회한 증인을 법원이 직권신문하고 이를 채증하더라도 위법이 아니다.
(마) (×) 검사, 피고인 또는 변호인의 증거조사에 관한 이의신청은 증거조사가 법령의 위반이 있거나 상당하지 아니함을 이유로 하여 이를 할 수 있다(규칙 제135조의2). [답 ①]

04. 다음 중 틀린 것은? (다툼이 있는 경우 판례에 의함) 〈행시 2002 변형〉

① 법원은 검사의 구형을 초과하는 형을 선고할 수 있다.
② 피고인과 변호인에게 최종의견 진술의 기회를 주지 않은 채 심리를 마치고 선고한 판결은 위법이다.
③ 피고인의 변호인이 공판기일통지서를 받고도 공판기일에 출석하지 않아서 변호인 없이 변론을 종결한 경우에는 변호인에게 변론의 기회를 주지 않은 것으로 볼 수 없다.
④ 소송계속 중인 사건의 피해자는 소송기록의 열람 또는 등사를 재판장에게 신청할 수 없다.
⑤ 법원이 직권에 의한 증거조사를 충분히 하지 않은 경우 심리미진의 위법이 있다.

해설

① (○) 검사의 구형은 양형에 관한 의견진술에 불과하고 법원이 그 의견에 구속되는 것은 아니므로 검사의 구형에 포함되지 아니한 벌금형을 병과하였다 하

여 위법이 될 수 없다(대법원 1984. 4. 24, 83도1789).
② (○) 대법원 1975. 11. 11, 75도1010.
③ (○) 대법원 1977. 2. 22, 76도4376.
④ (×) 신청할 수 있다(제294조의4 제1항).
⑤ (○) 대법원 1973. 4. 27, 73도286(전원합의체) ; 대법원 1974. 1. 15, 73도2522. [답 ④]

05. 증거신청 및 증거조사에 관하여 옳은 설명으로만 2개를 열거한 것은?

(가) 피고인이 제출한 상업일지와 금전출납부에 관하여 증거조사를 한 바 없다 하여 위법이라 할 수 없다.
(나) 법원은 범죄로 인한 피해자 또는 그 법정대리인의 신청이 있는 때에는 원칙적으로 그 피해자 등을 증인으로 신문하여야 한다.
(다) 피고인 또는 변호인이 신청한 증거를 조사한 후 검사가 신청한 증거를 조사한다.
(라) 증거신청의 채택 여부는 법원의 재량으로서 법원이 필요하지 아니하다고 인정할 때에는 이를 조사하지 아니할 수 있다.
(마) 형사소송법 제312조(검사 또는 사법경찰관의 조서 등) 및 제313조(진술서 등)에 따라 증거로 할 수 있는 피고인 또는 피고인 아닌 자의 진술을 기재한 조서 또는 서류가 피고인의 자백진술을 내용으로 하는 경우에는 범죄사실에 관한 다른 증거보다 먼저 이를 조사하여야 한다.
(바) 공판기일에 재판장이 피고인신문과 증거조사가 종료되었음을 선언한 후 검사에게 의견진술의 기회를 주었는데 검사가 양형에 관한 의견진술을 하지 않았다면 이로써 판결에 영향을 미친 법률위반이 있는 경우에 해당한다.

① (가), (나) ② (나), (마) ③ (다), (바)
④ (라), (마) ⑤ (라), (바)

해설

(가) (○) 대법원 1983. 7. 12, 83도1419(당사자가 신청한 증거에 대하여 법원은 불필요하다고 인정하는 때에는 조사하지 않을 수 있는 것).
(나) (○) 제294조의2 제1항.
(다) (×) 법원은 검사가 신청한 증거를 조사한 후 피고인 또는 변호인이 신청한 증거를 조사한다(제291조의2 제1항).
(라) (○) 대법원 2008. 9. 25, 2008도6985; 대법원 2010. 1. 14, 2009도9963.

㈎ (×) 제312조 및 법 제313조에 따라 증거로 할 수 있는 피고인 또는 피고인 아닌 자의 진술을 기재한 조서 또는 서류가 피고인의 자백 진술을 내용으로 하는 경우에는 범죄사실에 관한 다른 증거를 조사한 후에 이를 조사하여야 한다(규칙 제135조).

㈏ (×) 대법원 1977. 5. 10, 74도3293 ; 대법원 2001. 11. 30, 2001도5225. 재판장이 피고인신문과 증거조사가 종료되었음을 선언한 후 검사에게 의견진술의 기회를 준 경우 검사가 양형에 관한 의견진술을 하지 않았다 하더라도 이로써 판결에 영향을 미친 법률위반이 있는 경우에 해당한다고 할 수 없고, 검사의 구형은 양형에 관한 의견진술에 불과하여 법원이 그 의견에 구속된다고 할 수 없다. [답 ①]

06. 피고인신문에 관한 설명 중 틀린 것은?

① 검사 또는 변호인은 증거조사 종료 후에 순차로 피고인에게 공소사실 및 정상에 관하여 필요한 사항을 신문할 수 있다. 다만, 재판장은 필요하다고 인정하는 때에는 증거조사가 완료되기 전이라도 이를 허가할 수 있다.

② 피고인신문은 직권주의적 요소에 해당하지만, 원칙적으로 검사와 변호인이 피고인을 신문할 수 있고, 재판장은 필요하다고 인정하는 때에 피고인을 신문할 수 있다. 또한 합의부원은 재판장에게 고하고 피고인을 신문할 수 있다.

③ 피고인이 다른 피고인 또는 어떤 재정인의 면전에서 충분한 진술을 할 수 없다고 인정될 때에는 재판장은 다른 피고인 또는 그 재정인을 퇴정하게 하고 진술시킬 수 있다.

④ 피고인을 신문함에 있어서 그 진술을 강요하거나 위압적·모욕적 신문을 하여서는 아니되지만, 답변을 유도하는 것은 허용된다.

⑤ 피고인이 수사기관이나 법정에서 공소사실을 인정하는 진술을 한 경우, 사실심 법원으로서 그 진의가 의심된다면 피고인신문을 통하여 피고인의 진의를 확인하여야 할 것이지, 특별한 사정이 없는 한 임의로 피고인의 진술의 취지를 추단하여 공소사실을 자백한 것이 아니라고 할 수는 없다.

해설

① (○) 제296조의2 제1항.

② (○) 제296조의2 제2항, 제296조의2 제3항, 제161조의2 제5항.

③ (○) 제297조 제1항 단서, 규칙 제140조의3.

④ (×) 피고인을 신문함에 있어서 그 진술을 강요하거나 답변을 유도하거나 그

밖에 위압적 · 모욕적 신문을 하여서는 아니 된다(규칙 제140조의2).
⑤ (○) 대법원 2003. 9. 26, 2003도1520. [답 ④]

07. 甲은 도박현장에서, 100억대 자산을 가진 건실한 사업가 乙에게 도박자금으로 1,200만 원을 빌려주었다가 乙의 부도로 인하여 빌려준 돈을 돌려받지 못하게 되자, 위 돈을 돌려받을 목적으로 乙을 사기죄로 고소하면서, 위 돈을 도박자금으로 빌려주었다는 사실을 감추고, 乙이 "사고가 나서 급히 필요하니 1,200만 원을 빌려주면, 내일 아침에 카드로 현금서비스를 받아 갚아주겠다."고 거짓말하여 이에 속아 乙에게 돈을 빌려주었다고 금전 대여경위를 허위로 기재한 고소장을 경찰관에게 제출하였다. 이에 관한 설명 중 옳지 않은 것은? (다툼이 있는 경우 판례에 의함)

〈변호사 2015〉

① 甲의 고소는 수사기관이 사기죄의 기망행위와 편취범의를 조사하여 형사처분을 할 것인지 여부를 결정하는 데 직접적인 영향을 줄 정도에 이르는 내용에 관하여 허위의 사실을 고소한 것이므로 무고죄의 허위의 사실 신고에 해당한다.
② 甲이 고소한 사건의 재판이 확정되기 전에 자백 또는 자수했다면 형을 감경 또는 면제한다.
③ 甲의 무고사건에서 甲의 고소장에 대한 증거조사는 낭독 또는 내용의 고지 방법으로 하여야 하고, 제시가 필요한 것은 아니다.
④ 만일 甲의 고소장이 허위라면 이를 경찰관에게 제출하였다가 반환받았더라도, 경찰관에게 제출하였을 때 이미 무고죄의 기수에 이른다.
⑤ 만일 甲이 위 고소장에 乙에 대한 다른 사기피해 사실도 포함시켜 고소한 경우, 그 중 일부 사실은 진실이나 다른 사실은 허위인 때에는 그 허위사실 부분만이 독립하여 무고죄를 구성한다.

해설

① (○) 대법원 2011.9.8, 2011도3489.
② (○) 형법 제157조, 제153조 참조.
③ (×) 증거의 조사방식은 증거방법에 따라 다르다. 즉 증거서류는 낭독(제292조 제1항), 증거물은 제시(제292조의2)이며, 증거물인 서면은 제시와 낭독(내용고지 또는 열람)이 함께 이루어져야 한다. 무고사건에서 고소장은 그 내용과 더불어 존재도 증거가 되므로 증거물인 서면에 해당한다.
④ (○) 대법원 1985.2.8, 84도2215.
⑤ (○) 대법원 1983.6.28, 81도2546. [답 ③]

08. 피해자의 권리에 대한 설명 중 틀린 것은? (다툼이 있는 경우 판례에 의함)

① 검사는 피해자 또는 그 법정대리인의 신청이 있는 때에는 당해 사건의 공소제기 여부, 공판의 일시 · 장소, 재판결과, 피의자 · 피고인의 구속 · 석방 등 구금에 관한 사실 등을 신속하게 통지하여야 한다.

② 법원이 피해자를 신문하는 경우 당해 사건에 관한 의견진술기회의 부여는 법원의 의무이다.

③ 증거조사신청의 기각결정에는 그 사유의 존부에 관하여 자세하고 구체적인 설명을 생략하고 그 신청의 당부에 대한 이유를 다만 신청의 이유가 있다 또는 그 이유가 없다고 간단히 밝히는 것은 허용되지 아니한다.

④ 교통사고로 사망한 사람의 부모는 형사실체법상으로 보호법익의 향유 주체는 아니지만 헌법상 재판절차진술권이 보장되는 형사피해자의 범주에 속한다.

⑤ 법원은 피해자 등의 증인신청이 있더라도 그들의 진술로 인하여 공판절차가 현저하게 지연될 우려가 있다고 판단한 경우에는 그들을 증인으로 신문하지 아니할 수 있다.

해설

① (○) 제259조의2.
② (○) 제294조의2 제2항.
③ (×) 대법원 1996. 11. 14, 96모94. 제39조는 "재판에는 이유를 명시하여야 한다. 단, 상소를 불허하는 결정 또는 명령은 예외로 한다"고 규정하고 있으나, 그 이유 기재의 정도에 관하여는 형사소송법 제323조가 유죄판결에 명시될 이유에 관하여 규정하고 있을 뿐 다른 규정은 없으므로, 어느 재판에 어느 정도의 이유 기재를 요하느냐는 그 재판의 성격에 따라 결정할 수밖에 없다. 따라서 증거조사신청의 기각결정 등 판결 전의 소송절차에 관한 재판에는 재판의 간결성의 원칙에 따라 그 사유의 존부에 관하여 자세하고 구체적인 설명을 생략하고 그 신청의 당부에 대한 이유를 다만 신청의 이유가 있다 또는 그 이유가 없다고 간단히 밝히면 된다.
④ (○) 헌법재판소 2002. 10. 31, 2002헌마453. 또한 헌법재판소 2002. 2. 28, 2001헌마580 결정은 교통사고로 사망한 자의 배우자를 헌법 제27조 제5항 소정의 재판절차진술권이 있는 '형사피해자'로 인정하였다.
⑤ (○) 대법원 1996. 11. 14, 96모94. [답 ③]

◇관련판례◇

1) 헌법재판소 2002. 10. 31, 2002헌마453 : ① 헌법 제27조 제5항에서

형사피해자의 재판절차진술권을 독립된 기본권으로 보장한 취지는 피해자 등에 의한 사인소추를 전면 배제하고 형사소추권을 검사에게 독점시키고 있는 현행 기소독점주의의 형사소송체계 아래에서 형사피해자로 하여금 당해 사건의 형사재판절차에 참여할 수 있는 청문의 기회를 부여함으로써 형사사법의 절차적 적정성을 확보하기 위한 것이므로, 위 헌법조항의 형사피해자의 개념은 반드시 형사실체법상의 보호법익을 기준으로 한 피해자개념에 한정하여 결정할 것이 아니라 형사실체법상으로는 직접적인 보호법익의 향유주체로 해석되지 않는 자라 하더라도 문제된 범죄행위로 말미암아 법률상 불이익을 받게 되는 자의 뜻으로 풀이하여야 할 것이다. ② 교통사고로 사망한 사람의 부모는 형사소송법상 고소권자의 지위에 있을 뿐만 아니라, 비록 교통사고처리특례법의 보호법익인 생명의 주체는 아니라고 하더라도, 그 교통사고로 자녀가 사망함으로 인하여 극심한 정신적 고통을 받은 법률상 불이익을 입게 된 자임이 명백하므로, 헌법상 재판절차진술권이 보장되는 형사피해자의 범주에 속한다.

2) 헌법재판소 2002. 8. 29, 2002헌마330 : 청구인은 고소사실에서 문제삼고 있는 폭행으로 인하여 사망하였다는 자의 아버지인 사실이 인정되므로 청구인은 위 사망과 관련된 범죄의 피해자의 한 사람에 해당하고 따라서 고소사실에 관한 불기소처분에 대하여 헌법소원을 제기할 수 있다.

제 6 절 증인신문 · 검증과 감정

01. 증인신문에 대한 설명 중 옳은 것을 모두 고르면? (다툼이 있는 경우 통설 · 판례에 의함)

> ㈎ 증인이란 법원 · 법관 또는 수사기관에 대해 자신이 과거에 경험한 사실을 진술하는 제3자를 말한다.
> ㈏ 선서는 모든 증인이 개별적으로 하여야 하므로, 대표선서는 허용되지 않는다.
> ㈐ 검찰청 서기관이나 사법경찰관리는 그 직무상 취급한 사건에 관하여 증인이 될 수 없다.
> ㈑ 증인신문은 직접신문 · 개별신문이어야 하므로, 비디오 등 중계장치에 의한 신문은 허용되지 않는다.

(마) 검사가 증인신문 과정에서 주신문을 하면서 유도신문을 하였다고 볼 여지가 있었는데, 그 다음 공판기일에 재판장이 증인신문 결과 등을 증인신문조서에 의하여 고지하였음에도 피고인과 변호인이 '변경할 점과 이의할 점이 없다'고 진술한 경우 유도신문에 의하여 이루어진 주신문의 하자는 치유된다.

① (나) ② (가), (라) ③ (나), (마)
④ (가), (다), (마) ⑤ (가), (다), (라)

해설

(가) (×) 수사기관에 대해 자신이 과거에 경험한 사실을 진술하는 제3자인 참고인은 증인이 아니다.
(나) (○) 이재상 · 조균석, §34/19.
(다) (×) 대법원 2001. 5. 29, 2000도2933. 제146조는 법원은 법률에 다른 규정이 없으면 누구든지 증인으로 신문할 수 있다고 규정하고 있으므로 원심이 당해 사건의 수사경찰관을 증인으로 신문한 것이 증거재판주의나 증인의 자격에 관한 법리를 오해하였다거나 헌법위반의 위법이 있다고 할 수 없다.
(라) (×) 일정한 경우 비디오 등 중계장치 등에 의한 증인신문이 가능하다(제165조의2).
(마) (○) 대법원 2012.7.26, 2012도2937. 검사가 제1심 증인신문 과정에서 증인 甲 등에게 주신문을 하면서 형사소송규칙상 허용되지 않는 유도신문을 하였다고 볼 여지가 있었는데, 그 다음 공판기일에 재판장이 증인신문 결과 등을 각 공판조서(증인신문조서)에 의하여 고지하였음에도 피고인과 변호인이 '변경할 점과 이의할 점이 없다'고 진술한 경우, 피고인이 책문권 포기 의사를 명시함으로써 유도신문에 의하여 이루어진 주신문의 하자가 치유되었다. [답 ③]

02. 증거조사절차에 관한 설명 중 옳은 것은? (다툼이 있는 경우 판례에 의함)

〈행시 2003 변형〉

① 증인신문은 상호신문에 의하며, 주신문은 물론 반대신문에서도 유도신문은 원칙적으로 금지된다.
② 공범인 공동피고인은 당해 소송절차에서는 물론 소송절차가 분리되더라도 다른 공동피고인에 대한 공소사실에 관하여 증인이 될 수 없다.
③ 사고 당시 10세 남짓한 초등학교 5학년생은 증언능력이 없다.
④ 법원이 직권에 의하여 증인을 신문할 때 당사자의 신문은 주신문의 예에 의한다.
⑤ 법원이 다음 공판기일에 증인신문을 하기로 피고인에게 고지하였는

데 그 다음 공판기일에 피고인이 정당한 사유 없이 출석하지 아니한 경우 이미 출석하여 있는 증인에 대하여 공판기일 외의 신문으로서 증인신문을 하고 다음 공판기일에 그 증인신문조서에 대한 서증조사를 하는 것은 적법하다.

해설

① (×) 주신문에서는 원칙적으로 유도신문이 금지되지만 반대신문에서는 허용된다(규칙 제75조 제2항, 제76조 제2항).
② (×) 대법원 2008. 6. 26, 2008도3300. 공범인 공동피고인은 당해 소송절차에서는 다른 공동피고인에 대한 공소사실에 관하여 증인이 될 수 없으나, 소송절차가 분리되면 증인이 될 수 있다.
③ (×) 대법원 1984. 9. 25, 84도619. 사고 당시 10세 남짓한 초등학교 5학년생으로서 비록 선서무능력자라 하여도 그 증언 내지 진술의 전후 사정으로 보아 의사판단능력이 있다고 인정된다면 증언능력이 있다고 할 것이다.
④ (×) 규칙 제81조. 법원이 직권으로 신문할 증인에 대하여 재판장이 신문한 후 검사·피고인 또는 변호인이 신문하는 때에는 반대신문의 예에 의한다.
⑤ (○) 대법원 2000. 10. 13, 2000도3265. [답 ⑤]

03. 다음 설명 중 틀린 것으로만 2개를 열거한 것은? (다툼이 있는 경우 판례에 의함)

(가) 통역인이 사건에 관하여 증인으로 증언한 때에는 직무집행에서 제척되고, 제척사유가 있는 통역인이 통역한 증인의 증인신문조서는 유죄 인정의 증거로 사용할 수 없다.
(나) 증인신문에 당하여 증언거부권이 있음을 설명하지 아니한 경우라 할지라도 증인이 선서하고 증언한 이상 그 증언의 효력은 영향이 없고 유효하다.
(다) 법원이 형사소송법 제297조에 따라 변호인이 없는 피고인을 일시 퇴정하게 하고 증인신문을 한 다음 피고인에게 실질적인 반대신문의 기회를 부여하지 않았다면, 그 다음 공판기일에서 재판장이 증인신문 결과 등을 증인신문조서에 의하여 고지하였는데 피고인이 '변경할 점과 이의할 점이 없다'고 진술하였다고 하여 그 하자가 치유되었다고 할 수 없다.
(라) 현행범을 체포한 경찰관의 진술은 범행을 목격한 부분에 관하여는 증거능력이 없다.
(마) 피고인을 수사한 경찰관에 대한 증인적격 인정은 바로 피고인에

대한 증인적격 인정으로 귀결될 수 있고, 피고인의 진술거부권 침해와의 연관성을 인정할 수 있다.

① (가), (나) ② (가), (라) ③ (나), (다)
④ (나), (마) ⑤ (다), (라)

해설

(가) (○) 대법원 2011. 4. 14, 2010도13583.
(나) (○) 대법원 1957. 3. 8, 4290형상23.
(다) (×) 대법원 2010. 1. 14, 2009도9344 판결은 "제297조에 따라 변호인이 없는 피고인을 일시 퇴정하게 하고 증인신문을 한 다음 피고인에게 실질적인 반대신문의 기회를 부여하지 아니한 채 이루어진 증인의 법정진술은 위법한 증거로서 증거능력이 없다고 볼 여지가 있으나, 그 다음 공판기일에서 재판장이 증인신문 결과 등을 공판조서(증인신문조서)에 의하여 고지하였는데 피고인이 '변경할 점과 이의할 점이 없다'고 진술하여 책문권 포기의사를 명시함으로써 실질적인 반대신문의 기회를 부여받지 못한 하자가 치유되었다"고 하였다.
(라) (×) 대법원 1995. 5. 9, 95도535. 현행범을 체포한 경찰관의 진술이라 하더라도 범행을 목격한 부분에 관하여는 여느 목격자의 진술과 다름없이 증거능력이 있다.
(마) (×) 헌법재판소 2001. 11. 29, 2001헌바41. 형사소송절차상 피고인의 증인적격이 부정되고 있어 피고인의 진술거부권이 침해될 소지는 없을 뿐 아니라, 피고인의 법정진술이 직접 자신을 위한 유리한 증거로 사용될 수 있다는 점에서 경찰공무원에 대한 증인적격 인정이 바로 피고인에 대한 증인적격 인정으로 귀결된다고 볼 아무런 근거가 없고, 그밖에 경찰공무원의 증인적격 인정과 피고인의 진술거부권 침해와의 연관성을 인정할 만한 사정도 없다. [답 ⑤]

04. 증인 및 증언에 대한 판례의 태도와 부합하지 않는 것은?

① 피고인을 피의자로 조사한 사법경찰관사무취급자는 그가 조사과정에서의 실험사실에 대하여 증인으로서 증언할 수 없다.
② 선서무능력자에게 선서하게 하고 신문한 경우 선서만이 무효가 되고 증언의 효력에는 영향이 없지만, 선서능력 있는 증인이 선서 없이 증언한 때에는 그 증언은 증거능력이 없다.
③ 공동피고인과 피고인이 뇌물을 주고받은 사이로 필요적 공범관계에 있다고 하더라도 검사는 수사단계에서 피고인에 대한 증거를 미리 보전하기 위하여 필요한 경우 판사에게 공동피고인을 증인으로 신문할 것을 청구할 수 있다.
④ 증인의 증언능력은 증인 자신이 과거에 경험한 사실을 그 기억에

따라 공술할 수 있는 정신적인 능력이다.

⑤ 유아의 증언능력의 유무는 단지 연령만에 의할 것이 아니라 그의 지적 수준에 따라 개별적이고 구체적으로 결정되어야 한다.

해설

① (×) 증인으로서 증언할 수 있다(대법원 1967. 5. 16, 67도437).
② (○) 대법원 1957. 3. 8, 4290형상23 ; 대법원 1984. 9. 25, 84도619.
③ (○) 대법원 1988. 11. 8, 86도1646.
④ (○) 대법원 2001. 7. 27, 2001도2891.
⑤ (○) 대법원 2004. 9. 13, 2004도3161. [답 ①]

05. 甲은 乙, 丙과 함께 지나가는 행인을 대상으로 강도를 하기로 모의한 뒤(甲은 모의과정에서 모의를 주도하였다), 함께 범행 대상을 물색하다가 乙, 丙이 행인 A를 강도 대상으로 지목하고 뒤쫓아가자 甲은 단지 "어?" 라고만 하고 비대한 체격 때문에 뒤따라가지 못한 채 범행현장에서 200m 정도 떨어진 곳에 앉아 있었다. 乙, 丙은 A를 쫓아가 A를 폭행하고 지갑과 현금 30만 원을 빼앗았다. 이에 관한 설명 중 옳지 않은 것은?
(다툼이 있는 경우에는 판례에 의함) 〈변호사 2014〉

① 乙과 丙은 2인 이상이 합동하여 범행한 경우로서 특수강도죄의 죄책을 진다.

② 甲은 강도죄의 공모관계에서 이탈하였다고 볼 수 없으므로 특수강도죄의 공동정범의 죄책을 진다.

③ 甲, 乙, 丙이 위의 범죄사실로 기소되었을 경우, 甲에 대한 변론을 분리한 후라면 甲을 乙, 丙 사건에 대한 증인으로 신문할 수 있다.

④ 만일 乙, 丙이 강취과정에서 A를 고의로 살해하였더라도 甲이 이를 예견할 수 없었다면, 甲은 강도치사죄의 죄책을 지지 않는다.

⑤ 만일 甲이 먼저 붙잡혀 공판과정에서 일관되게 범행을 부인하였지만 유죄판결이 확정되고, 그 후 별건으로 기소된 乙, 丙의 형사사건에서 자신의 범행을 부인하는 증언을 하였더라도 사실대로 진술할 기대가능성이 없어 위증죄는 성립하지 않는다.

해설

① (○) 대법원 1996.3.22, 96도313; 대법원 2012.6.28, 2012도2631.
② (○) 대법원 2008.4.10, 2008도1274.
③ (○) 공동피고인의 증인적격에 대해 판례(대법원 2012.12.13, 2010도10028; 대법원 2008.6.26, 2008도3300)는 절충설이다.
④ (○) 대법원 1991.11.12, 91도2156.

⑤ (×) 대법원 2011.11.24, 2011도11994. 피고인에게 사실대로 진술할 기대가능성이 있으므로 위증죄가 성립한다. [답 ⑤]

06. 현행법상 감정제도에 관한 설명으로 옳은 것은? 〈행시 2004〉

① 감정수탁자는 법원에 의해 감정인으로 위촉된 자를 말한다.
② 감정증인에 대해서는 감정인에 관한 규정이 적용된다.
③ 감정인이 소환에 응하지 않으면 구인될 수 있다.
④ 당사자는 감정인신문을 신청할 권한이 있다.
⑤ 감정결과는 법정에서 구두로 보고함이 원칙이다.

해설

① (×) 제221조 제2항. 감정수탁자는 수사기관에 의하여 감정위촉을 받은 자를 말한다.
② (×) 감정증인은 특별한 지식·경험에 의하여 알게 된 과거의 사실을 진술하는 자이므로, 그를 신문하는 경우에는 감정인이 아닌 증인에 관한 규정에 의한다(제179조).
③ (×) 제177조. 감정인은 대체적이므로 소환에 응하지 않아도 구인당하지 않는다.
④ (○) 제294조 제1항.
⑤ (×) 감정의 경과와 결과는 감정인으로 하여금 서면으로 제출하게 하여야 한다(제171조 제1항). [답 ④]

07. 감정유치에 관한 다음 설명 중 틀린 것은?

① 구속 중인 피고인에 대하여 감정유치장이 집행되었을 때에는 피고인이 유치되어 있는 기간 구속은 그 집행이 정지된 것으로 간주한다.
② 감정유치기간은 미결구금일수의 산입에 있어서 이를 구속으로 간주한다.
③ 불구속 피고인에 대하여 감정유치장을 발부하여 유치한 때에는 범죄사실의 요지와 변호인을 선임할 수 있음을 알려주어야 한다.
④ 감정유치를 함에 있어서 필요한 때에는 법원은 직권에 의하여 사법경찰관리에게 피고인의 간수를 명할 수 있다.
⑤ 불구속 상태에서 감정유치장에 의하여 유치된 피고인은 보석을 청구할 수 있다.

해설

① (○) 제172조의2 제1항.

② (○) 제172조 제8항.
③ (○) 제172조 제7항 본문, 제88조.
④ (○) 제172조 제5항.
⑤ (×) 피고인에 대한 감정유치에는 구속에 관한 규정이 준용되지만 보석에 대한 규정은 감정유치에는 준용되지 않는다(제172조 제7항). [답 ⑤]

제 7 절 공판절차의 특칙

01. 간이공판절차에 대한 설명 중 틀린 것은? (다툼이 있는 경우 판례에 의함)

① 제1심에서 단독판사의 관할사건은 물론 합의부의 관할사건도 간이공판절차에 의한 심판이 가능하다.
② 공소사실의 자백이란 피고인이 공판정에서 공소장 기재사실을 인정하고 나아가 명시적으로 유죄를 자인하는 진술을 말한다.
③ 자백은 신빙성이 있어야 하며, 요건이 구비되었을 때 간이공판절차에 의하여 심판할 것이냐의 여부를 결정하는 것은 법원의 재량이다.
④ 간이공판절차에 의하여 심판한다는 결정이 있는 사건의 증거에 관하여는 전문증거에 대하여 원칙적으로 제318조 제1항의 동의가 있는 것으로 간주된다.
⑤ 간이공판절차에서도 임의성 없는 자백, 위법수집증거, 당해 사건에 관한 의사표시적 문서 등을 증거로 할 수 없으며, 자백의 보강법칙도 적용된다.

해설

① (○) 제286조의2. 제1심 관할사건이라면, 단독사건은 물론 합의부의 관할사건도 가능하다.
② (×) 대법원 1987. 8. 18, 87도1269. 제286조의2가 규정하는 간이공판절차의 결정의 요건인 공소사실의 자백이라 함은 공소장 기재사실을 인정하고 나아가 위법성이나 책임조각사유가 되는 사실을 진술하지 아니하는 것으로 충분하고 명시적으로 유죄를 자인하는 진술이 있어야 하는 것은 아니다.
③ (○) 간이공판절차에 의하여 심판할 것이냐의 여부 결정은 법원의 재량이다(제286조의2).
④ (○) 제318조의3.
⑤ (○) 간이공판절차에서는 증거조사절차가 간소화(제297조의2)되고 전문증거에 대한 증거능력의 제한이 완화될 뿐, 전문법칙 이외의 증거법칙은 그대로 적용되며 증명력의 제한이 완화되지도 않는다. [답 ②]

02. 간이공판절차에 관한 설명 중 옳은 것을 모두 고르면? (다툼이 있는 경우 판례에 의함)

(가) 피고인이 법정에서 "공소사실은 모두 사실과 다름없다"고 하면서 술에 만취되어 기억이 없다는 취지로 진술한 경우, 간이공판절차에 의하여 심판할 대상에 해당하지 아니한다.
(나) 피고인이 공소사실에 대하여 검사가 신문을 할 때에는 공소사실을 모두 사실과 다름없다고 진술하였으나 변호인이 신문을 할 때에는 범의나 공소사실을 부인하였다면 그 공소사실은 간이공판절차에 의하여 심판할 대상이 아니다.
(다) 간이공판절차에서의 증거조사는 증거방법을 표시하고 증거조사 내용을 "증거조사함"이라고 표시하는 방법으로 하였다면 간이절차에서의 증거조사에서 법원이 인정 채택한 상당한 증거방법이라고 할 수 없다.
(라) 간이공판절차에서는 공소장변경이 허용되지 않는다.
(마) 간이공판절차에서 제1심 법원이 제1심 판결 명시의 증거들을 증거로 함에 피고인 또는 변호인의 이의가 없어 형사소송법 제318조의3의 규정에 따라 증거능력이 있다고 보고 상당하다고 인정하는 방법으로 증거조사를 한 이상, 가사 항소심에 이르러 범행을 부인하였다고 하더라도 다시 증거조사를 할 필요가 없다.

① (가), (나) ② (나), (라) ③ (가), (나), (라)
④ (가), (나), (마) ⑤ (나), (다), (라), (마)

해설

(가) (○) 대법원 2004. 7. 9, 2004도2116. 피고인이 술에 만취되어 사고 사실을 몰랐다고 범의를 부인함과 동시에 그 범행 당시 심신상실 또는 심신미약의 상태에 있었다는 주장으로서 제323조 제2항에 정하여진 법률상 범죄의 성립을 조각하거나 형의 감면의 이유가 되는 사실의 진술에 해당하므로 피고인은 적어도 공소사실을 부인하거나 심신상실의 책임조각사유를 주장하고 있는 것으로 볼 여지가 충분하므로 간이공판절차에 의하여 심판할 대상에 해당하지 아니한다.
(나) (○) 대법원 1998. 2. 27, 97도3421.
(다) (×) 대법원 1980. 4. 22, 80도333. 간이공판절차에서의 증거조사는 증거방법을 표시하고 증거조사 내용을 "증거조사함"이라고 표시하는 방법으로 하였다면 간이절차에서의 증거조사에서 법원이 인정채택한 상당한 증거방법이라고 인정할 수 있다.
(라) (×) 간이공판절차에서는 전문증거의 증거능력 제한이 완화되고, 증거조사를

간이하게 할 수 있는 점을 제외하고는 일반 공판절차에 대한 규정이 적용되므로 공소장변경이 가능하다.
(마) (○) 대법원 2005. 3. 11, 2004도8313. 가사 항소심에 이르러 범행을 부인하였다고 하더라도 제1심 법원에서 증거로 할 수 있었던 증거는 항소법원에서도 증거로 할 수 있는 것이므로 제1심 법원에서 이미 증거능력이 있었던 증거는 항소심에서도 증거능력이 그대로 유지되어 심판의 기초가 될 수 있고 다시 증거조사를 할 필요가 없다. [답 ④]

03. **간이공판절차에 관한 설명으로 틀린 것은?** 〈행시 2004 변형〉

① 강도살인죄와 같은 강력범죄의 경우에도 간이공판절차에 의한 심판이 가능하다.
② 피고인이 실체적 경합범의 일부에 대하여 자백한 경우 그 일부에 대하여 간이공판절차에 의한 심판이 가능하나, 상상적 경합범의 일부에 대하여 자백한 경우에는 간이공판절차에 의한 심판은 허용되지 않는다.
③ 증거조사를 한 경우 그 결과에 대하여 피고인의 의견을 물어야 한다.
④ 피고인의 자백이 신빙할 수 없다고 인정되거나 간이공판절차로 심판하는 것이 현저히 부당하다고 인정할 때에는 검사의 의견을 들어 그 결정을 취소하여야 한다.
⑤ 간이공판절차의 결정이 취소된 때에는 공판절차를 갱신하여야 하지만, 판결의 선고만을 하는 경우에는 예외로 한다.

해설

① (○) 형사소송법은 간이공판절차를 모든 제1심 관할사건으로 확대하였다.
② (○) 상상적 경합관계에 있는 공소사실 가운데 일부는 자백하고 나머지는 부인하는 경우에 절차가 복잡하게 되므로 그 전체를 간이공판절차에 의하지 않는 것이 타당하다.
③ (×) 간이공판절차에서는 증거조사 결과에 대하여 피고인의 의견을 묻는 규정(제293조)은 적용되지 아니한다(제297조의2).
④ (○) 제286조의3.
⑤ (○) 제301조의2. [답 ③]

04. **피고인 甲은 성폭력범죄의 처벌 등에 관한 특례법 위반(특수강도강간등)죄로 기소되었다. 피고인이 모두진술에서 공소사실을 전부 인정함에 따라 제1심 법원은 간이공판절차에 의하여 심판할 것을 결정하였다. 공판절차에 검사가 작성한 수사기록과 사법경찰관 작성의 참고인진술조서**

등의 증거가 제출되었고, 이에 제1심 법원은 상당하다고 인정되는 방법으로 증거조사하였다. 피고인 甲은 1심에서 유죄를 선고받고 항소하였다. 이 경우 다음 설명 중 옳지 않은 것을 모두 고른 것은? (다툼이 있는 경우 판례에 의함) 〈변호사 2013〉

ㄱ. 피고인 甲의 진술이 자백이 되려면 공판정에서 공소장 기재사실을 인정하고 나아가 위법성이나 책임의 조각사유가 되는 사실을 진술하지 않는 것으로 충분하지 않고, 명시적으로 유죄를 자인하는 진술까지 하여야 한다. ㄴ. 甲은 간이공판절차 개시결정에 대하여 항고할 수 없다. ㄷ. 위 간이공판절차에서 법원은 증거조사결과에 대하여 반드시 피고인 甲의 의견을 물어야 한다. ㄹ. 사법경찰관 작성 참고인진술조서는 검사, 피고인 甲 또는 변호인이 이의를 하지 아니하는 한 증거에 대하여 동의가 있는 것으로 간주된다. ㅁ. 항소심에서 피고인 甲이 범행을 부인하는 경우 제1심 법원이 증거로 할 수 있었던 증거는 새로이 증거조사를 거쳐야만 항소심에서도 증거로 할 수 있다.

① ㄱ, ㅁ ② ㄷ, ㅁ ③ ㄱ, ㄴ, ㄹ
④ ㄱ, ㄷ, ㅁ ⑤ ㄴ, ㄷ, ㄹ

해설

ㄱ. (×) 대법원 1987. 8. 18, 87도1269.
ㄴ. (○) 간이공판절차의 개시결정은 판결 전의 소송절차에 관한 결정이므로 항고하지 못한다(제403조 제1항).
ㄷ. (×) 간이공판절차에서는 증거조사 결과에 대하여 피고인의 의견을 묻는 규정(제293조)은 적용되지 아니한다(제297조의2).
ㄹ. (○) 제286조의2의 결정이 있는 사건의 증거에 관하여는 제310조의2, 제312조 내지 제314조 및 제316조의 규정에 의한 증거에 대하여 제318조 제1항의 동의가 있는 것으로 간주한다. 단, 검사, 피고인 또는 변호인이 증거로 함에 이의가 있는 때에는 그러하지 아니하다(제318조의3).
ㅁ. (×) 대법원 2005. 3. 11, 2004도8313. [답 ④]

05. 공판절차의 정지에 대한 설명으로 틀린 것은?

① 공소사실의 일부 변경이 있고 법원이 그 변경을 이유로 공판절차를 정지하지 않았어도 공판절차의 진행상황에 비추어 그 변경이 피고

인의 방어권 행사에 실질적 불이익을 주지 않는다면 이를 위법하다 고 할 수는 없다.

② 기피신청이나 공소장변경으로 공판절차가 정지된 기간은 구속기간에 산입하지 아니한다.

③ 공소장변경허가신청의 요지가 경합범으로 기소되었던 수개의 범죄사실을 상습범으로 변경한 것이라면 이는 피고인의 방어권 행사에 불이익을 초래하는 것이라 할 수 있어 공소장변경허가를 한 후 공판기일을 상당기간 연기하지 않은 것은 위법이다.

④ 헌법소원이 제기되어 헌법재판소로부터 그 통지를 받았다고 하더라도 재판의 진행을 정지하여야 하는 것은 아니다.

⑤ 피고인들에 대한 구속기간이 만료되기 불과 24일 가량을 앞둔 제1심 제8회 공판기일에 피고인들과 변호인들이 법원에 대하여 기피신청을 하였음에도 법원이 소송진행을 정지하지 아니하고 그대로 진행한 조치는 정당하다.

해설

① (○) 대법원 2005. 12. 23, 2005도6402.
② (○) 제92조 제3항, 제22조, 제298조 제4항.
③ (×) 대법원 1985. 8. 13, 85도1193. 공판절차를 정지할 정도로 피고인의 방어권 행사에 불이익을 초래하는 것이라 할 수 없어 공소장변경허가를 한 후 공판기일을 상당기간 연기하지 않은 것이라든지 사선변호인의 출정 없이 공판한 것이 위법이라고 할 수 없다.
④ (○) 대법원 2002. 6. 25, 2002도45.
⑤ (○) 대법원 1990. 6. 8, 90도646. [답 ③]

06. 변론의 병합 · 분리 · 재개에 관한 설명으로 틀린 것은? (다툼이 있는 경우 판례에 의함) 〈행시 2004 변형〉

① 변론의 병합 · 분리는 소송관계인의 신청 또는 법원의 직권에 의하며, 변론병합의 신청이 있는 경우에 변론을 병합하느냐의 여부는 법원의 재량에 속한다.

② 동일한 피고인에 대하여 각각 별도로 2개 이상의 사건이 공소제기되었을 경우 반드시 병합심리하여 동시에 판결을 선고하여야만 되는 것은 아니다.

③ 검사가 다수인의 집합에 의하여 구성되는 집합범이나 2인 이상이 공동하여 죄를 범한 공범의 관계에 있는 피고인들에 대하여 여러

개의 사건으로 나누어 공소를 제기한 경우에, 법원이 변론을 병합하지 아니하였다고 하여 형사소송절차에서의 구두변론주의와 직접심리주의에 위반한 것이라고 볼 수 없다.

④ 변론종결 후 선임된 변호인의 변론재개 신청을 들어주지 아니하였다 하여 심리미진의 위법이 있는 것은 아니다.

⑤ 판결선고기일에 변론을 재개하고 바로 검사의 공소장변경허가신청을 허가하여 변경된 공소사실에 대하여 심리하고 이에 출석한 피고인과 피고인의 변호인이 별다른 이의를 제기하지 아니한 채 달리 신청할 증거가 없다고 진술함에 따라 피고인 및 변호인에게 최종의견진술의 기회를 부여한 다음 다시 변론을 종결하고, 같은 날 판결을 선고하였다면, 피고인의 방어권을 제약하여 법률에 의한 재판을 받을 권리를 침해한 것이다.

해설

① (○) 제300조. 대법원 1987. 6. 23, 87도706.
② (○) 대법원 1994. 11. 4, 94도2354 ; 대법원 2005. 12. 8, 2004도5529.
③ (○) 대법원 1990. 6. 22, 90도764.
④ (○) 대법원 1986. 6. 10, 86도769.
⑤ (×) 피고인의 방어권을 제약하여 법률에 의한 재판을 받을 권리를 침해하였다고 할 수는 없다(대법원 1996. 4. 9, 96도173 ; 대법원 1999. 10. 8, 99도3225).

[답 ⑤]

07. **국민참여재판에 대한 설명 중 틀린 것은?** (다툼이 있는 경우 판례에 의함)

① 피고인이 국민참여재판을 원하지 아니하거나 법원이 국민참여재판 배제결정을 한 경우에는 국민참여재판을 하지 아니한다.

② 검사 · 피고인 또는 변호인은 국민참여재판으로 진행하기로 하는 제1심 법원의 결정에 불복이 있으면 항고할 수 있다.

③ 배심원은 사실의 인정, 법령의 적용 및 형의 양정에 관한 의견을 제시할 수 있으나, 배심원의 유무죄의 평결과 의견은 법원을 기속하지 아니한다.

④ 배심원과 예비배심원은 피고인 또는 증인에 대하여 필요한 사항을 신문하여 줄 것을 재판장에게 요청할 수 있으며, 필요하다고 인정되는 경우 재판장의 허가를 받아 필기를 하여 이를 평의에 사용할 수 있다.

⑤ 법원에서 피고인이 국민참여재판을 원하는지에 관한 의사 확인절차

를 거치지 아니한 채 통상의 공판절차로 재판을 진행하였다면, 그 절차는 위법하고 이러한 위법한 공판절차에서 이루어진 소송행위도 무효이다.

해설

① (○) 국민의 형사재판 참여에 관한 법률 제5조 제2항.

② (×) 대법원 2009. 10. 23, 2009모1032. 국민의 형사재판 참여에 관한 법률에 의하면 제1심 법원이 국민참여재판 대상사건을 피고인의 의사에 따라 국민참여재판으로 진행함에 있어 별도의 국민참여재판 개시결정을 할 필요는 없고, 그에 관한 이의가 있어 제1심 법원이 국민참여재판으로 진행하기로 하는 결정에 이른 경우 이는 판결 전의 소송절차에 관한 결정에 해당하며, 그에 대하여 특별히 즉시항고를 허용하는 규정이 없으므로 위 결정에 대하여는 항고할 수 없다. 따라서 국민참여재판으로 진행하기로 하는 제1심 법원의 결정에 대한 항고는 항고의 제기가 법률상의 방식을 위반한 때에 해당하여 위 결정을 한 법원이 항고를 기각하여야 하고, 위 결정을 한 법원이 항고기각의 결정을 하지 아니한 때에는 항고법원은 결정으로 항고를 기각하여야 한다.

③ (○) 국민의 형사재판 참여에 관한 법률 제46조 제5항.

④ (○) 국민의 형사재판 참여에 관한 법률 제41조 제1항.

⑤ (○) 대법원 2012.4.26, 2012도1225(이는 피고인의 국민참여재판을 받을 권리에 대한 중대한 침해). [답 ②]

08. 국민참여재판에 대한 다음 설명 중 틀린 것은? (다툼이 있는 경우 판례에 의함) 〈법무부 모의시험 2010 변형〉

① 국민참여재판에서의 평결은 전원일치로 하되, 전원일치에 이르지 못하면 판사의 의견을 들은 후 다수결로 유무죄에 관하여 평결한다.

② 현행법은 검사와 피고인 또는 변호인의 최종의견진술 후 재의견진술에 관한 규정을 두고 있다.

③ 피고인이 자백하더라도 피고인이 원하는 경우에는 국민참여재판으로 진행할 수 있으나, 다만 간이공판절차에 관한 규정은 적용되지 않는다.

④ 피고인의 사건을 수임한 법무법인의 직원 또는 직원이었던 사람은 배심원 제척사유가 아니다.

⑤ 제1심 법원이 국민참여재판 대상이 되는 사건임을 간과하여 이에 관한 피고인의 의사를 확인하지 아니한 채 통상의 공판절차로 재판을 진행하였더라도, 피고인이 항소심에서 국민참여재판을 원하지 아니한다고 하면서 제1심의 절차적 위법을 문제삼지 아니할 의사를 명백히 표시하는 경우에는 하자가 치유되어 제1심 공판절차는 전체

로서 적법하게 된다.

✍ **해설**

① (○) 국민의 형사재판 참여에 관한 법률 제46조.
② (×) 국민참여재판에 관하여 국민의 형사재판 참여에 관한 법률에 특별한 규정이 없는 때에는 형사소송법 등 다른 법령을 적용하는데(동법 제4조), 당사자 또는 변호인의 최종의견진술 후 재의견진술에 관한 규정은 없다.
③ (○) 국민참여재판에는 간이공판절차 규정을 적용하지 아니한다(국민의 형사재판 참여에 관한 법률 제43조).
④ (○) 배심원 제척사유는 일반 형사재판에서의 법관의 제척사유(제17조)와 동일하다(국민의 형사재판 참여에 관한 법률 제19조).
⑤ (○) 대법원 2012.4.26, 2012도1225. [답 ②]

09. 국민참여재판과 관련하여 틀린 설명을 모두 고르면? (다툼이 있는 경우 판례에 의함)

> ㈎ 헌법상 헌법과 법률이 정한 법관에 의한 재판을 받을 권리는 직업법관에 의한 재판을 주된 내용으로 하는 것이므로 국민참여재판을 받을 권리가 헌법 제27조 제1항에서 규정한 재판을 받을 권리의 보호범위에 속한다고 볼 수 없다.
> ㈏ 국민참여재판 대상 사건의 피고인이 국민참여재판을 신청하였는데 법원이 이에 대한 배제결정을 하지 않은 채 통상의 공판절차로 재판을 진행하였다면, 사실상 법원의 배제결정이 있었다고 봄이 상당하므로 이를 위법하다고 할 수는 없다.
> ㈐ 검사와 변호인의 무이유부 기피신청이 있는 때에는 법원은 당해 배심원후보자를 배심원으로 선정할 수 없다.
> ㈑ 재판장은 피고인이 국민참여재판을 원하는 의사를 표시한 경우에 사건을 공판준비절차에 부쳐야 하며, 법원은 주장과 증거를 정리하고 심리계획을 수립하기 위하여 공판준비기일을 지정할 수 있다.
> ㈒ 배심원은 법원의 증거능력에 관한 심리에 관여할 수 없다.

① ㈎, ㈐ ② ㈎, ㈒ ③ ㈏, ㈑
④ ㈏, ㈑, ㈒ ⑤ ㈏, ㈐, ㈑, ㈒

✍ **해설**

㈎ (○) 헌법재판소 2009. 11. 26, 2008헌바12.
㈏ (×) 대법원 2011.9.8, 2011도7106. 국민참여재판을 시행하는 이유나 '국민의 형사재판 참여에 관한 법률'의 여러 규정에 비추어 볼 때, 위 법에서 정하는

대상 사건에 해당하는 한 피고인은 원칙적으로 국민참여재판으로 재판을 받을 권리를 가지는 것이므로, 피고인이 법원에 국민참여재판을 신청하였는데도 법원이 이에 대한 배제결정도 하지 않은 채 통상의 공판절차로 재판을 진행하는 것은 피고인의 국민참여재판을 받을 권리 및 법원의 배제결정에 대한 항고권 등 중대한 절차적 권리를 침해한 것으로서 위법하고, 국민참여재판제도의 도입 취지나 위 법에서 배제결정에 대한 즉시항고권을 보장한 취지 등에 비추어 이와 같이 위법한 공판절차에서 이루어진 소송행위는 무효라고 보아야 한다.

㈐ (○) 국민의 형사재판 참여에 관한 법률 제30조 제2항.

㈑ (×) 재판장은 피고인이 국민참여재판을 원하는 의사를 표시한 경우에 사건을 공판준비절차에 부쳐야 하며, 법원은 주장과 증거를 정리하고 심리계획을 수립하기 위하여 공판준비기일을 지정하여야 한다(국민의 형사재판 참여에 관한 법률 제36조 제1항, 제37조 제1항). 즉 통상의 공판준비절차는 서면방식 또는 기일방식의 선택이 법원의 재량이지만 국민참여재판의 공판준비절차는 기일방식으로 하여야 한다.

㈒ (○) 국민의 형사재판 참여에 관한 법률 제44조. [답 ③]

10. 국민참여재판에 대한 설명 중 틀린 것은? (다툼이 있는 경우 판례에 의함)

① 공소장부본을 송달받은 날부터 7일 이내에 국민참여재판을 원하는지 여부에 관한 의사가 기재된 서면을 제출하지 아니한 피고인은 국민참여재판 신청을 할 수 없다.

② 법원은 공소사실의 일부 철회 또는 변경으로 인하여 대상사건에 해당하지 아니하게 된 경우에도 국민참여재판을 계속 진행한다.

③ 심리에 관여한 판사는 평의에 참석하여 의견을 진술한 경우에도 평결에는 참여할 수 없다.

④ 공판절차가 개시된 후 새로 재판에 참여하는 배심원 또는 예비배심원이 있는 때에는 공판절차를 갱신하여야 한다.

⑤ 재판장은 판결선고시 피고인에게 배심원의 평결결과를 고지하여야 하며, 배심원의 평결결과와 다른 판결을 선고하는 때에는 피고인에게 그 이유를 설명하여야 한다.

해설

① (×) 대법원 2009. 10. 23, 2009모1032. 국민의 형사재판 참여에 관한 법률 제8조는 피고인이 공소장부본을 송달받은 날부터 7일 이내에 국민참여재판을 원하는지 여부에 관한 의사가 기재된 서면(이하 '의사확인서')을 제출하도록 하고, 피고인이 그 기간 내에 의사확인서를 제출하지 아니한 때에는 국민참여재판을 원하지 아니하는 것으로 보며, 공판준비기일이 종결되거나 제1회 공판기일이 열린 이후 등에는 종전의 의사를 바꿀 수 없도록 규정하고 있다. 위 규정의

취지를 위 기한이 지나면 피고인이 국민참여재판 신청을 할 수 없도록 하려는 것으로는 보기 어려운 점 등에 비추어 볼 때, 공소장부본을 송달받은 날부터 7일 이내에 의사확인서를 제출하지 아니한 피고인도 제1회 공판기일이 열리기 전까지는 국민참여재판 신청을 할 수 있고, 법원은 그 의사를 확인하여 국민참여재판으로 진행할 수 있다고 봄이 상당하다.
② (○) 국민의 형사재판 참여에 관한 법률 제6조 제1항.
③ (○) 국민의 형사재판 참여에 관한 법률 제46조 제3항 제3문.
④ (○) 국민의 형사재판 참여에 관한 법률 제45조.
⑤ (○) 국민의 형사재판 참여에 관한 법률 제48조 제4항. [답 ①]

11. 국민참여재판에 관한 설명 중 옳지 않은 것은? 〈변호사 2012〉

① 법원은 국민참여재판 대상 사건에 대하여 반드시 피고인에게 국민참여재판을 원하는지 여부를 확인하여야 한다.
② 배심원은 만 20세 이상의 대한민국 국민 중에서 국민의 형사재판 참여에 관한 법률로 정하는 바에 따라 선정된다.
③ 국민참여재판을 진행하던 중 공소사실의 변경으로 대상 사건에 해당하지 않게 된 경우에는 국민참여재판으로 진행할 수 없다.
④ 법원은 공범관계에 있는 피고인들 중 일부가 국민참여재판을 원하지 않아 국민참여재판을 진행하는 데 어려움이 있다고 판단한 경우 국민참여재판을 하지 않는 결정을 할 수 있다.
⑤ 법원은 피고인의 질병으로 공판절차가 장기간 정지되어 국민참여재판을 계속 진행하는 것이 부적절하다고 인정하는 경우 사건을 지방법원 본원 합의부가 국민참여재판에 의하지 않고 심판하게 할 수 있다.

해설

① (○) 법원은 서면 등의 방법으로 반드시 확인하여야 한다(국민의 형사재판 참여에 관한 법률 제8조 제1항).
② (○) 국민의 형사재판 참여에 관한 법률 제16조.
③ (×) 국민의 형사재판 참여에 관한 법률 제6조 제1항: 법원은 공소사실의 일부 철회 또는 변경으로 인하여 대상사건에 해당하지 아니하게 된 경우에도 이 법에 따른 재판을 계속 진행한다. 다만, 법원은 심리의 상황이나 그 밖의 사정을 고려하여 국민참여재판으로 진행하는 것이 적당하지 아니하다고 인정하는 때에는 결정으로 당해 사건을 지방법원 본원 합의부가 국민참여재판에 의하지 아니하고 심판하게 할 수 있다.
④ (○) 국민의 형사재판 참여에 관한 법률 제9조 제1항 제1호.
⑤ (○) 국민의 형사재판 참여에 관한 법률 제11조 제1항. [답 ③]

제 2 장 증 거

제 1 절 증거의 의의와 종류

01. 간접증거에 대한 설명 중 틀린 것은? (다툼이 있는 경우 판례에 의함)

① 살인죄 등과 같이 법정형이 무거운 범죄의 경우, 간접증거에 의하여 주요사실의 전제가 되는 간접사실을 인정할 때에는 증명이 합리적인 의심을 허용하지 않을 정도에 이르러야 하고, 하나하나의 간접사실 사이에 모순, 저촉이 없어야 하는 것은 물론 간접사실이 논리와 경험칙, 과학법칙에 의하여 뒷받침되어야 한다.

② 피해자의 시체가 발견되지 아니하였더라도 간접증거만으로 살인죄의 공소사실을 인정할 수 있다.

③ 간접증거도 자백에 대한 보강증거가 될 수 있다.

④ 간접증거가 개별적으로 범죄사실에 대한 완전한 증명력을 가지지 못한다면, 전체증거를 상호관련 하에 종합적으로 고찰하여 단독으로는 가지지 못하는 종합적인 증명력이 있는 것으로 판단되더라도 그에 의하여 범죄사실을 인정할 수 없다.

⑤ 범죄성립의 주관적인 요건은 법관의 자유판단에 따라 간접증거에 의하여 이를 인정할 수 있다.

해설

① (○) 대법원 2011. 5. 26, 2011도1902.
② (○) 대법원 1999. 10. 22, 99도3273.
③ (○) 대법원 1990. 9. 25, 90도1613.
④ (×) 대법원 2008. 3. 27, 2008도507. 피해자의 시신을 심각하게 훼손하여 그 살해방법을 구체적으로 규명할 수 없더라도 간접증거를 상호관련 하에 종합적으로 고찰하면 작위에 의한 살인죄를 인정할 수 있다.
⑤ (○) 대법원 1995. 11. 14, 95도1729. [답 ④]

02. **검사는 다음과 같은 공소사실로 甲과 乙을 기소하여 1심 재판이 진행 중인데, 甲은 범행을 부인하고 있다. 이와 관련된 다음 설명 중 틀린 것은?** (다툼이 있는 경우 판례에 의함)

> 피고인들은 피해자 A를 살해하기로 공모하고, 피고인 甲은 2015. 4. 29.경 甲의 집에서 甲이 복용하던 캡슐 약의 내용물을 뺀 빈 캡슐 1개에 치사량 0.1 내지 0.2g을 넘는 약 0.27g의 청산가리를 집어넣고, 준비한 신문지에 평소 사용하던 사인펜으로 "나물 캐러 왔다가 들렀더니 안 계셔서 돌아가며 피로회복제를 놓고 가오. 다음에 또 오겠소"라고 기재한 다음, 피해자의 집 앞에 위 신문지를 놓고 그 위에 청산가리가 든 캡슐 1개 및 인근에서 딴 당귀 잎을 올려놓아 마치 지나가던 등산객이나 지인이 피해자를 만나러 왔다가 그들이 없자 놓고 가는 것처럼 위장하여, 다음날인 2015. 4. 30. 05:00경 피해자가 위 캡슐을 먹고 즉석에서 청산가리 중독으로 사망하게 하여 피해자를 살해하였다.

① 신문지에 적힌 필적이 甲의 필적과 동일하고, 잉크 또한 甲의 집에서 발견된 사인펜과 동일한 성분임이 밝혀진 경우(간접증거 1), 위 신문지에 피로회복제로 위장한 청산가리가 놓여 있었다고 한다면 이는 甲을 범인으로 추단케 하는 결정적인 간접증거가 될 수 있다.

② 甲의 집에서 빈 캡슐이 발견된 경우(간접증거 2), 피해자가 먹은 청산가리가 캡슐에 들어 있는 것이었다면 이는 甲을 범인으로 추단할 수 있는 강력한 간접증거가 될 수 있다.

③ 위 간접증거 1, 2와 甲에게 청산가리를 주었다는 B의 진술에 의하여 위 공소사실을 증명할 경우, 그 증명은 합리적인 의심을 허용하지 않을 정도에 이르러야 한다.

④ 피해자의 사체가 발견되지 않았다면 위 간접증거만으로는 위 공소사실을 인정할 수 없다.

⑤ 甲과 乙의 공모사실은 간접증거에 의하여 이를 인정할 수 있으나, 그 증거는 형사소송법의 규정에 의하여 증거능력이 있고 적법한 증거조사를 거친 증거여야 한다.

해설

①, ② (○) 대법원 2010. 12. 9, 2010도10895.

③ (○) 대법원 2011. 5. 26, 2011도1902 ; 대법원 2010. 12. 9, 2010도10895.

살인죄 등과 같이 법정형이 무거운 범죄의 경우, 간접증거에 의하여 주요사실의 전제가 되는 간접사실을 인정할 때에는 증명이 합리적인 의심을 허용하지 않을 정도에 이르러야 하고, 하나하나의 간접사실 사이에 모순, 저촉이 없어야 하는 것은 물론 간접사실이 논리와 경험칙, 과학법칙에 의하여 뒷받침되어야 한다.

④ (×) 피해자의 사체가 발견되지 않았더라도 간접증거만으로 살인죄의 공소사실을 인정할 수 있다(대법원 1999. 10. 22, 99도3273).

⑤ (○) 범죄성립의 주관적인 요건은 법관의 자유판단에 따라 간접증거에 의하여 이를 인정할 수 있으나(대법원 1995. 11. 14, 95도1729), 그 증명은 엄격한 증명에 의하여야 한다(공모공동정범에서의 공모사실에 관한 대법원 2000. 7. 7, 2000도1899). [답 ④]

제 2 절 증명의 기본원칙

01. 다음 중 엄격한 증명을 요구하는 대상이 되는 것으로만 묶인 것은? (다툼이 있는 경우 판례에 의함)

㈎ 명예훼손죄에서의 위법성조각사유인 '진실한 사실로서 오로지 공공의 이익에 관한 것인지'여부에 관한 사실 ㈏ 음주운전에 있어서 위드마크공식의 적용을 위한 전제사실인 섭취한 알코올의 양, 음주시각, 체중 등의 사실 ㈐ 뉴질랜드 국민이 뉴질랜드에서 우리나라 국민에 대하여 사기죄를 범하였다고 기소된 경우, 그 행위가 뉴질랜드에서 사기죄를 구성하는지 여부와 관련한 외국법규의 내용 ㈑ 서울 시내에서 단독범에 의한 강도사건의 발생 당시에 피고인이 부산 시내에 있었다는 현장부재(알리바이)에 관한 사실 ㈒ 공판기일에서의 검사 작성 피의자신문조서에 기재된 피의자 진술의 임의성

① ㈎, ㈏, ㈐ ② ㈏, ㈑, ㈒ ③ ㈎, ㈏, ㈒
④ ㈏, ㈐, ㈑ ⑤ ㈎, ㈑, ㈒

해설

㈎ (×) 대법원 1996. 10. 25, 95도1473. 공연히 사실을 적시하여 사람의 명예를 훼손한 행위가 형법 제310조의 규정에 따라서 위법성이 조각되어 처벌대상이 되지 않기 위하여는 그것이 진실한 사실로서 오로지 공공의 이익에 관한 때에 해당된다는 점을 행위자가 증명하여야 하는 것이나(대법원 1988. 10. 11, 85다카29 ; 대법원 1993. 6. 22, 92도3160 ; 대법원 1996. 5. 28, 94다33828 등),

그 증명은 유죄의 인정에 있어 요구되는 것과 같이 법관으로 하여금 의심할 여지가 없을 정도의 확신을 가지게 하는 증명력을 가진 엄격한 증거에 의하여야 하는 것은 아니라고 할 것이므로, 이때에는 전문증거에 대한 증거능력의 제한을 규정한 제310조의2는 적용될 여지가 없다.

㈏ (○) 대법원 2000. 6. 27, 99도128. 위드마크공식의 경우 그 적용을 위한 자료로는 음주량, 음주시가, 체중, 평소의 음주정도 등이 필요하므로 그런 전제사실을 인정하기 위해서는 엄격한 증명이 필요하다.

㈐ (○) 대법원 2008. 7. 24, 2008도4085. 형법 제6조 본문에 의하여 외국인이 대한민국 영역 외에서 대한민국 국민에 대하여 범죄를 저지른 경우에도 우리 형법이 적용되지만, 같은 조 단서에 의하여 행위지의 법률에 의하여 범죄를 구성하지 아니하거나 소추 또는 형의 집행을 면제할 경우에는 우리 형법을 적용하여 처벌할 수 없다고 할 것이고, 이 경우 행위지의 법률에 의하여 범죄를 구성하는지 여부에 대해서는 엄격한 증명에 의하여 검사가 이를 입증하여야 할 것이다.

㈑ (○) 현장부재(알리바이)는 형벌권의 존부를 간접적으로 추인케 하는 사실, 즉 간접사실로서 엄격한 증명의 대상이 된다(간접사실도 엄격한 증명의 대상이라는 판결로는 대법원 2006. 5. 25, 2006도641). 다만, 현장부재의 입증책임에 대해서는 피고인이 부담한다는 견해(이재상 · 조균석, §37/31)와 검사가 부담한다는 견해(통설)의 대립이 있다.

㈒ (×) 대법원 1986. 11. 25, 83도1718. 피의자의 진술에 관하여 공판정에서 그 임의성 유무가 다투어지는 경우에는 법원은 구체적인 사건에 따라 증거조사의 방법이나 증거능력의 제한을 받지 아니하고 제반사정을 종합 참작하여 적당하다고 인정되는 방법에 의하여 자유로운 증명으로 그 임의성 유무를 판단하면 된다. [답 ④]

02. **다음 중 엄격한 증명을 요구하는 대상이 되는 것으로만 묶인 것은?** (다툼이 있는 경우 판례에 의함)

> ㈎ 반의사불벌죄에서 피고인 또는 피의자의 처벌을 희망하지 않는다는 의사표시 또는 처벌희망 의사표시 철회의 유무나 그 효력 여부에 관한 사실
> ㈏ 공모공동정에서의 공모의 사실
> ㈐ 뇌물죄에서의 수뢰액
> ㈑ 재판권과 관련하여 민간인이 군에 입대하여 군인신분을 취득하였는가의 여부에 관한 사실
> ㈒ 몰수, 추징의 사유

① ㈎, ㈏, ㈐ ② ㈏, ㈑, ㈒ ③ ㈎, ㈏, ㈒
④ ㈏, ㈐, ㈑ ⑤ ㈎, ㈑, ㈒

해설

㈎ (×) 대법원 2010. 10. 14, 2010도5610, 2010전도31.
㈏ (○) 대법원 2007. 4. 27, 2007도236. 공모공동정범에 있어서 공모 또는 모의는 범죄될 사실의 주요부분에 해당하는 이상, 가능한 한 이를 구체적이고 상세하게 특정하여야 할 뿐 아니라 엄격한 증명의 대상에 해당한다.
㈐ (○) 대법원 2011. 5. 26, 2009도2453. 뇌물죄에서의 수뢰액은 그 다과에 따라 범죄구성요건이 되므로 엄격한 증명의 대상이 된다.
㈑ (○) 대법원 1970. 10. 30, 70도1936.
㈒ (×) 대법원 2006. 4. 7, 2005도9858(전원합의체). 몰수대상이 되는지 여부나 추징액의 인정 등 몰수·추징의 사유는 범죄구성요건 사실에 관한 것이 아니어서 엄격한 증명은 필요 없지만 역시 증거에 의하여 인정되어야 한다. [답 ④]

03. **엄격한 증명의 대상과 자유로운 증명의 대상의 개수를 옳게 구분한 것은?**
(다툼이 있는 경우 판례에 의함)

㈎ 교사범에 있어 '교사의 사실'의 인정
㈏ 증언의 증명력을 감쇄하기 위한 사실의 인정
㈐ 범의의 인정
㈑ 엄격한 증명의 대상인 사실의 인정에 필요한 경험법칙의 인정
㈒ 폭력행위 등 처벌에 관한 법률 제4조 제1항 소정의 단체 등의 구성죄에 있어서 '범죄단체의 구성·가입행위'의 인정
㈓ 피고인의 자필로 작성된 진술서의 경우 형사소송법 제313조 제1항 단서의 '특히 신빙할 수 있는 상태'의 인정
㈔ 목적범에서 목적이 있었다는 점에 대한 인정

① 엄격한 증명의 대상-5개, 자유로운 증명의 대상-2개
② 엄격한 증명의 대상-4개, 자유로운 증명의 대상-3개
③ 엄격한 증명의 대상-3개, 자유로운 증명의 대상-4개
④ 엄격한 증명의 대상-2개, 자유로운 증명의 대상-5개
⑤ 엄격한 증명의 대상-1개, 자유로운 증명의 대상-6개

해설

㈎ (엄격한 증명) 대법원 2000. 2. 25, 99도1252. 교사범에 있어서의 교사사실은 범죄사실을 구성하는 것으로서 이를 인정하기 위하여는 엄격한 증명이 요구된다.
㈏ (자유로운 증명) 대법원 1998. 2. 27, 97도1770. 탄핵증거는 범죄사실을 인정하는 증거가 아니므로 엄격한 증거조사를 거쳐야 할 필요가 없다.
㈐ (엄격한 증명) 대법원 2002. 3. 12, 2001도2064.

(라) (엄격한 증명) 대법원 2000. 11. 10, 99도5541(위드마크공식).
(마) (엄격한 증명) 대법원 2005. 9. 9, 2005도3857. 엄격한 증명을 요하는 범죄의 구성요건이다.
(바) (자유로운 증명) 대법원 2001. 9. 2, 2001도2064. 소송상의 사실에 관한 것이므로 엄격한 증명을 요하지 아니하고 자유로운 증명으로 족하다.
(사) (엄격한 증명) 대법원 2014. 9. 26, 2014도9030. [답 ①]

04. **거증책임에 관한 설명 중 틀린 것은?** (다툼이 있는 경우 판례에 의함)

① 공소사실이 진실한 것이라는 확신을 가지게 하는 증명력 있는 증거가 없다면, 설령 피고인에게 유죄의 의심이 가더라도 피고인의 이익으로 판단하여야 한다.
② 진술의 임의성에 다툼이 있을 때에는 검사가 그 임의성의 의문점을 해소하는 입증을 하여야 한다.
③ 허위사실의 적시에 의한 명예훼손죄에서 허위의 인식 등에 관한 거증책임을 다하였는지 여부를 결정함에 있어서는 어느 사실이 적극적으로 존재한다는 것의 증명은 물론, 그 사실의 부존재도 증명하여야 한다.
④ 명예훼손죄에 있어 진실성과 공공성의 증명은 피고인에게 거증책임이 전환된다.
⑤ 공소시효의 완성사실은 검사가 입증하여야 한다.

해설

① (○) 대법원 2001. 2. 1, 2000도4946. '의심스러울 때는 피고인의 이익으로'(in dubio pro reo)의 원칙이다.
② (○) 대법원 2002. 10. 8, 2001도3931.
③ (×) 대법원 2010. 11. 25, 2009도12132.
④ (○) 대법원 2004. 5. 28, 2004도1497. 공연히 사실을 적시하여 사람의 명예를 훼손한 행위가 형법 제310조의 규정에 따라서 위법성이 조각되어 처벌대상이 되지 않기 위하여는 그것이 진실한 사실로서 오로지 공공의 이익에 관한 때에 해당된다는 점을 행위자가 증명하여야 하는 것이다.
⑤ (○) 형사소송에서는 실체법적 사실은 물론 소송법적 사실, 증명력을 증명하는 사실(보조사실)도 검사에게 거증책임이 있다. [답 ③]

◇관련판례◇

대법원 2010. 11. 25, 2009도12132 : 입증책임을 다하였는지 여부를 결정함에 있어서는, 어느 사실이 적극적으로 존재한다는 것의 증명은 물론, 그 사실의 부존재의 증명이라도 특정기간과 특정장소에서의 특정 행위의 부존재에 관한 것이라면 적극적 당사자인 검사가 이를 합리적 의심의 여지가 없이 증명하여야 할 것이지만, 특정되지 아니한 기간과 공간에서의 구체화되지 아니한 사실의 부존재를 증명한다는 것은 사회통념상 불가능한 반면 그 사실이 존재한다고 주장·증명하는 것이 보다 용이하므로 이러한 사정은 검사가 그 입증책임을 다하였는지를 판단함에 있어 고려되면 된다.

05. 자유심증주의에 관한 설명 중 틀린 것은? (다툼이 있는 경우 판례에 의함)

① 선서하지 아니한 증인의 증언과 선서한 증인의 증언이 서로 배치될 때 법관은 자유롭게 증언을 취사선택하여 증명력을 판단한다.

② 법원은 피고인이 작성한 진술조서에 기재된 내용의 전부를 믿거나 믿지 않아야 하며, 그 중 일부만을 믿을 수는 없다.

③ 항소심 법원이 제1심에서 채용된 증거의 신빙성에 중대한 의문을 가지면 심리 없이 그 증거를 배척할 수 있다.

④ 유전자검사나 혈액형검사 등 과학적 증거방법은 그 전제로 하는 사실이 모두 진실임이 입증되고 그 추론의 방법이 과학적으로 정당하여 오류의 가능성이 전무하거나 무시할 정도로 극소한 것으로 인정되는 경우에는 법관이 사실인정을 함에 있어 상당한 정도로 구속력을 가진다.

⑤ 강간치상 당시 만 3년 6월 남짓된 피해자가 피해상황에 관하여 비록 구체적이지는 못하지만 개괄적으로 물어본 검사의 질문을 이해하고 고개를 끄덕이는 형식으로 답변하였더라도 증언능력을 인정하고 그 증언의 신빙성을 인정할 수 있다.

해설

① (○) 자유심증주의의 원칙상 증인이 성년 · 미성년인지, 책임능력이 있는지, 선서했는지와 관계없이 법관이 자유롭게 증언을 취사선택하여 증명력을 판단한다.

② (×) 대법원 1980. 3. 11, 80도145. 진술조서의 기재 중 일부분을 믿고 다른 부분을 믿지 아니한다고 하여도 그것이 곧 부당하다고 할 수 없다.

③ (○) 대법원 2010. 6. 24, 2010도3846. 제1심과 항소심의 신빙성 평가방법의 차이를 고려해 보면, 제1심 판결 내용과 제1심에서 적법하게 증거조사를 거친 증거들에 비추어 제1심 증인이 한 진술의 신빙성 유무에 대한 제1심의 판단이 명백하게 잘못되었다고 볼 특별한 사정이 있거나, 제1심의 증거조사 결과와 항소심 변론종결 시까지 추가로 이루어진 증거조사 결과를 종합하면 제1심 증인

이 한 진술의 신빙성 유무에 대한 제1심의 판단을 그대로 유지하는 것이 현저히 부당하다고 인정되는 예외적인 경우가 아니라면, 항소심으로서는 제1심 증인이 한 진술의 신빙성 유무에 대한 제1심의 판단이 항소심의 판단과 다르다는 이유만으로 이에 대한 제1심의 판단을 함부로 뒤집어서는 안 될 것이다(대법원 2009. 1. 30, 2008도7917 참조).

④ (○) 대법원 2007. 5. 10, 2007도1950.

⑤ (○) 대법원 1991. 5. 10, 91도579. 피해자인 증인이 경험한 사실은 "피고인이 피해자의 팬티를 벗기고 바닥에 눕힌 후 피고인의 바지와 팬티를 내린 후 그 성기로 피해자의 음부에 밀어 넣으려고 하였다"라는 것으로서 비교적 간단하고 단순한 사안인바, 위 증인 연령 정도의 유아라고 하더라도 별다른 사정이 없는 한 이를 알고 그 내용을 표현할 수 있는 범위 내의 것이라고 보아지고, 또한 위 증인이 제1심 법정에서 위와 같은 피해상황에 관하여 비록 구체적이지는 못하지만 개괄적으로 물어 본 검사의 질문에 이를 이해하고 고개를 끄덕이는 형식으로 답변하고 있음을 볼 때 위 증인에게 증언능력이 있다고 보아야 할 것이다. 위 사안에서 증언의 신빙성도 인정하였다. [답 ②]

06. **자유심증주의에 관한 다음 설명 중 틀린 것으로 묶인 것은?** (다툼이 있는 경우 판례에 의함) 〈일본 신사법시험 2011 변형〉

> ㈎ 국민참여재판에서 배심원이 관여하는 판단에 있어 증거의 증명력은 각 배심원의 자유로운 판단에 맡긴다.
> ㈏ 헌법 제12조 제7항의 「정식재판에서 피고인의 자백이 그에게 불리한 유일한 증거일 때에는 이를 유죄의 증거로 삼거나 이를 이유로 처벌하지 못한다」라고 하는 규정은 자백의 증명력에 대한 자유심증을 제한한 것이다.
> ㈐ 재판관이 증언의 신빙성을 판단할 때, 그 증인의 공판정에서의 진술태도를 고려할 수 있다.
> ㈑ 경험칙은 경험으로부터 도출된 사물에 관한 일반적인 법칙이지만, 일반적으로 승인된 과학적 법칙과는 달리 합리적인 판단법칙으로서 공유된 것이라고까지는 할 수 없기 때문에, 법관은 경험칙에 반하는 심증을 형성하여 사실을 인정하는 것도 허용된다.
> ㈒ 피고인의 정신상태에 관한 정신의학자의 의견이 감정 등으로 증거가 된 경우에는, 그 판단의 전제가 되는 생물학적, 심리학적 요소를 법원이 평가하는 것은 곤란하므로 그 의견대로 인정하여야 한다.

① ㈎, ㈏ ② ㈎, ㈒ ③ ㈏, ㈐

④ ㈐, ㈑ ⑤ ㈑, ㈒

해설

㈎ (○) 배심원도 자유심증주의의 주체이다(국민의 형사재판 참여에 관한 법률 제4조, 형사소송법 제308조).

㈏ (○) 자백의 증명력 제한(헌법 제12조 제7항; 형소법 제310조)은 공판조서의 증명력(제56조), 진술거부권의 행사(제283조의2)(통설)와 함께 자유심증주의의 예외이다.

㈐ (○) 대법원 2010. 6. 24, 2010도3846. 증인신문절차를 진행한 뒤 그 진술의 신빙성 유무를 판단함에 있어서는, 진술 내용 자체의 합리성 · 논리성 · 모순 또는 경험칙 부합 여부나 물증 또는 제3자의 진술과의 부합 여부 등은 물론, 법관의 면전에서 선서한 후 공개된 법정에서 진술에 임하고 있는 증인의 모습이나 태도, 진술의 뉘앙스 등 증인신문조서에는 기록하기 어려운 여러 사정을 직접 관찰함으로써 얻게 된 심증까지 모두 고려하여 신빙성 유무를 평가하게 된다.

㈑ (×) 대법원 2006. 5. 25, 2003도3945. 증거의 증명력은 법관의 자유판단에 맡겨져 있으나 그 판단은 논리와 경험칙에 합치하여야 한다.

㈒ (×) 대법원 1995. 2. 24, 94도3163; 대법원 2007. 6. 14, 2007도2360. 심신장애의 유무는 법원이 형벌제도의 목적 등에 비추어 판단하여야 할 법률문제로서, 그 판단에 있어서는 전문감정인의 정신감정 결과가 중요한 참고자료가 되기는 하나, 법원으로서는 반드시 그 의견에 기속을 받는 것은 아니고, 그러한 감정결과뿐만 아니라 범행의 경위, 수단, 범행 전후의 피고인의 행동 등 기록에 나타난 제반 자료 등을 종합하여 독자적으로 심신장애의 유무를 판단하여야 하는 것이다. [답 ⑤]

07. 증거의 증명력에 관한 다음 설명 중 틀린 것은? (다툼이 있는 경우 판례에 의함)

① 상해에 대한 진단일자 및 상해진단서 작성일자가 상해 발생시점과 시간상으로 근접하고 상해진단서 발급 경위에 특별히 신빙성을 의심할 만한 사정이 없으며 거기에 기재된 상해 부위와 정도가 피해자가 주장하는 상해의 원인 내지 경위와 일치하는 경우에는, 특별한 사정이 없는 한 그 상해진단서는 피고인의 상해사실에 대한 유력한 증거가 되고, 합리적인 근거 없이 그 증명력을 함부로 배척할 수 없다.

② 혈액의 채취 또는 검사과정에서 인위적인 조작이나 관계자의 잘못이 개입되는 등 혈액채취에 의한 검사결과를 믿지 못할 특별한 사정이 없더라도, 혈액검사에 의한 음주측정치와 호흡측정기에 의한 측정치가 다른 경우, 어느 것을 신뢰할 것인지는 전적으로 법관의

자유심증에 의한다.

③ 처분문서의 진정 성립이 인정되는 이상, 법원은 반증이 없는 한 그 문서의 기재 내용에 따른 의사표시의 존재 및 내용을 인정하여야 한다.

④ 메모지의 필적과 수표상의 필적이 피고인의 필적과 동일한 것이라는 감정은 고도의 개연성이 있는 것에 불과하여 이것만으로 가볍게 동일필적으로 단정할 수는 없다.

⑤ 피해자의 진술이 특별한 이유없이 시일이 경과할수록 사고현장의 상황에 부합하도록 진술내용이 번복되어 왔다면 그것만으로도 그 신빙성이 의심스럽다고 할 것이다.

✍ **해설**

① (○) 대법원 2011. 1. 27, 2010도12728. 위와 같은 증명력을 가지기 위하여는 진단 무렵 피해자가 제3자로부터 폭행을 당하는 등으로 달리 상해를 입을 만한 정황이 발견되거나 의사가 허위로 진단서를 작성한 사실이 밝혀지는 등의 특별한 사정이 없어야 한다.

② (×) 대법원 2004. 2. 13, 2003도6905. 호흡측정기에 의한 측정의 경우 그 측정기의 상태, 측정방법, 상대방의 협조정도 등에 의하여 그 측정결과의 정확성과 신뢰성에 문제가 있을 수 있다는 사정을 고려하면, 혈액의 채취 또는 검사과정에서 인위적인 조작이나 관계자의 잘못이 개입되는 등 혈액채취에 의한 검사결과를 믿지 못할 특별한 사정이 없는 한, 혈액검사에 의한 음주측정치가 호흡측정기에 의한 측정치보다 측정 당시의 혈중알코올농도에 더 근접한 음주측정치라고 보는 것이 경험칙에 부합한다.

③ (○) 대법원 2008. 2. 29, 2007도11029.

④ (○) 대법원 1994. 9. 13, 94도1335.

⑤ (○) 대법원 1997. 5. 23, 97도852. 사람이 경험한 사실에 대한 기억은 시일이 경과함에 따라 흐려질 수는 있을지라도 오히려 처음보다 명료해진다는 것은 이례에 속하는 것임에도, 피해자의 진술이 특별한 이유도 없이 시일이 경과할수록 사고현장의 상황에 부합하도록 진술내용이 번복되어 왔다면 그 신빙성을 의심하지 않을 수 없다. [답 ②]

◇관련판례◇

(1) 대법원 2008. 2. 29, 2007도11029 : 처분문서의 진정 성립이 인정되는 이상, 법원은 반증이 없는 한 그 문서의 기재 내용에 따른 의사표시의 존재 및 내용을 인정하여야 하고, 합리적인 이유 설시도 없이 이를 배척하여서는 아니 되나, 처분문서라 할지라도 그 기재 내용과 다른 명시적·묵시적 약정이 있는 사실이 인정될 경우에는 그 기재 내용과 다른 사실을 인정할 수 있고, 작성자의 법률행위를 해석함에 있어

서도 경험법칙과 논리법칙에 어긋나지 않는 범위 내에서 자유로운 심증으로 판단할 수 있다(대법원 2006. 4. 13, 2005다34643 ; 대법원 2006. 12. 21, 2004다45400 등 참조).

(2) 대법원 1994. 9. 13, 94도1335 : 메모지의 필적과 수표상의 필적이 피고인의 필적과 동일한 것이라는 감정은 고도의 개연성이 있는 것에 불과하여 이것만으로 가볍게 동일필적으로 단정할 수는 없을 것이나 감정서의 기재내용과 감정인의 진술내용으로 보아, 메모지의 필적과 수표에 남아 있는 필적 및 피고인의 필적이 동일한 것이라는 감정결과는 고도의 개연성을 담보하고 있다고 할 것인바, 한편, 동일인의 필적이라고 하더라도 필기상태의 차이에 따라 다소 다르게 나타날 수도 있는 것이어서, 이러한 경우, 감정결과에 의문이 생기면, 원래의 감정인에게 물어보거나 다른 감정인으로 하여금 다시 감정하게 하여 보는 등 의문점을 더 밝혀 보았어야 할 것임에도 이러한 조치를 취하지 아니한 채, 필적의 일정한 특징점을 기준으로 하지 않고 육안으로 보아 일부 자획에 상이한 점이 보인다고 하여 전문가의 감정결과에 대하여 의심을 품고 이를 배척하거나 감정자료가 부족하다는 이유로 감정결과를 배척하는 것은 합리적이라 할 수 없다.

08. 범인식별에 관한 다음 설명 중 틀린 것은? (다툼이 있는 경우 판례에 의함)

① 강간피해자가 수사기관이 제시한 47명의 사진 속에서 피고인을 범인으로 지목하자 이어진 범인식별절차에서 수사기관이 피해자에게 피고인만을 촬영한 동영상을 보여주거나 피고인만을 직접 보여주어 피해자로부터 범인이 맞다는 진술을 받고, 다시 피고인을 포함한 3명을 동시에 피해자에게 대면시켜 피고인이 범인이라는 확인을 받은 경우, 위 피해자의 진술은 그 신빙성이 낮다.

② 피해자가 경찰관과 함께 범행 현장에서 범인을 추적하다 골목길에서 범인을 놓친 직후 골목길에 면한 집을 탐문하여 용의자를 확정한 경우, 그 현장에서 용의자와 피해자의 일대일 대면이 허용된다고 보기 어렵다.

③ 야간에 짧은 시간 동안 강도의 범행을 당한 피해자가 어떤 용의자의 인상착의 등에 의하여 그를 범인으로 진술하는 경우에, 그 용의자가 종전에 피해자와 안면이 있는 사람이라면, 직접 목격자인 피해자의 진술은 특별히 허위진술을 할 동기나 이유가 없는 한 그 증명력이 상당히 높다.

④ 성폭력 피해아동이 가해자의 인상착의에 대한 정확한 기억을 갖고 있지 못한 상태에서 피고인이 가해자인지 여부를 묻는 검사의 반복된 질문에 의한 암시를 받아 피고인을 가해자로 지목하였을 가능성을 배제할 수 없다면 피해아동의 진술은 그 신빙성에 의심이 있다.

⑤ 범인식별절차에서 준수하여야 할 절차를 지키지 못하였더라도 피해자가 범인을 대면한 범행현장의 조명상황, 피해자가 범행 당시 상황 및 범인의 인상착의에 관하여 상당한 정도로 일관되게 진술하고, 피해자가 진술한 인상착의가 피고인과 상당히 유사하며, 피고인 소유의 범행도구가 범행현장에서 발견된 경우에는 높은 정도의 신빙성을 인정할 수 있다.

해설

① (○) 대법원 2008. 1. 17, 2007도5201.

② (×) 대법원 2009. 6. 11, 2008도12111. 일대일 대면이 허용된다.

③ (○) 대법원 2001. 2. 9, 2000도4946. 그 경우, 그 용의자가 종전에 피해자와 안면이 있는 사람이라든가 피해자의 진술 외에도 그 용의자를 범인으로 의심할 만한 다른 정황이 존재한다든가 아니면 피해자가 아무런 선입견이 없는 상태에서 그 용의자를 포함하여 인상착의가 비슷한 여러 사람을 동시에 대면하고 그 중에서 범인을 식별하였다든가 하는 부가적인 사정이 있다면, 직접 목격자인 피해자의 진술은 특별히 허위진술을 할 동기나 이유가 없는 한 그 증명력이 상당히 높다. 그러나 피해자가 범행 전에 용의자를 한 번도 본 일이 없고 피해자의 진술 외에는 그 용의자를 범인으로 의심할 만한 객관적인 사정이 존재하지 않는 상태에서, 수사기관이 잘못된 단서에 의하여 범인으로 지목하고 신병을 확보한 용의자를 일대일로 대면하고 그가 범인임을 확인하였을 뿐이라면, 사람의 기억력의 한계 및 부정확성과 위와 같은 상황에서 피해자에게 주어질 수 있는 무의식적인 암시의 가능성에 비추어 그 피해자의 진술에 높은 정도의 신빙성을 부여하기는 곤란하다.

④ (○) 대법원 2008. 7. 10, 2006도252. 증거로 제출된 성추행 피해아동의 검찰에서의 진술에 관한 신빙성을 판단함에 있어서는, 아동의 경우 질문자에 의한 피암시성이 강하고, 상상과 현실을 혼동하거나 기억 내용에 대한 출처를 제대로 인식하지 못할 가능성이 있는 점 등을 고려하여, 아동의 나이가 얼마나 어린지, 위 진술이 사건 발생 시로부터 얼마나 지난 후에 이루어진 것인지, 사건 발생 후 위 진술이 이루어지기까지의 과정에서 최초로 아동의 피해사실을 청취한 보호자나 수사관들이 편파적인 예단을 가지고 아동에게 사실이 아닌 정보를 주거나 반복적인 신문 등을 통하여 특정한 답변을 유도하는 등으로 아동 기억에 변형을 가져 올 여지는 없었는지, 위 진술 당시 질문자에 의하여 오도될 수 있는 암시적인 질문이 반복된 것은 아닌지, 같이 신문을 받은 또래 아동의 진술에 영향을 받은 것은 아닌지, 면담자로부터 영향을 받지 않은 아동 자신의 진술이 이루어진 것인지, 법정에서는 피해사실에 대하여 어떠한 진술을

하고 있는지 등을 살펴보아야 하며, 또한 위 검찰에서의 진술내용에 있어서도 일관성이 있고 명확한지, 세부내용의 묘사가 풍부한지, 사건 · 사물 · 가해자에 대한 특징적인 부분에 관한 묘사가 있는지, 정형화된 사건 이상의 정보를 포함하고 있는지 등도 종합적으로 검토되어야 한다(민사사건에 관한 대법원 2006. 10. 26, 2005다61027 참조).
⑤ (○) 광주지법 2004. 12. 2, 2004고합330. 범인식별절차에 하자가 있더라도 그 용의자가 종전에 피해자와 안면이 있는 사람이라든가 피해자의 진술 외에도 그 용의자를 범인으로 의심할 만한 다른 정황이 존재한다든가 하는 등의 부가적인 사정이 있으면, 높은 정도의 신빙성이 있다(대법원 2006. 9. 28, 2006도4587). [답 ②]

◇관련판례◇

대법원 2008. 1. 17, 2007도5201 : 용의자의 인상착의 등에 의한 범인식별절차에 있어 용의자 한 사람을 단독으로 목격자와 대질시키거나 용의자의 사진 한 장만을 목격자에게 제시하여 범인 여부를 확인하게 하는 것은 사람의 기억력의 한계 및 부정확성과 구체적인 상황 하에서 용의자나 그 사진상의 인물이 범인으로 의심받고 있다는 무의식적 암시를 목격자에게 줄 수 있는 가능성으로 인하여, 그러한 방식에 의한 범인식별절차에서의 목격자의 진술은, 그 용의자가 종전에 피해자와 안면이 있는 사람이라든가 피해자의 진술 외에도 그 용의자를 범인으로 의심할 만한 다른 정황이 존재한다든가 하는 등의 부가적인 사정이 없는 한 그 신빙성이 낮다고 보아야 하므로, 범인식별절차에 있어 목격자의 진술의 신빙성을 높게 평가할 수 있게 하려면, 범인의 인상착의 등에 관한 목격자의 진술 내지 묘사를 사전에 상세히 기록화한 다음, 용의자를 포함하여 그와 인상착의가 비슷한 여러 사람을 동시에 목격자와 대면시켜 범인을 지목하도록 하여야 하고, 용의자와 목격자 및 비교대상자들이 상호 사전에 접촉하지 못하도록 하여야 하며, 사후에 증거가치를 평가할 수 있도록 대질 과정과 결과를 문자와 사진 등으로 서면화하는 등의 조치를 취하여야 할 것이고, 사진제시에 의한 범인식별 절차에 있어서도 기본적으로 이러한 원칙에 따라야 한다(대법원 2001. 2. 9, 2000도4946 ; 대법원 2004. 2. 27, 2003도7033 ; 대법원 2007. 5. 10, 2007도1950 등). 그리고 이러한 원칙은 동영상제시 · 가두식별 등에 의한 범인식별절차와 사진제시에 의한 범인식별절차에서 목격자가 용의자를 범인으로 지목한 후에 이루어지는 동영상제시 · 가두식별 · 대면 등에 의한 범인식별절차에도 적용되어야 할 것이다.

09. 범죄의 증명에 관한 설명 중 틀린 것은? (다툼이 있는 경우 판례에 의함)

〈일본 신사법시험 2012 변형〉

> (가) 일반적으로 정황증거는 직접증거에 비하여 증명력이 낮고, 정황증거에 의하여 사실인정을 하는 경우에는 직접증거에 의하여 사실인정을 하는 경우에 비하여 보다 신중한 판단이 요구되므로 반대사실의 존재 가능성을 허용하지 않을 정도의 확실성이 있어야 한다.
> (나) 피고사건에 대하여 범죄의 증명이 있는 때에는 형의 면제 또는 선고유예의 경우 외에는 판결로써 형을 선고하여야 한다.
> (다) 형사재판의 유죄인정에 필요한 '합리적 의심을 할 여지가 없을 정도의 입증'에 있어 합리적 의심이란 논리와 경험칙에 기하여 요증사실과 양립할 수 없는 사실의 개연성에 대한 합리성 있는 의문을 의미하는 것으로서, 단순히 관념적인 의심이나 추상적인 가능성에 기초한 의심은 이에 포함되지 않는다.
> (라) 국민참여재판에서 증거의 증명력은 각각의 배심원의 자유로운 판단에 따른다.
> (마) 약식절차에서는 서면심리에 의한 신속한 판단이 요구되므로 범죄의 증명은 증거의 우월로 충분하다.

① (가), (나) ② (가), (마) ③ (나), (다)
④ (다), (라) ⑤ (라), (마)

해설

(가) (×) 증거의 증명력에 대한 법관의 판단은 논리와 경험칙에 합치하여야 하고, 형사재판에 있어서 유죄로 인정하기 위한 심증 형성의 정도는 합리적인 의심을 할 여지가 없을 정도여야 하는데(대법원 2006. 11. 23, 2006도5407; 대법원 2014. 6. 12, 2014도3163), 이는 직접증거나 정황증거나 마찬가지이다(대법원 2008. 3. 27, 2008도507).
(나) (○) 제321조 제1항.
(다) (○) 대법원 2012. 5. 24, 2010도5968.
(라) (○) 국민참여재판에 관하여 국민의 형사재판 참여에 관한 법률에 특별한 규정이 없는 때에는 법원조직법, 형사소송법 등 다른 법령을 적용하므로(동법 제4조), 자유심증에 관한 제308조는 국민참여재판에도 적용된다.
(마) (×) 약식절차에서도 범죄의 증명에 관하여는 합의적인 의심을 할 여지가 없을 정도의 증명이 필요하다. [답 ②]

제 3 절 자백배제법칙

01. 임의성 없는 자백에 관한 설명 중 틀린 것은? (다툼이 있는 경우에는 판례에 의함)

① 임의성이 없는 자백은 유죄의 증거에서 실질적이고 완전하게 제외되므로 피고인이 동의하더라도 증거로 사용할 수 없다.
② 자백의 임의성에 대한 증명은 자유로운 증명에 의한다.
③ 자백의 임의성에 다툼이 있는 경우에는 그 임의성을 의심할 만한 사실을 검사가 입증하여야 한다.
④ 임의성 없는 자백은 그 자체가 허위에 따른 오판은 물론 자백을 얻기 위한 인권 침해의 소지가 있기 때문에 그 증거능력이 부정된다.
⑤ 형사소송법 제309조의 자백배제의 사유는 자백의 증거능력에 관한 것이므로 자백의 신빙성 유무를 판단함에 있어서는 그 사유에 관하여 합리적인 의심을 갖게 할 상황이 있었는지는 고려할 필요가 없다.

해설

① (○) 대법원 1990. 9. 25, 90도1586; 대법원 2006. 11. 23, 2004도7900.
② (○) 대법원 2011. 2. 24, 2010도14720. 피고인이 피의자신문조서에 기재된 피고인의 진술 및 공판기일에서의 피고인의 진술의 임의성을 다투면서 그것이 허위자백이라고 다투는 경우, 법원은 구체적인 사건에 따라 피고인의 학력, 경력, 직업, 사회적 지위, 지능 정도, 진술의 내용, 피의자신문조서의 경우 그 조서의 형식 등 제반 사정을 참작하여 자유로운 심증으로 위 진술이 임의로 된 것인지의 여부를 판단할 수 있다(대법원 2004. 10. 28. 선고 2003도8238 등 참조).
③ (○) 대법원 2006. 1. 26, 2004도517.
④ (○) 대법원 1999. 1. 29, 98도3584. 자백배제법칙의 근거에 대하여는 허위배제설, 인권옹호설, 위법배제설, 절충설(허위배제+인권옹호) 등의 대립이 있는데, 최근의 판례들은 절충설의 입장이다(대법원 2012. 11. 29, 2010도3029).
⑤ (×) 자백의 신빙성 유무를 판담함에 있어서도 함께 고려하여야 한다(대법원 2009. 4. 9, 2009도675). [답 ⑤]

02. 자백의 증거능력이 인정되는 것만으로 묶인 것은? (다툼이 있는 경우 판례에 의함)

(가) 검찰에 연행된 때로부터 약 30시간 동안 잠을 재우지 아니한 채 검사 2명이 교대로 신문을 하면서 회유한 끝에 받아낸 자백

(나) 특정범죄가중처벌등에관한법률위반죄를 적용하지 않고 단순수뢰죄의 가벼운 형으로 처벌되도록 하겠다고 약속하고 받아낸 자백
(다) 피의자를 고문한 경찰관이 검사 앞까지 피의자를 데려간 경우 검사 앞에서 한 자백
(라) 일정한 증거가 발견되면 피의자가 자백하겠다고 한 약속에 따라 한 자백
(마) 사건의 송치를 받은 당일에 검사가 피의자를 신문하여 받아낸 자백

① (가), (다) ② (나), (라) ③ (가), (마)
④ (나), (다) ⑤ (라), (마)

해설

(가) (×) 대법원 1997. 6. 27, 95도1964.
(나) (×) 대법원 1984. 5. 9, 83도2782. 그리고 보호감호를 청구하지 않겠다는 약속에 의한 자백도 제309조의 약속에 의한 자백에 해당되어 증거능력이 없다(대법원 1985. 12. 10, 85도2182).
(다) (×) 대법원 1992. 3. 10, 91도1. 피의자를 고문한 경찰관이 검사 앞에까지 피의자를 데려간 경우 검사 앞에서 한 자백도 임의성이 없는 심리상태가 계속된 경우라고 할 수밖에 없어 검사 작성의 피고인에 대한 제1회 피의자신문조서는 증거능력이 없다.
(라) (○) 대법원 1983. 9. 13, 83도712. 증거가 발견되면 자백하겠다는 약속이 검사의 강요나 위계에 의하여 이루어졌다든가 또는 불기소나 경한 죄의 소추 등 이익과 교환조건으로 된 것이라고 인정되지 아니하므로 위와 같은 자백의 약속하에 된 자백을 곧 임의성이 없는 자백이라고 단정할 수는 없다.
(마) (○) 대법원 1984. 5. 29, 84도378. 제1회 피의자신문조서가 사건의 송치를 받은 당일에 작성된 것이었다 하여 그와 같은 조서의 작성시기만으로 그 조서에 기재된 피고인의 자백진술이 임의성이 없거나 특히 신빙할 수 없는 상태에서 된 것이라 의심하여 증거능력을 부정할 수 없다. [답 ⑤]

03. 증거에 관한 다음 설명 중 옳은 것은? (다툼이 있는 경우 판례에 의함)

〈법무부 모의시험 2011〉

① 피고인의 자백이 폭행·협박 등으로 인하여 임의로 진술한 것이 아니라고 의심할 만한 이유가 있는 때에는 이를 유죄의 증거로 할 수 없으며, 그 임의성 유무를 판단함에 있어서 법원은 엄격한 증명절차에 의하여 이를 판단하여야 한다.
② 검사가 피의자에 대한 변호인의 접견을 부당하게 제한하고 있는 상태에서 피의자신문조서를 작성하였다 하더라도 피고인이 된 피의자

가 그 피의자신문조서에 대하여 진정성립을 인정하면 증거능력이 인정된다.

③ 검사가 피고인에 대하여 공소를 제기한 이후 피고인을 다시 검사실에 소환하여 피고인을 상대로 진술거부권을 고지한 후 피의자신문조서가 아닌 진술조서 형식으로 조서를 작성하였고 진술의 임의성도 인정되는 경우라면 그 진술조서의 증거능력이 부정되는 것은 아니다.

④ 피고인은 범행을 부인하고 있고, 공범인 공동피고인은 피고인과 함께 범행하였다고 자백하고 있는 경우, 그와 같은 공범인 공동피고인의 진술 이외에 보강증거가 없다면 피고인에게 유죄를 선고할 수 없다.

⑤ 피고인이 범행을 자백하고 있고, 피고인이 범행을 자백하는 것을 들었다는 참고인의 진술조서가 있다면 그 진술조서는 피고인의 자백에 대한 보강증거가 될 수 있다.

해설

① (×) 자백의 임의성은 소송법적 사실이므로 자유로운 증명으로 족하다. 판례도 피의자신문조서에 기재된 피고인의 진술 및 공판기일에서의 피고인의 진술의 임의성을 다투면서 그것이 허위자백이라고 다투는 경우, 법원은 구체적인 사건에 따라 피고인의 학력, 경력, 직업, 사회적 지위, 지능 정도, 진술의 내용, 피의자신문조서의 경우 그 조서의 형식 등 제반 사정을 참작하여 자유로운 심증으로 위 진술이 임의로 된 것인지의 여부를 판단할 수 있다고 한다(대법원 2011. 2. 24, 2010도14720; 대법원 2004. 3. 26, 2003도8077).

② (×) 위법수집증거배제원칙에 따라 증거능력이 부정된다는 것이 판례의 입장이다. 즉, 판례는 "변호인과의 접견교통권은 헌법상 보장된 변호인의 조력을 받을 권리의 중핵을 이루는 것으로서 변호인과의 접견교통이 위법하게 제한된 상태에서는 실질적인 변호인의 조력을 기대할 수 없으므로 위와 같은 변호인의 접견교통권제한은 헌법이 보장한 기본권을 침해하는 것으로서 그러한 위법한 상태에서 얻어진 피의자의 자백은 그 증거능력을 부인하여 유죄의 증거에서 배제하여야 하며, 이러한 위법증거의 배제는 실질적이고 완전하게 증거에서 제외함을 뜻하는 것이다"라고 한다(대법원 1990. 9. 25, 90도1586).

③ (○) 대법원 1982. 6. 8, 82도754. 검사의 피고인에 대한 진술조서가 기소 후에 작성된 것이라는 이유만으로 곧 그 증거능력이 없는 것이라고도 할 수 없다.

④ (×) 공범인 공동피고인들의 진술은 서로 보강증거가 될 수 있다. 즉, 제310조 소정의 '피고인의 자백'에 공범인 공동피고인의 진술은 포함되지 아니하므로 공범인 공동피고인의 진술은 다른 공동피고인에 대한 범죄사실을 인정하는 증거로 할 수 있는 것일 뿐만 아니라, 공범인 공동피고인들의 각 진술은 상호간에 서로 보강증거가 될 수 있다(대법원 1990. 10. 30, 90도1939).

⑤ (×) 보강증거가 될 수 없다. 즉, 피고인의 자백을 내용으로 하는 진술기재내용을 피고인의 자백의 보강증거로 삼는다면 결국 피고인의 자백을 피고인의 자백으로서 보강하는 결과가 되어 아무런 보강도 하는 바 없는 것이니 보강증

거가 되지 못하고, 오히려 보강증거를 필요로 하는 피고인의 자백과 동일하게 보아야 할 성질의 것이라고 할 것이므로 피고인의 자백의 보강증거로 될 수 없다(대법원 2008. 2. 14, 2007도10937). [답 ③]

제 4 절 위법수집증거배제법칙

01. **다음은 위법수집증거배제법칙의 인정 여부와 그 적용범위에 관하여 대법원의 기본태도를 밝힌 대법원 2007. 11. 15. 2007도3061호 전원합의체판결의 판결요지의 일부이다. (⑴)에서 (⑹)까지 들어갈 용어를 순서에 따라 나열한 것 중 옳은 것은?**

[판결요지]

헌법과 형사소송법이 정한 절차에 따르지 아니하고 수집한 증거는 (⑴)을(를) 위해 마련된 (⑵)에 따르지 않은 것으로서 원칙적으로 유죄 인정의 증거로 삼을 수 없다. 수사기관의 (⑶)을(를) 억제하고 재발을 방지하는 가장 효과적이고 확실한 대응책은 이를 통하여 수집한 증거는 물론 이를 기초로 하여 획득한 2차적 증거를 유죄 인정의 증거로 삼을 수 없도록 하는 것이다. 다만, 법이 정한 절차에 따르지 아니하고 수집한 압수물의 증거능력 인정 여부를 최종적으로 판단함에 있어서는, 실체적 진실 규명을 통한 (⑷)도 헌법과 형사소송법이 형사소송 절차를 통하여 달성하려는 중요한 목표이자 이념이므로, 형식적으로 보아 정해진 절차에 따르지 아니하고 수집한 증거라는 이유만을 내세워 획일적으로 그 증거의 증거능력을 부정하는 것 역시 헌법과 형사소송법이 형사소송에 관한 절차조항을 마련한 취지에 맞는다고 볼 수 없다. 따라서 수사기관의 절차위반행위가 (⑵)의 실질적인 내용을 침해하는 경우에 해당하지 아니하고, 오히려 그 증거의 증거능력을 배제하는 것이 헌법과 형사소송법이 형사소송에 관한 절차조항을 마련하여 적법절차의 원칙과 실체적 진실 규명의 조화를 도모하고 이를 통하여 (⑸)을(를) 실현하려 한 취지에 반하는 결과를 초래하는 것으로 평가되는 예외적인 경우라면, 법원은 그 증거를 유죄 인정의 증거로 (⑹)고 보아야 한다.

[용어]

(ㄱ) 적법절차	(ㄴ) 형사사법 정의
(ㄷ) 기본적 인권보장	(ㄹ) 위법한 압수 · 수색
(ㅁ) 실체진실주의	(ㅂ) 정당한 형벌권의 실현
(ㅅ) 사용할 수 있다	(ㅇ) 사용할 수 없다

① (1) (ㅂ) (2) (ㅁ) (3) (ㄹ) (4) (ㄷ) (5) (ㄴ) (6) (ㅅ)
② (1) (ㄴ) (2) (ㄱ) (3) (ㄹ) (4) (ㅁ) (5) (ㅂ) (6) (ㅇ)
③ (1) (ㄷ) (2) (ㄱ) (3) (ㄹ) (4) (ㅁ) (5) (ㅂ) (6) (ㅅ)
④ (1) (ㄷ) (2) (ㄱ) (3) (ㄹ) (4) (ㅂ) (5) (ㄴ) (6) (ㅅ)
⑤ (1) (ㄷ) (2) (ㄱ) (3) (ㄹ) (4) (ㅂ) (5) (ㅁ) (6) (ㅇ)

해설

(1)에서 (6)까지 ( ) 속에 들어갈 용어는 (1) 기본적 인권보장(ㄷ), (2) 적법절차(ㄱ), (3) 위법한 압수 · 수색(ㄹ), (4) 정당한 형벌권의 실현(ㅂ), (5) 형사사법 정의(ㄴ), (6) 사용할 수 있다(ㅅ) 이다. [답 ④]

02. 증거능력에 관한 다음 설명 중 옳은 것을 모두 고른 것은? (다툼이 있는 경우 판례에 의함) 〈법무부 모의시험 2011〉

(가) 적법한 절차를 위반하여 수집한 증거는 원칙적으로 유죄의 증거로 삼을 수 없으나, 절차 위반의 내용이 중대하지 않고 그 증거의 증거능력을 배제하는 것이 오히려 실체적 진실 규명을 통한 형사사법 정의를 실현하려 한 취지에 반하게 되는 예외적인 경우에는 유죄의 증거로 사용할 수 있다.
(나) 적법한 절차에 위반하여 수집한 증거를 기초로 획득된 2차적 증거는 원칙적으로 유죄의 증거로 사용할 수 없으나, 적법한 절차에 위반하여 수집한 증거와 2차적 증거수집 사이에 인과관계가 희석되거나 단절되었다고 볼 수 있는 예외적인 경우에는 유죄의 증거로 사용할 수 있다.
(다) 교도관이 보관하고 있던 피고인의 비망록을 피고인의 승낙 없이 임의제출한 경우, 그 비망록은 증거능력이 없다.
(라) 경찰에서 고문이나 협박에 의해 임의성 없는 자백을 하였고 그 임의성 없는 심리상태가 계속되는 상태에서 검사에게 조사를 받은 경우라면 검사가 자백을 강요한 사실이 없다 하더라도 검사 작성의 피의자신문조서는 증거능력이 없다.

> ㈒ 참고인의 경우에는 임의성을 잃게 하는 고문이나 폭행 등이 있었다는 것은 이례적인 사항이므로 일반적으로 그 진술의 임의성은 추정된다.
> ㈓ 피고인 소유의 쇠파이프를 피고인의 주거지 앞마당에서 경찰관이 발견하였으면서도 피해자로부터 임의로 제출받은 경우 피고인이 증거로 함에 동의하였다면 쇠파이프에 대한 증거능력이 인정된다.

① ㈎, ㈏, ㈐ ② ㈎, ㈏, ㈒ ③ ㈐, ㈑, ㈒
④ ㈎, ㈏, ㈑, ㈒ ⑤ ㈏, ㈑, ㈒, ㈓

해설

㈎ (○) 대법원 2007. 11. 15, 2007도3061(전원합의체). 수사기관의 절차 위반행위가 적법절차의 실질적인 내용을 침해하는 경우에 해당하지 아니하고, 오히려 그 증거의 증거능력을 배제하는 것이 헌법과 형사소송법이 형사소송에 관한 절차 조항을 마련하여 적법절차의 원칙과 실체적 진실 규명의 조화를 도모하고 이를 통하여 형사사법 정의를 실현하려 한 취지에 반하는 결과를 초래하는 것으로 평가되는 예외적인 경우라면, 법원은 그 증거를 유죄 인정의 증거로 사용할 수 있다고 보아야 할 것이다.
㈏ (○) 위 2007도3061(전원합의체). 절차에 따르지 아니한 증거 수집과 2차적 증거수집 사이의 인과관계 희석 또는 단절 여부를 중심으로 2차적 증거수집과 관련된 모든 사정을 전체적·종합적으로 고려하여 예외적인 경우에는 유죄 인정의 증거로 사용할 수 있는 것이다.
㈐ (×) 피고인의 승낙 없이 임의제출할 수 있다(대법원 2008. 5. 15, 2008도1097). 형사소송법 및 기타 법령상 교도관이 그 직무상 위탁을 받아 소지 또는 보관하는 물건으로서 재소자가 작성한 비망록을 수사기관이 수사 목적으로 압수하는 절차에 관하여 특별한 절차적 제한을 두고 있지 않으므로, 교도관이 재소자가 맡긴 비망록을 수사기관에 임의로 제출하였다면 그 비망록의 증거사용에 대하여도 재소자의 사생활의 비밀 기타 인격적 법익이 침해되는 등의 특별한 사정이 없는 한 반드시 그 재소자의 동의를 받아야 하는 것은 아니다. 따라서 검사가 교도관으로부터 그가 보관하고 있던 피고인의 비망록을 뇌물수수 등의 증거자료로 임의로 제출받아 이를 압수한 경우, 그 압수절차가 피고인의 승낙 및 영장 없이 행하여졌다고 하더라도 이에 적법절차를 위반한 위법이 있다고 할 수 없다.
㈑ (○) 대법원 1992. 11. 24, 92도2409. 피고인이 검사 이전의 수사기관에서 고문 등 가혹행위로 인하여 임의성 없는 자백을 하고 그 후 검사의 조사단계에서도 임의성 없는 심리상태가 계속되어 동일한 내용의 자백을 하였다면 검사의 조사단계에서 고문 등 자백의 강요행위가 없었다고 하여도 검사 앞에서의 자백도 임의성 없는 자백이라고 볼 수밖에 없다.
㈒ (○) 참고인의 경우, 진술의 임의성은 추정된다. 즉, 대법원 1997. 10. 10, 97도1720은 “진술의 임의성이라는 것은 고문, 폭행, 협박, 신체구속의 부당한

장기화 또는 기망 기타 진술의 임의성을 잃게 하는 사정이 없다는 것, 즉 증거의 수집과정에 위법성이 없다는 것인데, 진술의 임의성을 잃게 하는 그와 같은 사정은 헌법이나 형사소송법의 규정에 비추어 볼 때 이례에 속한다 할 것이므로 진술의 임의성은 추정된다고 볼 것이고, 또 진술의 임의성에 관하여는 당해 조서의 형식, 내용(진술거부권을 고지하고 진술을 녹취하고 작성 완료 후 그 내용을 읽어 주어 진술자가 오기나 증감 변경할 것이 없다는 확인을 한 다음 서명날인하는 등), 진술자의 신분, 사회적 지위, 학력, 지능정도 그 밖의 여러 가지 사정을 참작하여 법원이 자유롭게 판정하면 되는 것이라 할 것이다"고 판시하고 있다.

(바) (×) 대법원 2010. 1. 28, 2009도10092. 제218조는 "사법경찰관은 소유자, 소지자 또는 보관자가 임의로 제출한 물건을 영장 없이 압수할 수 있다"고 규정하고 있는바, 위 규정을 위반하여 소유자, 소지자 또는 보관자가 아닌 자로부터 제출받은 물건을 영장 없이 압수한 경우 그 '압수물' 및 '압수물을 찍은 사진'은 이를 유죄 인정의 증거로 사용할 수 없는 것이고, 헌법과 형사소송법이 선언한 영장주의의 중요성에 비추어 볼 때 피고인이나 변호인이 이를 증거로 함에 동의하였다고 하더라도 달리 볼 것은 아니다. [답 ④]

03. 다음 중 위법수집증거에 해당되지 아니하여 증거능력이 있는 것으로 묶인 것은? (다툼이 있는 경우 판례에 의함)

(가) 범행 현장에서 지문채취 대상물에 대한 지문채취가 먼저 이루어지고, 수사기관이 그 이후에 지문채취 대상물을 적법한 절차에 의하지 아니한 채 압수한 경우에 위와 같이 채취된 지문

(나) '티켓영업' 형태로 성매매를 하면서 금품을 수수한 유흥주점업주의 식품위생법위반사건에서 동행 요구를 거절할 수 없는 심리적 압박 아래 참고인인 종업원을 경찰서로 동행한 다음 동녀로부터 작성·제출받은 자술서

(다) 선거관리위원회 직원이 선거범죄와 관련하여 관계인을 조사하면서 진술이 녹음된다는 사실을 미리 알려주지 아니한 채 녹음한 녹음파일과 그 녹취록

(라) 피고인의 피해자에 대한 소송사기에서 피해자가 제3자로부터 대가를 지급하고 취득한 절취된 업무일지

(마) 검사가 공소제기 후 수소법원이 아닌 지방법원 판사로부터 발부받은 압수수색영장에 의하여 수집한 뇌물사건의 증거물인 수표

① (가), (라) ② (가), (마) ③ (나), (다)
④ (다), (마) ⑤ (나), (라)

해설

(가) (○) 대법원 2008. 10. 23, 2008도7471. 수사기관이 적법절차를 위반하여 지문채취 대상물을 압수한 경우, 그 전에 이미 범행 현장에서 위 대상물에서 채취한 지문은 위법수집증거에 해당하지 않는다.

(나) (×) 대법원 2011. 6. 30, 2009도6717.

(다) (×) 위와 같은 경우, 관계인에게 그 신분을 표시하는 증표를 제시하고 소속과 성명을 밝히고 그 목적과 이유를 설명하여야 한다(공직선거법 제272조의2 제6항). '조사의 목적과 이유'에는 관계인의 진술을 기록 또는 녹음·녹화한다는 점도 포함되므로, 녹음 사실을 미리 알려 주지 않았다면 그 녹음파일과 녹취록은 위법수집증거에 해당한다(대법원 2014. 10. 15, 2011도3509).

(라) (○) 대법원 2008. 6. 26, 2008도1584. 사문서위조·위조사문서행사 및 소송사기로 이어지는 일련의 범행에 대하여 피고인을 형사소추하기 위해서는 이 사건 업무일지가 반드시 필요한 증거로 보이므로, 설령 그것이 제3자에 의하여 절취된 것으로서 위 소송사기 등의 피해자측이 이를 수사기관에 증거자료로 제출하기 위하여 대가를 지급하였다 하더라도, 공익의 실현을 위하여는 이 사건 업무일지를 범죄의 증거로 제출하는 것이 허용되어야 한다.

(마) (×) 대법원 2011. 4. 28, 2009도10412. [답 ①]

◇관련판례◇

(1) 대법원 2011.6.30, 2009도6717 : 유흥주점 업주와 종업원인 피고인들이 영업장을 벗어나 시간적 소요의 대가로 금품을 받아서는 아니되는데도, 이른바 '티켓영업' 형태로 성매매를 하면서 금품을 수수하였다고 하여 구 식품위생법(2007.12.21. 법률 제8779호로 개정되기 전의 것) 위반으로 기소된 사안에서, 경찰이 피고인 아닌 甲, 乙을 사실상 강제연행하여 불법체포한 상태에서 甲, 乙 간의 성매매행위나 피고인들의 유흥업소 영업행위를 처벌하기 위하여 甲, 乙에게서 자술서를 받고 甲, 乙에 대한 진술조서를 작성한 경우, 위 각 자술서와 진술조서는 헌법과 형사소송법이 규정한 체포·구속에 관한 영장주의 원칙에 위배하여 수집된 것으로서 수사기관이 피고인 아닌 자를 상대로 적법한 절차에 따르지 아니하고 수집한 증거에 해당하여 형사소송법 제308조의2에 따라 증거능력이 부정된다.

(2) 대법원 2011.4.28, 2009도10412 : 형사소송법은 제215조에서 검사가 압수수색영장을 청구할 수 있는 시기를 공소제기 전으로 명시적으로 한정하고 있지는 아니하나, 위에서 본 바와 같은 헌법 상 보장된 적법절차의 원칙과 재판받을 권리, 공판중심주의·당사자주의·직접주의를 지향하는 현행 형사소송법의 소송구조, 관련 법규의 체계, 문언 형식, 내용 등을 종합하여 보면, 일단 공소가 제기된 후에는 그 피고사건에 관하여 검사로서는 형사소송법 제215조에 의하여 압수·수색을 할 수 없다고 보아야 하며, 그럼에도 검사가 공소제기 후 형사소송

법 제215조에 따라 수소법원 이외의 지방법원 판사에게 청구하여 발부받은 영장에 의하여 압수·수색을 하였다면, 그와 같이 수집된 증거는 기본적 인권 보장을 위해 마련된 적법한 절차에 따르지 않은 것으로서 원칙적으로 유죄의 증거로 삼을 수 없다.

04. 다음 <사례>에 관하여 옳은 설명을 한 학생만을 모두 고른 것은? (다툼이 있는 경우 판례에 의함) 〈변호사 2013〉

< 사 례 >

사법경찰관 甲은 강도죄의 혐의로 乙을 긴급체포하면서 긴급히 압수할 필요가 있다고 판단하여 乙이 소지하고 있는 칼(이하 "증거물 A"라 함)을 영장 없이 압수하였으나 압수·수색영장을 발부받지 아니하고도 즉시 乙에게 반환하지 아니하였다.
이틀 후 甲은 乙의 집에서 10m 떨어진 범행현장인 피해자 丙이 운영하는 주점 내부를 丙의 동의를 받고 조사하다가 丙 소유의 물컵에서 乙의 지문 2점(이하 "증거물 B"라 함)을 채취한 다음 영장 없이 그 물컵(이하 "증거물 C"라 함)을 수거해 갔다.
한편 추가적인 증거물을 수집하려고 乙의 집을 조사하던 甲은 乙이 거주하는 집 마당에서 乙 소유의 쇠파이프(이하 "증거물 D"라 함)를 발견한 후 丙에게서 임의로 제출받는 형식으로 쇠파이프를 압수하였고, 그 후 증거물 D를 쇠파이프를 찍은 사진(이하 "증거물 E"라 함)과 함께 검사에게 송부하였다.
그리고 甲은 乙의 여죄가 더 있을 것으로 생각하고 이를 수사하면서 압수·수색영장(압수장소: 乙이 임차하여 거주하는 丁 소유의 집, 압수대상물: 위 장소에 보관 중인 물건)을 발부받아 丁에게 압수·수색영장을 제시한 후 乙이 거주하던 집을 수색하던 중 마침 乙을 찾아 온 乙의 친구인 戊가 들고 있던 야구방망이(이하 "증거물 F"라 함)를 압수하였다.

철수: 공판과정에서 乙이 증거물 A를 증거로 함에 동의하면 이를 유죄 인정의 증거로 사용할 수 있다.
영희: 설사 증거물 C가 위법하게 압수된 것이라 하더라도 증거물 B는 그로부터 획득한 2차적 증거에 해당하지 않는다.
민준: 증거물 D는 위법수집증거로 증거능력이 없으나 증거물 E는 최

우량증거에 해당하므로 乙이 이를 증거로 함에 동의하면 이를 유죄 인정의 증거로 사용할 수 있다.
유선: 甲이 압수·수색에 착수하면서 그 장소의 관리책임자인 丁에게 압수·수색영장을 제시한 이후에 戊가 야구방망이를 들고 압수·수색장소에 출현하였으므로 乙이 증거물 F를 증거로 함에 부동의하더라도 증거물 F는 증거능력이 있다.

① 영희 ② 민준 ③ 철수, 민준
④ 영희, 유선 ⑤ 철수, 영희, 유선

해설

(철수) (×) 증거물 A는 사후영장을 발부받지 않았으므로 위법수집증거이다(제217조 제2항). 위법수집증거는 증거 동의하더라도 유죄 인정의 증거로 사용할 수 없다(대법원 2009. 12. 24, 2009도11401).
(영희) (○) 대법원 2008. 10. 23, 2008도7471.
(민준) (×) 증거물 D는 소유자인 乙이 아닌 피해자 丙으로부터 제출받아 압수한 것이므로 위법수집증거이고, 증거물 E는 그에 기초하여 획득한 2차적 증거로서 그 절차 위반행위가 적법절차의 실질적 내용을 침해하는 정도에 해당하므로 乙의 증거동의에도 불구하고 유죄 인정의 증거로 사용할 수 없다(대법원 2010. 1. 28, 2009도10092).
(유선) (×) 증거물 F는 압수·수색영장에 기재된 압수장소에 보관 중인 물건이 아니라 압수장소에 현존하는 물건이므로 이를 압수하는 것은 위법한 압수에 해당하므로 증거물 F는 증거능력이 없다(대법원 2009. 3. 12, 2008도763). [답 ①]

05. **위법수집증거와 관련된 설명 중 옳지 않은 것은?** (다툼이 있는 경우에는 판례에 의함)

① 경찰이 피의자의 집에서 20m 떨어진 곳에서 피의자를 체포한 후 피의자의 집안을 수색하여 칼과 합의서를 압수하였으나 적법한 시간 내에 압수수색영장을 청구하여 발부받지 않았다면, 위 칼과 합의서는 위법하게 압수된 것으로서 증거능력이 없고 이를 기초로 한 '임의제출동의서', '압수조서 및 목록', '압수품 사진' 역시 증거로 사용할 수 없다.
② 수사기관이 甲으로부터 乙의 마약류관리에 관한 법률 위반 범행에 대한 진술을 듣고 추가적인 증거를 확보할 목적으로, 구속수감 중인 甲에게 그의 압수된 휴대전화를 제공하여 乙과 통화하고 범행에 관한 통화 내용을 녹음하게 한 행위는 불법감청에 해당하고, 그 녹

음 자체는 물론 이를 근거로 작성된 녹취록 첨부 수사보고서도 증거로 사용할 수 없다.

③ 의식불명 상태에서 병원 응급실에 누워있는 甲의 음주운전을 입증하기 위하여 경찰관이 甲의 처의 동의를 받아 간호사로 하여금 채혈하도록 한 경우 혈액과 그 혈액에 대한 감정결과보고서는 증거능력이 없다.

④ 검사가 甲을 뇌물수수 혐의로 기소한 후 형사사법공조절차를 거치지 아니한 채 외국에 현지출장하여 그 곳에서 뇌물공여자 乙을 상대로 참고인 진술조서를 작성하였다면 그 진술조서는 위법수집증거에 해당한다.

⑤ 공무원 甲이 시청 전자관리시스템을 통하여 시장에게 보낸 甲의 공직선거법위반 내용이 기재된 전자우편을 다른 공무원이 권한 없이 비밀보호조치를 해제하여 수집한 경우, 위 전자우편의 증거능력은 효과적인 형사소추 및 형사소송에서의 진실발견이라는 공익과 개인의 인격적 이익 등의 보호이익을 비교형량하여 판단하여야 한다.

해설

① (○) 대법원 2010. 7. 22, 2009도14376.

② (○) 대법원 2010. 10. 14, 2010도9016. 본 녹음행위는 수사기관이 공소외인으로부터 피고인의 이 사건 공소사실 범행에 대한 진술을 들은 다음 추가적인 증거를 확보할 목적으로 구속수감되어 있던 공소외인에게 그의 압수된 휴대전화를 제공하여 그로 하여금 피고인과 통화하고 피고인의 이 사건 공소사실 범행에 관한 통화 내용을 녹음하게 한 것이라 할 것이고, 이와 같이 수사기관이 구속수감된 자로 하여금 피고인의 범행에 관한 통화 내용을 녹음하게 한 행위는 수사기관 스스로가 주체가 되어 구속수감된 자의 동의만을 받고 상대방인 피고인의 동의가 없는 상태에서 그들의 통화 내용을 녹음한 것으로서 범죄수사를 위한 통신제한조치의 허가 등을 받지 아니한 불법감청에 해당한다고 보아야 할 것이므로, 그 녹음 자체는 물론이고 이를 근거로 작성된 이 사건 수사보고의 기재 내용과 첨부 녹취록 및 첨부 mp3파일도 모두 피고인과 변호인의 증거동의에 상관없이 증거능력이 없다고 할 것이다.

③ (○) 대법원 2011. 5. 13, 2009도10871(처의 동의); 대법원 2011. 4. 28, 2009도2109(동서의 동의). 수사기관이 법원으로부터 영장 또는 감정처분허가장을 발부받지 아니한 채 피의자의 동의 없이 피의자의 신체로부터 혈액을 채취하고 더구나 사후적으로도 지체없이 이에 대한 영장을 발부받지 아니하고서 위와 같이 강제 채혈한 피의자의 혈액 중 알코올농도에 관한 감정이 이루어졌다면, 이러한 감정결과보고서 등은 형사소송법상 영장주의 원칙을 위반하여 수집하거나 그에 기초한 증거로서 그 절차 위반행위가 적법절차의 실질적인 내용을 침해하는 정도에 해당한다고 할 것이므로, 피고인이나 변호인의 증거동의 여부를 불

문하고 이 사건 범죄사실을 유죄로 인정하는 증거로 사용할 수 없다고 보아야 한다.

④ (×) 위법수집증거에 해당하지 않는다(대법원 2011. 7. 14, 2011도3809).

⑤ (○) 대법원 2013. 11. 28, 2010도12244. [답 ④]

◇관련판례◇

(1) 대법원 2011. 7. 14, 2011도3809 : 검찰관이 피고인을 뇌물수수 혐의로 기소한 후, 형사사법공조절차를 거치지 아니한 채 과테말라공화국에 현지출장하여 그곳 호텔에서 뇌물공여자 甲을 상대로 참고인 진술조서를 작성한 사안에서, 검찰관의 甲에 대한 참고인조사가 증거수집을 위한 수사행위에 해당하고 그 조사 장소가 우리나라가 아닌 과테말라공화국의 영역에 속하기는 하나, 조사의 상대방이 우리나라 국민이고 그가 조사에 스스로 응함으로써 조사의 방식이나 절차에 강제력이나 위력은 물론 어떠한 비자발적 요소도 개입될 여지가 없었음이 기록상 분명한 이상, 이는 서로 상대방 국민의 여행과 거주를 허용하는 우호국 사이에서 당연히 용인되는 우호국 국가기관과 그 국민 사이의 자유로운 의사연락의 한 형태에 지나지 않으므로 어떠한 영토주권 침해의 문제가 생겨날 수 없고, 더욱이 이는 우리나라와 과테말라공화국 사이의 국제법적 문제로서 피고인은 그 일방인 과테말라공화국과 국제법상 관할의 원인이 될 만한 아무런 연관성도 갖지 아니하므로, 피고인에 대한 국내 형사소송절차에서 위와 같은 사유로 인하여 위법수집증거배제법칙이 적용된다고 볼 수 없다.

(2) 대법원 2013. 11. 28, 2010도12244 : 국민의 사생활 영역에 관계된 모든 증거의 제출이 곧바로 금지되는 것으로 볼 수는 없으므로 법원으로서는 효과적인 형사소추 및 형사소송에서의 진실발견이라는 공익과 개인의 인격적 이익 등의 보호이익을 비교형량하여 그 허용 여부를 결정하여야 한다. 이때 법원이 그 비교형량을 함에 있어서는 증거수집 절차와 관련된 모든 사정 즉, 사생활 내지 인격적 이익을 보호하여야 할 필요성 여부 및 그 정도, 증거수집 과정에서 사생활 기타 인격적 이익을 침해하게 된 경위와 그 침해의 내용 및 정도, 형사소추의 대상이 되는 범죄의 경중 및 성격, 피고인의 증거동의 여부 등을 전체적·종합적으로 고려하여야 하고, 단지 형사소추에 필요한 증거라는 사정만을 들어 곧바로 형사소송에서의 진실발견이라는 공익이 개인의 인격적 이익 등의 보호이익보다 우월한 것으로 섣불리 단정하여서는 아니 된다. (중략) 이 사건 전자우편을 이 사건 공소사실에 대한 증거로 제출하는 것은 허용되어야 할 것이고, 이로 말미암아 피고인의 사생활의 비밀이나 통신의 자유가 일정 정도 침해되는 결과를 초래한다 하더라도 이는 피고인이 수인하여야 할 기본권의 제한에 해당한다고

보아야 할 것이다.

06. 위법수집증거배제법칙에 관한 설명 중 옳지 않은 것은? (다툼이 있는 경우 판례에 의함) 〈변호사 2015〉

① 범행 현장에서 지문채취 대상물에 대한 지문채취가 먼저 이루어지고 수사기관이 그 이후에 지문채취 대상물을 적법한 절차에 의하지 아니한 채 압수한 경우, 압수 이전에 채취된 지문은 위법하게 압수한 지문채취 대상물로부터 획득한 2차적 증거에 해당하므로 위법수집증거이다.

② 우편물 통관검사절차에서 이루어지는 우편물의 개봉, 시료채취, 성분분석 등의 검사는 수출입물품에 대한 적정한 통관 등을 목적으로 한 행정조사의 성격을 가지는 것으로서 수사기관의 강제처분이라고 할 수 없으므로, 압수·수색영장 없이 우편물의 개봉, 시료채취, 성분분석 등 검사가 진행되었다고 하더라도 특별한 사정이 없는 한 위법하다고 볼 수 없다.

③ 수사기관이 법관의 영장에 의하지 아니하고 신용카드 매출전표의 거래명의자에 관한 정보를 획득한 경우, 이에 터잡아 수집한 2차적 증거들의 증거능력을 판단할 때, 수사기관이 의도적으로 영장주의의 정신을 회피하는 방법으로 증거를 확보한 것이 아니라고 볼 만한 사정, 체포되었던 피의자가 석방된 후 상당한 시간이 경과하였음에도 다시 동일한 내용의 자백을 하였다거나 그 범행의 피해품을 수사기관에 임의로 제출하였다는 사정 등은 통상 2차적 증거의 증거능력을 인정할 만한 정황에 속한다.

④ 위법한 강제연행 상태에서 호흡측정방법에 의한 음주측정을 한 다음, 강제연행 상태로부터 시간적·장소적으로 단절되었다고 볼 수 없는 상황에서 피의자가 호흡측정결과를 탄핵하기 위하여 스스로 혈액채취방법에 의한 측정을 할 것을 요구하여 혈액채취가 이루어진 경우 그러한 혈액채취에 의한 측정 결과를 유죄 인정의 증거로 쓸 수는 없다.

⑤ 마약 투약 혐의를 받고 있던 피고인을 경찰관들이 영장 없이 강제로 연행한 상태에서 마약 투약 여부의 확인을 위한 1차 채뇨절차가 이루어졌다고 하더라도, 그후 피고인이 법관이 발부한 영장에 의하

여 적법하게 구금되고, 압수 · 수색영장에 의하여 2차 채뇨 및 채모 절차가 적법하게 이루어진 이상, 이와 같은 사정은 체포과정에서의 절차적 위법과 2차적 증거수집 사이의 인과관계를 희석하게 할 만한 정황에 속한다.

해설

① (×) 대법원 2008. 10. 23, 2008도7471. 수사기관이 적법절차를 위반하여 지문채취 대상물을 압수한 경우, 그전에 이미 범행 현장에서 위 대상물에서 채취한 지문은 위법하게 압수한 지문채취 대상물로부터 획득한 2차적 증거에 해당하지 아니함이 분명하여, 이를 가리켜 위법수집증거라고 할 수 없다.
② (○) 대법원 2013. 9. 26, 2013도7718.
③ (○) 대법원 2013. 3. 28, 2012도13607.
④ (○) 대법원 2013. 3. 14, 2010도2094.
⑤ (○) 대법원 2013. 3. 14, 2012도13611. [답 ①]

07. **다음 설명 중 옳은 것(○)과 옳지 않은 것(×)을 올바르게 조합한 것은?**
(다툼이 있는 경우에는 판례에 의함) 〈변호사시험 2014〉

㈎ 교도관이 재소자가 맡긴 비망록을 수사기관에 임의로 제출한 경우 그 비망록의 증거사용에 대하여 재소자의 사생활의 비밀 기타 인격적 법익이 침해되는 등의 특별한 사정이 없는 한 반드시 그 재소자의 동의를 받아야 하는 것은 아니다.
㈏ 음주운전 중 교통사고를 야기한 직후 병원 응급실로 후송된 의식불명 피의자에 대하여 수사기관이 그의 혈액을 채취하여 이를 취득하기 위해서는 반드시 사전영장 또는 감정처분허가장을 발부받아야 한다.
㈐ 위법한 강제연행 상태에서 호흡측정 방법에 의한 음주측정을 한 직후 피의자가 호흡측정 결과에 대한 탄핵을 하기 위하여 스스로 혈액채취 방법에 의한 측정을 요구하여 혈액채취가 이루어졌다면 특별한 사정이 없는 한 그러한 혈액채취에 의한 측정 결과는 유죄의 증거로 쓸 수 있다.
㈑ 유인자가 수사기관과 직접적인 관련을 맺지 아니한 상태에서 피유인자를 상대로 단순히 수차례 반복적으로 범행을 부탁하였을 뿐 수사기관이 사술이나 계략 등을 사용하였다고 볼 수 없는 경우에는 그로 인하여 피유인자의 범의가 유발되었고, 유인자의 제

보로 수사가 개시되었더라도 이는 위법한 함정수사에 해당하지 아니한다.

① ㈎(×), ㈏(○), ㈐(○), ㈑(○)
② ㈎(○), ㈏(×), ㈐(×), ㈑(○)
③ ㈎(×), ㈏(×), ㈐(×), ㈑(○)
④ ㈎(○), ㈏(×), ㈐(○), ㈑(×)
⑤ ㈎(○), ㈏(×), ㈐(○), ㈑(○)

해설

㈎ (○) 대법원 2008. 5. 15, 2008도1097.
㈏ (×) 대법원 2012. 11. 15, 2011도15258. 제216조 제3항의 범죄 장소에 준한다 할 것이므로, 검사 또는 사법경찰관은 피의자의 혈중알코올농도 등 증거의 수집을 위하여 의료법상 의료인의 자격이 있는 자로 하여금 의료용 기구로 의학적인 방법에 따라 필요최소한의 한도 내에서 피의자의 혈액을 채취하게 한 후 그 혈액을 영장 없이 압수할 수 있다.
㈐ (×) 유죄의 증거로 쓸 수 없다(대법원 2013. 3. 14, 2010도2094).
㈑ (○) 대법원 2007. 7. 12, 2006도2339. [답 ①]

08. 다음 <사례>에 관한 설명 중 틀린 것은? (다툼이 있는 경우 판례에 의함)

< 사 례 >

2012. 2. 1. 피해자 A로부터 절도 범행 신고를 받은 X경찰서 소속 경찰관 P는 범행 현장인 X백화점 내 Y매장에서 범인이 벗어 놓고 간 점퍼와 그 안에 있는 B회사(금융실명거래 및 비밀보장에 관한 법률 제4조에 정한 '금융회사 등'에 해당하는 신용카드회사) 발행의 매출전표를 발견하였다. P는 B회사에 공문을 발송하는 방법으로 B회사로부터 위 매출전표의 거래명의자가 누구인지 그 인적 사항을 알아내었고 이를 기초로 하여 피고인 甲을 범행의 용의자로 특정하였다.
P는 2012. 3. 2. 피고인의 주거에서 위 절도 혐의로 피고인을 긴급체포하였는데, 긴급체포 당시 피고인의 집안에 있는 신발장 등에서 새 것으로 보이는 구두 등이 발견되었다. 피고인은 그 이후 구금 상태에서 이루어진 2차례의 경찰 피의자신문에서 위 절도 범행(제1범행) 이외에도 위 구두는 2012. 1. 초 Y매장에서 절취한 것(제2범행)이라는 취지로 자백하였다. 검사 Q는 P가 신청한 피고인에 대한 구속영장을 청구하였으나 법원은 2012. 3. 4. 이를 기각하여 피고인은 같은 날

> 석방되었다. 피고인은 2012. 3. 9. 위 경찰서에 다시 출석하여 제3회 피의자신문에서 2011. 4.경 C가 운영하는 X백화점 내 Z매장에서 구두 1켤레를 절취하였다(제3범행)고 자백하였고, 피해품인 위 구두를 경찰에 임의로 제출하여 P는 이를 압수하였다.
> 한편, 위와 같은 자백 등을 기초로 제2, 3범행의 피해자가 확인된 후 2012. 3. 18. A와 C가 각 피해사실에 관한 진술서를 제출하였으며, 그 후 2012. 6. 20. 제1심 제2회 공판기일에서 피고인은 제1 내지 3범행에 대하여 전부 자백하고, 모든 증거에 대하여 동의하였다.

① 금융실명거래 및 비밀보호에 관한 법률에 의하여 수사기관이 범죄의 수사를 목적으로 금융거래정보를 획득하기 위해서는 법관의 영장이 필요하므로, P가 위와 같이 매출전표의 거래명의자에 관한 정보를 획득한 조치는 위법하다

② P가 작성한 甲에 대한 피의자신문조서는 증거능력이 없다.

③ 甲의 제1심에서의 자백은 증거능력이 있다.

④ A의 제1범행에 대한 진술서는 증거능력이 있다.

⑤ C의 제3범행에 대한 진술서는 증거능력이 없다.

해설

① (○) 대법원 2013. 3. 28, 2012도13607.

② (○) 위법수집증거에 터 잡아 수집한 2차증거들로서 증거능력이 없다(대법원 2013. 3. 28, 2012도13607).

③ (○) 피고인에 대한 구속영장이 기각됨으로써 석방된 이후에 진행된 제3회 경찰 피의자신문 당시에도 제3범행에 관하여 자백하였고, 이 사건 범행 전부에 대한 제1심 법정 자백은 최초 자백 이후 약 3개월이 지난 시점에 공개된 법정에서 적법한 절차를 통하여 임의로 이루어진 것이라는 점 등을 전체적·종합적으로 고려하여 볼 때 유죄 인정의 증거로 사용할 수 있는 경우에 해당한다(대법원 2013. 3. 28, 2012도13607).

④ (○) P의 위법한 증거 수집 이전에 이미 제1범행에 대한 피해신고를 하였고, 사후에 진술서를 작성한 것이므로 증거능력이 있다.

⑤ (×) 대법원 2013. 3. 28, 2012도13607. [답 ⑤]

◇관련판례◇

대법원 2013. 3. 28, 2012도13607 : 신용카드에 의하여 물품을 거래할 때 '금융회사 등'이 발행하는 매출전표의 거래명의자에 관한 정보 또

한 금융실명거래 및 비밀보장에 관한 법률상의 '거래정보 등'에 해당한다고 할 것이므로, 수사기관이 금융회사 등에 그와 같은 정보를 요구하는 경우에도 법관이 발부한 영장에 의하여야 한다(동법 제4조 제1항. 따라서 수사기관이 영장에 의하지 아니하고 매출전표의 거래명의자에 관한 정보를 획득하였다면, 그와 같이 수집된 증거는 원칙적으로 형사소송법 제308조의2에서 정하는 '적법한 절차에 따르지 아니하고 수집한 증거'에 해당하여 유죄의 증거로 삼을 수 없다. (중략) 수사기관이 매출전표의 거래명의자에 관한 정보를 획득하기 위하여 이 사건 카드회사에 공문까지 발송하였던 사정 등에 비추어 볼 때 의도적·기술적으로 금융실명거래 및 비밀보장에 관한 법률이 정하는 영장주의의 정신을 회피하려고 시도한 것은 아니라고 보이는 점, 제2, 3범행에 관한 피해자들 작성의 진술서는 제3자인 피해자들이 범행일로부터 약 3개월, 11개월 이상 지난 시점에서 기존의 수사절차로부터 독립하여 자발적으로 자신들의 피해 사실을 임의로 진술한 것으로 보이고, 특히 제3범행에 관한 진술서의 경우 피고인이 이미 석방되었음에도 불구하고 이 부분 범행 내용을 자백하면서 피해품을 수사기관에 임의로 제출한 이후에 비로소 수집된 증거인 점 등을 고려하여 볼 때, 위 증거들 역시 유죄 인정의 증거로 사용할 수 있는 경우에 해당한다고 봄이 타당하다.

09. 다음과 같은 녹음내용이 통신비밀보호법에 의하여 증거능력이 부정되는 것은 모두 몇 개인가? (다툼이 있는 경우 판례에 의함)

> ㈎ 남편 甲이 처 乙이 골프연습장 강사 丙과 간통하는 것은 아닌가 의심하고 乙과 丙의 전화통화를 몰래 녹음한 경우
> ㈏ 이용원을 경영하는 甲이 경쟁업체를 고발하는데 사용할 목적으로 乙의 동의를 얻어 乙로 하여금 경쟁미용실 주인 丙에게 전화하여 "귓볼을 뚫어주느냐"는 용건으로 통화하게 하고 이를 녹음한 경우
> ㈐ 채권자 甲이 채무자 乙이 돈 빌린 사실을 부인하자, 변제를 요구하는 전화통화를 하면서 몰래 전화통화를 녹음한 경우
> ㈑ 경찰관 甲이 구속수감 중인 乙에게 압수된 乙의 휴대전화를 제공하여 공범인 丙과 통화토록 하고 통화 내용을 녹음하게 한 경우
> ㈒ 경찰관 甲이 유괴피해자의 모 乙의 동의를 받고 乙과 유괴범 丙과의 전화통화를 긴급하게 녹음하고 사후허가를 받은 경우

① 1개 ② 2개 ③ 3개 ④ 4개 ⑤ 5개

✍ **해설**

㈎ (○) 증거능력이 없다. 통신비밀보호법 제3조 제1항 위반에 해당한다.
㈏ (○) 증거능력이 없다. 제3자의 경우는 설령 전화통화 당사자 일방의 동의를 받고 그 통화내용을 녹음하였다 하더라도 그 상대방의 동의가 없었던 이상, 사생활 및 통신의 불가침을 국민의 기본권의 하나로 선언하고 있는 헌법규정과 통신비밀의 보호와 통신의 자유신장을 목적으로 제정된 통신비밀보호법의 취지에 비추어 이는 동법 제3조 제1항 위반이 된다고 해석하여야 할 것이다(대법원 2002. 10. 8, 2002도123).
㈐ (×) 증거능력이 있다. 통신비밀보호법 제3조 제1항이 "공개되지 아니한 타인 간의 대화를 녹음 또는 청취하지 못한다"라고 정한 것은, 대화에 원래부터 참여하지 않는 제3자가 그 대화를 하는 타인들 간의 발언을 녹음해서는 아니 된다는 취지이다. 3인 간의 대화에 있어서 그 중 한 사람이 그 대화를 녹음하는 경우에 다른 두 사람의 발언은 그 녹음자에 대한 관계에서 '타인 간의 대화'라고 할 수 없으므로, 이와 같은 녹음행위가 통신비밀보호법 제3조 제1항에 위배된다고 볼 수는 없다(대법원 2006. 10. 12, 2006도4981).
㈑ (○) 증거능력이 없다(대법원 2010. 10. 14, 2010도9016).
㈒ (×) 증거능력이 있다. 통신비밀보호법 제8조의 긴급통신제한조치에 해당하고, 사후허가를 받았으므로 증거능력이 있다. [답 ③]

제 5 절 전문법칙

01. 전문증거에 관한 설명 중 옳지 않은 것은?

① 전문증거는 진술증거에 한한다.
② 범행현장을 목격한 사람이 그 사실을 기재한 서류는 전문증거이다.
③ 범죄피해자로부터 피해내용을 전해 들었다는 증인의 법정증언은 전문증거이나 범죄피해자의 법정증언은 본래증거이다.
④ 피고인의 공판정에서의 자백은 전문증거이다.
⑤ 전문증거는 당사자가 동의하고 법원이 진정한 것으로 인정하면 증거로 사용될 수 있다

✍ **해설**

① (○) 전문증거란 사실인정의 기초가 되는 경험적 사실을 경험자 자신이 직접 법원에 진술하지 않고 간접적으로 전하는 증거(=법원이 직접 듣지 않고 '전해 듣는' 증거)를 말한다(⇔ 원본증거 · 본래증거). 따라서 진술증거에 한한다. 이러한 전문법칙의 근거에 대하여는 견해의 대립이 있다. 즉, ⓐ 반대신문권의 결여에 근거를 두는 견해, ⓑ 신용성의 결여에 근거를 두면서 신용성의 결여는 반대신문권의 보장을 포함한다고 하는 견해(이재상 · 조균석, §40/10). ⓒ 반대신

문권의 보장과 태도증거에 의한 정확한 심증형성이라는 의미에서 직접주의에 근거를 두고 있다는 견해가 있다.
② (○) 진술서로서 전문증거이다. 전문증거에는 ⓐ 경험사실을 들은 타인이 전문한 사실을 법원에 진술하는 전문진술(예 : A로부터 '사람을 죽였다'는 말을 들은 B가 법원에서 증인으로 진술), ⓑ 경험자 자신이 경험사실을 서면에 기재한 진술서, ⓒ 경험사실을 들은 타인이 서면에 기재한 진술녹취서가 있다.
③ (○) 피해자의 증언은 원본증거(본래증거), 피해자로 전해 들었다는 증언은 전문증거이다.
④ (×) 피고인이 공판정에서 한 자백은 원본증거(본래증거)로서, 진술 그 자체가 증거로 되며 특별한 증거조사를 요하지 않는다(대법원 1956. 2. 17, 4288형상308).
⑤ (○) 제318조 제1항. [답 ④]

02. **다음 중 전문증거에 해당하는 것은?** (다툼이 있는 경우 판례에 의함)

① A가 정비사업전문관리업자의 임원에게 주택재개발사업 시공사로 선정되게 해 달라는 청탁을 하면서 금원을 제공하였다고 하여 기소된 사건에서, 변호사 甲이 작성하여 A에게 전송한 전자문서를 출력한 '법률의견서'
② A의 건축허가를 둘러싼 알선수재사건에서, 전화를 통하여 A로부터 건축허가 담당공무원이 4,000만 원을 요구하는데 2,000만 원을 주어야 한다는 말을 들었다는 甲의 증언
③ 휴대전화기에 공포심이나 불안감을 유발하는 글을 반복적으로 상대방에게 도달하게 하는 행위를 하였다는 공소사실에 대하여, 휴대전화기에 저장된 위와 같은 내용의 문자정보
④ A의 88체육관 부지 관련 사기사건에서 A가 88체육관 부지를 공시지가로 매입하게 해 주겠다고 거짓말하는 것을 들었다는 피해자 甲의 증언
⑤ 甲이 진술 당시 술에 취하여 횡설수설하였다는 것을 확인하기 위하여 제출된 甲의 진술이 녹음된 녹음테이프

해설

① (○) 대법원 2012. 5. 17, 2009도6788(전원합의체).
② (×) 대법원 2008. 11. 13, 2008도8007. 타인의 진술을 내용으로 하는 진술이 전문증거인지 여부는 요증사실과의 관계에서 정하여지는바, 원진술의 내용인 사실이 요증사실인 경우에는 전문증거이나, 원진술의 존재 자체가 요증사실인 경우에는 본래증거이지 전문증거가 아니다. 위 사례에서 A의 위와 같은 원진술의 존재 자체가 이 사건 알선수재죄에 있어서의 요증사실이므로, 이를 직접 경험한 甲이 A로부터 위와 같은 말들을 들었다고 하는 진술은 전문증거가 아니

라 본래증거에 해당된다.
③ (×) 대법원 2008. 11. 13, 2006도2556. 정보통신망을 통하여 공포심이나 불안감을 유발하는 글을 반복적으로 상대방에게 도달하게 하는 행위를 하였다는 공소사실에 대하여 휴대전화기에 저장된 문자정보가 그 증거가 되는 경우, 그 문자정보는 범행의 직접적인 수단이고 경험자의 진술에 갈음하는 대체물에 해당하지 않으므로, 제310조의2에서 정한 전문법칙이 적용되지 않는다.
④ (×) 대법원 2012. 7. 26, 2012도2937. A의 위와 같은 원진술의 존재 자체가 이 부분 각 사기죄 또는 변호사법 위반죄에 있어서의 요증사실이므로, 이를 직접 경험한 甲이 A로부터 위와 같은 말을 들었다고 하는 진술은 전문증거가 아니라 본래증거에 해당한다.
⑤ (×) 대법원 2008. 7. 10, 2007도10755. 녹음테이프에 대한 검증의 내용이 그 진술 당시 진술자의 상태 등을 확인하기 위한 것인 경우에는, 녹음테이프에 대한 검증조서의 기재 중 진술내용을 증거로 사용하는 경우에 관한 법리(=전문법칙)는 적용되지 않는다. [답 ①]

◇관련판례◇

대법원 2012. 5. 17, 2009도6788(전원합의체) : 위 법률의견서는 압수된 디지털 저장매체로부터 출력한 문건으로서 그 실질에 있어서 형사소송법 제313조 제1항에 규정된 '피고인 아닌 자가 작성한 진술서나 그 진술을 기재한 서류'에 해당한다고 할 것인데, 공판준비 또는 공판기일에서 그 작성자 또는 진술자인 위 변호사의 진술에 의하여 그 성립의 진정함이 증명되지 아니하였으므로 위 규정에 의하여 이 사건 법률의견서의 증거능력을 인정할 수는 없다. 나아가 원심 공판기일에 출석한 위 변호사가 이 사건 법률의견서의 진정성립 등에 관하여 진술하지 아니한 것은 형사소송법 제149조에서 정한 바에 따라 정당하게 증언거부권을 행사한 경우에 해당하므로, 형사소송법 제314조에 의하여 이 사건 법률의견서의 증거능력을 인정할 수도 없다.

03. **甲과 乙은 공모하여 2013. 12. 5. 01:00경 서울 시내의 편의점 T에서 점원 V로부터 현금 100만 원을 강취하였다는 사실로 서울중앙지방법원에 기소되어 병합심리 중이다. 위 사건 공판에서 V, 甲의 처 A와 지인 B에 대하여 증인신문이 이루어졌는데, V는 "2인조 범인이 점포를 나설 때 범인 1인이 다른 범인 1인에게 '㈎ 甲, 빨리 도망가자'라고 말했다"고 증언하였다. 그리고 A는 "2013. 12. 8. 15:00경 자택에서 甲으로부터 '㈏ 3일 전 오전 1시경 乙과 함께 서울 시내의 편의점 T에서 점원에게 과도를 들이대고 현금 100만 원을 빼앗았다. 발각되지 않을 줄 알았는데, 乙이 체포되었다. 자칫하면 乙이 내 이야기도 할지 모르겠다. 그렇게 되면 경찰이 올 테니까 잘 부탁한다. ㈐ 3일 전의 오전 1시경에는 나는 집에서 자고**

있었다고 말해주었으면 좋겠다'고 말하였다"고 증언하였다. B는 "2013. 12. 4. 甲으로부터 '㈑ 내일 오전 1시경 서울 시내의 편의점에서 강도나 한 건 하지 않겠냐'고 제의받았으나 거절하였다"고 증언하였다. 한편, 乙에 대한 피고인신문에서 乙은 "甲과 함께 강도를 할 때에 甲이 점원에게 '㈒ 돈 내놔라. 내놓지 않으면 죽인다'고 말하였다"고 진술하였다. 위 사실관계에 대한 다음 설명 중 틀린 것은? (다툼이 있는 경우에는 판례에 의함)

〈일본 신사법시험 2013 변형〉

① ㈎의 발언은 「범행 후 범인 중 1인이 도망가자고 한 상대방은 甲이라고 불렀다」는 것을 요증사실로 할 경우, 전문증거가 아니다.

② ㈏의 발언은 「甲과 乙이 함께 강도를 실행하였다」는 것을 요증사실로 할 경우, 전문증거가 아니다.

③ ㈐의 발언은 「甲이 A에게 甲의 알리바이를 만드는데 협력해 주도록 의뢰하였다」는 것을 요증사실로 할 경우, 전문증거가 아니다.

④ ㈑의 발언은 「甲이 B에게 강도를 실행하도록 제의하였다」는 것을 요증사실로 할 경우, 전문증거가 아니다.

⑤ ㈒의 발언은 「甲이 V를 협박하였다」는 것을 요증사실로 할 경우, 전문증거가 아니다.

해설

㈎ (○) 범인 중 1인이 한 발언의 존재에 의하여 다른 범인이 甲으로 불렸다는 것을 입증하려는 것이다. 따라서 발언 내용의 존재 자체가 문제될 뿐 진실성이 문제되는 것은 아니므로 전문증거가 아니다(대법원 2013. 2. 15, 2010도3504).

㈏ (×) 甲이 일시, 장소, 방법을 언급하면서 강도하였다고 한 발언에 의하여 甲과 乙의 강도행위를 입증하려는 것이다. 따라서 발언 내용의 진실성이 문제되므로 전문증거이다.

㈐ (○) 甲이 A에게 그러한 발언을 한 것을 밝힘으로써 甲이 A에게 알리바이를 만들어 줄 것을 의뢰하였다는 사실을 입증하려는 것이다. 따라서 발언 내용의 진실성이 문제되지 않으므로 전문증거가 아니다.

㈑ (○) 甲이 B에게 그러한 발언을 한 것을 밝힘으로써 甲이 B에게 강도범행에 참가해 줄 것을 요청하였다는 사실을 입증하려는 것이다. 따라서 발언 내용의 진실성이 문제되지 않으므로 전문증거가 아니다.

㈒ (○) 甲이 점원에게 한 발언에 의하여 甲이 V를 협박하였다는 사실을 입증하려는 것이다. 따라서 발언 내용의 진실성이 문제되지 않고 발언의 존재 자체가 문제될 뿐 아니라 발언 내용이 요증사실의 구성요소를 이루는 진술이므로 전문증거가 아니다(대법원 2008. 11. 13, 2006도2556).

[답 ②]

04. 현행법상 전문법칙이 배제되지 않는 형사절차로만 묶인 것은?

㈎ 즉결심판절차	㈏ 약식절차
㈐ 정식재판절차	㈑ 간이공판절차
㈒ 재정신청에 대한 고등법원의 공소제기결정에 따른 공판절차	

① ㈎, ㈑ ② ㈎, ㈒ ③ ㈏, ㈐
④ ㈐, ㈒ ⑤ ㈏, ㈑

해설

㈎ (×) 즉결심판에 관한 절차법은 명문으로 제310조, 제312조 제3항 및 제313조의 규정이 적용되지 아니한다고 규정하고 있다(동법 제10조).
㈏ (×) 약식절차는 원칙적으로 서면심리로 진행되므로 전문법칙이 적용되지 않는다.
㈐ (○) 정식재판절차는 일반 공판절차로 진행되므로 전문법칙이 적용된다.
㈑ (×) 간이공판절차에서는 전문법칙이 배제된다(제318조의3).
㈒ (○) 재정신청에 대한 고등법원의 공소제기결정에 따른 공판절차는 수사절차가 아닌 재판절차이므로 전문법칙이 적용된다(제262조 제2항 제2호 · 제6항).

[답 ④]

05. 다음 중 법원 또는 법관의 면전조서로서 증거능력이 인정되지 않는 것은?

(다툼이 있는 경우 판례에 의함)

① 공판준비절차에서 증인을 신문하고 작성한 공판준비기일조서
② 피고인의 진술을 기재한 상소심의 파기환송 전의 공판조서
③ 증거보전절차에서 작성한 증서
④ 공동피고인이 증거보전절차에서 증언한 증인신문조서
⑤ 법원이 구속된 피의자를 심문하고 그에 대한 피의자의 진술 등을 기재한 구속적부심문조서

해설

① (○) 공판준비 또는 공판기일에 피고인이나 피고인 아닌 자의 진술을 기재한 조서는 증거로 할 수 있는데(제311조 전문), 위 공판준비기일조서(제266조의10 제2항)는 공판준비기일에 피고인 아닌 자의 진술을 기재한 조서에 해당한다.
② (○) 제311조. 그 밖에 공판절차갱신 전의 공판조서, 이송 전의 공판조서도 마찬가지로 제311조에 의하여 증거능력이 인정된다.
③ (○) 제184조(증거보전절차) 및 제221조의2(증인신문의 청구)의 규정에 의하여 작성한 조서는 증거로 할 수 있다(제311조 후문).
④ (○) 제311조. 대법원 1966. 5. 17, 66도276.
⑤ (×) 대법원 2004. 1. 16, 2003도5693. 특히 신용할 만한 정황 아래 작성한 문

서로서 제315조 제3호에 의하여 당연히 증거능력이 인정된다. [답 ⑤]

06. 甲과 乙은 공모하여 피해자 A로부터 1억 원을 편취하였고, 甲이 먼저 검거되어 사기죄로 징역 3년의 판결이 확정되었다. 그 이후 검거되어 사기죄로 기소된 乙은 공판준비기일에서는 범행을 인정하였으나 제1회 공판기일에서는 범행을 부인하면서 자신의 진술이 담긴 공판준비기일조서와 甲이 자신의 사건에 대한 공판에서 乙과의 공모사실을 인정한 진술이 담긴 공판조서를 증거로 함에 부동의하였다. 다음 설명 중 옳은 것은?
(다툼이 있는 경우에는 판례에 의함) 〈법전협 모의시험 2011 변형〉

① 공판준비기일조서는 형사소송법 제315조 제3호의 '기타 신용할 만한 정황에 의하여 작성된 조서'에 해당한다.
② 甲에 대한 공판조서는 형사소송법 제311조 전단의 법원의 조서에 해당하므로 아무런 제한 요건 없이 乙의 범죄사실을 인정하는 증거로 사용할 수 있다.
③ 甲에 대한 공판조서의 증거능력의 요건은 형사소송법 제312조 제4항의 참고인진술조서와 동일하게 보아야 한다.
④ 甲에 대한 공판조서는 형사소송법 제315조 제3호의 '기타 신용할 만한 정황에 의하여 작성된 조서'에 해당한다.
⑤ 甲이 乙의 공판에 증인으로 출석하여 공모사실을 부인하더라도 甲이 이미 자신의 사건에 대한 공판에서 공모사실을 인정하였으므로 이를 근거로 乙에 대하여 무죄를 선고하여서는 아니 된다.

해설

① (×) 乙의 진술이 담긴 공판준비기일조서는 제311조에 의하여 증거능력이 인정된다.
② (×) 제311조의 공판조서는 당해 사건의 공판조서에 제한된다.
③ (×) 제312조 제4항의 참고인진술조서는 검사 또는 사법경찰관이 작성한 조서를 의미하며, 甲에 대한 공판조서는 이에 해당하지 않는다.
④ (○) 대법원 2005. 4. 28, 2004도4428. 다른 피고인에 대한 형사사건의 공판조서는 제315조 제3호에 정한 서류로서 당연히 증거능력이 있는바, 공판조서 중 일부인 증인신문조서 역시 제315조 제3호에 정한 서류로서 당연히 증거능력이 있다고 보아야 할 것이다.
⑤ (×) 甲의 증언과 甲에 대한 공판조서는 모두 증거능력이 있으므로 각 증거에 대한 증명력의 판단은 법관의 자유심증에 의한다(제308조). [답 ④]

07. 검사 작성의 피의자신문조서에 대한 다음 설명 중 옳은 것은? (다툼이 있는 경우 판례에 의함) 〈법무부 모의시험 2011〉

① 검사에게 송치되기 전에 구속피의자로부터 받은 검사 작성의 피의자신문조서라도 송치 후에 작성된 검사 작성의 피의자신문조서와 마찬가지로 취급된다.

② 피의자의 진술을 녹취 내지 기재한 서류 또는 문서가 검사의 수사과정에서 작성된 것이라면 진술조서, 진술서, 자술서의 어떤 형식을 취하였더라도 피의자신문조서와 마찬가지로 취급된다.

③ 형사소송법상의 조서 작성방법에 따라야 하지만 조서 말미에 피고인에 기명만 있거나 날인만 있더라도 그 하자가 경미한 경우에는 증거능력이 인정된다.

④ 검사가 작성한 피의자신문조서의 일부에 대하여만 피고인이 성립의 진정을 인정하는 것은 허용되지 않는다.

⑤ 특히 신빙할 수 있는 상태란 그 진술내용이나 조서의 작성에 허위개입의 여지가 거의 없고, 그 진술내용의 신용성이나 임의성을 담보할 만한 정황이 추상적으로 있는 경우를 말한다.

해설

① (×) 대법원 1994. 8. 9, 94도1228. 검찰에 송치되기 전에 구속피의자로부터 받은 검사 작성의 피의자신문조서는 극히 이례에 속하는 것으로, 그와 같은 상태에서 작성된 피의자신문조서는 내용만 부인하면 증거능력을 상실하게 되는 사법경찰관 작성의 피의자신문조서상의 자백 등을 부당하게 유지하려는 수단으로 악용될 가능성이 있어, 그렇게 했어야 할 특별한 사정이 보이지 않는 한 송치 후에 작성된 피의자신문조서와 마찬가지로 취급하기는 어렵다.

② (○) 대법원 2010. 5. 27, 2010도1755 ; 대법원 2009. 8. 20, 2008도8213. 따라서 진술거부권을 고지하지 않고 조서를 받았다면 위법수집증거로서 증거능력이 없다.

③ (×) 기명만 있고 날인 · 무인이 없는 경우(대법원 1981. 10. 27, 81도1370), 서명 · 날인 · 간인이 없는 경우(대법원 1992. 6. 23, 92도954), 서명 또는 기명날인이 없는 경우(대법원 1993. 4. 23, 92도2908. 진술조서), 서명만 있고 날인 · 간인이 없는 경우(대법원 1999. 4. 13, 99도237)는 증거능력이 없다.

④ (×) 대법원 2008. 6. 12, 2007도7671 ; 대법원 2005. 6. 10, 2005도1849. 검사가 피의자나 피의자 아닌 자의 진술을 기재한 조서 중 일부에 관하여만 원진술자가 공판준비 또는 공판기일에서 실질적 진정성립을 인정하는 경우에는 법원은 당해 조서 중 어느 부분이 원진술자가 진술한 대로 기재되어 있고 어느 부분이 달리 기재되어 있는지 여부를 구체적으로 심리한 다음 진술한 대로 기재되어 있다고 하는 부분에 한하여 증거능력을 인정하여야 하고, 그 밖에 실질

적 진정성립이 부정되는 부분에 대해서는 증거능력을 부정하여야 한다.
⑤ (×) 제312조 제1항의 특신상태과 같은 내용인 제314조의 특신상태에 관한 대법원 2007. 6. 14, 2004도5561 참조. 위 제314조 단서에 규정된 진술 또는 작성이 특히 신빙할 수 있는 상태 하에서 행하여진 때라 함은 그 진술내용이나 조서 또는 서류의 작성에 허위개입의 여지가 거의 없고 그 진술내용의 신용성이나 임의성을 담보할 구체적이고 외부적인 정황이 있는 경우를 가리킨다(대법원 1990. 4. 10, 90도246 ; 대법원 2000. 6. 9, 2000도1765 등 참조). [답 ②]

08. 검사 작성 피의자신문조서의 증거능력에 대해 규정한 「형사소송법」 제312조 제1항에 관한 설명 중 옳은 것은? (다툼이 있는 경우 판례에 의함)

〈변호사 2015〉

① 검찰에 송치되기 전에 검사가 구속피의자를 상대로 작성한 피의자신문조서라도 송치 후에 작성된 검사 작성의 피의자신문조서와 마찬가지로 취급된다.
② 피의자의 진술을 기재한 서류 또는 문서가 검사의 수사과정에서 작성된 것이라면 '진술조서, 진술서, 자술서'의 어떤 형식을 취하였더라도 피의자신문조서와 마찬가지로 취급된다.
③ 「형사소송법」상의 조서 작성방법에 따라야 하지만 조서 말미에 피고인의 기명만 있거나 날인만 있더라도 그 하자가 경미한 이상 증거능력이 인정된다.
④ 검사가 작성한 피의자신문조서의 일부에 대하여만 피고인이 성립의 진정을 인정하는 것은 허용되지 않는다.
⑤ '특히 신빙할 수 있는 상태'란 그 진술내용이나 조서의 작성에 허위개입의 여지가 거의 없고, 그 진술내용의 신용성이나 임의성을 담보할 구체적이고 외부적인 정황이 있는 경우를 말하며 검사가 엄격한 증명을 통해 증명하여야 한다.

해설

① (×) 대법원 1994. 8. 9, 94도1228. 특별한 사정이 보이지 않는 한 같이 취급할 수 없다.
② (○) 대법원 2010. 5. 27, 2010도1755.
③ (×) 대법원 1999. 4. 13, 99도237. 조서 말미에 피고인의 서명만이 있고, 그 날인(무인 포함)이나 간인이 없는 검사 작성의 피고인에 대한 피의자신문조서는 증거능력이 없다고 할 것이고, 그 날인이나 간인이 없는 것이 피고인이 그 날인이나 간인을 거부하였기 때문이어서 그러한 취지가 조서말미에 기재되었다거나, 피고인이 법정에서 그 피의자신문조서의 임의성을 인정하였다고 하여 달리

볼 것은 아니다.

④ (×) 대법원 2013. 5. 23, 2010도15499.

⑤ (×) '특히 신빙할 수 상태'는 자유로운 증명으로 충분하다(대법원 2012. 7. 26, 2012도2937). [답 ②]

09. 다음 사실관계에 대한 설명 중 옳지 않은 것은? (다툼이 있는 경우 판례에 의함) 〈법무부 모의시험 2011〉

甲은 경찰에서 피의자로 조사를 받으면서 금반지를 절취한 사실을 자백하였고, '절취한 금반지를 乙에게 팔았는데 乙에게 장물이라는 사실을 말해주었다'고 진술하였고, 검찰에서도 동일한 내용으로 진술하였다. 乙은 경찰에서 '甲으로부터 금반지가 장물인 것을 알면서도 매입하였다'라는 취지의 자술서를 작성하였고, 피의자신문을 받으면서도 같은 취지로 자백하였는데, 사법경찰관은 乙이 자술서를 작성하는 과정과 피의자신문을 받는 과정을 모두 영상녹화 하였다. 乙은 검찰에서도 같은 취지로 자백하였고 조사과정은 모두 영상녹화되었다. 검사는 甲을 절도죄로, 乙을 장물취득죄로 함께 공소제기하였다. 법정에서 甲은 공소사실을 자백하면서 자신에 대한 사법경찰관 및 검사 작성의 각 피의자신문조서의 성립진정과 임의성을 모두 인정하였고, 乙은 '甲으로부터 금반지를 매입한 것은 사실이나 그 금반지가 장물이라는 사실을 몰랐다'며 공소사실을 부인하고, 자신이 경찰에서 작성한 자술서와 자신에 대한 사법경찰관 작성의 피의자신문조서에 대하여는 모두 내용을 부인하고, 검사 작성의 피의자신문조서에 대하여는 '자신이 진술한 내용과 다르게 기재되었다'며 실질적 진정성립을 부인하였으며, 甲에 대한 사법경찰관 및 검사 작성의 피의자신문조서에 대하여는 각 부동의하였다.

① 乙에 대한 사법경찰관 작성 피의자신문조서는 乙이 내용을 부인하고 있는 이상 증거능력이 인정될 수 없다.

② 乙이 경찰 단계에서 작성한 자술서는 영상녹화물에 의해 그 진정성립이 증명되고, 그 자술서가 특히 신빙할 수 있는 상태에서 작성되었다는 사실이 증명되는 경우라 하더라도 증거능력이 인정될 수 없다.

③ 乙을 조사했던 경찰관이 법정에서 乙이 진술했던 내용에 대하여 증언을 하고 乙의 진술이 특히 신빙할 수 있는 상태에서 작성되었다 하더라도 원진술자인 乙이 법정에 출석하여 진술할 수 있는 한 증

거능력이 인정될 수 없다.

④ 乙이 자신에 대한 검사 작성 피의자신문조서의 진정성립을 부인하더라도 乙에 대한 신문과정 전체를 녹화한 영상녹화물에 의해 그 증거능력이 인정될 수 있다.

⑤ 甲에 대한 검사 작성의 피의자신문조서를 乙이 부동의하더라도 甲이 증인신문절차를 통해 진정성립을 인정하는 경우 乙에 대하여 그 증거능력이 인정될 수 있다.

해설

① (○) 제312조 제3항(검사 이외의 수사기관이 작성한 피의자신문조서의 증거능력).
② (○) 제312조 제5항(피고인 또는 피고인 아닌 자가 수사과정에서 작성한 진술서의 증거능력).
③ (×) 제316조 제1항(피고인 아닌 자의 피고인의 진술을 내용으로 하는 공판준비 또는 공판기일에서의 진술의 증거능력). 특신상태가 증명되면 이를 증거로 할 수 있다.
④ (○) 제312조 제2항. 실질적 진정성립을 부인할 경우, '영상녹화물 기타 객관적 방법'에 의하여 이를 증명할 수 있다.
⑤ (○) 甲(절도범)과 乙(장물취득범)은 공범인 공동피고인이 아니라 단순 공동피고인에 해당한다(대법원 2006. 1. 12, 2005도7601). 따라서 제312조 제4항(검사 또는 사법경찰관이 피고인이 아닌 자의 진술을 기재한 조서의 증거능력)에 의하여 증거능력을 인정한다. [답 ③]

10. **피의자신문조서의 증거능력에 관한 설명으로 틀린 것은?** (다툼이 있는 경우 판례에 의함)

① 사법연수생이 검찰총장으로부터 명받은 범위 내에서 법원조직법에 의한 합의부의 심판사건에 해당하지 아니하는 사건에 관하여 검사의 직무를 대리하여 작성한 피의자신문조서는 검사가 작성한 피의자신문조서와 마찬가지로 그 증거능력을 판단한다.

② 검사 작성의 피의자신문조서의 증거능력은 특별한 사정이 없는 한 경찰 송치 전후에 서로 다르지만, 기소 전후는 이를 불문하고 동일하다.

③ 미국 범죄수사대(CID), 연방수사국(FBI)의 수사관들이 작성한 수사보고서 및 피고인이 위 수사관들에 의하여 조사를 받는 과정에서 작성하여 제출한 진술서는 피고인이 그 내용을 부인하더라도 증거로 사용할 수 있다.

④ 피고인이 제1심 법정 이래 공소사실을 부인하는 경우, 증거목록에 피고인이 반대취지가 담겨 있는 경찰 작성의 피의자신문조서의 내용을 인정한 것으로 기재되어 있더라도 증거능력이 없다.

⑤ 사법경찰관이 피의자신문조서에 기재됨이 마땅한 피의자의 진술내용을 진술서의 형식으로 기재하여 제출케 한 경우, 그 진술서는 사법경찰관작성의 피의자신문조서와 마찬가지로 형사소송법 제312조 제3항에 따라 '내용을 인정할 때' 한하여 증거능력이 인정된다.

해설

① (○) 대법원 2010. 4. 15, 2010도1107(상습절도사건).

② (○) 검찰 송치 전 검사 작성의 피의자신문조서는 특별한 사정이 보이지 아니하는 한 송치 후에 작성한 피의자신문조서와 같이 취급할 수 없다는 것이 판례의 입장(대법원 1994. 8. 9, 94도 1228)이다. 한편, 공소제기 후 피고인에 대한 진술조서에 대하여는, ⓐ 진술서 등에 관한 제313조를 적용하여야 한다는 견해와 ⓑ 피의자신문조서에 관한 제312조 제1항·제2항을 적용하여야 한다는 견해(대법원 2009. 8. 20, 2008도8213)가 있다.

③ (×) 대법원 2006. 1. 13, 2003도6548. 피고인이 검사 이외의 수사기관에서 범죄혐의로 조사받는 과정에서 작성하여 제출한 진술서는 그 형식 여하를 불문하고 당해 수사기관이 작성한 피의자신문조서와 달리 볼 수 없고(대법원 1987. 2. 24, 86도1152), 피고인이 수사과정에서 범행을 자백하였다는 검사 아닌 수사기관의 진술이나 같은 내용의 수사보고서 역시 피고인이 공판과정에서 앞서의 자백의 내용을 부인하는 이상 마찬가지이다(대법원 1979. 5. 8, 79도493). 한편, 검사 이외의 수사기관에는 달리 특별한 사정이 없는 한 외국의 권한 있는 수사기관도 포함되므로, 미국 범죄수사대(CID), 연방수사국(FBI)의 수사관들이 작성한 수사보고서 및 피고인이 위 수사관들에 의한 조사를 받는 과정에서 작성하여 제출한 진술서는 피고인이 그 내용을 부인하는 이상 증거로 쓸 수 없다.

④ (○) 착오기재이거나 잘못 기재한 것이므로 증거능력이 없다(대법원 2007. 5. 10, 2007도1807). 같은 상황에서 공판조서에 착오기재된 경우도 마찬가지이다(대법원 2010. 6. 24, 2010도5040).

⑤ (○) 대법원 2010. 5. 27, 2010도1755. 피의자의 진술을 녹취 내지 기재한 서류 또는 문서가 수사기관에서의 조사과정에서 작성된 것이라면, 그것이 '진술조서, 진술서, 자술서'라는 형식을 취하였다고 하더라도 피의자신문조서와 달리 볼 수 없다. [답 ③]

11. **甲은 로망 카페 대표, 乙은 위 카페 월급사장인 바, 甲과 乙은 카페 여자종업원들과 손님들의 성매매를 알선하고 위 종업원들로부터 돈의 일부를 알선료로 받아 분배하기로 공모하고 이를 실행하였다. 제보를 받은 경찰은 먼저 乙로부터 甲과 공모하여 성매매를 알선하였다고 인정하는 진술서를 받은 다음 乙에 대한 참고인진술조서를 작성하였다. 그 후 甲**

과 乙은 경찰에서 피의자신문을 받았는데 둘 다 성매매알선의 점을 자백하였고, 그 내용의 피의자신문조서가 작성되었다. 검찰에 송치된 이후 甲은 성매매알선의 점을 부인하였으나 乙은 자백하였고, 검사는 그러한 내용의 피의자신문조서를 작성한 후 甲과 乙을 성매매알선혐의로 기소하였다. 이 경우 다음 설명 중 옳지 않은 것은? (다툼이 있는 경우 판례에 의함) 〈변호사 2013〉

① 乙 작성의 진술서는 甲이 내용을 부인하면 甲에 대하여 증거능력이 없다.
② 사법경찰관 작성의 乙에 대한 참고인진술조서는 사법경찰관이 진술거부권을 고지하지 않았거나 乙이 내용을 부인하면 乙에 대하여 증거능력이 없다.
③ 사법경찰관 작성의 甲에 대한 피의자신문조서는 乙이 내용을 부인하면 乙에 대하여 증거능력이 없다.
④ 사법경찰관 작성의 乙에 대한 피의자신문조서는 甲이 내용을 부인하면 甲에 대하여 증거능력이 없지만, 변론분리 후 乙이 법정에서 '경찰 수사 도중 피의자신문조서에 기재된 것과 같은 내용으로 진술하였다'는 취지로 증언한 경우에는 위 피의자신문조서는 甲에 대하여 증거능력이 인정된다.
⑤ 만일 이 경우 乙이 함께 기소되지 않았다면 乙에 대한 검사 작성의 피의자신문조서는 甲이 증거로 함에 동의하지 않는 이상 검사 작성의 참고인진술조서의 경우와 동일한 요건을 갖추어야 甲에 대하여 증거능력이 인정된다.

해설

① (○) 乙 작성의 진술서는 경찰 수사과정에서 작성된 것이므로 증거능력에 관하여는 사법경찰관 작성 피의자신문조서 또는 진술조서에 관한 규정이 준용되는데(제312조 제5항), 참고인 신분으로 작성한 것이지만 그 실질은 성매매를 알선하였다고 인정하는 내용이므로 피의자신문조서에 관한 규정이 준용된다. 그런데 甲과 乙은 공범인 공동피고인이므로 甲이 그 내용을 부인하면 증거능력이 없다(대법원 2010. 1. 28, 2009도10139).
② (○) 피의자의 진술을 녹취 내지 기재한 서류 또는 문서가 수사기관에서의 조사과정에서 작성된 것이라면, 그것이 '진술조서, 진술서, 자술서'라는 형식을 취하였다고 하더라도 피의자신문조서와 달리 볼 수 없고, 한편 형사소송법이 보장하는 피의자의 진술거부권은 헌법이 보장하는 형사상 자기에 불리한 진술을 강요당하지 않는 자기부죄거부의 권리에 터잡은 것이므로 수사기관이 피의자를 신문함에 있어서 피의자에게 미리 진술거부권을 고지하지 않은 때에는 그 피의자의 진술은 위법하게 수집된 증거로서 진술의 임의성이 인정되는 경우라

도 증거능력이 부인되어야 한다(대법원 2010. 5. 27, 2010도1755). 그리고 사법경찰관 작성 피의자신문조서에 해당하므로 乙이 그 내용을 부인하면 증거능력이 없다(제312조 제3항).
③ (○) 대법원 2010. 1. 28, 2009도10139.
④ (×) 甲이 내용을 부인하면 증거능력이 없고(대법원 2010. 1. 28, 2009도10139; 대법원 2010. 2. 25, 2009도14409), 乙이 위와 같은 취지로 증언하더라도 증거능력이 인정되지 않는다.
⑤ (○) 검사 작성의 공범인 공동피고인의 피의자신문조서는 제312조 제4항에 의하여 증거능력을 판단하여야 한다(대법원 1999. 10. 8, 99도3063). [답 ④]

12. **甲은 乙에게 남편인 피해자 A를 살해하도록 부탁하였고, 乙은 甲의 부탁을 받고 A를 살해하였다. 이에 검사는 甲을 살인교사죄로, 乙을 살인죄로 기소하였다. 이에 대한 설명으로 옳은 것은?** (다툼이 있는 경우에는 판례에 의함)

① 사법경찰관 작성의 甲에 대한 피의자신문조서에 대하여 乙이 그 내용을 부인하더라도 甲이 법정에서 그 내용을 인정하고 공판 중 사망하였다면 乙에 대한 증거로 사용할 수 있다.
② 乙이 甲의 공소사실에 대한 증인으로 출석하였으나 보복의 위험 때문에 진술을 거부하였다면 乙에 대한 검사 작성의 피의자신문조서를 甲의 공소사실을 입증하는 증거로 사용할 수 없다.
③ 甲이 경찰에서는 교사사실을 인정하였으나 법정에서는 이를 부인하는 경우, 甲이 내용을 부인한 사법경찰관 작성의 甲에 대한 피의자신문조서는 임의성이 인정되는 경우에도 탄핵증거로 사용할 수 없다.
④ 甲이 법정에서 교사사실을 자백한 경우, 그의 진술에 대해서는 반대신문권이 보장되어 있지 않으므로 甲의 진술은 乙에 대한 증거로 사용할 수 없다.
⑤ 甲과 乙이 모두 공소사실을 자백하고 있으나 달리 자백을 뒷받침할 다른 증거가 없는 경우에는 각 무죄를 선고하여야 한다.

해설

① (×) 대법원 2009. 11. 26, 2009도6602. 피고인과 공범관계가 있는 다른 피의자에 대한 검사 이외의 수사기관 작성의 피의자신문조서는 그 피의자의 법정진술에 의하여 그 성립의 진정이 인정되더라도 당해 피고인이 공판기일에서 그 조서의 내용을 부인하면 증거능력이 부정되므로, 그 당연한 결과로 그 피의자신문조서에 대하여는 사망 등 사유로 인하여 법정에서 진술할 수 없는 때에 예외적으로 증거능력을 인정하는 규정인 형사소송법 제314조가 적용되지 않는다.
② (○) 대법원 2012. 5. 17, 2009도6788(전원합의체). 제314조의 문언과 개정

취지, 증언거부권 관련 규정의 내용 등에 비추어 보면, 법정에 출석한 증인이 제148조, 제149조 등에서 정한 바에 따라 정당하게 증언거부권을 행사하여 증언을 거부한 경우는 제314조의 '그 밖에 이에 준하는 사유로 인하여 진술할 수 없는 때'에 해당하지 아니한다.
③ (×) 대법원 1998. 2. 27, 97도1770. 사법경찰리 작성의 피고인에 대한 피의자신문조서와 피고인이 작성한 자술서들은 모두 검사가 유죄의 자료로 제출한 증거들로서 피고인이 각 그 내용을 부인하는 이상 증거능력이 없으나 그러한 증거라 하더라도 그것이 임의로 작성된 것이 아니라고 의심할 만한 사정이 없는 한 피고인의 법정에서의 진술을 탄핵하기 위한 반대증거로 사용할 수 있다.
④ (×) 제310조의 피고인의 자백에는 공범인 공동피고인의 진술은 포함되지 않으며, 이러한 공동피고인의 진술에 대하여는 피고인의 반대신문권이 보장되어 있어 독립한 증거능력이 있다(대법원 1992. 7. 28, 92도917).
⑤ (×) 대법원 1990. 10. 30, 90도1939. 제310조 소정의 '피고인의 자백'에 공범인 공동피고인의 진술은 포함되지 아니하므로 공범인 공동피고인의 진술은 다른 공동피고인에 대한 범죄사실을 인정하는 증거로 할 수 있는 것일 뿐만 아니라 공범인 공동피고인들의 각 진술은 상호간에 서로 보강증거가 될 수 있다.

[답 ②]

13. **甲과 乙은 합동하여 A의 금반지를 절취한 사실로, 丙은 甲으로부터 위 금반지가 훔친 물건임을 알면서 이를 양수한 사실로 각 기소되어 한 사건절차 내에서 공동피고인으로 재판을 받고 있다. 다음의 설명 중 옳은 것(○)과 옳지 않은 것(×)을 올바르게 조합한 것은?** (다툼이 있는 경우 판례에 의함) 〈변호사 2012〉

㈎ 공판절차 중 검사의 乙에 대한 피고인신문에서 乙이 한 "나(乙)는 甲과 함께 금반지를 훔쳤다."라는 답변은 甲에 대한 유죄의 증거가 된다.
㈏ 공판절차 중 검사의 丙에 대한 피고인신문에서 丙이 한 "나(丙)는 甲이 A로부터 훔친 것인 줄 알면서 위 금반지를 甲으로부터 양수하였다."라는 답변은 甲에 대한 유죄의 증거가 된다.
㈐ 증거서류의 증거능력 유무에 관한 의견진술절차에서, 丙에 대한 검사 작성의 피의자신문조서에 대하여 甲은 부동의하고 丙은 진정성립 및 임의성을 인정할 경우, 위 丙에 대한 검사 작성의 피의자신문조서는 甲에 대한 유죄의 증거가 된다.
㈑ 甲이 수사기관과는 무관하게, A로부터 훔친 위 금반지를 처분하기 위하여 자신이 丙과 전화통화한 흥정 내용을 丙 몰래 녹음한 경우, 그 녹음테이프가 형사소송법 제313조(진술서 등) 제1항의 요건

을 충족한다면 丙에 대한 유죄의 증거가 된다.

① ㈎(○), ㈏(×), ㈐(×), ㈑(○)
② ㈎(○), ㈏(○), ㈐(×), ㈑(×)
③ ㈎(×), ㈏(○), ㈐(×), ㈑(○)
④ ㈎(○), ㈏(×), ㈐(○), ㈑(○)
⑤ ㈎(×), ㈏(○), ㈐(○), ㈑(×)

해설

㈎ (○) 甲과 乙은 공범인 공동피고인이다. 제310조의 피고인의 자백에는 공범인 공동피고인의 진술은 포함되지 않으며, 이러한 공동피고인의 진술에 대하여는 피고인의 반대신문권이 보장되어 있어 증인으로 신문하지 않더라도 독립한 증거능력이 있으므로(대법원 1992. 7. 28, 92도917), 유죄의 증거가 된다.
㈏ (×) 甲과 丙은 공범이 아닌 단순공동피고인이다(대법원 2006. 1. 12, 2005도7601). 따라서 丙은 甲의 공소사실에 관하여는 증인의 지위에 있으므로 증언이 아닌 공판정에서의 진술은 甲에 대한 공소사실을 인정하는 증거로 사용할 수 없다(대법원 1979. 3. 27, 78도1031).
㈐ (×) 甲과 丙은 단순공동피고인이므로 검사 작성의 丙에 대한 피의자신문조서에 대하여 甲이 부동의하였으므로 증거서류의 증거능력 유무에 관한 의견진술절차가 아닌 丙의 증인신문절차에서 그 성립의 진정이 인정되어야 甲에 대한 유죄의 증거로 할 수 있다(대법원 2006. 1. 12, 2005도7601).
㈑ (○) 대법원 2008. 12. 24, 2008도9414. [답 ①]

◇관련판례◇

대법원 2008. 12. 24, 2008도9414 : 피고인과 피해자 사이의 대화내용에 관한 녹취서가 공소사실의 증거로 제출되어 그 녹취서의 기재내용과 녹음테이프의 녹음내용이 동일한지 여부에 관하여 법원이 검증을 실시한 경우에 증거자료가 되는 것은 녹음테이프에 녹음된 대화내용 그 자체이고, 그 중 피고인의 진술내용은 실질적으로 형사소송법 제311조, 제312조의 규정 이외에 피고인의 진술을 기재한 서류와 다름없어 피고인이 그 녹음테이프를 증거로 할 수 있음에 동의하지 않은 이상 그 녹음테이프 검증조서의 기재 중 피고인의 진술내용을 증거로 사용하기 위해서는 형사소송법 제313조 제1항 단서에 따라 공판준비 또는 공판기일에서 그 작성자인 피해자의 진술에 의하여 녹음테이프에 녹음된 피고인의 진술내용이 피고인이 진술한 대로 녹음된 것임이 증명되고 나아가 그 진술이 특히 신빙할 수 있는 상태하에서 행하여진 것임이 인정되어야 하고, 녹음테이프는 그 성질상 작성자나 진술자의 서명 혹은 날인이 없을 뿐만 아니라, 녹음자의 의도나 특정한 기술에 의하여 그 내용이 편집, 조작될 위험성이 있음을 고려하여, 그 대화내용을 녹음한 원본이거나 혹은 원본으로부터 복사한 사본일 경우에는 복사과정에서 편집되는 등의 인위적 개작 없이 원본의 내용 그대로 복사된 사본임이 입증되어야만 하고, 그러한 입증이 없는 경우에는 쉽게 그 증거능력을 인정할 수 없다.

14. 피고인 甲은 피고인 乙로부터 뇌물을 수수하였다는 공소사실로, 피고인 乙은 피고인 甲에게 뇌물을 공여하였다는 공소사실로 기소되어 공동피고인으로 재판을 받고 있다. 법정에서 甲은 공소사실을 부인하였으나 乙은 공소사실을 자백하였다. 이에 관한 설명 중 옳지 않은 것은? (다만, 조서는 모두 적법한 절차와 방식에 따라 작성되었고, 임의성과 특신상태가 인정됨을 전제로 하며, 다툼이 있는 경우에는 판례에 의함) 〈변호사 2014〉

① 甲이 사법경찰관 작성의 乙에 대한 피의자신문조서에 대하여 내용을 부인하면, 乙이 법정에서 그 조서에 대하여 진정성립을 인정하고 甲이 乙을 반대신문하였더라도 그 피의자신문조서는 甲의 공소사실에 대한 증거로 사용할 수 없다.

② 검사 작성의 乙에 대한 피의자신문조서는 乙이 법정에서 그 조서에 대하여 진정성립을 인정하고 甲이 乙을 반대신문하였다면 甲이 증거로 함에 부동의하였더라도 甲의 공소사실에 대한 증거로 사용할 수 있다.

③ 乙이 피고인신문에서 甲에게 뇌물공여사실을 자백한 진술은 甲의 乙에 대한 반대신문권이 보장되어 있어 甲의 공소사실에 대한 증거로 쓸 수 있지만 乙이 기억에 반하는 허위의 진술을 하더라도 위증죄가 성립하지 않는다.

④ 乙이 자신의 사업과 관련하여 그때 그때의 수입과 지출을 기재해 놓은 금전출납부가 적법하게 압수되어 증거로 제출된 경우, 그 금전출납부에 甲에 대한 뇌물공여로 지출된 금액의 기재가 있는 경우에 이는 乙의 자백에 대한 보강증거가 될 수 있다.

⑤ 甲이 법정에서 乙로부터 뇌물을 수수한 사실을 부인하면서 공소사실 기재 일시경에 乙을 만났던 사실과 공무에 관한 청탁을 받은 사실만을 시인하였다면 이것만으로는 乙의 자백에 대한 보강증거가 될 수 없다.

해설

① (○) 대법원 2009. 7. 9, 2009도2865; 제312조 제3항.

② (○) 제312조 제4항.
③ (○) 제310조 소정의 '피고인의 자백'에 공범인 공동피고인의 진술은 포함되지 아니하므로 공범인 공동피고인의 진술은 다른 공동피고인에 대한 범죄사실을 인정하는 증거로 할 수 있는 것일 뿐만 아니라 공범인 공동피고인들의 각 진술은 상호간에 서로 보강증거가 될 수 있다(대법원 1990. 10. 30, 90도1939). 그리고 乙이 피고인신문 과정에서 기억에 반하는 허위의 진술을 하더라도 증인의 지위에서 한 것이 아니므로 위증죄의 주체가 될 수 없다(형법 제152조 제1항).
④ (○) 대법원 1996. 10. 17, 94도2865(전원합의체).
⑤ (×) 뇌물공여자의 자백에 대한 보강증거가 될 수 있다(대법원 1995. 6. 30, 94도993). [답 ⑤]

15. **진술조서의 증거능력에 관한 다음 설명 중 틀린 것으로만 묶인 것은?**
(다툼이 있는 경우 판례에 의함)

㈎ 사법경찰리 작성의 피해자에 대한 진술조서가 조사과정에 참여하고 있던 피해자의 동생으로 하여금 서명날인하게 하는 방법으로 작성되었다 하더라도 피해자가 화상으로 인하여 서명을 할 수 없었기 때문이라면 형사소송법 제313조 제1항의 형식적 요건을 결여하였다고 볼 수 없으므로 증거로 사용할 수 있다.
㈏ 공판준비 또는 공판기일에서 이미 증언을 마친 증인을 검사가 소환한 후 피고인에게 유리한 그 증언 내용을 추궁하여 이를 일방적으로 번복시키는 방식으로 작성한 진술조서는 피고인의 동의가 없는 한 증거능력이 없다.
㈐ 범죄인지서를 작성하여 사건수리 절차를 밟기 전에 수사과정에서 작성된 진술조서는 수사를 개시한 이상 범죄를 인지한 것으로 보아야 할 것이므로, 그 수사가 장차 인지의 가능성이 전혀 없는 상태에서 행하여졌다는 등의 특별한 사정이 없는 한 증거능력이 인정된다.
㈑ 형사소송법 제244조의5에 따라 피의자신문시 동석한 자가 한 진술이 피의자신문조서에 함께 기재된 경우 피의자신문조서와 일체로서 증거능력 여부를 판단하여야 한다.
㈒ 법정에서 "단지 검찰에서 이 건에 대하여 사실대로 진술하고 그 진술조서에 서명무인한 사실이 있다"는 취지의 진술을 한 것만으로는 동인의 검찰에서서의 진술조서의 진정성립을 인정할 수 없어 증거능력이 없다.

① ㈎, ㈏ ② ㈎, ㈑ ③ ㈏, ㈒
④ ㈐, ㈑ ⑤ ㈐, ㈒

해설

㈎ (×) 증거로 사용할 수 없다(대법원 1997. 4. 11, 96도2865). 이는 제313조 제1항 소정의 형식적 요건을 결여한 서류로서 증거로 사용할 수 없을 뿐만 아니라 그 작성에 허위개입의 여지가 있으며 그 진술내용의 신빙성이나 임의성을 담보할 구체적이고 외부적인 정황이 없는 점에서도 증거능력을 인정하기 어렵다.

㈏ (○) 대법원 2004. 3. 26, 2003도7482. 이러한 진술조서를 유죄의 증거로 삼는 것은 당사자주의 · 공판중심주의 · 직접주의를 지향하는 현행 형사소송법의 소송구조에 어긋나는 것일 뿐만 아니라, 헌법 제27조가 보장하는 기본권, 즉 법관의 면전에서 모든 증거자료가 조사 · 진술되고 이에 대하여 피고인이 공격 · 방어할 수 있는 기회가 실질적으로 부여되는 재판을 받을 권리를 침해하는 것이므로, 이러한 진술조서는 피고인이 증거로 할 수 있음에 동의하지 아니하는 한 그 증거능력이 없다고 하여야 할 것이고, 그 후 원진술자인 종전 증인이 다시 법정에 출석하여 증언을 하면서 그 진술조서의 성립의 진정함을 인정하고 피고인측에 반대신문의 기회가 부여되었다고 하더라도 그 증언 자체를 유죄의 증거로 할 수 있음은 별론으로 하고, 위와 같은 진술조서의 증거능력이 없다는 결론은 달리할 것이 아니다(대법원 2000. 6. 15, 99도1108(전원합의체)). 한편, 증언 내용을 번복하는 내용의 진술서를 작성하도록 하여 법원에 제출한 경우에도 마찬가지로 그 진술서는 증거능력이 없다(대법원 2012. 6. 14, 2012도534).

㈐ (○) 대법원 2001. 10. 26, 2000도2968.

㈑ (×) 동석자에 대한 진술조서로서 증거능력 여부를 판단하여야 한다(대법원 2009. 6. 23, 2009도1322).

㈒ (○) 대법원 1976. 9. 28, 76도2118. [답 ②]

16. 甲이 乙로부터 뇌물을 수수하였다는 혐의를 수사하던 검사는 乙의 동창생 丙을 참고인으로 불러 "乙로부터 문제사안의 뇌물공여에 관한 얘기를 들었다"는 취지의 진술을 확보하였다. 하지만 공판정에 증인으로 출석한 丙은 일체의 증언을 거부하였고, 오히려 그 동안 일관되게 범행을 부인하던 乙이 심경의 변화를 일으켜 혐의를 모두 시인하였다. 甲과 乙이 공동피고인의 지위에 있는 사안에 대한 설명 중 대법원판례의 입장과 일치하지 않는 것은? 〈법무부 모의시험 2010 변형〉

① 乙과 丙 사이의 특신상황이 인정되는 한, 丙이 진술을 거부하더라도 검사가 丙을 상대로 작성한 진술조서는 증거능력이 있다.

② 하지만 위 진술조서는 乙과는 달리, 적어도 甲의 혐의에 대해서는 증거능력이 없다.

③ 乙의 공판정 자백 및 위 진술조서에 근거하여 乙의 유죄를 선고할

수 있다.

④ 甲의 혐의를 인정하기 위해 검사가 乙을 증인으로 신청하면, 변론을 분리하지 않는 한 법원은 이를 기각해야 한다.

⑤ 다른 증거가 없더라도 乙의 자백에 근거하여 甲의 유죄를 선고할 수 있다.

해설

① (○) 제314조는 "공판준비 또는 공판기일에 진술을 요할 자가 사망, 질병 기타 사유로 인하여 진술을 할 수 없는 때에는 그 조서 또는 서류를 증거로 할 수 있다"고 규정하고 있는바, 여기서 '기타 사유로 진술할 수 없는 때'에는 법정에 출석한 증인이 증언거부권을 행사하여 증언을 거절한 때도 포함된다(대법원 1992. 8. 14, 92도1211).

② (○) 피고인 아닌 자의 공판준비 또는 공판기일에서의 진술이 피고인 아닌 타인의 진술을 그 내용으로 하는 것인 때에는 원진술자가 사망, 질병 기타 사유로 인하여 진술할 수 없고 그 진술이 특히 신빙할 수 있는 상태 하에서 행하여진 때에 한하여 이를 증거로 할 수 있다고 규정(제316조 제2항)하고 있는데, 여기서 말하는 '피고인 아닌 자'라고 함은 제3자는 말할 것도 없고 '공동피고인이나 공범자'를 모두 포함한다고 해석된다(대법원 2007. 2. 23, 2004도8654 ; 대법원 2000. 12. 27, 99도5679 ; 대법원 1984. 11. 27, 84도2279 등). 따라서 甲의 혐의에 대해서는 피고인 아닌 자(丙)의 진술이 공범(대향범도 포함 : 대법원 1993. 6. 22, 91도3346)인 공동피고인(乙)의 진술을 내용으로 하고 있는데, 원진술자인 乙이 진술할 수 있으므로 증거능력이 없다.

③ (×) 피고인이 범행을 자인하는 것을 들었다는 피고인 아닌 자의 진술내용은 제310조의 피고인의 자백에는 포함되지 아니하나, 이는 피고인의 자백의 보강증거로 될 수 없다(대법원 2008. 2. 14, 2007도10937).

④ (○) 공범인 공동피고인은 당해 소송절차에서는 피고인의 지위에 있으므로 다른 공동피고인에 대한 공소사실에 관하여 증인이 될 수 없으나, 소송절차가 분리되어 피고인의 지위에서 벗어나게 되면 다른 공동피고인에 대한 공소사실에 관하여 증인이 될 수 있다 할 것이다(대법원 2008. 6. 26, 2008도3300 ; 대법원 2007. 11. 29, 2007도2661 ; 대법원 1999. 9. 17, 99도24490).

⑤ (○) 제310조 소정의 '피고인의 자백'에 공범인 공동피고인의 진술은 포함되지 아니하므로 공범인 공동피고인의 진술은 다른 공동피고인에 대한 범죄사실을 인정하는 증거로 할 수 있는 것일 뿐만 아니라 공범인 공동피고인들의 각 진술은 상호간에 서로 보강증거가 될 수 있다(대법원 1990. 10. 30, 90도1939).

[답 ③]

17. 甲은 상해치사사건으로 미국에서 체포되어 미국 연방수사국(Federal Bereau of Investigation : FBI)의 한국 지부장인 P와 거짓말탐지기요원 Q로부터 인터뷰 형식으로 조사를 받으면서 범죄사실을 자백하는 내용의 자

술서를 작성하였고, P는 甲이 자백하는 내용을 문답 형식으로 정리한 수사보고서를 작성하였으나, 甲의 서명날인은 받지 않았다. 그 후 甲은 우리나라로 범죄인인도되어 재판을 받고 있다. 이와 관련한 다음 설명 중 틀린 것은? (다툼이 있는 경우 판례에 의함)

① P는 형사소송법 제312조 제3항의 '검사 이외의 수사기관'에 해당한다.

② 甲의 자술서는 형사소송법 제312조 제5항에 따라 검사 이외의 수사기관 작성의 피의자신문조서에 관한 규정을 준용하여 내용 인정 등의 요건이 갖추어져야 증거로 사용할 수 있다.

③ P의 수사보고서는 유죄의 증거로 사용할 수 있다.

④ 법무부의 형사사법공조요청에 따라 미국 법원의 지명을 받은 수명자(미국 검사)가 작성한 공범 乙에 대한 증언녹취서(deposition)는 형사소송법 제314조에 의하여 증거능력이 있다.

⑤ 미국 치안판사가 주재하여 진행한 범죄인인도 공판기일에서의 甲의 진술을 기재한 조서는 증거능력이 있다.

✍ 해설

① (○) 대법원 2006. 1. 13, 2003도6548.

② (○) 대법원 2006. 1. 13, 2003도6548. 따라서 피고인인 甲이 그 내용을 부인하면 증거능력이 없다.

③ (×) 서명날인이 없으면 증거로 사용할 수 없다(대법원 1999. 2. 26, 98도2742). 한편, 서명날인이 있으면 증거로 사용할 수 있으나, 甲이 앞서의 자백내용을 부인하면 증거능력이 없다(대법원 2006. 1. 13, 2003도6548; 대법원 1979. 5. 8, 79도493).

④ (○) 대법원 1997. 7. 25, 97도1351.

⑤ (○) 대법원 2006. 1. 13, 2003도6548(그 근거조문에 대한 언급은 없다). 일본 하급심판례 중에는 외국법원의 촉탁신문조서에 관하여, 재판관 및 검찰관 작성 서면 이외의 서면(일본 형소법 제321조 제항 제3호: 경찰관 작성 서면, 그 밖의 피해신고서 등 서면)에 해당한다고 한 것이 있다(동경고판 1987. 7. 29. 고형집 40 · 2 · 77). [답 ③]

◇관련판례◇

대법원 1997.7.25, 97도1351 : 범행 직후 미합중국 주검찰 수사관이 작성한 피해자 및 공범에 대한 질문서(interrogatory)와 우리나라 법원의 형사사법공조요청에 따라 미합중국 법원의 지명을 받은 수명자(미합중국 검사)가 작성한 피해자 및 공범에 대한 증언녹취서(deposition)는 이를 형사소송법 제315조 소정의 당연히 증거능력이 인정되는 서류로는 볼 수 없다고 하더라도, 형사소송법 제312조 또는 제313조에 해당하는 조서 또는 서류로서 그 원진술자가 공판기일에서 진술을 할 수 없는 때에 해당하고, 그 각 진술 내용이나 조서 또는 서류의 작성에 허위 개입의 여지가 거의 없으며 그 진술 내용의 신빙성이나 임의성을 담보할 구체적이고 외부적인 정황이 있다고 할 것이어서 그 진술 또는 서류의 작성이 특히 신빙할 수 있는 상태 하에서 행하여진 것이라고 보기에 충분하므로, 형사소송법 제314조의 규정에 의하여 그 증거능력을 인정할 수 있다.

18. 다음 중 형사소송법 제314조의 적용과 관련하여 그 증거능력이 인정되는 것으로 묶인 것은? (특신상태는 증명된 것으로 하고, 다툼이 있는 경우 판례에 의함)

> (가) 만 5세 무렵에 당한 성추행으로 인하여 외상후스트레스증후군을 앓고 있다는 등의 이유로 공판정에 출석하지 아니한 약 10세 남짓의 성추행 피해자에 대한 진술조서
> (나) 증언거부권이 있는 증인이 정당하게 증언거부권을 행사하여 증언을 거부한 경우, 그 증인이 작성한 진술서
> (다) 수회에 걸쳐 증인소환장의 송달을 실시하였으나 송달이 되지 아니하였지만 소재탐지촉탁을 하는 등 소재수사는 하지 아니한 피해자에 대한 사법경찰관 작성의 진술조서
> (라) 수사기관에서 진술한 피해자인 유아가 공판정에서 진술을 하였더라도 증인신문 당시 일정한 사항에 관하여 기억이 나지 않는다는 취지로 진술하여 그 진술의 일부가 재현 불가능하게 된 경우, 사법경찰리가 작성한 위 피해자에 대한 진술조서
> (마) 외국에 거주하고 있어 출입국 현황을 확인하였으나 협의이혼 후 국내외 연락처탐지가 불능하여 법정에 출석하게 할 수 없는 경우, 검사가 작성한 동인에 대한 진술조서

① (가), (다) ② (가), (라) ③ (나), (다)
④ (나), (마) ⑤ (라), (마)

해설

(가) (×) 진술조서는 증거능력이 없다(대법원 2006. 5. 25, 2004도3619).
(나) (×) 진술서는 증거능력이 없다. 제314조의 문언과 개정 취지, 증언거부권 관련 규정의 내용 등에 비추어 보면, 법정에 출석한 증인이 제148조, 제149조 등에서 정한 바에 따라 정당하게 증언거부권을 행사하여 증언을 거부한 경우는

제314조의 '그 밖에 이에 준하는 사유로 인하여 진술할 수 없는 때'에 해당하지 아니한다(대법원 2012. 5. 17, 2009도6788(전원합의체)).
(다) (×) 진술조서는 증거능력이 없다(대법원 2010. 9. 9, 2010도2602).
(라) (○) 진술조서는 증거능력이 있다(대법원 2006. 4. 14, 2005도9561).
(마) (○) 진술조서는 증거능력이 있다(대법원 2008. 2. 28, 2007도10004). [답 ⑤]

◇관련판례◇

(1) 대법원 2006. 5. 25, 2004도3619 : 형사소송법 제314조에 의하면 형사소송법 제312조 소정의 조서나 제313조 소정의 서류 등을 증거로 하기 위해서는, 첫째로 진술을 요할 자가 사망, 질병, 외국거주 기타 사유로 인하여 공판준비 또는 공판기일에 진술할 수 없는 경우이어야 하고('필요성의 요건'), 둘째로 그 진술 또는 서류의 작성이 특히 신빙할 수 있는 상태 하에서 행하여진 것이어야 한다('신용성 정황적 보장의 요건'). 위 필요성의 요건 중 '질병'은 진술을 요할 자가 공판이 계속되는 동안 임상신문이나 출장신문도 불가능할 정도의 중병임을 요한다고 할 것이고, '기타 사유'는 사망 또는 질병에 준하여 증인으로 소환될 당시부터 기억력이나 분별력의 상실상태에 있다거나, 법정에 출석하여 증언거부권을 행사한다거나, 증인소환장을 송달받고 출석하지 아니하여 구인을 명하였으나 끝내 구인의 집행이 되지 아니하는 등으로 진술을 요할 자가 공판준비 또는 공판기일에 진술할 수 없는 예외적인 사유가 있어야 한다.
(2) 대법원 2008. 2. 28, 2007도10004 : 형사소송법 제314조의 '외국거주'라 함은 진술을 요할 자가 외국에 있다는 것만으로는 부족하고, 수사과정에서 수사기관이 그 진술을 청취하면서 그 진술자의 외국거주 여부와 장래 출국 가능성을 확인하고, 만일 그 진술자의 거주지가 외국이거나 그가 가까운 장래에 출국하여 장기간 외국에 체류하는 등의 사정으로 향후 공판정에 출석하여 진술을 할 수 없는 경우가 발생할 개연성이 있다면 그 진술자의 외국 연락처를, 일시 귀국할 예정이 있다면 그 귀국 시기와 귀국시 체류 장소와 연락 방법 등을 사전에 미리 확인하고, 그 진술자에게 공판정 진술을 하기 전에는 출국을 미루거나, 출국한 후라도 공판 진행상황에 따라 일시 귀국하여 공판정에 출석하여 진술하게끔 하는 방안을 확보하여 그 진술자로 하여금 공판정에 출석하여 진술할 기회를 충분히 제공하며, 그 밖에 그를 공판정에 출석시켜 진술하게 할 모든 수단을 강구하는 등 가능하고 상당한 수단을 다하더라도 그 진술을 요할 자를 법정에 출석하게 할 수 없는 사정이 있어야 예외적으로 그 적용이 있다.

19. **형사소송법 제314조에서 규정한 '진술을 요하는 자가 사망 · 질병 · 외국 거주 · 소재불명, 그 밖에 이에 준하는 사유로 인하여 진술할 수 없는 때'에 해당하지 않는 것을 모두 고른 것은?** (다툼이 있는 경우에는 판례에 의함) 〈변호사시험 2014〉

> ㈎ 증인에 대한 소재탐지촉탁을 하여 소재수사를 하였으나 그 소재를 확인할 수 없었는데, 진술조서에 기재된 증인의 전화번호로 연락하여 보지 아니하는 등 증인의 법정 출석을 위한 가능하고도 충분한 노력을 다하지 않은 경우
> ㈏ 증인이 형사소송법에서 정한 바에 따라 정당하게 증언거부권을 행사하여 증언을 거부한 경우
> ㈐ 피고인이 증거서류의 진정성립을 묻는 검사의 질문에 대하여 진술거부권을 행사하여 진술을 거부한 경우
> ㈑ 수사기관에서 진술한 피해자인 유아가 공판정에서 진술을 하였으나 증인신문 당시 대부분의 사항에 관하여 기억이 나지 않는다는 취지로 진술하여 수사기관에서 행한 진술이 재현 불가능하게 된 경우

① ㈎, ㈏ ② ㈏, ㈐ ③ ㈐, ㈑
④ ㈎, ㈏, ㈐ ⑤ ㈎, ㈏, ㈑

해설

㈎ (불해당) 대법원 2013. 4. 11, 2013도1435.
㈏ (불해당) 대법원 2012. 5. 17, 2009도6788(전원합의체).
㈐ (불해당) 대법원 2013. 6. 13, 2012도16001. 제314조의 문언과 개정 취지, 진술거부권 관련 규정의 내용 등에 비추어 보면, 피고인이 증거서류의 진정성립을 묻는 검사의 질문에 대하여 진술거부권을 행사하여 진술을 거부한 경우는 제314조의 '그 밖에 이에 준하는 사유로 인하여 진술할 수 없는 때'에 해당하지 아니한다.
㈑ (해당) 대법원 2006. 4. 14, 2005도9561. [답 ④]

20. **수사보고서의 증거능력에 관한 다음 설명 중 틀린 것은?** (다툼이 있는 경우 판례에 의함).

① 외국에 거주하는 참고인과의 전화대화 내용을 문답형식으로 기재한 검찰주사보 작성의 수사보고서는 원진술자의 서명 또는 날인이 없으면 증거능력이 없다.

② 피해자와의 전화통화 내용을 기재한 검사 작성의 수사보고서가 증거능력이 없는 경우, 피해자의 처벌희망 의사표시 철회의 효력 여부를 판단하는 증거로 사용할 수 없다.
③ 이적표현물의 내용을 분석하고 이를 기계적으로 복사하여 그 말미에 그대로 첨부한 사법경찰관 작성의 수사보고서는 형사소송법 제315조 제3호에 따라 당연히 증거능력이 인정된다.
④ 사법경찰관이 수사의 경위 및 결과를 내부적으로 보고하기 위하여 작성된 수사보고서 안에 상해의 부위나 정도 등에 해당하는 기재가 있다고 하여도 이 부분은 증거능력이 없다.
⑤ 이적표현물인 첨부 자료가 이적표현물에 해당한다는 취지를 기재한 사법경찰관 작성의 수사보고서는 형사소송법 제313조 제1항에 의하여 증거능력을 판단하여야 한다.

해설

① (○) 대법원 1999. 2. 26, 98도2742. 외국에 거주하는 참고인과의 전화대화 내용을 문답형식으로 기재한 검찰주사보 작성의 수사보고서는 전문증거로서, 결국 제313조의 진술을 기재한 서류에 해당하여야만 제314조의 적용 여부가 문제될 것인바, 제313조가 적용되기 위하여는 그 진술을 기재한 서류에 그 진술자의 서명 또는 날인이 있어야 한다.
② (×) 증거로 사용할 수 있다(대법원 2010. 10. 14, 2010도5610, 2010전도31). 반의사불벌죄에서 피고인 또는 피의자의 처벌을 희망하지 않는다는 의사표시 또는 처벌희망 의사표시 철회의 유무나 그 효력 여부에 관한 사실은 엄격한 증명의 대상이 아니라 증거능력이 없는 증거나 법률이 규정한 증거조사방법을 거치지 아니한 증거에 의한 증명, 이른바 자유로운 증명의 대상이다(대법원 1999. 2. 9, 98도2074 ; 대법원 1999. 5. 14, 99도947 등 참조). 따라서 증거능력이 없는 수사보고서(피해자의 서명날인 없고, 진정성립이 증명되지 아니함)를 처벌희망 의사표시 철회의 효력 여부를 판단하는 증거로 사용한 것 자체는 정당하다.
③ (○) 대법원 1992. 8. 14, 92도1211. 사법경찰관 작성의 새세대 16호에 대한 수사보고서는 피고인이 검찰에서 소지 탐독사실을 인정하고 있는 새세대 16호라는 유인물의 내용을 분석하고, 이를 기계적으로 복사하여 그 말미에 그대로 첨부한 문서로써 그신용성이 담보되어 있어 형사소송법 제315조 제3호 소정의 '기타 특히 신용할만한 정황에 의하여 작성된 문서'에 해당되는 문서로써 당연히 증거능력이 인정된다.
④ (○) 대법원 2001. 5. 29, 2000도2933.
⑤ (○) 대법원 2013. 2. 15, 2010도3504. [답 ②]

◇관련판례◇

(1) 대법원 2001. 5. 29, 2000도2933 : 수사보고서 중 "피고인 甲, 乙 서

로 왼쪽 눈부위에 타박상이 있고, 피고인 甲은 무릎에도 찰과상이 있다"라는 기재 부분은 검찰사건사무규칙 제17조에 의하여 검사가 범죄의 현장 기타 장소에서 실황조사를 한 후 작성하는 실황조서 또는 사법경찰관리집무규칙 제49조 제1항·제2항에 의하여 사법경찰관이 수사상 필요하다고 인정하여 범죄현장 또는 기타 장소에 임하여 실황을 조사할 때 작성하는 실황조사서에 해당하지 아니하며, 단지 수사의 경위 및 결과를 내부적으로 보고하기 위하여 작성된 서류에 불과하므로 그 안에 검증의 결과에 해당하는 기재가 있다고 하여 이를 형사소송법 제312조 제1항의 '검사 또는 사법경찰관이 검증의 결과를 기재한 조서'라고 할 수 없을 뿐만 아니라 이를 형사소송법 제313조 제1항의 '피고인 또는 피고인이 아닌 자가 작성한 진술서나 그 진술을 기재한 서류'라고 할 수도 없고, 형사소송법 제311조, 제315조, 제316조의 적용대상이 되지 아니함이 분명하므로 그 기재 부분은 증거로 할 수 없다.
(2) 대법원 2013. 2. 15, 2010도3504 : 수사보고(기초교양자료집 및 감정서), 수사보고(CD; 현대조선역사, 조선로동당 4, 5차 대회, 주체사상총서 등), 수사보고[CD; 북(조선)의 선군정치와 한(조선)반도의 정세 등], 수사보고(피고인 甲 주거지에서 전국회의 관련 문건 입수)의 경우, 첨부 자료는 그 내용의 진실성을 요증사실로 하는 것이 아니라, 그 자료 자체가 이적표현물에 해당한다는 점 또는 수사기관이 피고인 甲의 주거지에서 입수한 해당 첨부 자료가 전국회의 지부 사무실 등에서 발견된 기존 증거와 동일한 것이라는 점을 증명하기 위한 것으로서, 그와 같은 내용을 담은 자료의 존재 자체가 요증사실인 증거에 해당하고, 위 각 수사보고의 작성자인 경찰관 A가 제1심 공판기일에 증인으로 출석하여 그 성립의 진정에 관하여 진술한 사실이 인정된다.

21. **증거능력에 관한 다음 설명 중 틀린 것은?**

① 검사 작성의 피고인 아닌 자의 진술을 기재한 조서와 사법경찰관 작성의 검증의 결과를 기재한 조서는 그 증거능력 인정요건이 다르다.
② 법원 또는 법관의 검증의 결과를 기재한 조서는 증거능력이 인정된다.
③ 검사 또는 사법경찰관 작성의 검증의 결과를 기재한 조서는 적법한 절차와 방식에 따라 작성된 것으로서 공판준비 또는 공판기일에서의 작성자의 진술에 따라 그 성립의 진정이 증명되어야 증거능력이 있는데, 작성자는 검증조서의 작성자를 의미하고 검증참여자는 포함되지 않는다.
④ 감정의 경과와 결과를 기재한 서류와 사법경찰관 작성의 피고인 아닌 자의 진술을 기재한 조서는 그 증거능력 인정요건이 다르다.

⑤ 사법경찰관이 작성한 검증조서에 기재된 피고인의 진술기재 부분은 성립의 진정이 인정되면 증거능력이 인정된다.

해설

① (○) 검사 작성의 피고인 아닌 자의 진술을 기재한 조서는 제312조 제4항, 검증조서는 제312조 제6항에 의하여 증거능력을 판단하는데, 전자의 인정요건이 더 강화되어 있다.
② (○) 제311조.
③ (○) 대법원 1976. 4. 13, 76도500. 제312조 제6항.
④ (○) 감정조서는 제313조 제2항 · 제1항, 사법경찰관 작성의 피고인 아닌 자의 진술을 기재한 조서는 제312조 제4항에 의하여 증거능력을 판단하는데, 후자의 인정요건이 더 강화되어 있다.
⑤ (×) 대법원 1998. 3. 13, 98도159. 사법경찰관이 작성한 검증조서에는 이 사건 범행에 부합되는 피의자이었던 피고인의 진술기재 부분이 포함되어 있고 또한 범행을 재연하는 사진이 첨부되어 있으나, 기록에 의하면 피고인이 위 검증조서에 대하여 증거로 함에 동의만 하였을 뿐 공판정에서 검증조서에 기재된 진술내용 및 범행을 재연한 부분에 대하여 그 성립의 진정 및 내용을 인정한 흔적을 찾아볼 수 없고 오히려 이를 부인하고 있으므로 그 증거능력을 인정할 수 없다. [답 ⑤]

22. 실황조사서에 관한 다음 설명 중 틀린 것은? (다툼이 있는 경우 판례에 의함)

① 실황조사서는 실황조사의 결과를 기재한 서면인데, 검증과는 달리 형사소송법에는 실황조사의 직접적인 근거규정이 없다.
② 검사가 작성한 실황조사서의 기재가 교통사고현장을 설명하면서 검사의 의견을 기재한 것인 때에는 그것만으로는 피고인이 교통사고를 일으켰다고 인정할 자료가 될 수 없다.
③ 사법경찰관이 작성한 실황조사서에 피의자이던 피고인이 사법경찰관의 면전에서 자백한 범행내용을 현장에 따라 진술, 재연하고 사법경찰관이 그 진술, 재연의 상황을 기재하거나 이를 사진으로 촬영한 것에 대하여 피고인이 공판정에서 그 진술내용 및 범행재연의 상황을 모두 부인하고 있다면 그 실황조사서는 증거능력이 없다.
④ 사법경찰관 작성의 실황조사서를 피고인이 증거로 함에 동의하지 않았으나 원작성자의 공판기일진술에 의하여 그 성립의 진정이 인정되면 유죄 인정의 증거로 채택할 수 있다.
⑤ 심야에 파출소로부터 가해자 · 피해자와 함께 상해사건을 인계받은 사법경찰관이 수사보고서를 작성하면서 '피해자 A의 왼쪽 눈부위에 타박상이 있다'라고 기재한 부분은 실황조사서에 해당한다.

✍ **해설**

① (○) 검사의 실황조사는 검찰사건사무규칙 제17조에, 사법경찰의 실황조사는 검사의 사법경찰관리에 대한 수사지휘 및 사법경찰관리의 수사준칙에 관한 규정 제43조 제1항에 규정되어 있다.
② (○) 대법원 1983. 6. 28, 83도948.
③ (○) 대법원 1984. 5. 29, 84도378.
④ (○) 대법원 1982. 9. 14, 82도1504.
⑤ (×) 대법원 2001. 5. 29, 2000도2933 참조. [답 ⑤]

23. 감정서의 증거능력에 관한 설명 중 옳지 않은 것은? (다툼이 있는 경우 판례에 의함) 〈행시 2002〉

① 감정의 경과와 결과를 기재한 서류인 감정서는 진술서에 준하여 증거능력이 판단된다.
② 수사기관에 의하여 감정을 촉탁받은 자(감정수탁자)가 작성한 감정서는 감정수탁자가 법관 면전에서 성립의 진정을 인정하여도 증거능력이 없다.
③ 사인인 의사가 작성한 진단서는 형사소송법 제313조 제1항이 적용되므로 작성자의 자필이거나 서명 또는 날인이 있고 법관 면전에서 작성자인 의사에 의하여 그 성립의 진정함이 증명된 때에 증거로 할 수 있다.
④ 검사 또는 피고인이 증거로 함에 동의하고 법원이 진정한 것으로 인정하면 증거능력이 있다.
⑤ 감정인이 사망, 질병, 외국거주 기타 사유로 진술할 수 없을 때에는 그 작성이 특히 신빙할 수 있는 상태 하에서 행하여진 때에 한하여 감정서의 증거능력이 인정된다.

✍ **해설**

① (○) 제313조 제2항 · 제1항.
② (×) 수사기관에 의하여 감정을 촉탁받은 자가 작성한 감정서도 감정서에 포함되므로(이재상 · 조균석, § 40/82), 제313조 제2항 · 제1항에 따라 작성자에 진술에 의하여 성립의 진정이 인정되면 증거능력이 있다(제313조 제1항 본문).
③ (○) 대법원 1969. 3. 31, 69도179. 진단서는 감정서가 아니므로 제313조 제1항의 진술서에 해당한다.
④ (○) 제318조 제1항.
⑤ (○) 제314조. [답 ②]

24. **형사소송법 제312조 제6항은 검사 또는 사법경찰관이 검증의 결과를 기재한 조서의, 형사소송법 제313조 제2항은 감정의 경과와 결과를 기재한 서류의 증거능력에 관하여 각 규정하고 있다. 이들 규정과 관련한 다음 설명 중 틀린 것으로 묶인 것은?** (다툼이 있는 경우 판례·통설에 의함).

(가) 수사기관이 임의처분으로 실시하는 검증의 결과를 기재한 서면도 형사소송법 제312조 제6항의 서면에 포함된다. (나) 거짓말탐지기의 검사는 그 기구의 성능, 조작기술 등에 있어 신뢰도가 극히 높다고 인정되고 그 검사자가 적격자이며, 검사를 받는 사람이 검사를 받음에 동의하였으며 검사서가 검사자 자신이 실시한 검사의 방법, 경과 및 그 결과를 충실하게 기재하였다는 등의 전제조건이 증거에 의하여 확인되면 형사소송법 제313조 제2항에 의하여 이를 증거로 할 수 있다. (다) 사법경찰관이 음주호기측정을 한 뒤 그 결과를 기재한 음주운전자적발보고서에 피의자와의 문답사항이 기재되어 있어도 이는 피의자의 주취정도를 판단하기 위한 자료로서 피의자의 상태에 대한 검사, 관찰결과를 기재한 것이므로 음주운전자적발보고서와 일체로 제313조 제1항에 따라 증거능력을 판단한다. (라) 사법경찰관의 실황조사서가 자백한 범행내용을 재현한 상황을 기재한 것 외에 별다른 기재가 없어도 제312조 제6항의 서면에 포함된다. (마) 수사기관의 위촉에 따라 작성된 감정서에는 법원이 명한 감정인이 작성한 서면에 관한 제313조 제2항이 준용된다.

① (가), (나) ② (가), (다) ③ (나), (마)
④ (다), (라) ⑤ (라), (마)

해설

(가) (○) 제312조 제6항의 조서는 수사기관이 영장에 의하거나(제215조), 영장에 의하지 아니하거나(제216조), 피검자의 승낙에 의한 검증의 결과를 기재한 조서를 말한다.
(나) (○) 대법원 1987. 7. 21, 87도968.
(다) (×) 문답기재 부분은 그 형식 여부에 불구하고 사법경찰관 작성의 피의자신문조서와 달리 볼 수 없으므로(대법원 2010. 5. 27, 2010도1755), 음주운전자적발보고서와는 별도로 제312조 제3항에 따라 증거능력을 판단하여야 한다.
(라) (×) 위 실황조사서는 사법경찰관 작성의 피의자신문조서와 달리 볼 수 없으므로, 피고인이 공판정에서 위 실황조사서에 기재된 진술내용 및 범행재연의

상황을 모두 부인하고 있으므로 그 실황조사서는 증거능력이 없다(대법원 1984. 5. 29, 84도378).
(마) (○) 통설이다(이재상 · 조균석, § 40/82). [답 ④]

25. 형사소송법 제315조에 의하여 당연히 증거능력이 있는 서류가 아닌 것은 몇 개인가? (다툼이 있는 경우 판례에 의함)

> (가) 피고인이 인 · 허가업무 추진 과정에서 자기에게 맡겨진 사무를 처리한 사무내역을 그때그때 계속적, 기계적으로 기록한 수첩
> (나) 사립대학 병원 의사가 작성한 상해진단서
> (다) 다른 사건의 공판조서
> (라) 성매매업소 업주가 성매매를 전후하여 영업상 참고하기 위해 고객정보(상대남성들의 아이디와 전화번호, 성매매 방법)을 입력한 메모리카드에 기재된 내용
> (마) 미군 한국교역처 안전보안관이 수사결과 얻은 정보를 기재한 특별주문상품처리 회신

① 1개 ② 2개 ③ 3개 ④ 4개 ⑤ 5개

해설

(가) (○) 대법원 1996. 10. 17, 94도2865(전원합의체).
(나) (×) 사인인 의사의 진단서는 제315조 제2호의 문서에 해당하지 않는다(이재상 · 조균석, §40/86). 그러나 군의관은 공무원이므로 군의관이 작성한 진단서는 제315조 제1호의 문서에 해당한다(대법원 1972. 6. 13, 72도922).
(다) (○) 대법원 1965. 6. 22, 65도372.
(라) (○) 제315조 제2호의 문서이다(대법원 2007. 7. 26, 2007도3219).
(마) (×) 대법원 1979. 9. 25, 79도1852. 외국 수사기관이 수사결과 얻은 정보를 회답한 것으로 제315조 제1호 또는 제3호의 문서에 해당하지 않는다. 그러나 일본 세관직원이 작성한 필로폰에 대한 범칙물건감정서등본, 분석의뢰서, 분석회답서등본은 제315조 제1호의 문서이다(대법원 1984. 2. 28, 83도3145). [답 ②]

◇관련판례◇

대법원 1996. 10. 17, 94도2865(전원합의체) : [다수의견] 상업장부나 항해일지, 진료일지 또는 이와 유사한 금전출납부 등과 같이 범죄사실의 인정 여부와는 관계없이 자기에게 맡겨진 사무를 처리한 사무내역을 그때그때 계속적, 기계적으로 기재한 문서 등의 경우는 사무처리 내역을 증명하기 위하여 존재하는 문서로서 그 존재 자체 및 기재가 그러한 내용의 사무가 처리되었음의 여부를 판단할 수 있는 별개의 독립

된 증거자료라고 할 것이고, 설사 그 문서가 우연히 피고인이 작성하였고, 그 문서의 내용 중 피고인의 범죄사실의 존재를 추론해 낼 수 있는, 즉 공소사실에 일부 부합되는 사실의 기재가 있다고 하더라도 이를 일컬어 피고인이 범죄사실을 자백하는 문서라고 볼 수는 없다 할 것이다.
[반대의견] 수첩의 기재는 피고인이 경험한 사물에 대한 인식을 외부에 글로 표현한 내용이 증거방법으로 사용된다는 점에서 이를 자백으로 봄이 합당하고, 이를 피고인의 자백과는 성질이 다른 독립된 증거라고 볼 수 없고, 따라서 물증 등 다른 증거에 비하면 거짓이나 조작이 개재될 여지가 많은 피고인의 자백만으로 유죄판단을 하지 못하도록 제한하려는 형사소송법 제310조의 입법취지에 비추어 이러한 수첩의 기재 내용만으로는 유죄의 판단을 할 수 없음은 물론 이는 자백에 대한 보강증거도 될 수 없다고 보아야 할 것이다. 피고인이 작성한 수첩의 기재 내용이 형사소송법 제315조에 의하여 증거능력을 가지게 된다는 것과 자백만으로는 유죄판결을 할 수 없다는 형사소송법의 원칙과는 서로 차원을 달리하는 것이다.

26. 전문진술의 증거능력에 대한 설명으로 틀린 것으로만 묶인 것은? (다툼이 있는 경우 판례에 의함)

㈎ 피고인 아닌 자의 공판기일에서의 진술이 피고인의 진술을 그 내용으로 하는 것인 때에는 형사소송법 제316조 제1항의 규정에 따라 그 진술이 특히 신빙할 수 있는 상태 하에서 행하여진 때에는 이를 증거로 할 수 있다.
㈏ 전문진술의 증거능력 인정기준 중의 하나인 '그 진술이 특히 신빙할 수 있는 상태 하에서 행하여진 때'라 함은 그 진술을 하였다는 것에 허위개입의 여지가 거의 없고, 그 진술내용의 신빙성이나 임의성을 담보할 구체적이고 외부적인 정황이 있는 경우를 말한다.
㈐ 형사소송법 제316조 제2항의 말하는 '피고인 아닌 타인'이라 함은 제3자는 말할 것도 없고 공동피고인이나 공범자를 모두 포함한다.
㈑ 피고인이 아닌 자의 진술을 내용으로 하는 피고인 아닌 자의 전문진술을 기재한 조서는 형사소송법 제316조 제2항의 요건만 갖춘 경우에는 증거능력이 있다.
㈒ 피고인의 진술을 내용으로 하는 재전문진술은 형사소송법 제316조 제1항의 요건을 갖추면 증거능력이 있다.

① (가), (나) ② (나), (라) ③ (가), (마)
④ (다), (라) ⑤ (라), (마)

해설

(가) (○) 제316조 제1항.
(나) (○) 대법원 2010. 11. 25, 2010도8735.
(다) (○) 대법원 1984. 11. 27, 84도2279.
(라) (×) 대법원 2004. 3. 11, 2003도171. 전문진술이 기재된 조서는 제312조 또는 제314조의 규정에 의하여 각 그 증거능력이 인정될 수 있는 경우에 해당하여야 함은 물론 나아가 제316조 제2항의 규정에 따른 요건을 갖추어야 예외적으로 증거능력이 있다.
(마) (×) 대법원 2003. 12. 26, 2003도5255. [답 ⑤]

◇관련판례◇

대법원 2003. 12. 26, 2003도5255 : A의 진술 중 공소사실에 부합하는 부분은 "피해자가 피고인들과의 전화통화를 녹음한 내용을 들었다"는 것으로서 이는 재전문진술에 해당한다 할 것인데, 재전문진술은 피고인이 증거로 함에 동의하지 않는 이상 형사소송법 제310조의2의 규정에 의하여 이를 증거로 할 수 없는 것이다(대법원 2000. 3. 10, 2000도159). 나아가 이 사건에 관하여 보건대, 피고인들은 A의 진술과 같은 내용으로 피해자와 전화통화를 한 바 없다고 진술하고 있으므로, A의 진술을 증거로 함에 동의하지 않았다고 보아야 할 것이고, 따라서 전화통화 내용에 관한 A의 진술부분은 증거능력이 없다.

27. **증거능력에 관한 다음 설명 중 옳은 것은?** (다툼이 있는 경우 판례에 의함)

① 甲이 乙로부터 뇌물을 받았다는 혐의로 甲과 乙 모두 기소되어 공동피고인이 된 경우, 乙로부터 뇌물공여사실을 들었다는 丙의 증언은 그 진술이 특히 신빙할 수 있는 상태 하에서 이루어진 것이라 할지라도 甲에 대한 공소사실의 증거로서 증거능력이 없다.
② 성폭력범죄의 처벌 등에 관한 특례법 제30조 제1항에 따라 촬영된 영상물에 수록된 피해자 甲의 진술이 甲에 대한 경찰 진술조서의 내용과 일치한다는 취지의 조사과정에 동석한 피해자의 어머니 乙의 법정진술은 위 조항에 의하여 증거능력이 있다.
③ 甲과 乙이 같이 재물을 절취한 혐의로 각 특수절도죄로 기소되어 공동피고인이 된 경우, 甲의 범행을 인정하는 진술을 한 사법경찰관 작성의 乙에 대한 피의자신문조서에 대하여 甲이 증거로 함에

부동의한 경우, 이를 甲의 범행에 대한 증거로서 증거능력을 인정하기 위해서는 형사소송법 제312조 제4항의 요건을 갖추어야 하고 진정성립을 인정하는 乙의 진술은 증인신문절차에 따라야 한다.

④ 甲과 乙이 서로 싸움을 하였다는 혐의로 각 폭행죄로 기소되어 공동피고인이 된 경우, 甲의 범행을 인정하는 진술을 한 사법경찰관 작성의 乙에 대한 피의자신문조서에 대하여 甲이 증거로 함에 부동의 한 경우, 이를 甲의 범행에 대한 증거로서 증거능력을 인정하기 위해서는 형사소송법 제312조 제4항의 요건을 갖추어야 하지만 乙이 진정성립을 인정하는 진술을 할 때 증인으로서 선서할 필요는 없다.

⑤ 피해자 甲은 피고인 乙이 자신을 강간하면서 약 25시간 감금하였다는 내용으로 사법경찰관 丙에게 진술하여 丙이 적법한 절차와 방식에 따라 작성한 진술조서가 증거로 제출되었는데, 법정에 출석한 乙이 수사기관에서 한 진술을 부인하는 취지로 증언한 경우, 검찰측에서 신청한 증인 丙의 위 진술조서에 기재된 내용과 일치하는 증언은 유죄의 증거로 사용할 수 있다.

해설

① (○) 甲과 乙은 공범인 공동피고인이지만, 서로 제316조 제2항의 피고인이 아닌 자이다. 따라서 乙로부터 뇌물공여사실을 들었다는 丙의 증언은 전문진술로서 제316조 제2항에 의하여 증거능력을 판단하여야 하는데, 원진술자 乙이 제316조 제2항의 진술할 수 없는 사유로 진술할 수 없는 때에 해당하지 않으므로 이는 甲에 대한 공소사실의 증거로서 증거능력이 없다.

② (×) 이는 전문진술로서 제316조 제2항에 따라 증거능력을 판단하여야 한다(대법원 2010. 1. 28, 2009도12048). 성폭력범죄의 처벌 등에 관한 특례법 제30조 제6항의 규정에 의하여 증거능력이 인정될 수 있는 것은 '같은 조 제1항에 의해 촬영된 영상물에 수록된 피해자의 진술' 그 자체일 뿐이고, 위 성폭력범죄의 처벌 등에 관한 특례법 조항에 의해 피해자에 대한 경찰 진술조서나 조사과정에 동석하였던 신뢰관계 있는 자의 공판기일에서의 진술은 그 대상이 되지 않는다.

> 성폭력범죄의 처벌 등에 관한 특례법 제30조【영상물의 촬영 · 보존 등】
> ⑥ 제1항에 따라 촬영한 영상물에 수록된 피해자의 진술은 공판준비기일 또는 공판기일에 피해자나 조사과정에 동석하였던 신뢰관계에 있는 사람 또는 진술조력인의 진술에 의하여 그 성립의 진정함이 인정된 경우에 증거로 할 수 있다.

③ (×) 甲과 乙은 공범인 공동피고인으로서 서로 사법경찰관 작성의 피의자신

문조서의 증거능력은 제312조 제3항의 요건을 갖추어야 하는데, 甲이 乙의 피의자신문조서에 대하여 부동의, 즉 내용을 부인하였으므로 증거능력이 없다.

④ (×) 甲과 乙은 단순 공동피고인으로서 서로 사법경찰관 작성의 피의자신문조서의 증거능력은 제312조 제3항의 요건을 갖추어야 한다. 따라서 甲이 乙의 피의자신문조서를 부동의한 경우, 乙을 증인으로 신문하여 진정성립이 증명된 때에 증거능력이 있다.

⑤ (×) 사례의 경우, 제316조 제2항에 따라 조사자의 증언에 증거능력이 인정되기 위해서는 원진술자가 사망, 질병, 외국거주, 소재불명, 그 밖에 이에 준하는 사유로 인하여 진술할 수 없어야 하는데, 원진술자 乙이 법정에 출석하여 수사기관에서 한 진술을 부인하는 취지로 증언한 이상 원진술자의 진술을 내용으로 하는 조사자의 증언은 증거능력이 없다(대법원 2008. 9. 25, 2008도6985). [답 ①]

28. 피해자 A는 甲으로부터 추행을 당한 뒤, 추행사실을 모친인 B에게 말하였고, B는 성폭력상담소 직원 C에게 A로부터 들은 추행사실을 말하면서 형사고소 등에 관하여 상담을 하였다. 甲의 미성년자의제강제추행사건 공판에서 甲은 증거에 부동의하였고, 증인으로 출석한 A는 이름과 나이 등을 묻는 재판장의 질문에만 대답하였을 뿐, 甲 또는 甲의 가족을 알고 있느냐는 질문에는 모른다고 하거나 대답하기 싫다고 진술하였다. 이때, A의 진술을 내용으로 하는 다음 증거들의 증거능력에 관한 설명 중 틀린 것은? (다툼이 있는 경우 판례에 의함)

① B에 대한 사법경찰관 작성의 진술조서는 형사소송법 제312조 제4항의 요건을 갖추고 A의 진술이 특히 신빙할 수 있는 상태에서 행하여졌음이 증명된 때는 증거능력이 있다.
② B의 공판기일에서의 진술은 A의 진술이 특히 신빙할 수 있는 상태에서 행하여졌음이 증명된 때는 증거능력이 있다.
③ C의 공판기일에서의 진술은 A의 진술이 특히 신빙할 수 있는 상태에서 행하여졌음이 증명된 때는 증거능력이 있다.
④ C에 대한 사법경찰관 작성의 진술조서는 형사소송법 제312조 제4항의 요건을 갖추고 A의 진술이 특히 신빙할 수 있는 상태에서 행하여졌음이 증명된 때에도 증거능력이 없다.
⑤ A를 조사한 경찰관 D의 공판기일에서의 진술은 A의 진술이 특히 신빙할 수 있는 상태 하에서 행하여졌음이 증명된 때는 증거능력이 있다.

해설

① (○) B의 진술은 원진술자인 A로부터 피해사실을 들었다는 것이므로 전문진

술에 해당되고, B에 대한 검사 작성의 진술조서는 전문진술이 기재된 조서로서 재전문증거에 해당한다. 이와 같은 전문진술이 기재된 조서는 제312조 또는 제314조의 규정에 의하여 각 그 증거능력이 인정될 수 있는 경우에 해당하여야 함은 물론 나아가 제316조 제2항의 규정(원진술자의 진술불능사유 존재와 특신상태의 증명)에 따른 요건을 갖추어야 예외적으로 증거능력이 있다(대법원 2000. 3. 10, 2000도159). 본 사례에서 A는 요증사실에 관하여 실질적으로 증언을 거부한 것과 마찬가지이므로 원진술자가 진술할 수 없는 사유에 해당한다(위 판결). 따라서 특신상태만 증명되면 증거능력이 있다.

② (○) B의 공판기일에서의 진술은 전문진술로서 제316조 제2항의 규정에 따른 요건을 갖추면 증거능력이 있다. 따라서 A가 진술할 수 없는 사유에 해당하므로 특신상태만 증명되면 증거능력이 있다(위 판결).

③ (×) C의 공판기일에서의 진술은 B가 A로부터 들은 내용을 B로부터 다시 전해들은 재전문진술에 해당된다. 재전문진술이나 재전문진술을 기재한 조서에 대하여는 형사소송법에서 그 증거능력을 인정하는 규정을 두고 있지 아니하므로, 피고인이 증거로 하는 데 동의하지 아니하는 한 310조의2의 규정에 의하여 이를 증거로 할 수 없다(위 판결).

④ (○) C에 대한 사법경찰관 작성의 진술조서는 재전문진술을 기재한 조서로서 甲이 증거부동의하였으므로 증거능력이 없다.

⑤ (○) 제316조 제2항. 조사경찰관의 진술도 전문진술에 해당한다. [답 ③]

29. 증거에 관한 다음 설명 중 틀린 것은? (다툼이 있는 경우 판례에 의함)

① 범행현장을 찍은 사진 후면에 기재된 사진촬영일자 부분은 전문증거에 해당한다.

② 피해자의 상해부위를 찍은 사진은 비진술증거로서 전문법칙이 적용되지 않는다.

③ 검사가 피의자와 대화하는 내용과 장면을 녹화한 비디오테이프의 녹화내용은 검사 작성 피의자신문조서에 준하여 증거능력을 가려야 한다.

④ 대화당사자인 사인이 상대방 몰래 녹음한 녹음테이프도 인위적 개작없음이 증명된 때에는 진술녹취서에 준하여 증거능력이 인정된다.

⑤ 검증에 참여한 피의자의 범행재연사진은 검증조서와 일체를 이루므로 검증조서의 증거능력 문제로 다루면 된다.

해설

① (○) 대법원 1997. 9. 30, 97도1230.

② (○) 대법원 2007. 7. 26, 2007도3906.

③ (○) 대법원 2007. 10. 25, 2007도6129. 수사기관에서 피의자로 조사하는 과정을 녹화한 비디오테이프, CD 또는 이에 준하는 것들은 실질적으로 피의자의 진술을 기재한 수사기관 작성의 피의자신문조서와 다를 바 없으므로 피의자신문조서

에 준하여 그 증거능력을 가려야 할 것이다(대법원 1992. 6. 23, 92도682 등 참조).
④ (○) 대법원 2006. 10. 12, 2006도4981(대화비밀 침해가 아님) ; 대법원 2008. 7. 10, 2007도10755(사인의 대화녹음의 증거능력).
⑤ (×) 대법원 1998. 3. 13, 98도159. [답 ⑤]

◇관련판례◇

(1) 대법원 2007. 7. 26, 2007도3906 : 공소외인의 상해부위를 촬영한 사진은 비진술증거로서 전문법칙이 적용되지 않으므로, 위 사진이 진술증거임을 전제로 전문법칙이 적용되어야 한다는 취지의 상고이유의 주장은 받아들일 수 없다. 한편, 수사기관이 피고인을 현행범으로 체포한 절차 등에 어떠한 위법이 있다고 하여도, 공소외인의 상해부위를 촬영한 사진은 피고인으로부터 수집한 증거가 아니어서 이를 위법하게 수집한 증거라 할 수 없다.
(2) 대법원 1998. 3. 13, 98도159 : 범행재연사진은 진술을 대신하여 행동으로 진술하는 것을 촬영한 사진이므로 검증조서 등에 기재된 진술의 증거능력 문제로 다루어야 할 것이다. 판례는 "사법경찰관이 작성한 검증조서에는 이 사건 범행에 부합되는 피의자이었던 피고인의 진술기재 부분이 포함되어 있고 또한 범행을 재연하는 사진이 첨부되어 있으나, 기록에 의하면 피고인이 위 검증조서에 대하여 증거로 함에 동의만 하였을 뿐 공판정에서 검증조서에 기재된 진술내용 및 범행을 재연한 부분에 대하여 그 성립의 진정 및 내용을 인정한 흔적을 찾아 볼 수 없고 오히려 이를 부인하고 있으므로 그 증거능력을 인정할 수 없는바, 원심으로서는 위 검증조서 중 이 사건 범행에 부합되는 피고인의 진술을 기재한 부분과 범행을 재연한 부분을 제외한 나머지 부분만을 증거로 채용하여야 함에도 이를 구분하지 아니한 채 그 전부를 유죄의 증거로 인용한 조치는 위법하다"고 한다.

30. **사진의 증거능력에 관한 다음 설명 중 틀린 것은?** (다툼이 있는 경우 판례에 의함)

① 피해자가 피고인으로부터 당한 공갈 등 피해내용을 담아 남동생에게 보낸 문자메시지를 촬영한 사진은 형사소송법 제313조에 규정된 '피해자의 진술서'에 준하여 증거능력을 판단한다.
② 위법한 압수절차에 기초한 2차 증거인 압수품사진은 증거능력이 없다.
③ 범행의 직접수단인 문자정보가 보관된 휴대전화기의 그 문자정보화면을 촬영한 사진은 형사소송법 제312조 제6항 검증조서에 준하여 증거능력을 판단하여야 한다.

④ 무인장비에 의하여 제한속도위반차량의 차량번호 등을 촬영한 사진은 증거능력이 있다.

⑤ 사법경찰관이 외국에서 피고인이 도로 또는 호텔 프런트에서 반국가단체의 구성원과 회합 중이거나 회합하기 직전 또는 직후의 모습을 촬영한 사진은 증거능력이 있다.

해설

① (○) 대법원 2010. 11. 25, 2010도8735.

② (○) 대법원 2010. 7. 22, 2009도14376.

③ (×) 대법원 2008. 11. 13, 2006도2556. 이를 증거로 사용하려면 문자정보가 저장된 휴대전화기를 법정에 제출할 수 없거나 그 제출이 곤란한 사정이 있고, 그 사진의 영상이 휴대전화기의 화면에 표시된 문자정보와 정확하게 같다는 사실이 증명되어야 한다. 한편, 그 문자정보는 범행의 직접적인 수단이고 경험자의 진술에 갈음하는 대체물에 해당하지 아니하므로 제310조의2에서 정한 전문법칙이 적용되지 않는다.

④ (○) 대법원 1999. 12. 7, 98도3329. 무인장비에 의한 제한속도 위반차량 단속은 이러한 수사활동의 일환으로서 도로에서의 위험을 방지하고 교통의 안전과 원활한 소통을 확보하기 위하여 도로교통법령에 따라 정해진 제한속도를 위반하여 차량을 주행하는 범죄가 현재 행하여지고 있고, 그 범죄의 성질 · 태양으로 보아 긴급하게 증거보전을 할 필요가 있는 상태에서 일반적으로 허용되는 한도를 넘지 않는 상당한 방법에 의한 것이라고 판단되므로, 이를 통하여 운전차량의 차량번호 등을 촬영한 사진을 두고 위법하게 수집된 증거로서 증거능력이 없다고 말할 수 없다.

⑤ (○) 대법원 2013. 7. 26, 2013도2511. [답 ③]

31. 녹음테이프의 증거능력에 관한 다음 설명 중 틀린 것은? (다툼이 있는 경우 판례에 의함)

① 피고인 아닌 자와의 대화를 녹음한 테이프에 대하여 검증을 실시한 법원이 작성한 검증조서에 기재된 대화내용이 증거로 사용되는 경우, 형사소송법 제311조에 의해 증거능력이 인정된다.

② 피고인이 복사된 녹음테이프가 편집되었다고 주장하는 경우, 녹음테이프를 검증한 검증조서를 증거로 채택하기 위하여는 원본테이프를 검증한 다음 작성자의 진술 또는 녹음상태 감정 등의 증거조사를 거쳐 그 채택 여부를 결정하여야 한다.

③ 사인이 녹음한 녹음테이프의 검증조서 기재 중 피고인의 진술내용을 증거로 하기 위하여는 형사소송법 제313조 제1항 단서에 따라 공판준비 또는 공판기일에서 그 작성자인 상대방의 진술에 의하여

녹음테이프에 녹음된 피고인의 진술내용이 피고인이 진술한 대로 녹음된 것임이 증명되고, 나아가 그 진술이 특히 신빙할 수 있는 상태 하에서 행하여진 것임이 인정되어야 한다.

④ 피고인과의 대화에 관한 녹취록에 대하여 피고인이 증거부동의한 경우, 녹취록에 그 작성자가 기재되어 있지 않을 뿐만 아니라 원본 녹음테이프가 증거로 제출되지 아니하였다면 녹음자의 증언만으로는 증거능력을 인정할 수 없다.

⑤ 녹음테이프를 증거로 하기 위해서는 서명날인이 필요하지 않다.

해설

① (×) 대법원 2008. 7. 10, 2007도10755.

② (○) 대법원 2005. 12. 23, 2005도2945. 녹음테이프는 그 성질상 작성자나 진술자의 서명 혹은 날인이 없을 뿐만 아니라, 녹음자의 의도나 특정한 기술에 의하여 그 내용이 편집, 조작될 위험성이 있음을 고려하여, 그 대화내용을 녹음한 원본이거나 혹은 원본으로부터 복사한 사본일 경우에는 복사과정에서 편집되는 등의 인위적 개작 없이 원본의 내용 그대로 복사된 사본임이 입증되어야 하기 때문이다. 한편, 판례는 "녹음테이프에 수록된 대화내용이 이를 풀어쓴 녹취록의 기재와 일치한다거나 녹음테이프의 대화 내용이 중단되었다고 볼 만한 사정이 없다는 녹음테이프에 대한 법원의 검증 결과만으로는 위와 같은 증명이 있다고는 할 수 없을 것이다"라고 한다(대법원 2008. 12. 24, 2008도9414; 대법원 2014. 8. 26, 2011도6035).

③ (○) 대법원 2008. 12. 24, 2008도9414.

④ (○) 대법원 2010. 3. 11, 2009도14525.

⑤ (○) 대법원 2005. 12. 23, 2009도2945. [답 ①]

◇관련판례◇

대법원 2008. 7. 10, 2007도10755 : 피고인 아닌 자와의 대화의 내용은 실질적으로 형사소송법 제311조, 제312조 규정 이외의 피고인 아닌 자의 진술을 기재한 서류와 다를 바 없어서, 피고인이 그 녹음테이프를 증거로 할 수 있음에 동의하지 않은 이상 그 녹음테이프 검증조서의 기재 중 피고인 아닌 자의 진술내용을 증거로 사용하기 위해서는 형사소송법 제313조 제1항에 따라 공판준비나 공판기일에서 원진술자의 진술에 의하여 그 녹음테이프에 녹음된 진술내용이 자신이 진술한 대로 녹음된 것이라는 점이 인정되어야 하는 것이지만, 이와는 달리 녹음테이프에 대한 검증의 내용이 그 진술 당시 진술자의 상태 등을 확인하기 위한 것인 경우에는, 녹음테이프에 대한 검증조서의 기재 중 진술내용을 증거로 사용하는 경우에 관한 위 법리는 적용되지 아니하고, 따라서 위 검증조서는 법원의 검증의 결과를 기재한 조서로서 형사소송법 제311조에 의하여 당연히 증거로 할 수 있다.

32. **전자정보의 압수·수색 및 증거능력에 관한 설명 중 옳지 않은 것은?**
(다툼이 있는 경우 판례에 의함) 〈변호사 2015〉

① 전자정보에 대한 압수·수색영장을 집행할 때에는 원칙적으로 혐의사실과 관련된 부분만을 문서 출력물로 수집하거나 수사기관이 휴대한 저장매체에 해당 파일을 복사하는 방식으로 이루어져야 한다.
② 압수·수색영장에 저장매체 자체를 직접 또는 하드카피나 이미징 등 형태로 수사기관 사무실 등 외부로 반출하여 해당 파일을 압수·수색할 수 있도록 기재되어 있지 않더라도, 수사기관이 전자정보의 복사 또는 출력이 불가능하거나 현저히 곤란한 부득이한 사정이 있을 때에는 압수목적물인 저장매체 자체를 수사관서로 반출할 수 있다.
③ 압수된 정보저장매체로부터 출력한 문건을 진술증거로 사용하는 경우, 그 기재 내용의 진실성에 관하여는 전문법칙이 적용되므로 「형사소송법」 제313조 제1항에 따라 증거능력이 결정된다.
④ 검사가 영장을 집행하면서 영장 기재 압수·수색의 장소에서 압수할 전자정보를 용이하게 하드카피·이미징 또는 문서로 출력할 수 있음에도 저장매체 자체를 반출하여 가지고 간 경우, 직무집행지의 관할 법원에 수사기관의 압수처분에 대하여 취소 또는 변경을 청구할 수 있다.
⑤ 수사기관이 피의자 甲의 공직선거법위반 범행을 영장 기재 범죄사실로 하여 발부받은 압수·수색영장의 집행과정에서, 乙과 丙의 대화가 녹음된 녹음파일을 압수하면서 甲의 범행과 무관한 乙과 丙의 공직선거법위반 혐의사실을 발견하였다면, 별도의 압수·수색영장 없이 압수한 위 녹음파일은 乙과 丙의 혐의사실에 대하여는 증거능력이 없다.

해설

①, ③ (○) 대법원 2011. 5. 26, 2009모1190.
② (×) 영장에 기재되어 있어야 한다(대법원 2011. 5. 26, 2009모1190).
④ (○) 제417조(준항고).
⑤ (○) 대법원 2014. 1. 16, 2013도7101. [답 ②]

◇관련판례◇

대법원 2014. 1.16, 2013도7101 : 수사기관이 피의자 甲의 공직선거법

위반 범행을 영장 범죄사실로 하여 발부받은 압수·수색영장의 집행 과정에서 乙, 丙 사이의 대화가 녹음된 녹음파일(이하 '녹음파일'이라 한다)을 압수하여 乙, 丙의 공직선거법 위반 혐의사실을 발견한 사안에서, 압수·수색영장에 기재된 '피의자'인 甲이 녹음파일에 의하여 의심되는 혐의사실과 무관한 이상, 수사기관이 별도의 압수·수색영장을 발부받지 아니한 채 압수한 녹음파일은 형사소송법 제219조에 의하여 수사기관의 압수에 준용되는 형사소송법 제106조 제1항이 규정하는 '피고사건' 내지 같은 법 제215조 제1항이 규정하는 '해당 사건'과 '관계가 있다고 인정할 수 있는 것'에 해당하지 않으며, 이와 같은 압수에는 헌법 제12조 제1항 후문, 제3항 본문이 규정하는 영장주의를 위반한 절차적 위법이 있으므로, 녹음파일은 형사소송법 제308조의2에서 정한 '적법한 절차에 따르지 아니하고 수집한 증거'로서 증거로 쓸 수 없고, 그 절차적 위법은 헌법상 영장주의 내지 적법절차의 실질적 내용을 침해하는 중대한 위법에 해당하여 예외적으로 증거능력을 인정할 수도 없다고 한 사례.

33. 디지털매체의 증거능력에 관한 다음 설명 중 틀린 것은? (다툼이 있는 경우 판례에 의함)

① 압수물인 디지털 저장매체로부터 출력한 문건을 증거로 사용하기 위해서는 디지털 저장매체 원본에 저장된 내용과 출력한 문건의 동일성이 인정되어야 하고, 이를 위해서는 디지털 저장매체 원본이 압수 시부터 문건 출력 시까지 변경되지 않았음이 담보되어야 한다.

② 디지털 녹음기에 내용을 전자적 방법으로 테이프에 전사한 사본인 녹음테이프를 대상으로 법원이 검증절차를 진행하여 녹음된 내용이 녹취록의 기재와 일치하고 그 음성이 진술자의 음성임을 확인하였다면, 그것만으로 녹음테이프의 증거능력을 인정할 수 있다.

③ 법원의 녹음테이프에 대한 검증내용이 피고인 아닌 진술자의 진술내용을 증거로 사용하기 위해서가 아니라 그 진술 당시 진술자의 상태 등을 확인하기 위한 것이라면 그 검증조서는 형사소송법 제311조에 의하여 당연히 그 증거능력이 인정된다.

④ 성매매업소에서 성매매 상대방에 관한 정보를 입력하여 작성한 메모리카드 내용은 당연히 증거능력이 있다.

⑤ 디지털 저장매체로부터 출력된 문건이 진술증거로 사용되는 경우에는 형사소송법 제313조 제1항에 의하여 그 작성자 또는 진술자의

진술에 의하여 그 성립의 진정함이 증명된 때에 한하여 이를 증거로 사용할 수 있다.

해설

① (○) 대법원 2007. 12. 13, 2007도7257.
② (×) 그것만으로 증거능력을 인정할 수 없다(대법원 2008. 12. 24, 2008도9414).
③ (○) 대법원 2008. 7. 10, 2007도10755.
④ (○) 대법원 2007. 7. 26, 2007도3219.
⑤ (○) 대법원 2007. 12. 13, 2007도7257. 전문법칙이 적용되기 때문이다. [답 ②]

34. 甲은 A의 휴대전화에 2003. 12. 18.부터 2004. 1. 18.까지 '나요 만사 다 포기했음, 내 인생도 포기했음, 만신창이 되는 길을 선택합니다, A씨에게 개 취급당했는데 둘 다 불구덩이 속으로 가봅시다, 그 속이 얼마나 뜨거운지 봅시다, 누가 이기나 봅시다' 등의 문자메시지를 보냄으로써 정보통신망을 통하여 공포심이나 불안감을 유발하는 글을 반복적으로 상대방에게 도달하게 하였다는 내용으로 정보통신망이용촉진및정보보호등에관한법률위반(음란물유포등)죄로 공소제기되었다. 이 사안과 관련된 다음의 설명 중 옳지 않은 것은? (다툼이 있는 경우에는 판례에 의함)

〈법전협 모의시험 2012 변형〉

① 검사가 A의 휴대전화기를 법정에 증거로 제출하는 경우, 증거로 사용되는 것은 휴대전화기에 저장된 문자정보이다.
② A의 휴대전화기의 증거능력을 판단함에 있어서는 전문법칙이 적용되지 않는다.
③ 휴대전화기의 화면을 촬영한 사진은 휴대전화기의 문자정보가 존재하고, 그 사진의 영상이 휴대전화기의 화면에 표시된 문자정보와 정확하게 같고, 특히 신용할 만한 정황에 의하여 작성되었다는 사실이 인정되면 형사소송법 제315조 제3호에 의하여 당연히 증거능력이 인정된다.
④ 甲이 A의 휴대전화기를 증거로 사용하는 데 동의하더라도 증거의 진정성은 인정되어야 증거로 할 수 있다.
⑤ 甲이 A의 휴대전화기를 증거로 사용하는 데 동의하지 않는 경우 증거의 진정성이 인정되어야 증거로 사용할 수 있는데, A의 법정진술 외에 검증이나 전문가의 진술 등에 의해서도 이를 인정할 수 있다.

해설

① (○) 대법원 2008. 11. 13, 2006도2556.

② (○) 대법원 2008. 11. 13, 2006도2556. 정보통신망을 통하여 공포심이나 불안감을 유발하는 글을 반복적으로 상대방에게 도달하게 하는 행위를 하였다는 공소사실에 대하여 휴대전화기에 저장된 문자정보가 그 증거가 되는 경우와 같이, 그 문자정보가 범행의 직접적인 수단이 될 뿐 경험자의 진술에 갈음하는 대체물에 해당하지 않는 경우에는 형사소송법 제310조의2에서 정한 전문법칙이 적용될 여지가 없다.

③ (×) 대법원 2008. 11. 13, 2006도2556. 검사는 휴대전화기 이용자가 그 문자정보를 읽을 수 있도록 한 휴대전화기의 화면을 촬영한 사진을 증거로 제출할 수도 있을 것인바, 이를 증거로 사용하기 위해서는 문자정보가 저장된 휴대전화기를 법정에 제출할 수 없거나 그 제출이 곤란한 사정이 있고, 그 사진의 영상이 휴대전화기의 화면에 표시된 문자정보와 정확하게 같다는 사실이 증명되어야 할 것이다(대법원 2002. 10. 22, 2000도5461).

④ (○) 제318조 제1항.

⑤ (○) 증거의 진정성은 다양한 방법으로 입증할 수 있다(전자증거에 대한 대법원 2013. 7. 26, 2013도2511). [답 ③]

◇관련판례◇

대법원 2008. 11. 13, 2006도2556 : 정보통신망을 통하여 공포심이나 불안감을 유발하는 글을 반복적으로 상대방에게 도달하게 하는 행위를 하였다는 공소사실에 대하여 휴대전화기에 저장된 문자정보가 그 증거가 되는 경우와 같이, 그 문자정보가 범행의 직접적인 수단이 될 뿐 경험자의 진술에 갈음하는 대체물에 해당하지 않는 경우에는 형사소송법 제310조의2에서 정한 전문법칙이 적용될 여지가 없다.

35. **전문법칙에 관한 설명 중 옳은 것을 모두 고른 것은?** (다툼이 있는 경우에는 판례에 의함) 〈변호사시험 2014〉

㈎ "甲이 乙을 살해하는 것을 목격했다."라는 丙의 말을 들은 丁이 丙의 진술내용을 증언하는 경우, 甲의 살인 사건에 대하여는 전문증거이지만, 丙의 명예훼손 사건에 대하여는 전문증거가 아니다.

㈏ 사인(私人)이 피고인 아닌 자의 진술을 녹음한 녹음테이프에 대하여 법원이 실시한 검증의 내용이, 녹음테이프에 녹음된 대화내용이 검증조서에 첨부된 녹취서에 기재된 내용과 같다는 것에 불과한 경우, 그 검증조서는 형사소송법 제311조의 '법원의 검증의 결과를 기재한 조서'에 해당하여 그 조서 중 위 진술내용은 위 제311조에 의하여 증거능력이 인정된다.

㈐ 증거보전절차에서 이루어진 甲에 대한 증인신문조서 중 당시 피의

자였던 피고인 乙이 당사자로 참여하여 자신의 범행사실을 시인하는 전제 하에 甲에게 반대신문을 하는 과정에서 乙이 행한 진술기재 부분은, 형사소송법 제184조에 의한 증인신문조서에 해당하므로 형사소송법 제311조에 의하여 증거능력이 인정된다.

(라) 공범자가 당해 피고인과 별개의 공판절차에서 피고인으로서 공동범행에 관하여 한 진술이 기재된 공판조서가 당해 피고인의 공판에서 증거로 제출된 경우 이는 형사소송법 제311조에서 규정한 '법원 또는 법관의 조서'에 해당되지는 않지만, 특히 신용할 만한 정황에 의하여 작성된 문서이므로 그 증거능력이 인정된다.

(마) 감정인이 법원의 명에 의하여 감정을 하고 그 감정결과를 기재한 감정서는 직무상 증명할 수 있는 사항에 관하여 작성한 문서이므로 피고인이 증거로 함에 부동의하더라도 당연히 증거능력이 있다.

① (가) ② (가), (라) ③ (나), (다)
④ (가), (다), (라) ⑤ (가), (라), (마)

해설

(가) (○) 원진술의 내용인 사실이 요증사실인 경우(위 살인사건)에는 전문증거이나, 요증사실의 구성요소를 이루는 경우(위 명예훼손사건)에서는 전문증거가 아니라 본래증거이다.

(나) (×) 이 경우, 피고인 아닌 자의 진술내용을 증거로 사용하기 위해서는 제313조 제1항에 따라 공판준비나 공판기일에서 원진술자의 진술에 의하여 그 녹음테이프에 녹음된 진술내용이 자신이 진술한 대로 녹음된 것이라는 점이 인정되어야 하는 것이지만(대법원 1996. 10. 15, 96도1669; 대법원 1997. 3. 28, 96도2417), 이와는 달리 녹음테이프에 대한 검증의 내용이 그 진술 당시 진술자의 상태 등을 확인하기 위한 것인 경우에는, 녹음테이프에 대한 검증조서의 기재 중 진술내용을 증거로 사용하는 경우에 관한 위 법리는 적용되지 아니하고, 따라서 위 검증조서는 법원의 검증의 결과를 기재한 조서로서 형사소송법 제311조에 의하여 당연히 증거로 할 수 있다(대법원 2008. 7. 10, 2007도1075).

(다) (×) 乙은 증거보전절차에서의 증인이 아니라 당사자로서 반대신문 과정에서 진술한 것이므로, 그 내용이 기재되어 있는 조서는 공판준비 또는 공판기일에 피고인 등의 진술을 기재한 조서도 아니고, 반대신문과정에서 피의자가 한 진술에 관한 한 제184조에 의한 증인신문조서도 아니므로 위 조서 중 피의자의 진술기재부분에 대하여는 제311조에 의한 증거능력을 인정할 수 없다(대법원 1984. 5. 15, 84도508).

(라) (○) 대법원 2005. 4. 28, 2004도4428.

(마) (×) 제313조 제2항. [답 ②]

36. 과학증거에 관한 설명 중 틀린 것은? (다툼이 있는 경우 판례에 의함)

① 음주운전에 있어서 운전 직후 운전자의 혈액 등 표본을 검사하여 혈중알코올농도를 측정할 수 없는 경우라도 위드마크공식을 사용하여 수학적 방법에 따른 결과로 운전 당시의 혈중알코올농도를 추정할 수 있다.

② 거짓말탐지기검사(심리 · 생리검사)의 검사결과는 증거능력이 없다.

③ 적외선 분광광도계에 의한 수지성분 및 접착제류 확인시험 등을 통해 피해자의 손을 묶고 입을 막는데 사용된 접착테이프와 피고인의 집에서 압수된 접착테이프가 동일한 것이라는 감정결과가 나왔더라도 이를 통해 피고인의 집에서 압수된 테이프가 범행에 사용된 것이라고 단정할 수 없다.

④ 모발에서 필로폰 성분이 검출되었다는 감정결과가 있다면, 실험물인 모발이 바뀌었다거나 착오 또는 오류가 있었다는 등의 사정이 없는 한 모발채취 이전의 어느 시점에 필로폰을 투약한 사실이 있다고 인정하여야 한다.

⑤ 문제된 필적을 보면서 유사하게 시필하도록 하여 채취한 필적과 문제된 필적의 동일 여부를 감정한 감정 결과는 감정자료 선정, 채취에 잘못이 있는 객관성을 결여한 감정자료에 의한 감정으로서 증거로 할 수 없다.

해설

① (○) 대법원 2000. 6. 27, 99도128.

② (×) 거짓말탐지기 검사도 일정한 요건을 충족하면 자연적 관련성(사실적 관련성)을 가진 증거로 증거능력을 인정하고 있다(대법원 2005. 5. 26, 2005도130). 거짓말탐지기의 검사 결과에 대하여 사실적 관련성을 가진 증거로서 증거능력을 인정할 수 있으려면, 첫째로 거짓말을 하면 반드시 일정한 심리상태의 변동이 일어나고, 둘째로 그 심리상태의 변동은 반드시 일정한 생리적 반응을 일으키며, 셋째로 그 생리적 반응에 의하여 피검사자의 말이 거짓인지 아닌지가 정확히 판정될 수 있다는 세 가지 전제요건이 충족되어야 할 것이며, 특히 마지막 생리적 반응에 대한 거짓 여부 판정은 거짓말탐지기가 검사에 동의한 피검사자의 생리적 반응을 정확히 측정할 수 있는 장치이어야 하고, 질문사항의 작성과 검사의 기술 및 방법이 합리적이어야 하며, 검사자가 탐지기의 측정내용을 객관성 있고 정확하게 판독할 능력을 갖춘 경우라야만 그 정확성을 확보할 수 있는 것이므로, 이상과 같은 여러 가지 요건이 충족되지 않는 한 거짓말탐지기 검사결과에 대하여 형사소송법상 증거능력을 부여할 수는 없다.

③ (○) 대법원 1996. 7. 26, 96도1144.

④ (○) 대법원 2008. 2. 14, 2007도10937.
⑤ (○) 대법원 1976. 11. 23, 76도2938. [답 ①]

제 6 절 당사자의 동의와 증거능력

01. 증거동의에 관한 다음 설명 중 옳은 것은? (다툼이 있는 경우 판례에 의함)
〈법무부 모의시험 2011〉

① 피고인이 증거로 할 수 있음에 동의하는 의사표시를 하였더라도 증거조사가 완료되기 전까지는 이를 취소하거나 철회할 수 있다.
② 제1심 재판에서 증거동의를 하였기 때문에 무죄인 사건을 유죄로 잘못 선고한 것이라고 주장하면서 항소를 한 경우에는 항소심에서 제1심 재판에서의 증거동의를 철회할 수 있다.
③ 피고인 또는 변호인이 제출하는 서류나 물건에 대하여 검사가 증거동의를 할 수는 없으며, 이 경우 법원이 증거능력 인정 여부를 직권으로 판단한다.
④ 검찰서기가 아닌 군사법경찰관이 참여한 검찰관 작성의 검증조서는 그 형식적 참여자에 흠결이 있으므로 피고인이 증거로 함에 동의하였다고 하더라도 증거능력이 있다고 할 수 없다.
⑤ '검사가 제출한 모든 증거에 대하여 증거로 함에 동의한다'는 방식으로 이루어진 증거동의는 포괄적 동의에 해당하여 증거동의로서의 효력을 인정할 수 없다.

해설

① (○) 증거동의는 절차형성행위이므로 절차의 안정성을 해하지 아니하는 범위에서 철회가 허용되는데, 그 시한에 대해서는 증거조사 시행 전까지 가능하다는 견해, 증거조사 완료 전까지 가능하다는 견해 그리고 구두변론 종결 시까지 가능하다는 견해가 대립한다. 다수설과 판례(대법원 2007. 7. 26, 2007도3906)는 증거조사 완료 전까지 가능하다고 한다.
② (×) 대법원 1999. 8. 20, 99도2029. 제318조에 규정된 증거동의의 의사표시는 증거조사가 완료되기 전까지 취소 또는 철회할 수 있으나, 일단 증거조사가 완료된 뒤에는 취소 또는 철회가 인정되지 아니하므로 제1심에서 한 증거동의를 제2심에서 취소할 수 없고, 일단 증거조사가 종료된 후에 증거동의의 의사표시를 취소 또는 철회하더라도 취소 또는 철회 이전에 이미 취득한 증거능력이 상실되지 않는다.
③ (×) 동의의 주체는 당사자, 즉 검사와 피고인이다(제318조 제1항).

④ (×) 대법원 1994.11.8, 94도1943. 그 형식적 참여자에 흠결이 있다 하더라도 피고인이 제1심법정에서 증거로 함에 동의한 이상 증거능력은 있다고 보아야 한다.
⑤ (×) 대법원 1983. 3. 8, 82도2873. 개개의 증거에 대하여 개별적인 증거조사방식을 거치지 아니하고 검사가 제시한 모든 증거에 대하여 피고인이 증거로 함에 동의한다는 방식으로 이루어진 것이라 하여도 증거동의로서의 효력을 부정할 이유가 되지 못한다. [답 ①]

02. 증거동의에 대한 설명 중 옳은 것을 모두 고르면? (다툼이 있는 경우 다수설 · 판례에 의함)

> ㈎ 증거동의는 전문증거금지의 원칙에 대한 예외로서 반대신문권을 포기하겠다는 피고인의 의사표시에 의하여 서류 또는 물건의 증거능력을 부여하는 제도이다.
> ㈏ 증거동의의 효력은 공판절차의 갱신이 있는 경우에도 유효하다.
> ㈐ 조서의 일부에 대한 증거동의는 허용되지 않는다.
> ㈑ 증거조사 후에 동의가 있는 때에도 그 하자가 치유되어 증거능력이 소급하여 인정된다.

① ㈎ ② ㈏, ㈐ ③ ㈐, ㈑
④ ㈎, ㈏, ㈑ ⑤ ㈎, ㈏, ㈐, ㈑

해설

㈎ (○) 대법원 1983. 3. 8, 82도2873. 제318조 제1항은 전문증거금지의 원칙에 대한 예외로서 반대신문권을 포기하겠다는 피고인의 의사표시에 의하여 서류 또는 물건의 증거능력을 부여하려는 규정이므로 피고인의 의사표시가 위와 같은 내용을 적극적으로 표시하는 것이라고 인정되는 경우이면 증거동의로서의 효력이 있다.
㈏ (○) 대법원 1991. 1. 11, 90도2525. 사법경찰관 및 검사 작성의 갑에 대한 각 피의자신문조서는 제1심 공판기일에서 피고인이 증거로 함에 동의하였다면 제2심 공판기일에서 피고인이 이를 번복하여 증거로 함에 부동의하였더라도 이미 적법하게 부여된 위 조서들의 증거능력이 상실되지는 않는다.
㈐ (×) 피고인들이 제1심 법정에서 경찰의 검증조서 가운데 범행부분만 부동의하고 현장상황 부분에 대해서는 모두 증거로 함에 동의하였다면, 위 검증조서 중 범행상황 부분만을 증거로 채용한 제1심 판결에 잘못이 없다(대법원 1990. 7. 24, 90도1303). 즉, 증거의 내용이 가분인 경우에는 일부에 대한 동의도 가능하다.
㈑ (○) 증거능력 없는 증거에 대한 조사는 허용되지 않기 때문에 증거동의는 증거조사 전에 하는 것이 원칙이지만 증거조사 후에 동의가 있는 때에도 그 하자가 치유되어 증거능력이 소급하여 인정된다는 것이 통설이다. 이 경우 증거조사 후의 동의는 변론종결 시까지 가능하다고 할 것이다. [답 ④]

03. 당사자의 동의와 증거능력에 관한 설명 중 틀린 것은? (다툼이 있는 경우 판례에 의함)

① 전문법칙과 관계없이 증거능력이 부정되는 증거는 비록 당사자의 동의가 있더라도 증거로 할 수 없다.

② 피고인이 신청한 증인의 증언이 전문진술인 경우 피고인이 그 증언에 대하여 별 의견이 없다고 진술하였다면 그 증언을 증거로 함에 동의한 것으로 볼 수 없으므로 그 증언은 증거능력이 없다.

③ 녹음테이프를 풀어 쓴 녹취록에 대하여 피고인이 증거로 함에 부동의한 경우 녹음자의 증언만으로 그 녹취록을 증거로 사용할 수 없다.

④ 유죄의 자료가 되는 것으로 제출된 증거의 반대증거 서류에 대하여는 그것이 유죄사실을 인정하는 증거가 되는 것이 아닌 이상 상대방의 동의가 없다고 하더라도 증거판단의 자료로 할 수 있다.

⑤ 위법한 강제연행 상태에서 호흡측정 방법에 의한 음주측정을 한 다음 강제연행 상태로부터 시간적·장소적으로 단절되었다고 볼 수도 없고 피의자의 심적 상태 또한 강제연행 상태로부터 완전히 벗어났다고 볼 수 없는 상황에서 피의자가 호흡측정 결과에 대한 탄핵을 하기 위하여 스스로 혈액채취 방법에 의한 측정을 할 것을 요구하여 혈액채취가 이루어진 경우 그러한 혈액채취에 의한 측정 결과를 증거로 함에 피고인이나 변호인이 동의하였다고 하여도 이를 유죄 인정의 증거로 쓸 수 없다.

해설

① (○) 동의에 의해 증거능력이 인정되는 증거는 반대신문권의 보장과 관련된 증거이어야 하므로, 임의성 없는 자백(제309조)이나 위법수집증거(제308조의2)와 같이 전문법칙과 무관하게 증거능력이 부정되는 증거는 당사자의 동의가 있더라도 증거로 할 수 없다(통설 및 대법원 2009. 12. 24, 2009도11401).

② (×) 대법원 1983. 9. 27, 83도516. 피고인이 신청한 증인의 증언이 전문진술이라고 하더라도 피고인이 그 증언에 대하여 별 의견이 없다고 진술하였다면 그 증언을 증거로 함에 동의한 것으로 볼 수 있으므로 이는 증거능력이 있다.

③ (○) 대법원 2010. 3. 11, 2009도14525. 피고인과 甲·乙의 대화에 관한 녹취록은 피고인의 진술에 관한 전문증거인데 피고인이 위 녹취록에 대하여 부동의한 경우, 乙이 위 대화를 자신이 녹음하였고 녹취록의 내용이 다 맞다고 법정에서 진술하였다 하더라도, 녹취록에 그 작성자가 기재되어 있지 않을 뿐만 아니라 검사 역시 녹취록 작성의 토대가 된 위 대화내용을 녹음한 원본 녹음테이프 등을 증거로 제출하지도 아니하는 등 제313조 제1항에 따라 위 녹취록의 진정성립을 인정할 수 있는 요건이 전혀 갖추어지지 아니한 이상, 그 녹취록의

기재는 증거능력이 없어 이를 증거로 사용할 수 없다.

④ (○) 대법원 1974. 8. 30, 74도1687 ; 대법원 1981. 12. 22, 80도1547. 이에 대하여 반증은 증거능력 있는 증거에 의할 것을 요하므로 동의의 대상이 된다는 반대견해도 있다.

⑤ (○) 대법원 2013. 3. 14, 2010도2094. 피의자가 요구하여 혈액채취가 이루어졌다고 하더라도 그 사이에 위법한 체포 상태에 의한 영향이 완전하게 배제되고 피의자의 의사결정의 자유가 확실하게 보장되었다고 볼 만한 다른 사정이 개입되지 않은 이상 불법체포와 증거수집 사이의 인과관계가 단절된 것으로 볼 수는 없고, 따라서 그러한 혈액채취에 의한 측정 결과 역시 유죄 인정의 증거로 쓸 수 없다고 보아야 하며, 이는 수사기관이 위법한 체포 상태를 이용하여 증거를 수집하는 등의 행위를 효과적으로 억지하기 위한 것이므로, 피고인이나 변호인이 이를 증거로 함에 동의하였다고 하여도 달리 볼 것은 아니다. [답 ②]

04. 증거동의에 관한 다음 설명 중 틀린 것은? (다툼이 있는 경우 판례에 의함)

① 형사소송법 제218조를 위반하여 소유자, 소지자 또는 보관자가 아닌 자로부터 제출받은 물건을 영장 없이 압수한 경우 그 '압수물' 및 '압수물을 찍은 사진'은 이를 유죄 인정의 증거로 사용할 수 없고, 피고인이나 변호인이 이를 증거로 함에 동의하였다고 하더라도 달리 볼 것은 아니다.

② 피고인이 출석한 공판기일에서 증거로 함에 부동의한다는 의견이 진술된 경우에는 그 후 피고인이 출석하지 아니한 공판기일에 변호인만이 출석하여 종전 의견을 번복하여 증거로 함에 동의하였다 하더라도 이는 특별한 사정이 없는 한 효력이 없다고 보아야 한다.

③ 수사기관이 甲으로부터 피고인의 마약류관리에 관한 법률 위반(향정) 범행에 대한 진술을 듣고 추가적인 증거를 확보할 목적으로, 구속수감되어 있던 甲에게 그의 압수된 휴대전화를 제공하여 피고인과 통화하고 위 범행에 관한 통화내용을 녹음하게 한 경우 그 녹음 자체는 물론 이를 근거로 작성된 녹취록 첨부 수사보고는 원칙적으로 증거능력이 없으나, 피고인의 증거동의가 있는 때에는 유죄의 증거로 사용할 수 있다.

④ 수사기관이 법원으로부터 영장 또는 감정처분허가장을 발부받지 아니한 채 피의자의 동의 없이 피의자의 신체로부터 혈액을 채취하고 사후적으로도 지체 없이 이에 대한 영장을 발부받지도 아니한 채 강제 채혈한 피의자의 혈액 중 알코올농도에 관한 감정이 이루어졌다면, 이러한 감정결과보고서 등은 피고인이나 변호인의 증거동의가

있다고 하더라도 유죄의 증거로 사용할 수 없다.

⑤ 피고인이 공소사실 및 이를 뒷받침하는 수사기관이 원진술자의 진술을 기재한 조서내용을 부인하였음에도 불구하고, 원진술자의 법정출석과 피고인에 의한 반대신문이 이루어지지 못하였다면, 이를 주된 증거로 하여 공소사실을 인정하는 것은 원칙적으로 허용될 수 없으며, 수사기관의 조서를 증거로 함에 피고인이 동의한 경우에도 마찬가지이다.

해설

① (○) 대법원 2010. 1. 28, 2009도10092.

② (○) 대법원 2013. 3. 28, 2013도3. 형사소송법 제318조에 규정된 증거동의의 주체는 소송 주체인 검사와 피고인이고, 변호인은 피고인을 대리하여 증거동의에 관한 의견을 낼 수 있을 뿐이므로 피고인의 명시한 의사에 반하여 증거로 함에 동의할 수는 없다.

③ (×) 대법원 2010. 10. 14, 2010도9016. 불법감청에 해당하므로, 그 녹음 자체는 물론 이를 근거로 작성된 녹취록 첨부 수사보고는 피고인의 증거동의에 상관없이 그 증거능력이 없다.

④ (○) 대법원 2011. 4. 28, 2009도2109. 이러한 감정결과보고서 등은 형사소송법상 영장주의 원칙을 위반하여 수집되거나 그에 기초한 증거로서 그 절차위반행위가 적법절차의 실질적인 내용을 침해하는 정도에 해당하고, 이러한 증거는 피고인이나 변호인의 증거동의가 있다고 하더라도 유죄의 증거로 사용할 수 없다.

⑤ (○) 대법원 2006. 12. 8, 2005도9730. 피고인이 공소사실 및 이를 뒷받침하는 수사기관이 원진술자의 진술을 기재한 조서 내용을 부인하였음에도 불구하고, 원진술자의 법정 출석과 피고인에 의한 반대신문이 이루어지지 못하였다면, 그 조서에 기재된 진술이 직접 경험한 사실을 구체적인 경위와 정황의 세세한 부분까지 정확하고 상세하게 묘사하고 있어 구태여 반대신문을 거치지 않더라도 진술의 정확한 취지를 명확히 인식할 수 있고 그 내용이 경험칙에 부합하는 등 신빙성에 의문이 없어 조서의 형식과 내용에 비추어 강한 증명력을 인정할 만한 특별한 사정이 있거나, 그 조서에 기재된 진술의 신빙성과 증명력을 뒷받침할 만한 다른 유력한 증거가 따로 존재하는 등의 예외적인 경우가 아닌 이상, 그 조서는 진정한 증거가치를 가진 것으로 인정받을 수 없는 것이어서 이를 주된 증거로 하여 공소사실을 인정하는 것은 원칙적으로 허용될 수 없다. 이는 원진술자의 사망이나 질병 등으로 인하여 원진술자의 법정 출석 및 반대신문이 이루어지지 못한 경우는 물론 수사기관의 조서를 증거로 함에 피고인이 동의한 경우에도 마찬가지이다. [답 ③]

05. 증거동의에 관한 설명 중 옳지 않은 것은? (다툼이 있는 경우 판례에 의함)

〈변호사 2012〉

① 약식명령에 불복하여 정식재판을 청구한 피고인이 정식재판절차에

서 2회 불출정하여 법원이 피고인의 출정 없이 증거조사를 하는 경우에 증거동의가 간주된다.

② 제1심에서 증거동의 간주 후 증거조사를 완료한 이상, 항소심에 출석하여 그 증거동의를 철회 또는 취소한다는 의사표시를 하더라도 그 증거능력이 상실되지 않는다.

③ 긴급체포를 할 당시 물건을 압수하였는데 그 후 압수수색영장을 발부받지 않았음에도 즉시 반환하지 않은 경우 피고인이나 변호인이 이를 증거로 함에 동의하더라도 증거능력은 인정되지 않는다.

④ 증거동의의 주체는 검사와 피고인이므로, 변호인의 경우 피고인의 명시적인 위임이 없는 한 피고인을 대리하여 증거로 함에 동의할 수 없다.

⑤ 검사와 피고인이 증거로 할 수 있음에 동의한 서류라고 하더라도 법원이 진정한 것으로 인정한 때에 증거로 할 수 있다.

해설

① (○) 제458조 제2항, 제365조. 대법원 2010.7.15, 2007도5776.

② (○) 대법원 2010.7.15, 2007도5776. 약식명령에 불복하여 정식재판을 청구한 피고인이 정식재판절차의 제1심에서 2회 불출정하여 형사소송법 제318조 제2항에 따른 증거동의가 간주된 후 증거조사를 완료한 이상, 간주의 대상인 증거동의는 증거조사가 완료되기 전까지 철회 또는 취소할 수 있으나 일단 증거조사를 완료한 뒤에는 취소 또는 철회가 인정되지 아니하는 점, 증거동의 간주가 피고인의 진의와는 관계없이 이루어지는 점 등에 비추어, 비록 피고인이 항소심에 출석하여 공소사실을 부인하면서 간주된 증거동의를 철회 또는 취소한다는 의사표시를 하더라도 그로 인하여 적법하게 부여된 증거능력이 상실되는 것이 아니다.

③ (○) 대법원 2009.12.24, 2009도11401. 형사소송법 제217조 제2항 · 제3항에 위반하여 압수수색영장을 청구하여 이를 발부받지 아니하고도 즉시 반환하지 아니한 압수물은 이를 유죄 인정의 증거로 사용할 수 없는 것이고, 헌법과 형사소송법이 선언한 영장주의의 중요성에 비추어 볼 때 피고인이나 변호인이 이를 증거로 함에 동의하였다고 하더라도 달리 볼 것은 아니다.

④ (×) 대법원 2005.4.28, 2004도4428. 증거로 함에 대한 동의의 주체는 소송주체인 당사자라 할 것이지만 변호인은 피고인의 명시한 의사에 반하지 아니하는 한 피고인을 대리하여 증거로 함에 동의할 수 있으므로 피고인이 증거로 함에 동의하지 아니한다고 명시적인 의사표시를 한 경우 이외에는 변호인은 서류나 물건에 대하여 증거로 함에 동의할 수 있고, 이 경우 변호인의 동의에 대하여 피고인이 즉시 이의하지 아니하는 경우에는 변호인의 동의로 증거능력이 인정되어 증거조사 완료 전까지 그 동의가 취소 또는 철회하지 아니한 이상 일단 부여된 증거능력은 그대로 존속한다.

⑤ (○) 제318조 제1항. [답 ④]

06. 당사자의 동의와 증거능력에 관한 설명 중 옳은 것(○)과 옳지 않은 것(×)을 올바르게 조합한 것은? (다툼이 있는 경우 판례에 의함) 〈변호사 2013〉

㈎ 전문법칙에 의하여 증거능력이 없는 증거라고 할지라도 당사자가 동의하고 법원이 진정한 것으로 인정한 경우에는 증거능력이 있다. ㈏ 진술에 임의성이 인정되지 않아 증거능력이 없는 증거라고 할지라도 당사자가 동의하고 법원이 진정한 것으로 인정한 경우에는 증거능력이 있다. ㈐ 피고인이 재판장의 허가 없이 퇴정하고 변호인도 이에 동조하여 퇴정해 버린 상태에서 증거조사를 할 수밖에 없는 경우에는 피고인의 진의와는 관계없이 증거에 대하여 피고인의 동의가 있는 것으로 간주된다.

① ㈎(×), ㈏(×), ㈐(×) ② ㈎(○), ㈏(○), ㈐(○)
③ ㈎(×), ㈏(×), ㈐(○) ④ ㈎(○), ㈏(○), ㈐(×)
⑤ ㈎(○), ㈏(×), ㈐(○)

해설

㈎ (○) 제318조 제1항.
㈏ (×) 대법원 2006. 11. 23, 2004도7900. 기록상 진술증거의 임의성에 관하여 의심할 만한 사정이 나타나 있는 경우에는 법원은 직권으로 그 임의성 여부에 관하여 조사를 하여야 하고, 임의성이 인정되지 아니하여 증거능력이 없는 진술증거는 피고인이 증거로 함에 동의하더라도 증거로 삼을 수 없다.
㈐ (○) 대법원 1991. 6. 28, 91도865. 필요적 변호사건이라 하여도 피고인이 재판거부의 의사를 표시하고 재판장의 허가 없이 퇴정하고 변호인마저 이에 동조하여 퇴정해 버린 것은 모두 피고인측의 방어권의 남용 내지 변호권의 포기로 볼 수밖에 없는 것이므로 수소법원으로서는 형사소송법 제330조에 의하여 피고인이나 변호인의 재정 없이도 심리판결 할 수 있다. 또한 이와 같이 피고인과 변호인이 출석하지 않은 상태에서 증거조사를 할 수밖에 없는 경우에는 형사소송법 제318조 제2항의 규정상 피고인의 진의와는 관계없이 형사소송법 제318조 제1항의 동의가 있는 것으로 간주하게 되어 있다. [답 ⑤]

제7절 탄핵증거

01. 탄핵증거에 관한 설명 중 틀린 것을 모두 고르면? (다툼이 있는 경우 다수설·판례에 의함)

> (가) 증인의 진술은 물론 피고인의 진술도 탄핵의 대상이 되며, 탄핵증거는 증명력을 감쇄하는 경우뿐만 아니라 감쇄된 증명력을 회복하기 위한 경우도 이에 포함된다.
> (나) 탄핵증거에 관하여는 성립의 진정을 요하지 않는다.
> (다) 탄핵증거는 엄격한 증거조사를 거칠 필요는 없으므로 탄핵증거로서의 증거조사도 필요하지 않다.
> (라) 탄핵증거의 제출에 있어서는 상대방에게 이에 대한 공격방어의 수단을 강구할 기회를 사전에 부여하여야 하는 것은 아니다.
> (마) 서증들이 증거목록에 기재되지 않았고 증거결정이 있지 아니하였다 하더라도 공판과정에서 그 입증취지가 구체적으로 명시되고 제시까지 된 이상 서증들에 대하여 탄핵증거로서의 증거조사는 이루어졌다고 보아야 할 것이다.

① (가), (다)　② (나), (라)　③ (다), (라)
④ (나), (다), (마)　⑤ (다), (라), (마)

해설

(가) (○) 제318조의2. 다수설은 감쇄된 증명력을 회복하기 위한 증거도 탄핵증거에 포함된다고 한다.
(나) (○) 대법원 1981. 12. 22, 80도1547; 대법원 1996. 1. 26, 95도1333.
(다) (×) 대법원 1998. 2. 27, 97도1770 ; 대법원 2005. 8. 19, 2005도2617. 탄핵증거는 범죄사실을 인정하는 증거가 아니므로 엄격한 증거조사를 거칠 필요가 없음은 제318조의2의 규정에 따라 명백하나 법정에서 이에 대한 탄핵증거로서의 증거조사는 필요하다.
(라) (×) 대법원 2005. 8. 19, 2005도2617. 증거신청의 방식에 관하여 규정한 규칙 제132조 제1항의 취지에 비추어 보면 탄핵증거의 제출에 있어서도 상대방에게 이에 대한 공격방어의 수단을 강구할 기회를 사전에 부여하여야 한다는 점에서 그 증거와 증명하고자 하는 사실과의 관계 및 입증취지 등을 미리 구체적으로 명시하여야 할 것이므로, 증명력을 다투고자 하는 증거의 어느 부분에 의하여 진술의 어느 부분을 다투려고 한다는 것을 사전에 상대방에게 알려야 한다.
(마) (○) 대법원 2006. 5. 26, 2005도6271. [답 ③]

02. 탄핵증거와 관련하여 옳은 것은? (다툼이 있는 경우 다수설 · 판례에 의함)

① 피고인의 부인진술을 탄핵하기 위하여 검사가 신청한 증거는 탄핵증거로 볼 수 없다.

② 피고인이 내용을 부인하여 증거능력이 없는 사법경찰리 작성의 피의자신문조서가 당초 증거제출 당시 탄핵증거라는 입증취지를 명시하지 아니하였다면 탄핵증거로서의 증거조사절차가 대부분 이루어졌더라도 피의자신문조서를 피고인의 법정진술에 대한 탄핵증거로 사용할 수 없다.

③ 자백배제법칙(형사소송법 제309조)에 의하여 임의성이 없어 증거능력이 없는 자백이라도 탄핵증거로는 사용할 수 있다.

④ 피고인의 진술을 기록한 영상녹화물은 공판준비 또는 공판기일에서의 피고인의 진술의 증명력을 다투기 위한 증거로 할 수 있다.

⑤ 사법경찰리 작성의 피고인에 대한 피의자신문조서와 피고인이 작성한 자술서에 대하여 피고인이 각 그 내용을 부인하는 이상 증거능력이 없으며, 그러한 증거는 임의로 작성된 것이 아니라고 의심할 만한 사정이 없더라도 피고인의 법정에서의 진술을 탄핵하기 위한 반대증거로 사용할 수 없다.

해설

① (○) 대법원 2012. 10. 25, 2011도5459. 검사가 탄핵증거로 신청한 체포 · 구속인접견부 사본은 피고인의 부인진술을 탄핵한다는 것이므로 결국 검사에게 입증책임이 있는 공소사실 자체를 입증하기 위한 것에 불과하므로 형사소송법 제318조의2 제1항 소정의 피고인의 진술의 증명력을 다투기 위한 탄핵증거로 볼 수 없다.

② (×) 탄핵증거로서의 증거조사절차가 대부분 이루어졌다고 볼 수 있는 점에 비추어 피의자신문조서를 탄핵증거로 사용할 수 있다(대법원 2005. 8. 19, 2005도2617).

③ (×) 통설과 판례(대법원 2005. 8. 19, 2005도2617)는 임의성 없는 자백은 탄핵증거로 사용할 수 없다고 한다.

④ (×) 기억을 환기시켜야 할 필요가 있다고 인정되는 때에 한하여 재생하여 시청하게 할 수 있다(제318조의2 제2항).

⑤ (×) 대법원 1998. 2. 27, 97도1770. 사법경찰리 작성의 피고인에 대한 피의자신문조서와 피고인이 작성한 자술서들은 모두 검사가 유죄의 자료로 제출한 증거들로서 피고인이 각 그 내용을 부인하는 이상 증거능력이 없으나 그러한 증거라 하더라도 그것이 임의로 작성된 것이 아니라고 의심할 만한 사정이 없는 한 피고인의 법정에서의 진술을 탄핵하기 위한 반대증거로 사용할 수 있다.

[답 ①]

제 8 절 자백과 보강증거

01. 자백과 보강증거에 관한 설명으로 틀린 것은? (다툼이 있는 경우 판례에 의함)

① 피의자로서 수사기관에서 한 자백이나 사인에게 한 자백도 후에 피고인이 된 경우에는 피고인의 자백에 해당한다.
② 구두에 의한 자백뿐만 아니라 메모나 일기에 기재된 진술도 피고인의 자백에 포함된다.
③ 자백의 보강법칙은 약식명령사건이나 소년보호사건에는 적용되지 않는다.
④ 직접증거가 아닌 간접증거나 정황증거도 보강증거가 될 수 있다.
⑤ 자백보강법칙은 자유심증주의의 예외가 된다.

해설

① (○) 통설과 판례(대법원 1966. 7. 26, 66도634(전원합의체))이다.
② (○) 통설이다.
③ (×) 자백보강법칙은 일반 형사소송절차에서 적용되므로 간이공판절차나 약식명령절차에도 적용되지만, 일반 형사소송절차가 아닌 즉결심판절차(즉결심판에 관한 절차법 제10조)나 소년보호사건(대법원 1982. 10. 15, 82모36)에는 적용되지 않는다.
④ (○) 대법원 1997. 4. 11, 97도470 ; 대법원 1998. 3. 13, 98도159.
⑤ (○) 자백만으로 유죄의 심증을 얻었더라도 보강증거가 없는 한 유죄판결을 선고할 수 없으므로 자백보강법칙은 자유심증주의의 예외가 된다. [답 ③]

02. 자백의 보강법칙에 관한 판례의 입장과 일치하지 않는 것은?

〈법무부 모의시험 2010 변형〉

① 공판정에서 행한 피고인의 자백에 대해서도 보강법칙이 적용된다.
② 전문증거는 전문법칙의 예외규정에 의하지 아니하고는 보강증거가 될 수 없다.
③ 피고인을 현행범으로 체포한 피해자의 수사기관에서의 진술과 현장사진이 첨부된 수사보고서는 피고인 자백에 대한 보강증거가 될 수 없다.
④ 경합범은 수죄이므로 개개범죄에 관해 각각 보강증거가 필요하다.
⑤ 피고인이 뇌물공여 혐의를 받기 이전에 뇌물자금과 기타 자금을 구분하지 아니하고 기재한 수첩의 기재내용은 자백이 아니므로 피고인의 수사기관에서의 자백에 대한 보강증거가 될 수 있다.

해설

① (○) 대법원 1981. 7. 7, 81도1314. 피고인의 법정 및 검찰이나 경찰에서의 자백은 제310조에서 규정하는 자백의 개념에 포함되어 그 자백만으로는 유죄의 증거로 삼을 수 없는 것이다.
② (○) 대법원 1971. 5. 31, 71도415. 즉 보강증거도 증거능력이 있는 증거이어야 한다.
③ (×) 대법원 2011. 9. 29, 2011도8015. 피고인이 갑과 합동하여 을의 재물을 절취하려다가 미수에 그쳤다는 내용의 공소사실을 자백한 사안에서, 피고인을 현행범으로 체포한 을의 수사기관에서의 진술과 현장사진이 첨부된 수사보고서가 피고인 자백의 진실성을 담보하기에 충분한 보강증거가 된다고 한 사례.
④ (○) 대법원 2008. 2. 14, 2007도10937. 실체적 경합범은 실질적으로 수죄이므로 각 범죄사실에 관하여 자백에 대한 보강증거가 있어야 한다.
⑤ (○) 대법원 1996. 10. 17, 94도2865(전원합의체). ① 상업장부나 항해일지, 진료일지 또는 이와 유사한 금전출납부 등과 같이 범죄사실의 인정 여부와는 관계없이 자기에게 맡겨진 사무를 처리한 사무 내역을 그때그때 계속적, 기계적으로 기재한 문서 등의 경우는 사무처리 내역을 증명하기 위하여 존재하는 문서로서 그 존재 자체 및 기재가 그러한 내용의 사무가 처리되었음의 여부를 판단할 수 있는 별개의 독립된 증거자료이고, 설사 그 문서가 우연히 피고인이 작성하였고 그 문서의 내용 중 피고인의 범죄사실의 존재를 추론해 낼 수 있는, 즉 공소사실에 일부 부합되는 사실의 기재가 있다고 하더라도, 이를 일컬어 피고인이 범죄사실을 자백하는 문서라고 볼 수는 없다. ② 피고인이 뇌물공여 혐의를 받기 전에 이와는 관계 없이 준설공사에 필요한 각종 인·허가 등의 업무를 위임받아 이를 추진하는 과정에서 그 업무수행에 필요한 자금을 지출하면서, 스스로 그 지출한 자금내역을 자료로 남겨두기 위하여 뇌물자금과 기타 자금을 구별하지 아니하고 그 지출 일시, 금액, 상대방 등 내역을 그때그때 계속적, 기계적으로 기입한 수첩의 기재 내용은, 피고인이 자신의 범죄사실을 시인하는 자백이라고 볼 수 없으므로, 증거능력이 있는 한 피고인의 금전출납을 증명할 수 있는 별개의 증거라고 할 것인즉, 피고인의 검찰에서의 자백에 대한 보강증거가 될 수 있다. [답 ③]

03. 자백의 보강법칙과 관련하여 옳은 것을 모두 고르면? (다툼이 있는 경우 판례에 의함)

> ㈎ 피고인이 범행을 자인하는 것을 들었다는 피고인 아닌 자의 진술 내용은 피고인의 자백의 보강증거로 될 수 없다.
> ㈏ 공범인 공동피고인들의 각 진술은 상호간에 서로 보강증거가 될 수 있다.
> ㈐ 고의와 전과에 관한 사실은 피고인의 자백만으로도 인정할 수 있다.
> ㈑ 포괄1죄인 상습범에 있어서 이를 구성하는 각 행위에 관하여 개별

적으로 보강증거가 필요하다.

① (나), (다) ② (가), (나), (다) ③ (가), (나), (라)
④ (나), (다), (라) ⑤ (가), (나), (다), (라)

해설

(가) (○) 피고인이 범행을 자인하는 것을 들었다는 피고인 아닌 자의 진술내용은 형사소송법 제310조의 피고인의 자백에는 포함되지 아니하나 이는 피고인의 자백의 보강증거로 될 수 없다(대법원 2008. 2. 14, 2007도10937). 즉, 보강증거는 피고인의 자백과 독립된 증거이어야 한다.
(나) (○) 대법원 1990. 10. 30, 90도1939. 제310조 소정의 "피고인의 자백"에 공범인 공동피고인의 진술은 포함되지 아니하므로 공범인 공동피고인의 진술은 다른 공동피고인에 대한 범죄사실을 인정하는 증거로 할 수 있는 것일 뿐만 아니라 공범인 공동피고인들의 각 진술은 상호간에 서로 보강증거가 될 수 있다.
(다) (○) 범의(대법원 1961. 8. 16, 4294형상171)와 전과에 관한 사실(대법원 1981. 6. 9, 81도1353)은 피고인의 자백만으로도 인정할 수 있다.
(라) (○) 대법원 1996. 2. 13, 95도1794. [답 ⑤]

04. **자백의 보강법칙에 관한 판례의 태도와 다른 것은?**

① 미등급 게임기가 설치된 게임장 내부 사진 및 피고인 명의의 게임제공업자등록증 등의 증거는 자신이 운영하는 게임장에서 미등급 게임기를 판매·유통시켰다는 공소사실의 자백에 대한 보강증거가 된다.
② '피고인이 필로폰을 매수하면서 그 대금을 은행계좌로 송금한 사실'에 대한 압수수색검증영장 집행보고는 필로폰 매수행위뿐만 아니라 그와 실체적 경합범 관계에 있는 필로폰 투약행위에 대해서도 보강증거가 될 수 있다.
③ 오토바이절취 신고를 받고 잠복근무하다가 오토바이의 시동을 걸려는 피고인을 체포하면서 오토바이를 압수하였다는 사법경찰리 작성의 압수조서의 기재는 오토바이를 운전하였다는 사실의 자백 부분에 대한 보강증거가 되는 것이므로 결과적으로 피고인이 운전면허 없이 운전하였다는 전체 범죄사실의 보강증거로 충분하다.
④ 피고인이 위조신분증을 제시·행사한 사실을 자백하고 있고, 제시·행사한 신분증이 현존한다면 위 신분증은 피고인의 자백에 대한 보강증거가 된다.
⑤ 투약행위가 있기 바로 전날 피고인으로부터 돈 100만 원을 받고 메스암페타민이 든 주사기 2개를 건네주었다는 진술내용은 피고인의

자백에 대한 보강증거가 되기에 충분하다.

해설

① (○) 대법원 2008. 9. 25, 2008도6045. 자백의 진실성을 담보하기에 충분한 보강증거가 된다.
② (×) 대법원 2008. 2. 14, 2007도10937. 실체적 경합범은 실질적으로 수죄이므로 각 범죄사실에 관하여 자백에 대한 보강증거가 있어야 하는바, '피고인이 필로폰을 매수하면서 그 대금을 은행계좌로 송금한 사실'에 대한 압수수색검증영장 집행보고는 필로폰 매수행위에 대한 보강증거는 될 수 있어도 그와 실체적 경합범 관계에 있는 필로폰 투약행위에 대한 보강증거는 될 수 없다.
③ (○) 대법원 1994. 9. 30, 94도1146.
④ (○) 대법원 1983. 2. 22, 82도3107.
⑤ (○) 대법원 2008. 11. 27, 2008도7883. [답 ②]

05. **자백의 보강법칙에 관한 다음 설명 중 옳은 것은?** (다툼이 있는 경우 판례에 의함) 〈변호사 2013〉

① 형사소송법 제310조의 피고인의 자백에는 공범인 공동피고인의 자백이 포함되지 아니하므로 그 진술은 피고인에 대한 범죄사실을 인정하는 데 있어서 보강증거로 쓸 수 있다.
② 전문증거는 전문법칙의 예외에 해당하는지 여부에 관계없이 보강증거가 될 수 있다.
③ 보강증거는 범죄사실의 전부 또는 중요 부분을 인정할 수 있는 정도가 되어야 하고, 또한 직접증거가 아닌 간접증거나 정황증거는 보강증거가 될 수 없다.
④ 즉결심판절차 및 간이공판절차에서는 자백만 있으면 보강증거 없이도 유죄판결을 할 수 있다.
⑤ 피고인이 자백한 상황에서 나머지 2명의 공동피고인 중 한 사람이 자백하였으나 다른 한 사람이 부인하는 경우에는 유죄판결을 할 수 없고, 공동피고인 전원이 자백한 경우에 한하여 유죄판결이 가능하다.

해설

① (○) 대법원 1986.10.28, 86도1773. 형사소송법 제310조의 피고인의 자백에는 공범인 공동피고인의 진술이 포함되지 아니하므로 공범인 공동피고인의 진술은 다른 공동피고인에 대한 범죄사실을 인정하는 데 있어서 증거로 쓸 수 있다.
② (×) 보강증거도 증거능력 있는 증거이어야 하므로 증거능력에 대한 제한이 보강증거에 대하여도 적용된다. 따라서 전문증거는 전문법칙의 예외가 되는 경우를 제외하고는 보강증거로 될 수 없다(대법원 1971.5.31, 71도415).

③ (×) 대법원 2008. 5. 29, 2008도2343. 자백에 대한 보강증거는 범죄사실의 전부 또는 중요부분을 인정할 수 있는 정도가 되지 아니하더라도 피고인의 자백이 가공적인 것이 아닌 진실한 것임을 인정할 수 있는 정도만 되면 족한 것으로서, 자백과 서로 어울려서 전체로서 범죄사실을 인정할 수 있으면 유죄의 증거로 충분하고, 나아가 사람의 기억에는 한계가 있는 만큼 자백과 보강증거 사이에 어느 정도의 차이가 있어도 중요부분이 일치하고 그로써 진실성이 담보되면 보강증거로서의 자격이 있다.
④ (×) 자백의 보강법칙은 일반 형사소송절차에서 적용되므로 즉결심판(즉결심판에 관한 절차법 제10조)과 소년보호사건(대법원 1982. 10. 15, 82모36)에는 보강법칙이 적용되지 않는다. 그러나 형사사건인 이상 간이공판절차와 약식명령절차에도 보강법칙이 적용된다.
⑤ (×) 대법원 1968.3.19, 68도43. 공동피고인 중의 한 사람이 자백하였고 피고인 역시 자백했다면 다른 공동피고인 중의 한 사람이 부인한다 하여도 위 공동피고인 중의 한 사람의 자백은 피고인의 자백에 대한 보강증거가 된다. [답 ①]

06. 괄호 안의 공소사실에 대한 자백의 보강증거가 될 수 없는 것을 모두 고르면? (다툼이 있는 경우 판례에 의함)

㈎ 수수한 2억 원을 포함한 뇌물의 주요 사용처에 관하여 친구와 함께 토지 및 상가 구입자금으로 사용하였다는 피고인의 진술 및 이와 일치하는 내용의 친구가 작성한 진술서(뇌물수수의 공소사실) ㈏ 피고인이 변조하였다는 내용이 기재되어 있는 형사민원사무처리부의 현존(공문서변조 및 동행사의 공소사실) ㈐ 피고인의 집에서 피해품을 압수한 압수조서와 압수물 사진(절도의 공소사실) ㈑ 차량의 소유자가 피고인으로 등록·기재된 자동차등록증(무면허운전의 공소사실) ㈒ 2010.2.18. 01:35경 자동차를 타고 온 피고인으로부터 필로폰을 건네받은 후 피고인이 위 차량을 운전해 갔다고 한 甲의 진술과 2010.2.20. 피고인으로부터 채취한 소변에서 나온 필로폰 양성 반응(2010.2.18. 02:00경의 필로폰 투약으로 정상적으로 운전하지 못할 우려가 있는 상태에 있었다는 공소사실)

① 없음 ② ㈑ ③ ㈎, ㈑
④ ㈎, ㈏, ㈒ ⑤ ㈏, ㈐, ㈒

해설

㈎ (○) 피고인의 자백을 보강하는 증거가 된다(대법원 2010. 4. 29, 2010도2556).

㈏ (○) 피고인의 자백에 대한 보강증거로 삼기에 족하다(대법원 2001. 9. 28, 2001도4091).
㈐ (○) 피고인의 자백에 대하여 보강증거가 된다(대법원 2008. 5. 29, 2008도2343).
㈑ (○) 피고인이 그 차량을 운전하였다는 사실의 자백 부분에 대한 보강증거가 될 수 있고 결과적으로 피고인의 무면허운전이라는 전체 범죄사실의 보강증거로 충분하다(대법원 2000. 9. 26, 2000도2365).
㈒ (○) 자백을 보강하는 증거가 되기에 충분하다(대법원 2010. 12. 23, 2010도11272). [답 ①]

07. 자백과 보강증거에 관한 다음 설명 중 틀린 것은? (다툼이 있는 경우 판례에 의함)

① 피고인이 국가보안법상 회합죄를 자백한 경우 회합 당시 상대방으로부터 받았다는 명함의 현존은 보강증거로 될 수 있다.
② 뇌물공여의 상대방인 공무원이 뇌물을 수수한 사실을 부인하면서도 그 일시경에 뇌물공여자를 만났던 사실 및 공무에 관한 청탁을 받기도 한 사실 자체는 시인하였다면, 이는 뇌물을 공여하였다는 뇌물공여자의 자백에 대한 보강증거가 될 수 있다.
③ 쉐타 3점의 현존사실은 친구가 절취한 쉐타 3점을 매도의뢰를 받고 운반하였다는 공소사실의 자백에 대한 보강증거가 된다.
④ 자기 집 앞에 세워둔 차량을 도난당하였다는 甲의 진술은 피고인이 위 차를 타고 그 무렵 다른 지역까지 가서 소매치기 범행을 하였다는 자백에 대한 보강증거가 될 수 있다.
⑤ 피고인이 검문 당시 버린 주사기에서 메스암페타민염이 검출된 사실 등을 인정할 수 있는 정황증거들은 메스암페타민 투약사실에 대한 피고인의 검찰에서의 자백에 대한 보강증거로서 충분하다.

해설

① (○) 대법원 1990. 6. 22, 90도741.
② (○) 대법원 1995. 6. 30, 94도993.
③ (○) 대법원 1967. 12. 18, 67도1084.
④ (×) 대법원 1986. 2. 25, 85도2656. 甲의 진술은 범행장소까지 가기 위한 교통수단으로 이용하였다는 취지에 불과하여 위 소매치기범행과는 직접적으로나 간접적으로 아무런 관계가 없어 이는 위 피고인의 자백에 대한 보강증거가 될 수 없다.
⑤ (○) 대법원 1999. 3. 23, 99도338. [답 ④]

◇관련판례◇

(1) 자백에 대한 보강증거가 된다고 한 사례

1) 대법원 2007. 9. 20, 2007도5845 : 기소된 대마 흡연일자로부터 한 달 후 피고인의 주거지에서 압수된 대마 잎이 피고인의 자백에 대한 보강증거가 된다.

2) 대법원 2002. 1. 8, 2001도1897 : 2000. 10. 19. 채취한 소변에 대한 검사결과 메스암페타민 성분이 검출된 경우, 위 소변검사결과는 2000. 10. 17. 메스암페타민을 투약하였다는 자백에 대한 보강증거가 될 수 있음은 물론 같은 달 13. 메스암페타민을 투약하였다는 자백에 대한 보강증거도 될 수 있다.

3) 대법원 1999. 3. 23, 99도338 : 피고인이 검문 당시 버린 주사기에서 메스암페타민염이 검출된 사실 등을 인정할 수 있는 정황증거들은 메스암페타민 투약사실에 대한 피고인의 검찰에서의 자백에 대한 보강증거로서 충분하다.

4) 대법원 1998. 12. 22, 98도2890 : 뇌물수수자가 무자격자인 뇌물공여자로 하여금 건축공사를 하도급 받도록 알선하고 그 하도급계약을 승인받을 수 있도록 하였으며 공사와 관련된 각종의 편의를 제공한 사실을 인정할 수 있는 증거들은 뇌물공여자의 자백에 대한 보강증거가 될 수 있다.

5) 대법원 1995. 6. 30, 94도993 : 뇌물공여의 상대방인 공무원이 뇌물을 수수한 사실을 부인하면서도 그 일시경에 뇌물공여자를 만났던 사실 및 공무에 관한 청탁을 받기도 한 사실 자체는 시인하였다면, 이는 뇌물을 공여하였다는 뇌물공여자의 자백에 대한 보강증거가 될 수 있다.

(2) 자백에 대한 보강증거가 될 수 없다고 한 사례

1) 대법원 1990. 12. 7, 90도2010 : 검사가 보강증거로서 제출한 증거의 내용이 피고인과 공소외 갑이 현대자동차 춘천영업소를 점거했다가 갑이 처벌받았다는 것이고, 피고인의 자백내용은 현대자동차 점거로 갑이 처벌받은 것은 학교측의 제보 때문이라 하여 피고인이 그 보복으로 학교 총장실을 침입점거했다는 것이라면, 위 증거는 공소사실의 객관적 부분인 주거침입, 점거사실과는 관련이 없는 범행의 침입동기에 관한 정황증거에 지나지 않으므로 위 증거와 피고인의 자백을 합쳐 보아도 자백사실이 가공적인 것이 아니고 진실한 것이라 인정하기에 족하다고 볼 수 없으므로 검사 제출의 위 증거는 자백에 대한 보강증거가 될 수 없다.

2) 대법원 1986. 2. 25, 85도2656 : 성남시 태평동 자기 집 앞에 세워둔 봉고화물차 1대를 도난당하였다는 공소외인의 진술은, 피고인이 위 차를 타고 그 무렵 충주까지 가서 소매치기 범행을 하였다고 자백하고

있는 경우, 위 피고인의 자백이 그 차량을 범행의 수단, 방법으로 사용하였다는 취지가 아니고 피고인이 범행장소인 충주까지 가기 위한 교통수단으로 이용하였다는 취지에 불과하여 위 소매치기범행과는 직접적으로나 간접적으로 아무런 관계가 없어 이는 위 피고인의 자백에 대한 보강증거가 될 수 없다.

제 9 절　공판조서의 증명력

01. 공판조서의 증명력에 대한 설명 중 틀린 것을 모두 고르면? (다툼이 있는 경우 판례에 의함)

> ㈎ 공판조서의 기재가 명백한 오기인 경우를 제외하고는 공판기일의 소송절차로서 공판조서에 기재된 것은 조서만으로써 증명하여야 하고, 그 증명력은 공판조서 이외의 자료에 의한 반증이 허용되지 않는 절대적인 것이다.
> ㈏ 동일한 사항에 관하여 두 개의 서로 다른 내용이 기재된 공판조서가 병존하는 경우, 양자는 동일한 증명력을 가지는 것으로서 그 증명력에 우열이 있을 수 없다고 보아야 할 것이므로 그 중 어느 쪽을 진실한 것으로 볼 것인지는 공판조서의 증명력을 판단하는 문제로서 법관의 자유로운 심증에 따를 수밖에 없다.
> ㈐ 공판조서의 기재가 명백한 오기인 경우에는 공판조서는 그 올바른 내용에 따라 증명력을 가진다.
> ㈑ 당해 공판기일에 출석하지 아니한 판사가 재판장으로서 서명·날인한 공판조서는 제대로 된 공판조서라고 할 수 없어 이와 같은 공판조서는 공판기일에 있어서의 소송절차를 증명할 공판조서로서의 증명력이 없다.
> ㈒ 검사 제출의 증거에 관하여 동의 또는 진정성립 여부 등에 관한 피고인의 의견이 증거목록에 기재된 경우에는 그 증거목록의 기재는 공판조서의 일부일 뿐 공판조서는 아니므로 절대적인 증명력을 가질 수 없다.

① 없음　② ㈏　③ ㈒
④ ㈐, ㈑　⑤ ㈏, ㈒

✍ **해설**

㈎ (○) 대법원 2005. 12. 22, 2005도6557.
㈏ (○) 대법원 1988. 11. 8, 86도1646.
㈐ (○) 대법원 1995. 12. 22, 95도1289.
㈑ (○) 대법원 1983. 2. 8, 82도2940(이와 같은 공판조서는 소송법상 무효라 할 것이므로).
㈒ (×) 대법원 1998. 12. 22, 98도2890. 그 증거목록의 기재는 공판조서의 일부로서 명백한 오기가 아닌 이상 절대적인 증명력을 가지게 된다. [답 ③]

◇관련판례◇

대법원 2010. 7. 22, 2007도3514 : 형사소송법 제56조는 "공판기일의 소송절차로서 공판조서에 기재된 것은 그 조서만으로써 증명한다"고 규정하고 있는데, 이는 공판조서의 기재가 명백한 오기인 경우를 제외하고는 공판기일의 소송절차로서 공판조서에 기재된 것은 조서만으로써 증명하여야 하고, 그 증명력은 공판조서 이외의 자료에 의한 반증이 허용되지 않는 절대적인 것을 의미하므로, 검사 제출의 증거서류에 대하여 공판기일에 공판정에서 증거조사가 실시된 것으로 증거목록에 기재된 경우에는 그 증거목록의 기재는 공판조서의 일부로서 명백한 오기가 아닌 이상 절대적인 증명력을 가지게 된다.

제 3 장 재 판

제 1 절 재판의 기본개념

01. 재판에 대한 설명 중 틀린 것을 모두 고르면? (다툼이 있는 경우 판례에 의함)

> (가) 실체재판은 모두 판결이지만, 형식재판에는 판결 이외에 결정인 경우도 있다.
> (나) 법률에 다른 규정이 있는 경우 이외에는, 재판의 선고 또는 고지는 공판정에서는 재판서에 의하여야 하고 기타의 경우에는 재판서의 등본의 송달 또는 다른 적당한 방법으로 하여야 한다.
> (다) 판결서에 주문의 기재가 없음은 그 선고한 판결의 결론을 알 수 없어 이는 판결선고에 관한 규정에 위배된 법률위반이다.
> (라) 재판장의 서명날인이 누락되어 있고 재판장이 서명날인을 할 수 없는 사유의 부기도 없는 재판서에 의한 판결은 형사소송법 제383조 제1호 소정의 판결에 영향을 미친 법률위반으로서 파기사유가 된다.
> (마) 대법원은 그 판결내용에 오류가 있음을 발견한 때에는 직권 또는 검사, 상고인이나 변호인의 신청에 의하여 결정으로써 정정할 수 있다.

① 없음 ② (가) ③ (마)
④ (나), (라) ⑤ (가), (마)

해설

(가) (○) 유무죄의 실체재판은 판결(제321조, 제325조)로써 하여야 하며, 형식재판은 판결(관할위반 · 면소 · 공소기각) 또는 결정(공소기각)으로써 한다.
(나) (○) 제42조.
(다) (○) 대법원 1977.7.12, 77도154.
(라) (○) 대법원 1990.2.27, 90도145.
(마) (×) 제400조 제1항(판결로써 정정 가능). [답 ③]

제 2 절 종국재판

01. 유죄판결에 관한 다음 설명 중 옳은 것으로 묶인 것은? (다툼이 있는 경우 판례에 의함)

㈎ 유죄판결의 증거는 범죄사실을 증명할 적극적 증거뿐 아니라 범죄사실 인정에 배치되는 소극적 증거까지 적시·판단하여야 한다. ㈏ 자수사실에 대한 주장은 형벌권의 범위에 관한 사실이므로 판결이유에 그에 대한 판단을 명시하여야 한다. ㈐ 증뢰죄의 판시에 있어서 공무원의 직무범위에 관한 기재가 없는 경우 범죄사실이 명시되었다고 볼 수 없다. ㈑ 범죄사실에 대한 증거를 설시함에 있어서 어느 증거의 어느 부분에 의해 어느 범죄사실을 인정했다고 구체적으로 설시하여야 한다. ㈒ 상해죄에 있어서 신체의 완전성을 해하는 행위와 그로 인한 상해의 부위와 정도가 증거에 의하여 명백하게 확정되어야 하고, 상해부위에 관한 판시가 없는 상해죄의 인정은 위법하다.

① ㈎, ㈏ ② ㈎, ㈑ ③ ㈏, ㈒
④ ㈐, ㈑ ⑤ ㈐, ㈒

해설

㈎ (×) 대법원 1986. 10. 14, 86도1606. 유죄판결의 증거는 범죄될 사실을 증명할 적극적 증거를 거시하면 되므로 범죄사실에 배치되는 증거들에 관하여 배척한다는 취지의 판단이나 이유를 설시하지 아니하여도 잘못이라 할 수 없다.

㈏ (×) 대법원 1991. 11. 12, 91도2241. 법원이 자수를 사유로 형을 감경 또는 면제할 필요가 없다고 인정할 때는 이에 대하여 반드시 판단을 명시하여야 하는 것은 아니다.

㈐ (○) 대법원 1982. 9. 28, 80도2309. 적어도 공무원의 어떠한 직무권한의 범위에 관한 것인가에 대하여는 구체적으로 판시할 필요가 있다.

㈑ (×) 대법원 2001. 7. 27, 2000도4298. 어느 증거의 어느 부분에 의하여 어느 범죄사실을 인정한다고 구체적으로 설시하지 아니하였다 하더라도 그 적시한 증거들에 의하여 판시 범죄사실을 인정할 수 있으면 이를 위법한 증거설시라고 할 수 없다.

㈒ (○) 대법원 2002. 11. 8, 2002도5016. [답 ⑤]

02. 유죄판결의 이유에 관한 설명으로 옳지 않은 것은? (다툼이 있는 경우 판례에 의함) 〈행시 2004〉

① 유죄판결의 이유에는 범죄될 사실, 증거의 요지, 법령의 적용을 명시하여야 한다.

② 누범가중사유에 해당하는 전과는 명시되어야 한다.

③ 피고인이 책임무능력상태를 주장하는 경우에 이를 배척하는 판단의 근거를 명시할 필요는 없다.

④ 피고인의 알리바이 주장에 대해서는 유죄판결의 이유에서 이를 배척하는 판단을 요하지 아니한다.

⑤ 유죄판결의 이유에 모순이 있으면 항소이유에 해당한다.

해설

① (○) 제323조 제1항.
② (○) 제323조 제2항.
③ (×) 대법원 2004. 7. 9, 2004도2116. 사건 범행 당시 술에 만취하였기 때문에 전혀 기억이 없다는 취지의 진술은 범행 당시 심신상실 또는 심신미약의 상태에 있었다는 주장으로서 제323조 제2항 소정의 법률상 범죄의 성립을 조각하거나 형의 감면의 이유가 되는 사실의 진술에 해당하므로 마땅히 이에 대한 판단을 명시하여야 한다.
④ (○) 대법원 1982. 9. 28, 82도1798.
⑤ (○) 제361조의5 제11호. [답 ③]

03. 유죄판결 이유에 명시할 사항에 대한 설명으로 틀린 것으로 묶인 것은? (다툼이 있는 경우 판례에 의함)

(가) 주문에서는 몰수와 압수장물의 환부를 선고하면서 이유에서는 적용법조를 표시하지 않은 경우는 위법하다.

(나) 포괄일죄의 경우 전체 범행의 시기와 종기, 범행방법, 범행횟수, 피해액의 합계 등을 명시함은 물론, 그것을 구성하는 개개의 행위를 구체적으로 특정하여야 한다.

(다) 교사범, 방조범의 사실 적시에 있어서는 그 전제조건이 되는 정범의 구성요건이 되는 사실 전부를 적시하여야 한다.

(라) 공정증서원본부실기재 및 그 행사죄로 공소가 제기된 경우 피고인이 당해 등기가 실체적 권리관계에 부합하는 유효한 등기라고 주장하는 것은 공소사실에 대한 적극 부인에 해당할 뿐, 범죄의 성립을 조각하는 사유에 관한 주장이라고는 볼 수 없으므로 반드시

그에 대한 판단을 판결이유에 명시하여야만 하는 것은 아니다.
(마) 피고인을 모해위증교사죄로 처단함으로써 사실상 형법 제33조 단서를 적용한 취지로 해석되는 이상, 법률적용에서 위 단서조항을 빠뜨려 명시하지 않았더라도 판결에 영향을 미친 위법은 없다.

① (가), (나) ② (가), (라) ③ (나), (마)
④ (다), (라) ⑤ (다), (마)

해설

(가) (×) 대법원 1971. 4. 30, 71도510. 구체적인 범죄사실에 적용하여야 할 실체법규 이외의 법규에 관하여는 판결문상 그 적용한 취지가 인정되면 되고, 특히 그 법규를 판결문의 법률적용에 표시하지 않았다고 하여 위법이라고는 할 수 없다.
(나) (×) 대법원 1992. 9. 25, 92도1671. 포괄일죄에 있어서 그 일죄의 일부를 구성하는 개개의 행위에 대하여 구체적으로 특정하지 아니하더라도 그 전체 범행의 시기와 종기, 범행방법, 범행횟수 또는 피해액의 합계 및 피해자나 상대방을 명시하면 이로써 그 범죄사실은 특정된다.
(다) (○) 대법원 2000. 2. 25, 99도1252(교사범).
(라) (○) 대법원 1997. 7. 11, 97도1180.
(마) (○) 대법원 1994. 12. 23, 93도1002. [답 ①]

04. 무죄판결에 대한 설명 중 옳지 않은 것은? 〈행시 2001〉

① 피고사건이 범죄로 되지 않거나 범죄사실의 증명이 없는 경우에 선고된다.
② 무죄판결이 선고되면 구속영장은 실효된다.
③ 무죄판결도 판결인 이상 그 이유를 기재하여야 한다.
④ 공소장에 기재된 사실이 진실하다 하더라도 범죄가 될 만한 사실이 포함되지 아니한 경우는 피고사건이 범죄로 되지 않는 때에 해당하므로 무죄판결의 사유가 된다.
⑤ 심신상실을 이유로 무죄판결이 확정된 후에도 치료감호청구는 허용된다는 것이 판례의 입장이다.

해설

① (○) 제325조.
② (○) 제331조.
③ (○) 제39조.
④ (×) 공소기각의 결정을 하여야 한다(제328조 제1항).
⑤ (○) 대법원 1999. 8. 24, 99도1194. [답 ④]

05. 형벌에 관한 법령이 헌법재판소의 위헌결정으로 소급하여 효력을 상실하였거나 법원에서 위헌 · 무효로 선언된 경우, 법원은 당해 법령을 적용하여 공소가 제기된 피고사건에 대하여 어떤 재판을 하여야 하는가? (다툼이 있는 경우 판례에 의함)

① 유죄판결 ② 무죄판결 ③ 공소기각의 판결
④ 공소기각의 결정 ⑤ 면소판결

해설

② 대법원 2013. 4. 18, 2011초기689(전원합의체). 형벌에 관한 법령이 헌법재판소의 위헌결정으로 소급하여 효력을 상실하였거나 법원에서 위헌 · 무효로 선언된 경우, 법원은 당해 법령을 적용하여 공소가 제기된 피고사건에 대하여 형사소송법 제325조에 따라 무죄를 선고하여야 한다. 나아가 형벌에 관한 법령이 폐지되었다 하더라도 그 '폐지'가 당초부터 헌법에 위배되어 효력이 없는 법령에 대한 것이었다면 그 피고사건은 형사소송법 제325조 전단이 규정하는 '범죄로 되지 아니한 때'의 무죄사유에 해당하는 것이지, 형사소송법 제326조 제4호에서 정한 면소사유에 해당한다고 할 수 없다. [답 ②]

06. 다음 중 각 항목을 잘못 연결한 것은?

A. 직계혈족의 재산을 절취하였을 때 B. 공소시효가 완성되었을 때 C. 피고인에 대하여 재판권이 없을 때 D. 공소가 취소되었을 때 E. 범죄 후의 법령개폐로 형이 폐지되었을 때

가. 형면제판결	나. 면소판결	다. 공소기각결정

① A - 가 ② B - 나 ③ C - 다
④ D - 다 ⑤ E - 나

해설

A. 형면제판결의 사유(형법 제344조, 제328조 제1항).
B. 면소판결의 사유(제326조 제3호).
C. 공소기각판결의 사유(제327조 제1호).
D. 공소기각결정의 사유(제328조 제1항 제1호).
E. 면소판결의 사유(제326조 제4호). [답 ③]

07. **다음 중 면소판결을 해야 하는 경우는?** 〈행시 2001 변형〉

① 피고인이 사망하였을 때
② 업무상비밀누설죄에 대하여 고소의 취소가 있은 때
③ 공소가 제기된 사건에 대하여 다시 공소가 제기되었을 때
④ 약식명령이 확정된 사건에 대하여 다시 공소가 제기되었을 때
⑤ 공소취소 후 다른 중요한 증거가 발견되지 않았음에도 불구하고 공소가 제기되었을 때

해설

① (×) 공소기각의 결정(제328조 제1항 제1호).
② (×) 공소기각의 판결(제327조 제5호).
③ (×) 공소기각의 판결(제327조 제3호).
④ (○) 제326조 제1호.
⑤ (×) 공소기각의 판결(제327조 제4호). [답 ④]

08. **면소판결에 관한 설명 중 옳지 않은 것은?** (다툼이 있는 경우 판례에 의함) 〈행시 2003〉

① 피고인은 면소판결에 대하여 무죄판결을 구하는 상소를 할 수 없다.
② 면소판결을 할 수 있는 범위는 확정판결의 기판력이 미치는 범위와 일치한다.
③ 면소판결의 사유인 '사면이 있은 때'의 사면은 일반사면과 특별사면을 포함한다.
④ 상상적 경합범의 관계에 있는 두 죄 중 하나의 죄는 사면되어 면소판결의 대상이고, 나머지 죄는 무죄일 경우에 주문에서 따로 면소의 선고를 할 필요가 없다.
⑤ 피고사건에 대하여 면소의 재판을 할 것이 명백한 때에는 피고인의 출정 없이 재판할 수 있다.

해설

① (○) 대법원 1984. 11. 27, 84도2106.
② (○) 대법원 2002. 11. 22, 2001도849.
③ (×) 대법원 2000. 2. 11, 99도2983. 면소판결의 사유인 '사면에 있는 때'의 사면은 형의 선고를 받지 않는 자에 대한 일반사면만을 의미한다.
④ (○) 대법원 1977. 7. 12, 77도1320.
⑤ (○) 제277조 제2호. [답 ③]

09. 다음 사실관계에 관한 설명 중 옳은 것은? (다툼이 있는 경우 판례에 의함)

〈법무부 모의시험 2011〉

피고인 甲은 2010.6.5. 무전취식 범행을 저질러 사기죄로 약식명령이 청구되었고, 법원에서 2010.7.10. 甲에게 벌금 50만원의 약식명령을 발령하였으며, 그 약식명령이 2010.7.15. 甲에게 송달되었는데 甲은 정식재판을 청구하지 않아 그 약식명령이 확정되었다. 이후 2010.4.2., 2010.4.5., 2010.5.3., 2010.8.14.에 甲이 위 약식명령의 범죄사실과 동일한 수법으로 무전취식을 한 사기범행들이 밝혀져 검사는 2010.8.20. 4개의 무전취식 범행을 사기죄의 경합범으로 공소제기 하였고, 甲은 법정에서 무전취식 범행들을 모두 자백하였고 보강증거도 있는 상태에서 법원이 그에 대하여 판결을 하려고 한다.

① 법원이 甲의 무전취식 범행들이 습벽에 의해 저질러진 것으로 상습성이 인정된다고 판단하여 검사에게 상습사기죄로 공소장변경을 요구하는 경우 검사는 공소장변경을 하여야 한다.

② 법원이 甲의 무전취식 범행들이 습벽에 의해 저질러진 것으로 상습성이 인정된다고 판단하더라도 공소장변경절차를 거치지 않았다면 상습사기죄로 인정하여 판결할 수 없다.

③ 법원이 甲의 무전취식 범행들에 대하여 포괄일죄인 상습사기죄로 판결하는 경우에는 약식명령이 확정되기 이전의 무전취식 범행들과 약식명령이 확정된 이후의 무전취식 범행에 대한 형을 나누어 선고할 것인지, 하나의 형으로만 선고할 것인지 여부는 법원의 재량이다.

④ 법원이 甲의 무전취식 범행들이 습벽에 의해 저질러진 것으로 상습성이 인정된다고 판단하더라도 확정된 약식명령이 상습사기죄가 아닌 단순사기죄로 확정되었으므로 법원은 약식명령이 확정되기 이전에 저질러진 2010.4.2, 2010.5.3.의 무전취식 범행들에 대하여 약식명령의 기판력에 저촉된다는 이유로 면소판결을 하여서는 아니 된다.

⑤ 검사가 甲의 무전취식 범행들에 대하여 포괄일죄인 상습사기죄로 공소장변경을 한 이후에는 전체 무전취식 범행들 중 일부에 대하여만 공소를 철회하는 내용의 공소장변경을 할 수 없고, 그것은 포괄일죄 전체에 대한 공소취소로 보아야 한다.

해설

① (×) 검사는 법원의 공소장변경 요구에 응하지 않을 수 있다.

② (×) 대법원 1987. 7. 21, 87도546. 실체적 경합범으로 공소제기된 범죄사실에 대하여 법원이 그 범죄사실을 그대로 인정하면서 다만 죄수에 관한 법률적인 평가만을 달리하여 포괄일죄로 처단하더라도 이는 피고인의 방어에 불이익을 미치는 것이 아니므로 법원은 공소장변경 없이도 포괄일죄로 처벌할 수 있다.
③ (×) 대법원 2000. 2. 11, 99도4797. 원래 실체법상 상습사기의 일죄로 포괄될 수 있는 관계에 있는 일련의 사기 범행의 중간에 동종의 죄에 관한 확정판결이 있는 경우에는 그 확정판결에 의하여 원래 일죄로 포괄될 수 있었던 일련의 범행은 그 확정판결의 전후로 분리되고, 이와 같이 분리된 각 사건은 서로 동일성이 있다고 할 수 없어 이중으로 기소되더라도 각 사건에 대하여 각각의 주문을 선고하여야 한다.
④ (○) 대법원 2004. 9. 16, 2001도3206(전원합의체). 상습범으로서 포괄적 일죄의 관계에 있는 여러 개의 범죄사실 중 일부에 대하여 유죄판결이 확정된 경우에, 그 확정판결의 사실심판결 선고 전에 저질러진 나머지 범죄에 대하여 새로이 공소가 제기되었다면 그 새로운 공소는 확정판결이 있었던 사건과 동일한 사건에 대하여 다시 제기된 데 해당하므로 이에 대하여는 판결로써 면소의 선고를 하여야 하는 것인바(제326조 제1호), 다만 이러한 법리가 적용되기 위해서는 전의 확정판결에서 당해 피고인이 상습범으로 기소되어 처단되었을 것을 필요로 하는 것이고, 상습범 아닌 기본 구성요건의 범죄로 처단되는 데 그친 경우에는, 가사 뒤에 기소된 사건에서 비로소 드러났거나 새로 저질러진 범죄사실과 전의 판결에서 이미 유죄로 확정된 범죄사실 등을 종합하여 비로소 그 모두가 상습범으로서의 포괄적 일죄에 해당하는 것으로 판단된다 하더라도 뒤늦게 앞서의 확정판결을 상습범의 일부에 대한 확정판결이라고 보아 그 기판력이 그 사실심판결 선고 전의 나머지 범죄에 미친다고 보아서는 안 된다.
⑤ (×) 포괄일죄로 기소된 공소사실 중 일부에 대하여 제298조 소정의 공소장변경의 방식으로 공소사실의 일부 철회가 가능하다. 대법원 2004. 9. 23, 2004도3203 참조. [답 ④]

10. 판결선고에 관한 다음 설명 중 틀린 것은? 〈일본 신사법시험 2010 변형〉

① 형의 선고를 하는 때에는 판결이유에 범죄될 사실, 증거의 요지와 법령의 적용을 명시하여야 하고, 법률상 범죄의 성립을 조각하는 이유 또는 형의 가중, 감면의 이유되는 사실의 진술이 있는 때에는 이에 대한 판단을 명시하여야 한다.
② 형의 선고를 하는 때에는 피고인의 경제적 사정으로 소송비용을 납부할 수 없는 때를 제외하고는 피고인에게 소송비용의 전부 또는 일부를 부담하게 하여야 한다.
③ 재판장은 판결을 선고함에 있어서 피고인에게 적절한 훈계를 할 수 있다.
④ 형을 선고하는 경우에는 재판장은 피고인에게 상소할 기간과 상소

할 법원을 고지하여야 한다.

⑤ 피고인이 교통신호를 위반하여 차량을 운행한 과실로 피해자에게 상해를 입게 하였다는 공소사실에 대한 심리의 결과 피고인이 신호를 위반한 과실로 사고가 발생하였음을 인정하기에 부족하다고 판단하였더라도, 피고인 차량이 공제조합에 가입하여 공소를 제기할 수 없는 경우에 해당한다면 공소기각판결을 하여야 하며, 무죄판결을 할 수는 없다.

해설

① (○) 제323조 제1항·제2항.
② (○) 제186조 제1항.
③ (○) 규칙 제147조.
④ (○) 제324조.
⑤ (×) 대법원 2015. 5. 14, 2012도11431. 공소기각의 판결을 하는 것이 원칙이지만, 사건의 실체에 관한 심리가 이미 완료되어 교통사고처리특례법 제3조 제2항 단서에서 정한 사유가 없는 것으로 판명되고 달리 피고인이 같은 법 제3조 제1항의 죄를 범하였다고 인정되지 않는 경우, 설령 같은 법 제3조 제2항 본문이나 제4조 제1항 본문의 사유가 있더라도, 사실심법원이 피고인의 이익을 위하여 교통사고처리특례법 위반의 공소사실에 대하여 무죄의 실체판결을 선고하였다면, 이를 위법이라고 볼 수는 없다고 할 것이다. [답 ⑤]

11. **형식재판에 관한 설명 중 옳은 것으로 묶인 것은?**

〈일본 신사법시험 2009 변형〉

(가) 법원은 절도죄로 기소된 사건에 관하여 그 토지관할이 없음이 밝혀진 경우에도 그 사건에 관하여 진술하기 전에 피고인의 신청이 없으면 판결로써 관할위반의 선고를 할 수 없다.
(나) 법원은 살인죄로 기소된 사건에 관하여 기소한 시점에 이미 범죄행위가 종료한 때로부터 25년이 경과한 경우에는, 시효가 완성되었기 때문에 결정으로 공소를 기각하여야 한다.
(다) 법원은 주한외국대사관의 공사가 피고인으로 기소된 경우에는, 피고인에 대하여 재판권이 없으므로 면소의 판결을 하여야 한다.
(라) 법원은 법인세법위반으로 기소된 법인이 공판계속 중에 합병에 의하여 해산한 경우에는, 피고인인 법인이 존속하지 아니하게 된 경우에 해당하므로 결정으로써 공소를 기각하여야 한다.
(마) 법원은 모욕죄로 기소된 사건에 관하여 고소할 수 있는 자의 고

소가 없는 경우에는 공소제기의 절차가 법률의 규정에 위반하여 무효이므로 면소의 판결을 하여야 한다.

① ㈎, ㈏ ② ㈎, ㈑ ③ ㈏, ㈐
④ ㈐, ㈒ ⑤ ㈑, ㈒

해설

㈎ (○) 제320조 제1항은 토지관할에 관하여 피고인의 신청이 없으면 관할위반의 선고를 하지 못한다고 규정하고, 동조 제2항은 피고사건에 대한 진술 전에 이를 신청하여야 한다고 규정하고 있다.
㈏ (×) 살인죄의 공소시효는 25년인데(제249조 제1항 제1호), 25년이 경과한 후의 공소제기에 대하여는 면소의 판결을 하여야 한다(제326조 제3호).
㈐ (×) 주한외국대사관의 공사는 외교특권이 있어 재판권이 없으므로 공소기각의 판결을 하여야 한다(제327조 제1호).
㈑ (○) 제328조 제1항 제2호. 대법원 2007.8.23, 2005도4471.
㈒ (×) 공소기각의 판결을 하여야 한다(제327조 제2호). [답 ②]

제 3 절 재판의 효력

01. 재판의 성립과 확정에 관한 설명으로 옳지 않은 것은? 〈행시 2004〉

① 재판이 내부적으로 성립한 경우 그 후에 법관이 경질되더라도 공판절차의 갱신을 요하지 아니한다.
② 종국재판이 형식적으로 확정되면 당해 사건에 관한 소송절차가 확정적으로 종결된다.
③ 재판의 내용적 확정력은 실체재판의 경우에만 발생한다.
④ 과형상 일죄의 일부에 대한 확정판결의 기판력은 과형상 일죄의 다른 부분에 대해서도 미친다.
⑤ 대법원의 결정은 선고 또는 고지와 함께 확정된다.

해설

① (○) 제301조.
② (○) 재판이 통상의 불복방법에 의하여 다툴 수 없는 상태를 형식적 확정이라고 하며, 종국재판에 있어서는 형식적 확정에 의하여 소송계속이 종결된다.
③ (×) 내용적 확정력은 실체재판이건 형식재판이건 불문하고 발생한다.
④ (○) 대법원 2011. 2. 24, 2010도13801. 형법 제40조의 상상적 경합관계의 경우에는 그 중 1죄에 대한 확정판결의 기판력은 다른 죄에 대하여도 미친다.
⑤ (○) 불복이 허용되지 않는 재판은 선고 또는 고지와 함께 확정된다. [답 ③]

02. **재판의 확정시기에 관한 설명 중 옳지 않은 것은?** 〈행시 2002〉

① 상고심 판결의 확정시기에 관해서는 판결정정신청기간이 경과한 때 또는 정정신청에 대한 기각결정을 고지한 때라는 견해가 있다.
② 항소기각의 결정은 고지 시에 확정된다.
③ 공소장변경신청을 허가하는 결정은 고지 시에 확정된다.
④ 상고법원의 결정은 고지 시에 확정된다.
⑤ 피고인만이 항소한 제1심의 유죄판결은 피고인이 항소를 취하한 때에 확정된다.

해설

① (○) 통설과 판례(대법원 1967. 6. 2, 67초22)는 선고와 동시에 확정된다고 하나, 판결정정신청기간의 경과나 정정신청에 대한 기각결정에 의하여 확정된다는 견해도 있다.
② (×) 항소기각의 결정에 대하여는 즉시항고를 할 수 있고(제362조 제2항), 즉시항고가 허용되는 결정은 고지일로부터 3일을 경과하면 확정된다(제405조).
③ (○) 공소장변경신청허가결정은 판결 전의 소송절차에 관한 결정으로서 고지와 동시에 확정된다(제403조 제1항).
④ (○) 불복신청이 허용되지 않는 재판은 선고 또는 고지와 함께 확정된다.
⑤ (○) 제454조. [답 ②]

03. **기판력과 관련된 설명 중 옳지 않은 것은?** 〈행시 2002〉

① 재심 · 비상상고 · 상소권회복의 경우에는 기판력이 배제된다.
② 실체적 확정력설(일치설)에 의하면 공소기각이나 관할위반의 판결에는 기판력이 발생하지 않는다.
③ 과형상 일죄나 포괄적 일죄의 일부에 대한 기판력은 그 전부에 미친다.
④ 확정된 약식명령 · 즉결심판에도 기판력이 발생한다.
⑤ 소년법상의 보호처분결정이나 관세법상의 통고처분에도 기판력이 발생한다.

해설

① (○) 재심(제420조), 비상상고(제441조), 상소권의 회복(제345조 이하)의 경우에는 확정판결에 오류를 시정하려는 제도이므로 예외적으로 기판력이 배제된다.
② (○) 실체적 확정력설에 의하면, 실체재판에만 기판력이 인정된다.
③ (○) 과형상 일죄(대법원 2011. 2. 24, 2010도13801)나 포괄적 일죄(대법원 2009. 2. 26, 2009도39)의 일부에 대한 기판력은 전부에 미친다.
④ (○) 약식명령(대법원 1984. 7. 24, 84도1129)이나 즉결심판(대법원 1982. 5.

25, 81도1307)에도 기판력이 발생한다.
⑤ (×) 소년법은 보호처분을 받은 소년에 대하여는 그 심리결정된 사건은 다시 공소제기할 수 없고 소년부에 송치하지 못한다고 규정하고 있는데, 이에 대하여 일사부재리 효력을 인정한 것이라는 견해도 있으나 판례는 보호처분은 확정판결이 아니고 따라서 기판력도 없으므로 보호처분을 받은 사건과 동일한 사건에 대하여 다시 공소가 제기되었다면 면소판결을 할 것이 아니라 공소제기절차가 법률의 규정에 위배하여 무효인 때에 해당한 경우이므로 공소기각의 판결을 하여야 한다고 판시하였다(대법원 1985. 5. 28, 85도21). 관세법상의 통고처분은 형사재판이 아니므로 기판력이 인정될 여지가 없다. [답 ⑤]

04. 다음 설명 중 옳지 않은 것은? (다툼이 있는 경우 판례에 의함) 〈행시 2002〉

① 항소인의 항소이유서 미제출을 이유로 한 항소심의 항소기각결정이 확정된 경우의 제1심 판결의 기판력이 미치는 시간적 한계는 항소이유서 제출기간 만료 시이다.
② 확정판결의 기판력은 공소가 제기된 '당해 공소사실 자체'뿐만 아니라 그것과 '동일성이 인정되는 공소사실 전체'에 미친다.
③ 확정된 면소판결에도 기판력이 인정된다.
④ 제1심 판결에 대하여 항소가 제기된 경우 확정판결의 기판력의 기준시점은 항소심 판결선고 시이다.
⑤ 포괄적 일죄, 특히 일정기간에 걸쳐 다수의 동종의 행위가 동일한 의사에 의하여 반복되는 집합범(영업범, 상습범, 직업범)의 경우 확정판결의 기판력은 그 '판결 전의 범죄사실'에 대하여만 미친다.

해설

① (×) 대법원 1993. 5. 28, 93도836. 항소이유서를 제출하지 아니하여 결정으로 항소가 기각된 경우에도 직권조사 사유가 있으면 항소법원이 직권으로 심판하여 다시 판결할 수 있으므로(제361조의4 제1항) 사실심리의 가능성이 있는 최후시점은 항소기각결정 시이다.
② (○) 대법원 2002. 11. 22, 2001도849.
③ (○) 대법원 1992. 2. 11, 91도2536.
④ (○) 대법원 1983. 4. 26, 82도2829. 공소의 효력과 판결의 기판력의 기준시점은 사실심리의 가능성이 있는 최후의 시점인 판결선고 시라고 할 것이나, 항소된 경우 그 시점은 현행 항소심의 구조에 비추어 항소심 판결선고 시라고 함이 타당하고, 그것은 파기자판한 경우이든 항소기각된 경우든 다를 바가 없다.
⑤ (○) 대법원 1982. 12. 28, 82도2500. [답 ①]

05. 다음 사실관계에 관하여 기판력의 발생시점에 대하여 옳은 것으로만 묶인 것은? (다툼이 있는 경우 판례에 의함) 〈법무부 모의시험 2011〉

> ㈎ 甲은 폭행죄로 약식명령이 청구되어 서울중앙지방법원에서 2010. 10. 5. 甲에게 벌금 50만 원의 약식명령을 발령하였고, 그 약식명령은 2010. 10. 9. 甲에게 송달되었는데 甲은 그 후 정식재판을 청구하지 않아 그 약식명령이 확정되었다.
> ㈏ 乙은 강도강간죄로 공소제기 되어 서울중앙지방법원에서 2010. 5. 2. 변론을 종결한 후 2010. 5. 16. 乙에게 징역 7년을 선고하였고, 乙이 이에 항소하여 서울고등법원에서 2010. 7. 6. 변론을 종결한 후 2010. 7. 20. 乙에게 징역 6년을 선고하였으며, 乙이 이에 상고하였으나 대법원에서 2010. 9. 4. 乙의 상고를 기각함으로써 그 판결이 확정되었다.
> ㈐ 丙은 특수절도죄로 공소제기 되어 서울중앙지방법원에서 2010. 7. 4. 변론을 종결한 후 2010. 7. 18. 징역 1년에 집행유예 2년을 선고하였는데, 丙과 검사가 모두 항소하지 않아 항소기간 도과로 판결이 확정되었다.

① ㈎ : 2010. 10. 5., ㈏ : 2010. 9. 4., ㈐ : 2010. 7. 18.
② ㈎ : 2010. 10. 9., ㈏ : 2010. 7. 6., ㈐ : 2010. 7. 4.
③ ㈎ : 2010. 10. 5., ㈏ : 2010. 7. 6., ㈐ : 2010. 7. 26.
④ ㈎ : 2010. 10. 9., ㈏ : 2010. 7. 20., ㈐ : 2010. 7. 28.
⑤ ㈎ : 2010. 10. 5., ㈏ : 2010. 7. 20., ㈐ : 2010. 7. 18.

해설

가. 판결절차 아닌 약식명령은 그 고지를 검사와 피고인에 대한 재판서 송달로써 하고 따로 선고하지 않으므로 약식명령에 관하여는 그 기판력의 시적 범위를 약식명령의 송달 시를 기준으로 할 것인가 또는 그 발령 시를 기준으로 할 것인지 이론의 여지가 있으나 그 기판력의 시적 범위를 판결절차와 달리 하여야 할 이유가 없으므로 그 발령 시를 기준으로 하여야 한다(대법원 1984. 7. 24, 84도1129). 따라서 2010. 10. 5.이 기판력의 발생시점이다.
나. 판결의 기판력의 기준시점은 사실심리의 가능성이 있는 최후의 시점인 판결 선고 시이므로(대법원 1983. 4. 26, 82도2829, 82감도612) 상고기각되어 판결이 확정된 경우에는 항소심 판결 선고 시이다. 따라서 2010. 7. 20.이 기판력의 발생시점이다.
다. 항소기간 도과로 판결이 확정되었으므로 제1심 판결 선고 시인 2010. 7. 18.이 기판력의 발생시점이다. [답 ⑤]

06. 다음 사실관계에 관한 설명 중 옳지 않은 것은? (다툼이 있는 경우 판례에 의함) 〈법무부 모의시험 2011〉

> 甲은 피해자 A 소유의 신용카드 1장을 두 곳의 가맹점에서 각 한 번씩 사용하였는데, 甲의 태도를 수상하게 여긴 두 번째 가맹점 점원의 신고로 검거되었다. 甲은 수사과정에서 평소 친분이 있던 乙이 피해자 A로부터 강취한 신용카드 1장을 甲에게 건네준 것이라고 주장하였고, 乙은 도주하여 지명수배되었다. 검사는 甲을 장물취득죄 등으로 공소제기하였고 甲은 제1심에서 장물취득죄 등으로 징역 1년을 선고 받자, 甲은 이에 대해서 항소하였다. 甲이 항소한 이후 사법경찰관은 신용카드를 강취한 乙을 검거하였다. 그러나 乙에 대한 신문 과정에서 甲과 乙은 공모하여, 甲은 길에서 망을 보고 乙은 술에 취하여 졸고 있던 A에게 다가가 주먹과 발로 수회 때리고 반항을 억압한 후 A의 호주머니에서 A 소유의 신용카드 2장과 현금 6만 원을 꺼내어 이를 강취하고 A에게 안면부타박상을 가한 것이라고 밝혀졌다. 그러자 甲은 항소를 취하하여 그 무렵 확정되었고, 이후 검사는 甲을 강도상해죄로 공소제기하였다.

① 제1심 판결이 확정되면 일사부재리의 효력이 발생하여 공소사실의 동일성이 인정되는 범위 내에서는 다시 심리판단 할 수 없게 된다.

② 공소사실이나 범죄사실의 동일성은 그 사실의 기초가 되는 사회적 사실관계가 기본적인 점에서 동일한 것인가에 따라서 판단해야 하고 규범적 요소도 고려하여야 한다.

③ 위 사안의 경우 법원은 甲에 대하여 강도상해죄로 유죄판결을 선고할 수 있다.

④ 검사가 강도상해죄가 아닌 특수절도죄로 공소제기하였다면 법원은 甲에 대하여 면소판결을 선고할 수 있다.

⑤ 甲이 먼저 장물취득 범죄사실로 소년법상의 보호처분을 받은 상태라면 검사가 특수절도죄로 다시 공소제기한 경우 법원은 면소판결을 선고하여야 한다.

해설

① (○) 유죄판결이 확정되면 동일사건에 대하여 다시 심리·판단하는 것이 허용되지 않는다(헌법 제13조). 확정판결이 있음에도 다시 기소된 때에는 면소판결의 사유가 된다(제326조 제1호).

② (○) 대법원 1994. 3. 22, 93도2080(전원합의체).
③ (○) 대법원 1994. 3. 22, 93도2080(전원합의체). 유죄로 확정된 장물취득죄와 이 사건 강도상해죄는 범행일시가 근접하고 위 장물취득죄의 장물이 이 사건 강도상해죄의 목적물 중 일부이기는 하나, 그 범행의 일시, 장소가 서로 다르고, 강도상해죄는 피해자를 폭행하여 상해를 입히고 재물을 강취하였다는 것인 데 반하여 위 장물취득죄는 위와 같은 강도상해의 범행이 완료된 이후에 강도상해죄의 범인이 아닌 피고인이 다른 장소에서 그 장물을 교부받았음을 내용으로 하는 것으로서 그 수단, 방법, 상대방 등 범죄사실의 내용이나 행위가 별개이고, 행위의 태양이나 피해법익도 다르고 죄질에도 현저한 차이가 있어, 위 장물취득죄와 이 사건 강도상해죄 사이에는 동일성이 있다고 보기 어렵고, 따라서 피고인이 장물취득죄로 받은 판결이 확정되었다고 하여 강도상해죄의 공소사실에 대하여 면소를 선고하여야 한다거나 피고인을 강도상해죄로 처벌하는 것이 일사부재리의 원칙에 어긋난다고는 할 수 없다.
④ (○) 장물취득죄와 절도죄는 기본적 사실관계가 동일하다는 판례(대법원 1999. 5. 14, 98도1438)에 비추어 특수절도죄로 기소한 경우, 법원은 면소판결을 선고할 수 있다. 위 98도1438은 "피고인에 대한 원래의 공소사실은 '피고인이 공소외인과 합동하여 1997. 2. 2. 00:00경 ○○시 △△동 400의 3 앞길에서 피해자 A 소유의 경기◎◎◎호 그레이스 승합차를 절취하였다'는 것이고, 예비적으로 추가한 공소사실은 '피고인이 1997. 2. 3. 01:40경(1997. 2. 2. 01:40경의 오기인 것으로 보인다) ○○시 △△동 소재 ◇◇교에서 같은 동 398 소재 ㅁㅁ 앞길까지 공소외인이 절취하여 온 피해자 A 소유의 경기◎◎◎호 그레이스 승합차가 장물인 정을 알면서 운전하여 가 장물을 운반하였다'는 것이어서, 그 시기와 장소 및 행위의 태양을 다소 달리하기는 하나 시기와 장소는 매우 근접해 있고, 피해자와 피해품이 같아 그로 인하여 침해되는 법익이 다르다고 볼 수 없으므로 기본적인 사실관계가 동일하다고 할 것이다"고 판시하였다.
⑤ (×) 소년법은 보호처분을 받은 소년에 대하여는 그 심리결정된 사건은 다시 공소를 제기하거나 소년부에 송치할 수 없다고 규정하고 있으므로 보호처분을 받은 사건과 동일(상습죄 등 포괄일죄 포함)한 사건에 관하여 다시 공소제기가 되었다면, 이는 공소제기절차가 법률의 규정에 위배하여 무효인 때에 해당한 경우이므로 형사소송법 제327조 제2호의 규정에 의하여 공소기각의 판결을 하여야 한다(대법원 1996.2.23, 96도47). [답 ⑤]

07. 재판의 효력에 관한 설명 중 옳지 않은 것은? (다툼이 있는 경우에는 판례에 의함) 〈변호사 2014〉

① 공소기각과 관할위반의 형식재판에 대하여는 일사부재리의 효력이 인정되지 아니한다.
② 상습범의 일부에 대하여 유죄판결이 확정된 경우 기판력이 그 사실심판결 선고 전에 저질러진 나머지 범죄에 미치기 위해서는 그 확정판결에서 당해 피고인이 상습범으로 기소되어 처단되었을 것이

필요하고, 상습범이 아닌 기본 구성요건의 범죄로 처단되는 데 그친 경우에는 기판력이 미치지 아니한다.

③ 피고인이 수회의 공갈행위로 「폭력행위 등 처벌에 관한 법률」 제2조 제1항 제3호, 형법 제350조(상습공갈)가 적용되어 상습범으로 유죄판결이 확정된 경우 그 사실심판결 선고 전에 저질러진 재물손괴 범죄에 대하여는 동일한 폭력행위의 습벽이 인정되더라도 그 확정판결의 기판력이 미치지 아니한다.

④ 일사부재리의 효력이 미치는 객관적 범위는 공소사실과 단일하고 동일한 관계에 있는 모든 사실에 미치므로, 그 물적 범위는 현실적 심판대상인 사실에 한정되지 아니한다.

⑤ 약식명령의 기판력이 미치는 시간적 범위는 약식명령의 송달 시가 아닌 발령 시를 기준으로 한다.

해설

① (○) 다툼이 없다.

② (○) 대법원 2004.9.16, 2001도3206(전원합의체); 대법원 2010.5.27, 2010도2182.

③ (×) 대법원 2008.8.21, 2008도3657; 대법원 2012.8.17, 2012도6815. 폭력행위 등 처벌에 관한 법률(이하 '폭처법'이라 한다) 제2조 제1항에서 말하는 상습이란 같은 항 각 호에 열거된 각 범죄행위 상호 간의 상습성만을 의미하는 것이 아니라 같은 항 각 호에 열거된 모든 범죄행위를 포괄한 폭력행위의 습벽을 의미하는 것이므로, 위와 같은 습벽을 가진 자가 폭처법 제2조 제1항 각 호에 열거된 형법 각 조에서 정하는 다른 수종의 죄를 범하였다면 그 각 행위는 그 각 호 중 가장 중한 법정형의 상습폭력범죄의 포괄일죄에 해당한다(상습협박의 점과 상습공갈의 점은 중한 법정형인 폭처법 제2조 제1항 제3호의 상습폭력범죄의 포괄일죄를 구성하는 것이고 상습협박죄, 상습공갈죄에 해당하는 폭처법 제2조 제1항의 죄를 각 구성하는 것이라고 할 수 없다).

④ (○) 대법원 2012.5.24, 2010도3950; 대법원 2010.2.25, 2009도14263.

⑤ (○) 대법원 2013.6.13, 2013도4737. [답 ③]

제 4 절 소송비용

01. 甲은 A의 고소에 의하여 업무상횡령죄로 구속기소되어 1심에서 징역 3년을 선고받고 항소하여 항소심에서 범죄사실의 증명이 없는 때에 해당한다고 하여 무죄판결을 선고받았다. 이후 상고제기 기간의 경과로 위 무죄판결이 확정되었다. 이와 관련된 설명으로 틀린 것은?

① 甲이 형사소송법에 의하여 비용보상을 청구하는 경우 무죄판결이 확정된 날부터 6개월 이내에 이를 청구하여야 한다.

② 甲이 청구한 비용보상에 대한 결정은 무죄판결을 선고한 법원의 합의부에서 담당한다.

③ 법원은 甲이 위 재판에 들인 비용을 보상하여야 하지만, 甲이 위 재판을 그르칠 목적으로 거짓 자백을 한 것으로 인정된 경우에는 비용의 전부 또는 일부를 보상하지 아니할 수 있다.

④ 甲이 청구한 비용보상에 관하여 법원이 한 결정에 대하여는 즉시항고를 할 수 있다.

⑤ A가 고의 또는 과실로 고소한 것이 판명된 경우에는 소송비용의 전부 또는 일부를 A에게 부담하게 하여야 한다.

해설

① (○) 제194조의3 제2항.
② (○) 제194조의3 제1항.
③ (○) 제194조의2 제2항 제1호.
④ (○) 제194조의3 제3항.
⑤ (×) 고의 또는 중과실이 있어야 한다(제188조). [답 ⑤]

제 5 편

상소 · 비상구제절차 · 특별절차

제1장 상 소
제2장 비상구제절차
제3장 재판의 집행과 형사보상
제4장 특별절차

제 1 장 상 소

제 1 절 상소 통칙

01. 상소에 관한 다음 설명 중 틀린 것은? (다툼이 있는 경우 판례에 의함)

① 항소법원이 직권으로 한 판결서 경정결정에 대하여 항고를 제기한 경우 법원은 이를 재항고로 보아 기록을 대법원으로 송부하여야 한다.

② 추징에 관한 부분만을 불복대상으로 삼아 상소한 것은 위법하다.

③ 대법원의 판결정정결정에 대하여는 항고로 불복할 수 없다.

④ 항소이유서에 「위 사건에 대한 원심판결은 도저히 납득할 수 없는 억울한 판결이므로 항소를 한 것입니다」라고만 기재하였더라도 항소심은 이를 심리하여야 한다.

⑤ 소송비용의 재판에 대한 불복은 본안의 재판에 대한 상소의 전부 또는 일부가 이유 있는 경우에 한하여 허용된다.

해설

① (○) 재판서에 잘못된 계산이나 기재, 그 밖에 이와 비슷한 잘못이 있음이 분명한 때에는 법원은 직권으로 또는 당사자의 신청에 따라 경정결정(更正決定)을 할 수 있다(규칙 제25조 제1항). 대법원 2008. 4. 14, 2007모726. 제415조는 "항고법원 또는 고등법원의 결정에 대하여는 재판에 영향을 미친 헌법 · 법률 · 명령 또는 규칙의 위반이 있음을 이유로 하는 때에 한하여 대법원에 즉시항고를 할 수 있다"고 규정하고 있는바, 항소법원의 결정에 대하여도 대법원에 재항고하는 방법으로 다투어야 한다.

② (×) 대법원 2008. 11. 20, 2008도5596(전원합의체). 추징에 관한 부분만을 불복대상으로 삼아 상소가 제기되었다 하더라도 상소심으로서는 이를 적법한 상소제기로 다루어야 하고, 그 부분에 대한 상소의 효력은 그 부분과 불가분의 관계에 있는 본안에 관한 판단 부분에까지 미쳐 그 전부가 상소심으로 이심된다.

③ (○) 제400조 제1항; 대법원 1983. 6. 30, 83모34. 대법원의 결정은 최종적인 재판이어서 이에 대하여는 항고로 불복할 수 없다.

④ (○) 대법원 2002. 12. 3, 2002모265. 상고심은 원칙적으로 법률심으로서 사후심인 데 반하여, 항소심은 사후심적 성격이 가미된 속심인 점에 비추어 항소이유서에 설문과 같이 기재하였더라도 항소심으로서는 이를 제1심 판결에 사실

의 오인이 있거나 양형부당의 위법이 있다는 항소이유를 기재한 것으로 선해하여 그 항소이유에 대하여 심리를 하여야 한다.
⑤ (○) 대법원 2008. 7. 24, 2008도4759. 소송비용의 재판에 대한 불복은 본안의 재판에 대한 상소의 전부 또는 일부가 이유 있는 경우에 한하여 허용되고, 본안의 상소가 그 이유가 없는 경우에는 허용되지 않는데(대법원 1996. 1. 23, 95다38233 등), 이러한 법리는 형사소송절차에서 소송비용의 재판에 대한 불복이 있는 경우에도 마찬가지로 적용된다. [답 ②]

02. 상소에 관한 설명 중 옳지 않은 것은? 〈행시 2001 변형〉

① 상소는 재판의 일부에 대해서도 할 수 있으며, 일부에 대한 상소는 그 일부와 불가분의 관계에 있는 다른 부분에 대하여도 효력을 미친다.
② 형의 면제판결에 대해서도 피고인은 상소할 수 있다.
③ 보통항고는 항고기간의 제한이 없고 항고의 이익이 있는 한 할 수 있다.
④ 판례는 항소심의 구조를 사후심으로, 상고심의 구조를 속심으로 보고 있다.
⑤ 상소권의 회복을 청구하는 자는 그 청구와 동시에 상소를 제기하여야 한다.

해설

① (○) 제342조.
② (○) 형의 면제판결도 유죄판결이므로 피고인은 상소할 수 있다.
③ (○) 제404조.
④ (×) 현행 형사소송법상 항소심은 기본적으로 실체적 진실을 추구하는 면에서 속심적 기능이 강조되고 있고, 다만 사후심적 요소를 도입한 형사소송법의 조문들이 남상소의 폐단을 억제하고 항소법원의 부담을 감소시킨다는 소송경제상의 필요에서 항소심의 속심적 성격에 제한을 가하고 있음에 불과하다(대법원 1983.4.26, 82도2829, 82감도612). 그리고 상고심은 항소법원 판결에 대한 사후심이다(대법원 2007.10.11, 2007도5577; 대법원 2012.3.29, 2009도11249).
⑤ (○) 제346조. [답 ④]

03. 다음 괄호 속에 들어갈 말이 옳게 묶인 것은? 〈법무부 모의시험 2011〉

> 피고인 甲은 강도죄로 공소제기 되어 서울중앙지방법원에서 2010. 10. 1. 징역 3년을 선고받았고, 이에 항소를 하고자 한다. 甲은 항소장을 (㉠)법원에 (㉡)까지 접수하여야 하고, 법원으로부터 소송

기록접수 통지를 받은 날로부터 (㉢) 이내에 항소이유서를 항소법원에 제출하여야 한다.

① ㉠ 원심, ㉡ 2010. 10. 8., ㉢ 20일
② ㉠ 원심, ㉡ 2010. 10. 8., ㉢ 14일
③ ㉠ 원심, ㉡ 2010. 10. 7., ㉢ 20일
④ ㉠ 항소, ㉡ 2010. 10. 8., ㉢ 20일
⑤ ㉠ 항소, ㉡ 2010. 10. 7., ㉢ 14일

해설

㉠ 항소장은 원심법원에 제출하여야 한다(제359조).
㉡ 항소의 제기기간은 7일이다(제358조). 일로써 계산하는 기간은 초일을 불산입하므로(제66조 제1항), 항소제기기간은 2010. 10. 8까지이다.
㉢ 항소이유서는 소송기록접수의 통지를 받은 날로부터 20일 이내에 항소법원에 제출하여야 한다(제361조의3 제1항). [답 ①]

04. **다음 중 상소권 회복이 인정되는 경우는?** (다툼이 있는 경우 판례에 의함)

① 피고인이 이미 확정된 집행유예 판결의 선고일을 잘못 알고 상고포기서를 제출한 경우
② 교도소 담당직원이 형사소송규칙 제177조에 따른 서면 작성 시의 편의를 제공해 주지 않아 상소하지 못한 경우
③ 피고인이나 상소권자 또는 그 대리인이 질병으로 입원하였거나 기거불능으로 상소를 하지 못한 경우
④ 선고 당시 법정이 소란하여 판결주문을 알아들을 수 없어서 항소제기 기간 내 항소를 하지 못한 경우
⑤ 소송촉진 등에 관한 특례법에 따라 피고인이 불출석한 상태에서 재판이 진행되어 유죄판결이 선고된 것을 모른 채 상소기간이 도과한 경우

해설

① (×) 대법원 1996. 7. 16, 96모44.
② (×) 대법원 1986. 9. 27, 86모47.
③ (×) 대법원 1986. 9. 17, 86모46.
④ (×) 대법원 1987. 4. 8, 87모19.
⑤ (○) 대법원 1986. 2. 12, 86모3. [답 ⑤]

05. 상소의 이익에 관한 설명으로 틀린 것은? (다툼이 있는 경우 판례에 의함)

① 검사는 피고인의 이익을 위하여 상소할 수 있다.
② 검사는 무죄판결의 이유만을 다투기 위하여 상소할 수 있다.
③ 무죄판결에 대한 피고인의 상고는 부적법하다.
④ 피고인은 공소기각의 판결에 대하여 무죄를 주장하여 상소할 수 없다.
⑤ 상소의 이익이 없는 상소에 대하여는 상소를 기각하여야 한다.

해설

① (○) 대법원 1975. 7. 8, 74도3195.
② (×) 대법원 1993. 3. 4, 92모21. 검사는 공익의 대표자로서 법령의 정당한 적용을 청구할 임무를 가지므로 이의신청을 기각하는 등 반대당사자에게 불이익한 재판에 대하여도 그것이 위법일 때에는 위법을 시정하기 위하여 상소로써 불복할 수 있지만, 불복은 재판의 주문에 관한 것이어야 하고 재판의 이유만을 다투기 위하여 상소하는 것은 허용되지 않는다.
③ (○) 대법원 2012. 12. 27, 2012도11200.
④ (○) 대법원 2008. 5. 15, 2007도6793. 피고인을 위한 상소는 피고인에게 불이익한 재판을 시정하여 이익된 재판을 청구함을 그 본질로 하는 것이므로 피고인은 재판이 자기에게 불이익하지 아니하면 이에 대한 상소권이 없다고 할 것인바, 공소기각의 재판이 있으면 피고인은 유죄판결의 위험으로부터 벗어나는 것이므로 그 재판은 피고인에게 불이익한 재판이라고 할 수 없어서 이에 대하여 피고인은 상소권이 없다.
⑤ (○) 상소의 이익은 상소의 적법요건이다. [답 ②]

06. 다음 설명 중 옳지 않은 것은? (다툼이 있는 경우 판례에 의함) 〈행시 2004〉

① 미성년자인 피고인이 법정대리인의 동의를 얻지 않고 상소를 포기하거나 취하하면 효력이 없다.
② 피고인이 상소를 포기 또는 취하하면 변호인은 상소하지 못한다.
③ 상소권회복의 결정이 확정되면 이미 확정된 재판은 미확정상태로 돌아간다.
④ 검사만이 양형부당을 이유로 항소하였으나 항소심이 검사의 항소를 이유 없다고 기각한 경우 이에 대하여 피고인이 상고할 수 있다.
⑤ 면소판결에 대하여는 피고인에게 실체판결청구권이 없다는 이유로 상소를 인정하지 않는다.

해설

① (○) 대법원 1983. 9. 13, 83도1774.
② (○) 대법원 1998. 3. 27, 98도253.

③ (○) 상소권이 회복되므로 재판은 미확정상태가 된다.
④ (×) 대법원 1987. 8. 31, 87도1702. 피고인이 항소를 포기하거나 제기하지 않고 검사만이 양형부당을 이유로 항소하여 기각된 경우 이는 피고인에게 불이익한 판결이라고 할 수 없어 이 판결에 대하여 피고인은 상고권이 없다 할 것이므로, 피고인의 상고는 방식에 위배한 부적법한 상고에 귀착된다.
⑤ (○) 대법원 1984. 11. 27, 84도2106. [답 ④]

07. **상소에 관하여 틀린 것으로 묶인 것은?** (다툼이 있는 경우 판례에 의함)

㈎ 상소의 제기가 법률상의 방식에 위반하거나 상소권이 소멸한 후의 것임이 명백한 때에는 원심법원이 결정으로 상소를 기각한다. ㈏ 피고인은 선고형을 불문하고 상소를 포기할 수 있다. ㈐ 상소의 포기 또는 취하는 반드시 서면에 의하여야 한다. ㈑ 상소의 포기는 원심법원에, 상소의 취하는 상소법원에 하여야 한다. ㈒ 상소의 취하에 동의한 자는 다시 상소하지 못한다.

① ㈎, ㈏ ② ㈎, ㈑ ③ ㈏, ㈐
④ ㈐, ㈒ ⑤ ㈑, ㈒

해설

㈎ (○) 제360조, 제376조.
㈏ (×) 제349조 단서. 피고인 또는 상소권의 대리행사자는 사형 또는 무기징역이나 무기금고가 선고된 판결에 대하여는 상소의 포기를 할 수 없다.
㈐ (×) 제352조 제1항. 서면으로 하는 것이 원칙이지만, 공판정에서는 구술로써 할 수 있다.
㈑ (○) 제353조.
㈒ (○) 제354조. [답 ③]

08. **상소심의 심판범위에 관한 설명 중 옳지 않은 것은?** (다툼이 있는 경우 판례에 의함) 〈행시 2003 변형〉

① 형법 제37조 전단의 경합범 관계에 있는 죄에 대하여 일부는 유죄, 일부는 무죄를 선고한 원심판결에 대하여 피고인은 상소하지 아니하고, 검사만이 무죄부분에 한정하지 아니하고 전체에 대하여 상소한 경우, 무죄부분에 대한 검사의 상소만 이유 있는 때에도 원심판결의 유죄부분은 무죄부분과 함께 파기되어야 하므로 상소심으로서는 원심판결 전부를 파기하여야 한다.
② 복수의 공소사실에 대하여 유죄가 인정되었더라도 형법의 경합범

조항에 의하여 1개의 형이 선고된 경우에는 일부상소를 할 수 없고, 일부상소가 있더라도 그 상소의 효력은 전부에 대하여 미친다.

③ 제1심이 경합범 관계에 있는 공소사실 중 일부에 대하여 재판을 누락한 경우 항소심으로서는 당사자의 주장이 없다면 그 부분에 대하여 재판할 수 없다.

④ 하급심에서 포괄일죄의 일부에 대하여 무죄를 선고하자 검사가 무죄부분에 대하여만 상고한 경우에 상고심은 원심판결의 유죄부분에 대하여도 심판할 수 있다.

⑤ 환송 전 원심에서 포괄일죄의 일부만이 유죄로 인정되었고 그 유죄부분에 대하여 피고인만이 상고한 경우, 위 유죄부분에 대한 원심판결이 잘못되었다는 이유로 사건을 파기환송 받은 원심은 무죄부분에 대하여 유죄를 선고할 수 없다.

해설

① (○) 대법원 2012.6.14, 2011도12571; 대법원 2005.9.15, 2005도40.
② (○) 대법원 1961. 10. 5, 4293형상403.
③ (×) 대법원 2013.3.14, 2011도7259. 항소심으로서는 당사자의 주장이 없더라도 직권으로 제1심의 누락부분을 파기하고 그 부분에 대하여 재판하여야 한다.
④ (○) 대법원 1989. 4. 11, 86도1629.
⑤ (○) 대법원 1991. 3. 12, 90도2820. [답 ③]

09. 일부상소에 관한 설명 중 틀린 것으로 묶인 것은? (다툼이 있는 경우 판례에 의함)

(가) 실체적 경합관계에 있는 공소사실 중 일부에 대하여는 유죄를, 일부에 대하여는 무죄를 각 선고하면서, 유죄부분과 상상적 경합관계에 있는 다른 일부에 대하여는 이유에서 무죄임을 판시하고 주문에서는 별도로 무죄의 선고를 하지 않은 항소심판결에 대하여 검사만이 무죄부분 전체에 대하여 상고한 경우 그 유죄부분도 함께 상고심의 판단대상이 된다.

(나) 필요적 몰수 · 추징 규정이 적용되는 피고사건의 재판에 대한 상소심에서 원심의 주형부분을 파기하는 경우, 부가형인 몰수 또는 추징부분도 함께 파기하여야 한다.

(다) 검사가 불복의 범위란에 아무런 기재를 하지 않고 판결주문란에 유죄부분의 형만을 기재하고 무죄의 주문은 기재하지 아니한 항

소장을 제출하였으나 항소이유서에 무죄부분에 대하여 항소이유를 개진한 경우, 무죄부분에 대한 항소로 보아야 한다.
(라) 피고사건의 재판 가운데 몰수 또는 추징에 관한 부분만을 불복대상으로 삼아 상소가 제기되었다 하더라도, 상소심으로서는 이를 적법한 상소제기로 다루어야 하고, 그 부분에 대한 상소의 효력은 그 부분과 불가분의 관계에 있는 본안에 관한 판단부분에까지 미쳐 그 전부가 상소심으로 이심된다.
(마) 유죄판결과 동시에 배상명령이 선고된 경우에, 피고인은 유죄판결에 대하여는 상소를 제기하지 않고 배상명령에 대해서만 독립적으로 상소를 제기할 수 없다.

① (가), (나) ② (가), (라) ③ (나), (다)
④ (다), (마) ⑤ (라), (마)

해설

(가) (○) 대법원 2007.6.1, 2005도7523; 대법원 2005. 1. 27, 2004도7488.
(나) (○) 대법원 2009. 6. 25, 2009도2807.
(다) (×) 대법원 1991. 11. 26, 91도1937. 판결 전부에 대한 항소로 보아야 한다.
(라) (○) 대법원 2008. 11. 20, 2008도5596.
(마) (×) 소송촉진 등에 관한 특례법 제33조 제5항. 배상명령에 대해서만 독립적으로 즉시항고를 할 수 있다. [답 ④]

10. 항소심이 경합범에 대하여 일부무죄 · 일부유죄로 판단한 경우에 상고심의 심판대상 및 파기범위에 관한 설명 중 옳은 것을 모두 고른 것은?
(다툼이 있는 경우 판례에 의함) 〈변호사 2013〉

ㄱ. 검사만이 무죄부분에 대하여 상고한 경우 피고인과 검사가 상고하지 아니한 유죄부분은 상고기간이 지남에 따라 확정되기 때문에 무죄부분만이 상고심의 심판의 대상이 되므로 상고심에서 파기할 때에는 무죄부분만을 파기하여야 한다.
ㄴ. 항소심이 두 개의 죄를 경합범으로 보고 한 죄는 유죄, 다른 한 죄는 무죄를 선고하고 검사가 무죄부분만에 대하여 불복상고한 경우 위 두 죄가 상상적 경합관계에 있다면 유죄부분도 상고심의 심판대상이 된다.
ㄷ. 유죄부분에 대하여는 피고인이 상고하고 무죄부분에 대하여는 검

사가 상고한 경우 항소심판결 전부의 확정이 차단되어 상고심에 이심된다. 따라서 유죄부분에 대한 피고인의 상고가 이유 없더라도 무죄부분에 대한 검사의 상고가 이유 있는 때에는 항소심이 유죄로 인정한 죄와 무죄로 인정한 죄가 형법 제37조 전단의 경합범 관계에 있다면 항소심판결의 유죄부분도 무죄부분과 함께 파기되어야 한다.

① ㄱ ② ㄷ ③ ㄱ, ㄴ
④ ㄴ, ㄷ ⑤ ㄱ, ㄴ, ㄷ

해설

ㄱ (○) 대법원 1992. 1. 21, 91도1402(전원합의체) ; 대법원 2007. 6. 28, 2005도7473; 대법원 2010. 11. 25, 2010도10985. 일부파기설.
ㄴ (○) 대법원 1980. 12. 9, 80도384(전원합의체).
ㄷ (○) 대법원 2007. 6. 28, 2005도7473; 대법원 2011. 2. 24, 2010도15989. 항소심이 경합범으로 공소제기된 수개의 범죄사실 중 그 일부에 대하여 유죄, 일부에 대하여 무죄를 각 선고하였고, 그 중 유죄부분에 대하여는 피고인이 상고하고 무죄부분에 대하여는 검사가 상고한 경우에 있어서는, 항소심 판결 전부의 확정이 차단되어 상고심에 이심되는 것이고 유죄부분에 대한 피고인의 상고가 이유 없더라도 무죄부분에 대한 검사의 상고가 이유 있는 때에는 피고인에게 하나의 형이 선고되어야 하는 관계로 무죄부분뿐 아니라 유죄부분도 함께 파기되어야 한다. [답 ⑤]

11. 다음 설명 중 옳지 않은 것은? (다툼이 있는 경우 판례에 의함) 〈행시 2003 변형〉

① 피고인과 검사 쌍방이 항소하였으나 검사의 항소가 기각된 경우에는 불이익변경금지의 원칙이 적용된다.
② 피고인만이 상고한 상고심에서 원심판결을 파기환송한 경우, 파기환송 전후의 원심법원의 판결 사이에는 불이익변경금지의 원칙이 적용되지 않는다.
③ 추징도 몰수에 대신하는 처분으로서 몰수와 마찬가지로 형에 준하여 평가하여야 할 것이므로 그에 관하여도 형사소송법 제368조의 불이익변경금지의 원칙이 적용된다.
④ 항소심에서 2개의 사건이 병합되어 경합범으로 처단되는 경우 제1심의 각 형량보다 중한 형이 선고되었다는 것만으로는 불이익변경금지의 원칙에 위반된다고 할 수 없다.
⑤ 징역 10월에 집행유예 2년을 선고한 제1심 판결을 파기하고 벌금 1

천만 원을 선고한 항소심 판결은 불이익변경금지의 원칙에 위반되지 않는다.

✍ **해설**

① (○) 대법원 1998. 9. 25, 98도2111.
② (×) 대법원 2006. 5. 26, 2005도8607. 피고인만이 상고한 상고심에서 원심판결을 파기하고 사건을 항소심에 환송한 경우에 환송 전 원심판결과의 관계에도 불이익변경금지의 원칙이 적용된다.
③ (○) 대법원 2006.11.9, 2006도4888.
④ (○) 대법원 2001. 9. 18, 2001도3448.
⑤ (○) 대법원 1990. 9. 25, 90도1534. [답 ②]

12. **불이익변경금지원칙의 설명 중 틀린 것은?** (다툼이 있는 경우 판례에 의함)

① 제1심은 수개의 죄를 형법 제37조 전단의 경합범으로 인정하여 무기징역을 선고하였는데, 항소심은 그 중 확정판결 이전의 범행을 동조 후단의 경합범으로 하여 징역 6월과 무기징역을 선고한 것은 불이익변경이 된다.
② 죄명이나 적용법조가 약식명령의 경우보다 불이익하게 변경되었다고 하더라도 선고한 형이 약식명령과 같거나 약식명령보다 가벼운 경우에는 불이익변경금지의 원칙에 위배된 조치라고 할 수 없다.
③ 미결구금일수를 제1심보다 줄인다 하더라도 항소심이 선고한 형이 제1심보다 가벼워져 결국 전체적으로 복역 일수가 줄어들게 되면 불이익하게 변경되는 것이라고 할 수 없다.
④ 제1심과 동일한 벌금형을 선고하면서 성폭력 치료프로그램 이수명령을 병과한 경우 불이익변경금지원칙에 위반된 것이라고 할 수 없다.
⑤ 제1심이 징역 1년 6월 및 추징 26,150,000원을 선고한 데 대해 항소심이 제1심이 누락한 필요적 벌금형 병과규정을 적용하여 징역 1년 6월에 집행유예 3년, 추징 26,150,000원 및 벌금 50,000,000원을 선고한 것은 피고인에게 불이익하다.

✍ **해설**

① (○) 대법원 1981. 9. 8, 81도1945.
② (○) 대법원 2013. 2. 28, 2011도14986.
③ (○) 대법원 2000. 2. 11, 98도295.
④ (×) 대법원 2012. 9. 27, 2012도8736. 전체적 · 실질적으로 볼 때 피고인에게 불이익하게 변경한 것이어서 허용되지 않는다.
⑤ (○) 대법원 2013. 12. 12, 2012도7198. [답 ④]

13. 불이익변경금지의 원칙과 관련된 설명 중 틀린 것으로 묶인 것은? (다툼이 있는 경우 판례에 의함)

> ㈎ 제1심의 벌금 2,660만 원 노역장 환형유치 1일 200,000원을 항소심에서 벌금 1,500만 원 환형유치 1일 100,000원으로 변경한 경우, 불이익변경금지의 원칙을 위반했다고 할 수 없다.
> ㈏ 피고인만이 항소한 경우라도 법원이 항소심에서 처음 청구된 검사의 부착명령 청구에 기하여 부착명령을 선고하는 것이 불이익변경금지의 원칙에 저촉되지 아니한다.
> ㈐ 항소심이 제1심과 동일한 형기에다 그 집행유예기간만을 제1심보다 장기로 하여 형을 선고한 경우 불이익변경에 해당한다.
> ㈑ 피고인과 검사 쌍방이 항소한 경우에는 검사가 부착명령 청구사건에 대한 항소이유서를 제출하지 아니하였더라도 부착명령 청구사건에 대해서는 불이익변경금지의 원칙은 적용되지 않는다.
> ㈒ 제1심 및 환송 전 원심이 소송비용의 부담을 명하는 재판을 하지 않았음에도 환송 후 원심이 피고인에게 제1심 및 원심 소송비용 중 각 1/2의 부담을 명한 것은 불이익변경금지의 원칙에 위반된다.

① ㈎, ㈏ ② ㈎, ㈑ ③ ㈏, ㈐
④ ㈐, ㈒ ⑤ ㈑, ㈒

해설

㈎ (○) 대법원 1977. 9. 13, 77도2114(전원합의체). 벌금형이 감경되었다면 그 벌금형에 환형유치기간이 더 길어졌다고 하여도 전체적으로 비교하여 형이 불이익하게 변경되었다고 할 수 없다.

㈏ (○) 대법원 2010.11.25, 2010도9013, 2010전도60.

㈐ (○) 대법원 1983. 10. 11, 83도2034. 형의 집행유예기간을 연장함은 형벌권의 소멸기간을 연장하여 피고인의 법적 지위를 저하하는 것이므로 불이익변경에 해당된다.

㈑ (×) 대법원 2014.3.27, 2013도9666. 피고인과 검사 쌍방이 항소하였으나 검사가 부착명령 청구사건에 대한 항소이유서를 제출하지 아니하여 부착명령 청구사건에 대한 검사의 항소를 기각하여야 하는 경우에는 실질적으로 부착명령 청구사건에 대해서는 피고인만이 항소한 경우와 같게 되므로 항소심은 불이익변경금지의 원칙에 따라 부착명령 청구사건에 관하여 제1심판결의 형보다 중한 형을 선고하지는 못한다고 할 것이다.

㈒ (×) 대법원 2008. 3. 14, 2008도488. 소송비용의 부담은 형이 아니고 실질적인 의미에서 형에 준하여 평가되어야 할 것도 아니므로 불이익변경금지원칙의 적용이 없다. [답 ⑤]

14. 불이익변경금지원칙에 관한 다음 설명 중 옳지 않은 것은? (다툼이 있는 경우 판례에 의함) 〈변호사 2013〉

① 불이익변경금지원칙의 적용에 있어 그 선고된 형이 피고인에게 불이익하게 변경되었는지 여부에 관한 판단은 형법상 형의 경중을 기준으로 하되 이를 개별적·형식적으로 고찰할 것이 아니라 주문 전체를 고려하여 피고인에게 실질적으로 불이익한지 아닌지를 보아 판단하여야 한다.

② 피고인만이 항소한 경우 동일 물건에 대하여 제1심 판결에서 선고된 추징을 몰수로 변경하는 것은 불이익변경금지원칙에 위반되지 않는다.

③ 벌금 150만 원의 약식명령을 고지받고 정식재판을 청구한 '당해 사건'과 정식 기소된 '다른 사건'을 병합·심리한 후 두 사건을 경합범으로 처단하여 벌금 900만 원을 선고한 제1심 판결에 대해, 피고인만이 항소한 제2심에서 '다른 사건'의 공소사실 전부와 '당해 사건'의 공소사실 일부에 대하여 무죄를 선고하고 '당해 사건'의 나머지 공소사실은 유죄로 인정하면서 그에 대하여 벌금 300만 원을 선고한 것은 불이익변경금지원칙을 위반한 것이다.

④ 피고인에 대한 벌금형이 제1심보다 감경되었다 하여도 그 벌금형에 대한 노역장유치기간이 제1심보다 더 길어졌다면 전체적으로 보아 형이 불이익하게 변경되었다고 보아야 한다.

⑤ 즉결심판에 대하여 피고인만이 정식재판을 청구한 사건에 대하여도 불이익변경금지원칙이 적용되므로 즉결심판의 형보다 무거운 형을 선고하지 못한다.

해설

① (○) 대법원 2011.4.14, 2010도16939, 2010전도159.

② (○) 대법원 2005. 10. 28, 2005도5822. 제1심 판결에서 선고된 추징을 항소심 판결로 몰수로 변경하는 것은 형식적으로 보면 제1심이 선고하지 아니한 전혀 새로운 형을 선고하는 것으로 보일지 모르나, 추징은 몰수할 물건의 전부 또는 일부를 몰수하지 못할 때 몰수에 갈음하여 그 가액의 납부를 명하는 처분으로서 실질적으로 볼 때 몰수와 표리관계에 있어 차이가 없는 것이고, 형법 제134조나 공무원범죄에 관한 몰수특례법 소정의 필요적 몰수와 추징은 어느 것이나 공무원이 뇌물수수 등 직무관련범죄로 취득한 부정한 이익을 계속 보유하지 못하게 하는 데 그 목적이 있으므로, 항소심이 몰수의 가능성에 관하여 제1심과 견해를 달리하여 추징을 몰수로 변경하더라도, 그것만으로 피고인의 이

해관계에 실질적 변동이 생겼다고 볼 수는 없으며, 따라서 이를 두고 형이 불이익하게 변경되는 것이라고 보아서는 안 된다.
③ (○) 대법원 2009. 12. 24, 2009도10754. 당해 사건에 대하여 당초 피고인이 고지받은 약식명령의 형보다 중한 형을 선고하였음이 명백하므로, 형사소송법 제457조의2에서 규정한 불이익변경금지의 원칙을 위반한 위법이 있다.
④ (×) 대법원 2000. 11. 14, 2000도3945. 피고인에 대한 벌금형이 제1심보다 감경되었다면 비록 그 벌금형에 대한 노역장유치기간이 제1심보다 더 길어졌다고 하더라도 전체적으로 보아 형이 불이익하게 변경되었다고 할 수는 없다.
⑤ (○) 대법원 1999. 1. 15, 98도2550. 즉결심판에관한절차법 제14조 제1항 및 제2항의 규정에 의하면, 피고인 및 경찰서장은 즉결심판에 불복하는 경우 정식재판을 청구할 수 있고, 같은 법 제19조의 규정에 의하면 즉결심판절차에 있어서 위 법에 특별한 규정이 없는 한 그 성질에 반하지 아니한 것은 형사소송법의 규정을 준용하도록 하고 있으며, 한편 형사소송법 제453조 및 제457조의2의 규정에 의하면 검사 또는 피고인은 약식명령에 불복하는 경우 정식재판을 청구할 수 있되, 피고인이 정식재판을 청구한 사건에 대하여는 약식명령의 형보다 무거운 형을 선고하지 못하도록 하고 있는바, 약식명령에 대한 정식재판청구권이나 즉결심판에 대한 정식재판청구권 모두 벌금형 이하의 형벌에 처할 범죄에 대한 약식의 처벌절차에 의한 재판에 불복하는 경우에 소송당사자에게 인정되는 권리로서의 성질을 갖는다는 점에서 동일하고 그 절차나 효력도 유사한 점 등에 비추어, 즉결심판에 대하여 피고인만이 정식재판을 청구한 사건에 대하여도 즉결심판에관한절차법 제19조의 규정에 따라 형사소송법 제457조의2 규정을 준용하여, 즉결심판의 형보다 무거운 형을 선고하지 못한다. [답 ④]

15. 파기판결의 구속력에 관한 설명 중 옳지 않은 것은? (다툼이 있는 경우 판례에 의함) 〈행시 2002〉

① 파기판결의 구속력이 발생하는 재판은 상소심의 파기판결로서 파기환송판결 · 파기이송판결을 불문한다.
② 상고심이 제2심 판결을 파기하고 제1심에 환송한 후 제1심 재판에 대하여 다시 항소한 경우에 항소심도 상고심의 판단에 구속된다.
③ 항소심의 파기판결에 상고심은 구속되지 않는다.
④ 파기판결은 당해 사건의 하급심을 구속하는 것이므로 파기판결을 한 상급법원 자신은 구속할 수 없다.
⑤ 파기판결 후에 법령이나 판례가 변경된 경우에는 구속력이 배제된다.

해설

① (○) 제397조. 법원조직법 제8조.
② (○) 그 경우 항소심은 당해 사건에서 하급심이므로 상고심의 판단에 구속된다.
③ (○) 항소심의 파기판결에 상고심이 구속된다는 것은 법령해석의 통일을 위

한 상고심의 기능에 반하고, 사법의 경직을 초래하는 것이므로 부정하는 것이 타당하다(이재상 · 조균석, § 49/90).
④ (×) 대법원 1987. 4. 28, 87도294. 파기판결은 파기판결을 한 상급법원 자신도 구속한다.
⑤ (○) 이재상 · 조균석, § 50/93. [답 ④]

제 2 절 항　소

01. 현행 형사소송법상 항소심의 사후심적 성격을 보여주는 것으로 옳지 않은 것은? 〈행시 2002〉

① 항소이유의 제한
② 항소이유서 제출의무
③ 무변론 항소기각의 인정
④ 항소이유로서의 원판결의 법령위반과 이유불비 · 이유모순
⑤ 재심청구사유를 항소이유로 인정

해설
① ② ③ ④ (○) 대법원 1983. 4. 26, 82도2829, 82감도612. 현행 형사소송법은 종전의 복심적 항소심 구조를 대폭 개편하여 항소이유를 법정하고(제361조의5), 항소이유서의 제출을 의무화하고 있으며(제361조의3), 항소법원의 심판대상은 우선 항소이유서에 포함된 사항으로서(제364조 제1항) 항소이유 없다고 인정한 때에는 판결로써 항소를 기각하고(제364조 제4항), 항소이유가 있다고 인정한 때에는 원심판결을 파기하고 다시 판결을 하여야 한다고 규정하여(제364조 제6항) 이른바 사후심적인 요소를 대폭 도입하고 있음은 부인할 수 없다.
⑤ (×) 이는 속심적 성격을 띤 항소이유이다. [답 ⑤]

02. 항소심에 관한 설명 중 틀린 것은?

① 항소법원은 항소인 또는 변호인이 항소이유서를 제출하지 않은 때에는 그 제출기간 전에 심리할 수 없다.
② 판결에 영향을 미친 사유는 항소이유서에 포함되지 아니한 경우에도 직권으로 심판할 수 있으며, 항소심에서 파기자판하는 경우에는 변론을 거쳐야 한다.
③ 항소심은 제1심 증인이 한 진술의 신빙성 유무에 대한 제1심의 판단이 항소심의 판단과 다르다는 이유만으로 이에 대한 제1심의 판단을 함부로 뒤집어서는 안 된다.

④ 검사만이 양형부당을 이유로 항소한 경우, 항소법원은 직권으로 심판하여 제1심의 양형보다 가벼운 형을 선고할 수 없다.

⑤ 항소장에 경합범으로서 2개의 형이 선고된 죄 중 일죄에 대한 형만을 기재하고 나머지 일죄에 대한 형을 기재하지 아니하였다 하더라도 항소이유서에서 그 나머지 일죄에 대하여도 항소이유를 개진한 경우에는 판결 전부에 대한 항소로 봄이 상당하다.

해설

① (○) 대법원 1967. 3. 7, 67도162. 항소이유서는 소송기록의 접수통지를 받은 날로부터 20일 이내에 항소법원에 제출하여야 한다(제361조의3 제1항).

② (○) 제364조 제2항. 대법원 1981. 7. 28, 81도1482.

③ (○) 대법원 2006. 11. 24, 2006도4994.

④ (×) 대법원 2010. 12. 9, 2008도1092. 항소이유에는 '형의 양정이 부당하다고 인정할 사유가 있는 때'가 포함되고(제361조의5 제15호), 위와 같이 판결에 영향을 미치는 사유는 항소이유서에 포함되지 아니한 것이라도 항소심의 심판의 대상이 될 뿐만 아니라, 검사만이 항소한 경우 항소심이 제1심의 양형보다 피고인에게 유리한 형량을 정할 수 없다는 제한이 있는 것도 아니다. 따라서 항소법원은 제1심의 형량이 너무 가벼워서 부당하다는 검사의 항소이유에 대한 판단에 앞서 직권으로 제1심 판결에 양형이 부당하다고 인정할 사유가 있는지 여부를 심판할 수 있고, 그러한 사유가 있는 때에는 제1심 판결을 파기하고 제1심의 양형보다 가벼운 형을 정하여 선고할 수 있다.

⑤ (○) 대법원 2004.12.10, 2004도3515. [답 ④]

03. **항소에 대한 옳은 설명을 모두 고른 것은?** (다툼이 있는 경우 판례에 의함)

㈎ 형법 제37조 전단 경합범 관계에 있는 공소사실 중 일부에 대하여 유죄, 나머지 부분에 대하여 무죄를 선고한 제1심판결에 대하여 검사만이 항소하면서 무죄 부분에 관하여는 항소이유를 기재하고 유죄 부분에 관하여는 이를 기재하지 않았으나 항소 범위는 '전부'로 표시한 경우 항소심이 무죄 부분을 유죄로 인정하는 때에는 무죄 부분만을 파기하여야 한다.

㈏ 항소심이 항소이유에 포함되지 아니한 사유를 직권으로 심리하여 제1심 판결을 파기하고 자판할 때에는 항소인이 주장하는 항소이유의 당부에 대한 판단을 명시하지 아니하였다고 하여 판단누락이라고 볼 것이 아니다.

㈐ 항소이유서를 제출한 자는 항소심의 공판기일에 항소이유서에 기

재된 항소이유의 일부를 철회할 수 있으나 항소이유의 철회는 명백히 이루어져야만 그 효력이 있다.
㈑ 제1심이 위법한 공시송달결정에 터잡아 피고인에게 공소장 부본 및 공판기일 소환장 등을 송달하고 피고인이 2회 이상 출석하지 아니하였다고 보아 피고인의 진술 없이 심리·판단한 경우 검사만이 양형부당을 이유로 항소하였다면 항소심은 제1심이 채택하여 조사한 증거들에 기하여 검사의 항소이유를 판단할 수 있다.
㈒ 항소심이 제1심의 공소기각 판결이 잘못이라고 하여 파기하면서도 사건을 제1심 법원에 환송하지 아니하고 본안에 들어가 심리한 후 피고인에게 유죄판결을 선고한 것은 위법하다.

① ㈎, ㈐　② ㈎, ㈐, ㈑　③ ㈏, ㈐, ㈒
④ ㈎, ㈏, ㈑, ㈒　⑤ ㈏, ㈐, ㈑, ㈒

해설

㈎ (×) 대법원 2014. 3. 27, 2014도342. 제1심 판결 전부가 이심되어 원심의 심판대상이 되므로, 원심이 제1심판결 무죄 부분을 유죄로 인정하는 때에는 제1심판결 전부를 파기하고 경합범 관계에 있는 공소사실 전부에 대하여 하나의 형을 선고하여야 한다.
㈏ (○) 대법원 2012. 9. 13, 2010도11338.
㈐ (○) 대법원 2013. 3. 28, 2013도1473(항소이유를 철회하면 이를 다시 상고이유로 삼을 수 없게 되는 제한을 받을 수도 있으므로).
㈑ (×) 대법원 2014. 5. 16, 2014도3037. 피고인에게 진술의 기회를 주지 아니한 것이 되어 그 소송절차는 위법하고, 항소법원은 판결에 영향을 미친 사유에 관하여는 항소이유서에 포함되지 아니한 경우에도 직권으로 심판할 수 있으므로, 원심으로서는 검사만이 양형부당을 이유로 항소하였더라도 마땅히 직권으로 제1심의 위법을 시정하는 조치를 취했어야 한다. 즉 이러한 경우 원심으로서는 다시 적법한 절차에 의하여 소송행위를 새로이 한 후 위법한 제1심 판결을 파기하고, 원심에서의 진술 및 증거조사 등 심리결과에 기하여 다시 판결하여야 한다.
㈒ (○) 대법원 2013. 10. 11, 2013도2198. 형사소송법 제366조는 "공소기각 또는 관할위반의 재판이 법률에 위반됨을 이유로 원심판결을 파기하는 때에는 판결로써 사건을 원심법원에 환송하여야 한다"고 규정하고 있으므로, 원심으로서는 위와 같이 제1심의 공소기각 판결이 법률에 위배된다고 판단한 이상 본안에 들어가 심리할 것이 아니라 제1심 판결을 파기하고 사건을 제1심 법원에 환송하여야 한다. [답 ③]

제 3 절 상 고

01. 상고심의 절차에 관한 설명 중 틀린 것은? (다툼이 있는 경우 판례에 의함)

① 검사는 사실오인이나 양형부당을 이유로 상고할 수 없다.
② 상고를 제기한 원심 변호인은 상고이유서를 제출할 수 있다.
③ 피고인이 제1심 판결에 대하여 양형부당만을 이유로 항소한 경우 그 항소심 판결에 대하여는 사실오인이나 법리오해 등을 상고이유로 삼을 수 없다.
④ 미결구금일수를 산입하지 아니한 위법이 있음을 발견하였더라도 상고심판결의 정정은 인정되지 않는다.
⑤ 피고인의 항소제기가 있으면 검사의 비약적 상고는 상고로서의 효력뿐 아니라 항소로서의 효력도 유지되지 않는다.

해설

① (○) 대법원 1969. 5. 13, 69도472(사실오인); 대법원 1985. 2. 26, 84도2963(양형부당).
② (○) 대법원 1979. 11. 30, 79도952.
③ (○) 대법원 2014. 4. 24, 2014도1414.
④ (×) 인정된다(제400조 제1항; 대법원 1987. 5. 12, 86초2703).
⑤ (○) 대법원 1971. 2. 9, 71도28. [답 ④]

02. 상상적 경합범에 관한 설명 중 옳지 않은 것은? (다툼이 있는 경우 판례에 의함) 〈변호사 2012〉

① 작위범인 허위공문서작성죄와 부작위범인 직무유기죄가 상상적 경합관계에 있는 경우, 작위범인 허위공문서작성죄로 기소하지 않고 부작위범인 직무유기죄로만 기소할 수 있다.
② 공소제기의 효력은 상상적 경합관계에 있는 죄의 전부에 미치고, 상상적 경합관계에 있는 죄들 중 일부의 죄에 대하여 형을 선고한 판결이 확정되면 기판력은 다른 죄에도 미친다.
③ 상상적 경합관계에 있는 죄들 중 일부에 대해 무죄가 선고되어 검사만 상고한 경우, 무죄부분의 유 · 무죄 여하에 따라 처단할 죄목과 양형이 다르므로 상고심은 유죄부분도 함께 심판대상으로 하여야 한다.
④ 상상적 경합관계에 있는 죄들 중 일부의 죄에 대해 공소시효가 완

성되었다고 하여 그 죄와 상상적 경합관계에 있는 다른 죄의 공소시효까지 완성되는 것은 아니다.

⑤ 상상적 경합관계에 있는 수죄에 대하여 모두 무죄가 선고되었고, 검사가 그 전부에 대하여 상고하였으나 그 중 일부에 대하여는 상고이유로 삼지 않았다고 하더라도 상고심에 전부 이심되며 상고심으로서는 그 무죄부분까지 나아가 판단하여야 한다.

해설

① (○) 대법원 2008. 2. 14, 2005도4202.

② (○) 대법원 2011. 2. 24, 2010도13801; 대법원 2009. 4. 9, 2008도5634.

③ (○) 대법원 2007. 6. 1, 2005도7523. 상상적 경합관계에 있는 두 죄에 대하여 한 죄는 무죄, 한 죄는 유죄가 선고되어 검사만이 무죄부분에 대하여 상고하였다 하여도 유죄부분도 상고심의 심판대상이 되는 것이고, 검사가 무죄부분에 대하여 상고를 한 경우 유죄부분은 형식상 검사 및 피고인 어느 쪽도 상고한 것 같아 보이지 않지만 그 부분과 상상적 경합 관계에 있는 무죄부분에 대하여 검사가 상고함으로써 그 유죄부분은 그 무죄부분의 유 · 무죄 여하에 따라서 처단될 죄목과 양형을 좌우하게 되므로, 결국 그 유죄부분도 함께 상고심의 판단대상이 된다.

④ (○) 대법원 2006. 12. 8, 2006도6356.

⑤ (×) 대법원 2008. 12. 11, 2008도8922. 환송 전 원심에서 상상적 경합관계에 있는 수죄에 대하여 모두 무죄가 선고되었고, 이에 검사가 무죄부분 전부에 대하여 상고하였으나 그 중 일부 무죄부분(A)에 대하여는 이를 상고이유로 삼지 않은 경우, 비록 상고이유로 삼지 아니한 무죄부분(A)도 상고심에 이심되지만 그 부분은 이미 당사자 간의 공격방어의 대상으로부터 벗어나 사실상 심판대상에서 이탈하게 되므로, 상고심으로서도 그 무죄부분에까지 나아가 판단할 수 없다. 따라서 상고심으로부터 다른 무죄부분(B)에 대한 원심판결이 잘못되었다는 이유로 사건을 파기환송 받은 원심은 그 무죄부분(A)에 대하여 다시 심리 · 판단하여 유죄를 선고할 수 없다. [답 ⑤]

03. 상고에 대한 틀린 설명을 모두 고른 것은? (다툼이 있는 경우 판례에 의함)

(가) 피고인이 제1심 판결에 대하여 양형부당과 함께 다른 항소이유를 내세워 항소하였다고 하더라도 그 후 원심판결 선고 전에 양형부당 이외의 항소이유를 철회한 경우에는 원심판결에 대하여 사실오인 또는 법리오해의 위법이 있다는 것을 상고이유로 삼을 수 없다.

(나) 형사소송법 제392조(공동피고인을 위한 파기)의 규정은 상고가 법률상 방식에 위반하거나 상고권 소멸 후인 것이 명백한 공동피고인

에게도 적용된다.
(다) 벌금형과 무죄를 선고한 제1심 판결에 대하여 피고인은 항소를 하지 아니하였고, 검사가 무죄부분에 대한 사실오인 및 법리오해, 양형부당 등을 이유로 항소하였으나 원심판결에서 검사의 항소가 기각된 경우 원심판결에 대한 피고인의 상고는 부적법하다.
(라) 제1심 판결에 대하여 검사만이 양형부당을 이유로 항소한 경우 항소심판결에 심리미진이나 채증법칙위반으로 인한 사실오인의 위법이 있다는 피고인의 주장은 적법한 상고이유가 될 수 없다.
(마) 형사소송법 제383조 제4호의 해석상 검사는 원심의 형의 양정이 가볍다는 사유를 상고이유로 주장할 수 없다.

① (나) ② (가), (마) ③ (나), (다)
④ (라), (마) ⑤ (가), (다), (라)

해설

(가) (○) 대법원 2012. 12. 27, 2012도11200.
(나) (×) 대법원 2012. 11. 15, 2012도6676. 상고가 법률상 방식에 위반하거나 상고권 소멸 후인 것이 명백한 공동피고인에게는 이를 적용할 수 없다.
(다) (○) 대법원 2013. 10. 24, 2013도5752(원심판결은 피고인에게 불이익한 판결이라고 할 수 없어 원심판결에 대하여 피고인은 상고권이 없다).
(라) (○) 대법원 2013. 4. 11, 2013도1079(항소심이 심판대상으로 삼지 아니한 사항에 관하여 피고인이 상고심에서 비로소 상고이유로 내세우는 것에 불과).
(마) (○) 대법원 2014. 2. 13, 2013도14914. [답 ①]

제 4 절 항 고

01. 항고에 관한 설명 중 옳지 않은 것은? 〈행시 2003 변형〉

① 보통항고는 원칙적으로 기간의 제한을 받지 않고 제기할 수 있다.
② 영상녹화물의 열람 · 등사 허용 결정에 대한 검사의 보통항고는 법률상의 방식에 위반한 항고이다.
③ 구속을 취소하는 결정에 대하여는 즉시항고를 할 수 있다.
④ 국선변호인 선임청구 기각결정에 대하여는 보통항고를 할 수 있다.
⑤ 압수나 압수물환부에 관한 결정에 대하여는 보통항고를 할 수 있다.

✍ 해설

① (○) 제404조.
② (○) 대법원 2013. 1. 24, 2012모1393('판결 전의 소송절차에 관한 결정'에 대한 것).
③ (○) 제97조 제4항.
④ (×) 국선변호인 선임청구 기각결정은 판결 전 소송절차에 관한 것으로 독립하여 항고할 수 없다(대법원 1986. 9. 5, 86모40). 위헌제청신청을 기각하는 하급심의 결정(대법원 1986. 7. 18, 85모49)도 마찬가지이다.
⑤ (○) 제403조 제2항. [답 ④]

02. **다음 설명 중 옳은 것은?** 〈행시 2002〉

① 피고인이 대법원에 상고한 후 사망한 경우에 대법원은 결정으로 상고를 기각한다.
② 항소이유 있다고 인정한 때에는 항소법원은 원칙적으로 파기환송하여야 한다.
③ 원심법원이나 항소심의 항소기각결정에 대해서는 즉시항고를 할 수 있다.
④ 즉시항고의 제기기간은 3일이며, 보통항고의 제기기간은 7일이다.
⑤ 관할인정이 법률에 위반됨을 이유로 원심판결을 파기하는 경우에 항소법원은 결정으로 사건을 관할법원에 이송해야 한다.

✍ 해설

① (×) 공소기각결정을 하여야 한다(제382조, 제328조 제1항).
② (×) 파기자판한다(제364조 제6항).
③ (○) 제360조 제2항, 제362조 제2항.
④ (×) 즉시항고의 제기기간은 3일이나(제405조), 보통항고는 취소의 실익이 있는 한 언제든지 할 수 있다(제404조).
⑤ (×) 항소법원은 판결로써 사건을 관할법원에 이송한다(제367조). [답 ③]

03. **준항고가 허용되는 것으로만 묶인 것은?** (다툼이 있는 경우 판례에 의함)

(가) 변호인과의 접견교통권의 침해 (나) 구금장소의 임의 변경 (다) 검사의 체포영장 또는 구속영장 청구에 대한 기각 (라) 압수영장의 발부 (마) 구속기간연장의 불허

① (가), (나) ② (가), (라) ③ (나), (다)
④ (다), (마) ⑤ (라), (마)

해설

(가) (○) 대법원 1990. 9. 25, 90도1586.
(나) (○) 대법원 1996. 5. 15, 95모994.
(다) (×) 대법원 2006. 12. 18, 2006모646. 검사의 체포영장 또는 구속영장 청구에 대한 지방법원 판사의 재판은 제402조의 규정에 의하여 항고의 대상이 되는 '법원의 결정'에 해당하지 않고, 제416조 제1항의 규정에 의하여 준항고의 대상이 되는 '재판장 또는 수명법관의 구금 등에 관한 재판'에도 해당하지 않는다.
(라) (×) 대법원 1997. 9. 29, 97모66.
(마) (×) 대법원 1997. 6. 16, 97모1. [답 ①]

04. 항고(일반항고)**가 허용되는 것은 몇 개인가?** (다툼이 있는 경우 판례에 의함)

(가) 간이공판절차 개시결정	(나) 공소장변경허가
(다) 구속영장 기각결정	(라) 보석허가결정
(마) 재정신청에 대한 재정결정	(바) 증거신청에 대한 기각결정
(사) 체포 · 구속적부심 청구에 대한 석방결정	

① 1 개 ② 2 개 ③ 3 개 ④ 4 개 ⑤ 5 개

해설

(가), (나), (바) (×) 판결 전 소송절차에 관한 결정이므로 항고가 허용되지 않는다.
(다) (×) 대법원 2006. 12. 18, 2006모646. 판사의 결정이지 법원의 결정이 아니므로 항고가 허용되지 않는다.
(라) (○) 대법원 1997. 4. 18, 97모26. 보석허가결정에 대하여 즉시항고는 허용되지 아니하나, 보통항고의 방법으로 불복하는 것은 허용된다.
(마) (×) 제262조 제4항.
(사) (×) 제214조의2 제8항. [답 ①]

제 2 장 비상구제절차

제 1 절 재 심

01. 재심에 관한 설명 중 틀린 것으로만 묶인 것은? (다툼이 있는 경우 판례에 의함)

㈎ 명백한 증거란 유죄의 확정판결을 그대로 유지할 수 없을 정도로 고도의 개연성이 인정되는 증거를 말한다. ㈏ 공범자 사이에 유죄와 무죄의 모순된 확정판결이 있는 경우 무죄 확정판결 자체만으로는 유죄확정 판결에 대한 새로운 증거로서의 재심사유에 해당한다고 할 수 없다. ㈐ 항소심의 유죄판결에 대하여 상고가 제기되어 상고심 재판이 계속되던 중 피고인이 사망하여 형사소송법 제382조, 제328조 제1항 제2호에 따라 공소기각결정이 확정된 경우에는 항소심의 유죄판결이 재심의 대상이 된다. ㈑ 재심청구인이 재심청구를 한 후 그에 대한 결정이 확정되기 전에 사망한 경우에도 재심청구절차는 종료되지 아니한다. ㈒ 법관의 자유심증에 의한 증거가치판단의 대상에 지나지 않는 증거는 명백한 증거에 해당하지 않는다.

① ㈎, ㈏ ② ㈎, ㈒ ③ ㈏, ㈐
④ ㈐, ㈑ ⑤ ㈑, ㈒

해설

㈎ (○) 대법원 2010. 10. 14, 2009도4894.
㈏ (○) 대법원 1984. 4. 13, 84모14(무죄확정판결의 증거자료를 자기의 증거자료로 하지 못하였고 또 새로 발견된 것이 아닌 한).
㈐ (×) 대법원 2013. 6. 27, 2011도7931. 항소심의 유죄판결은 당연히 그 효력을 상실하게 되므로, 이러한 경우에는 형사소송법상 재심절차의 전제가 되는 '유죄의 확정판결'이 존재하는 경우에 해당한다고 할 수 없다.
㈑ (×) 대법원 2014. 5. 30, 2014모739(형사소송법이나 형사소송규칙에는 재심

청구인이 재심의 청구를 한 후 청구에 대한 결정이 확정되기 전에 사망한 경우에 재심청구인의 배우자나 친족 등에 의한 재심청구인 지위의 승계를 인정하거나 형사소송법 제438조와 같이 재심청구인이 사망한 경우에도 절차를 속행할 수 있는 규정이 없으므로).

㈒ (○) 대법원 1999. 8. 11, 99모93. [답 ④]

02. 재심에 대한 설명 중 옳지 않은 것은? 〈행시 2003 변형〉

① 재심청구 관할법원은 원판결 법원이다.

② 군사법원이 재판권이 없음에도 재심개시결정을 한 후 사건을 일반법원으로 이송한다면 이는 위법한 재판권의 행사이므로, 사건을 이송받은 일반법원은 다시 처음부터 재심개시절차를 진행하여야 한다.

③ 재심청구는 형의 집행을 정지하는 효력이 없다.

④ 원판결의 증거된 증언을 한 증인이 위증죄로 기소된 것만으로는 재심사유가 되지 아니한다.

⑤ 즉결심판은 재심의 대상이 되지만, 선고유예판결은 재심의 대상이 되지 않는다.

해설

① (○) 제423조.

② (×) 대법원 2015. 5. 21, 2011도1932(전원합의체). 위법한 재판권의 행사라 할 것이지만 군사법원법 제2조 제3항 후문이 "이 경우 이송 전에 한 소송행위는 이송 후에도 그 효력에 영향이 없다."고 규정하고 있으므로, 사건을 이송받은 일반법원으로서는 다시 처음부터 재심개시절차를 진행할 필요는 없고 군사법원의 재심개시결정을 유효한 것으로 보아 그 후속 절차를 진행할 수 있다.

③ (○) 제428조 본문.

④ (○) 위증죄로 처벌되어 판결이 확정되어야 한다.

⑤ (○) 확정된 즉결심판은 확정된 유죄판결과 동일한 효력이 있으므로 재심의 대상이 된다(제420조). 2년을 경과하면 면소된 것으로 간주되는 선고유예판결은 재심의 대상이 되지 않는다. [답 ②]

03. 재심에 관한 다음 설명 중 틀린 것은? (다툼이 있는 경우 판례에 의함)

① 재심이 개시된 사건에서 재심대상판결 당시의 법령이 변경된 경우 법원이 범죄사실에 대하여 적용하여야 할 법령은 재심판결 당시의 법령이다.

② 재심개시절차에서는 재심사유가 재심대상판결에 영향을 미칠 가능성이 있는가의 실체적 사유는 고려하여서는 안 된다.

③ 재심개시결정에 대하여는 즉시항고에 의하여 불복할 수 있다.
④ 특별사면으로 형선고의 효력이 상실된 유죄의 확정판결은 재심청구의 대상이 될 수 없다.
⑤ 경합범의 일부에 대해서 재심청구의 이유가 있는 경우에는 판결 전부에 대하여 재심개시결정을 해야 하지만 재심사유 없는 범죄사실에 대하여는 양형을 위하여 필요한 범위에서만 심리할 수 있다.

해설

① (○) 대법원 2011. 1. 20, 2008재도11(전원합의체).
② (○) 대법원 2008. 4. 24, 2008모77.
③ (○) 제437조.
④ (×) 대법원 2015. 5. 21, 2011도1932(전원합의체). 유죄판결 확정 후에 형 선고의 효력을 상실케 하는 특별사면이 있었다고 하더라도, 확정된 유죄판결에서 이루어진 사실인정과 그에 따른 유죄의 판단까지 없어지는 것은 아니므로, 위 유죄판결은 여전히 존재하는 것으로 보아야 하고, 한편 형사소송법 제420조 각 호의 재심사유가 있는 피고인으로서는 재심을 통하여 특별사면에도 불구하고 여전히 남아 있는 불이익을 제거할 필요가 있으므로, 특별사면으로 형 선고의 효력이 상실된 유죄의 확정판결도 형사소송법 제420조의 '유죄의 확정판결'로서 재심청구의 대상이 될 수 있다고 해석함이 타당하다.
⑤ (○) 경합범 관계에 있는 수개의 범죄사실을 유죄로 인정하여 한 개의 형을 선고한 불가분의 확정판결에서 그 중 일부의 범죄사실에 대하여만 재심청구의 이유가 있는 것으로 인정된 경우에는 형식적으로는 1개의 형이 선고된 판결에 대한 것이어서 그 판결 전부에 대하여 재심개시의 결정을 하여야 한다(대법원 2010. 10. 29, 2008재도11(전원합의체)). 그러나 비상구제수단인 재심제도의 본질상 재심사유가 없는 범죄사실에 대하여는 재심개시결정의 효력이 그 부분을 형식적으로 심판의 대상에 포함시키는데 그치므로 재심법원은 그 부분에 대하여는 이를 다시 심리하여 유죄인정을 파기할 수 없고, 다만 그 부분에 관하여 새로이 양형을 하여야 하므로 양형을 위하여 필요한 범위에 한하여만 심리를 할 수 있을 뿐이다(대법원 1996. 6. 14, 96도477). [답 ④]

04. **재심에 대한 설명 중 옳은 것(○)틀린 것(×)을 바르게 표시한 것은?** (다툼이 있는 경우 판례에 의함)

(가) 약식명령에 대하여 정식재판 청구가 이루어지고 그 후 진행된 정식재판 절차에서 유죄판결이 선고되어 확정된 경우 피고인이 약식명령에 대하여 재심의 청구를 하였는데 법원이 이미 효력을 상실하여 재심을 개시할 수 없는 약식명령을 대상으로 재심개시결정을 한 후 이에 대하여 검사나 피고인 등이 모두 불복하지 아니함으로

써 그 결정이 확정된 때에는, 그 재심개시결정에 따라 재심절차를 진행하는 법원이 재심이 개시된 대상을 유죄의 확정판결로 변경하여 재심절차를 진행하여야 한다.

(나) 재심개시결정에 대하여는 즉시항고에 의하여 불복할 수 있고, 이러한 불복이 없이 확정된 재심개시결정의 효력에 대하여는 더 이상 다툴 수 없으므로, 설령 재심개시결정이 부당하더라도 이미 확정되었다면 법원은 더 이상 재심사유의 존부에 대하여 살펴볼 필요 없이 형사소송법 제436조의 경우가 아닌 한 그 심급에 따라 다시 심판을 하여야 하는 것이다.

(다) 형벌에 관한 법령이 당초부터 헌법에 위배되어 법원에서 위헌 · 무효라고 선언한 때도 형사소송법 제420조 제5호의 재심사유에서 무죄 등을 인정할 '증거가 새로 발견된 때'에 해당한다.

① (가)(×) (나)(○) (다)(○)
② (가)(×) (나)(×) (다)(○)
③ (가)(○) (나)(×) (다)(○)
④ (가)(○) (나)(×) (다)(×)
⑤ (가)(×) (나)(○) (다)(×)

해설

(가) (×) 대법원 2013.4.11, 2011도10626. 약식명령에 대하여 정식재판 청구가 이루어지고 그 후 진행된 정식재판 절차에서 유죄판결이 선고되어 확정된 경우, 재심사유가 존재한다고 주장하는 피고인 등은 효력을 잃은 약식명령이 아니라 유죄의 확정판결을 대상으로 재심을 청구하여야 한다. 그런데도 피고인 등이 약식명령에 대하여 재심의 청구를 한 경우, 법원으로서는 재심의 청구에 기재된 재심을 개시할 대상의 표시 이외에도 재심청구의 이유에 기재된 주장 내용을 살펴보고 재심을 청구한 피고인 등의 의사를 참작하여 재심청구의 대상을 무엇으로 보아야 하는지 심리 · 판단할 필요가 있다. 그러나 법원이 심리한 결과 재심청구의 대상이 약식명령이라고 판단하여 그 약식명령을 대상으로 재심개시결정을 한 후 이에 대하여 검사나 피고인 등이 모두 불복하지 아니함으로써 그 결정이 확정된 때에는, 그 재심개시결정에 의하여 재심이 개시된 대상은 약식명령으로 확정되고, 그 재심개시결정에 따라 재심절차를 진행하는 법원이 재심이 개시된 대상을 유죄의 확정판결로 변경할 수는 없다. 이 경우 그 재심개시결정은 이미 효력을 상실하여 재심을 개시할 수 없는 약식명령을 대상으로 한 것이므로, 그 재심개시결정에 따라 재심절차를 진행하는 법원으로서는 심판의 대상이 없어 아무런 재판을 할 수 없다.

(나) (○) 대법원 2013. 7. 11, 2011도14044.

(다) (○) 대법원 2013. 4. 18, 2010모363. [답 ①]

05. 재심사유에 관한 설명 중 옳은 것은? (다툼이 있는 경우에는 판례에 의함)

〈변호사 2014〉

① '무죄 등을 인정할 명백한 증거'에 해당하는지 여부는 새로 발견된 증거만을 독립적 · 고립적으로 고찰하여 그 증거가치만으로 판단하여야 한다.

② '형의 면제를 인정할 명백한 증거가 새로 발견된 때'에서 '형의 면제'라 함은 형의 필요적 면제뿐만 아니라 임의적 면제도 포함한다.

③ 재심사유 해당 여부를 판단함에 있어 '사법경찰관 등이 범한 직무에 관한 죄'가 사건의 실체관계에 관계된 것인지 여부나 당해 사법경찰관이 직접 피의자에 대한 조사를 담당하였는지 여부는 고려할 사정이 아니다.

④ '원판결의 증거된 증언'이 나중에 확정판결에 의하여 허위인 것이 증명되었더라도, 그 허위증언 부분을 제외하고서도 다른 증거에 의하여 유죄로 인정될 경우에는 재심사유에 해당하지 아니한다.

⑤ 피고인이 새로운 증거를 발견하였다고 하여 재심을 청구한 경우 재심대상판결의 소송절차 중에 그러한 증거를 제출하지 못한 데에 피고인의 과실이 있더라도 그 증거는 '증거가 새로 발견된 때'에 해당한다.

해설

① (×) 신증거 자체만으로 판단(단독평가설)할 것이 아니라 기존의 구증거를 포함하여 종합적으로 판단(종합평가설)하여야 한다. 대법원 2010. 10. 14, 2009도4894. '무죄 등을 인정할 명백한 증거'에 해당하는지 여부를 판단할 때에는 법원으로서는 새로 발견된 증거만을 독립적 · 고립적으로 고찰하여 그 증거가치만으로 재심의 개시 여부를 판단할 것이 아니라, 재심대상이 되는 확정판결을 선고한 법원이 사실인정의 기초로 삼은 증거들 가운데 새로 발견된 증거와 유기적으로 밀접하게 관련되고 모순되는 것들은 함께 고려하여 평가하여야 하고, 그 결과 단순히 재심대상이 되는 유죄의 확정판결에 대하여 그 정당성이 의심되는 수준을 넘어 그 판결을 그대로 유지할 수 없을 정도로 고도의 개연성이 인정되는 경우라면 그 새로운 증거는 위 조항에서의 '명백한 증거'에 해당한다.

② (×) 대법원 1984. 5. 30, 84모32. 형사소송법 제420조 제5호는 형의 선고를 받은 자에 대하여 형의 면제를 인정할 명백한 증거가 새로 발견된 때를 재심사유로 들고 있는바, 여기서 형의 면제라 함은 형의 필요적 면제의 경우만을 말하고 임의적 면제는 해당하지 않는다.

③ (○) 대법원 2008. 4. 24, 2008모77.

④ (×) 대법원 2012. 4. 13, 2011도8529. 형사소송법 제420조 제2호의 재심사유에서 말하는 '원판결의 증거된 증언'이란 원판결의 이유 중에서 증거로 채택

되어 죄로 되는 사실(범죄사실)을 인정하는 데 인용된 증언을 뜻하므로, 원판결의 이유에서 증거로 인용된 증언이 '죄로 되는 사실'과 직접 혹은 간접적으로 관련된 내용이라면 위 법조에서 정한 '원판결의 증거된 증언'에 해당하고, 그 증언이 나중에 확정판결에 의하여 허위인 것이 증명된 이상 허위증언 부분을 제외하고도 다른 증거에 의하여 '죄로 되는 사실'이 유죄로 인정될 것인지에 관계없이 형사소송법 제420조 제2호의 재심사유가 있다고 보아야 한다.

⑤ (×) 대법원 2009. 7. 16, 2005모472(전원합의체). 형사소송법 제420조 제5호에 정한 무죄 등을 인정할 '증거가 새로 발견된 때'란 재심대상이 되는 확정판결의 소송절차에서 발견되지 못하였거나 또는 발견되었다 하더라도 제출할 수 없었던 증거를 새로 발견하였거나 비로소 제출할 수 있게 된 때를 말하는바, 피고인이 재심을 청구한 경우 재심대상이 되는 확정판결의 소송절차 중에 그러한 증거를 제출하지 못한 데 과실이 있는 경우에는 그 증거는 위 조항에서의 '증거가 새로 발견된 때'에서 제외된다고 해석함이 상당하다. [답 ③]

06. 재심절차에 관한 설명 중 옳지 않은 것은? (다툼이 있는 경우 판례에 의함) 〈변호사 2015〉

① 재심이 개시된 사건에서 범죄사실에 대하여 적용하여야 할 법령은 재심판결 당시의 법령이고, 법원은 재심대상판결 당시의 법령이 폐지된 경우에는 「형사소송법」 제326조 제4호를 적용하여 그 범죄사실에 대하여 면소를 선고하는 것이 원칙이다.

② 피고인이 재심을 청구한 경우, 재심대상이 되는 확정판결의 소송절차 중에 증거를 제출하지 못한 데 과실이 있는 경우에는 그 증거는 「형사소송법」 제420조 제5호의 '증거가 새로 발견된 때'에서 제외된다.

③ 제1심 확정판결에 대한 재심청구사건의 판결이 있은 후에는 항소기각판결에 대하여 다시 재심을 청구하지 못한다.

④ 면소판결에 대하여 무죄판결이 선고되어야 한다고 주장하면서 상고할 수 없는 것이 원칙이므로, 형벌에 관한 법령이 재심판결 당시 폐지되었다면 설사 그 폐지가 당초부터 헌법에 위배되어 효력이 없는 법령에 대한 것이었더라도 무죄판결을 구하는 취지로 면소판결에 대하여 상고하는 것은 허용되지 않는다.

⑤ 재심심판절차에서 사망자를 위하여 재심청구를 하였거나, 유죄의 선고를 받은 자가 재심판결 전에 사망한 경우, 공소기각의 결정을 할 수 없고 실체판결을 하여야 한다.

✍ 해설

① (○) 대법원 2010. 12. 16, 2010도5986(전원합의체).
② (○) 대법원 2009. 7. 16, 2005모472(전원합의체).
③ (○) 제421조 제2항. 또한 제3항: 제1심 또는 제2심의 확정판결에 대한 재심청구사건의 판결이 있은 후에는 상고기각판결에 대하여 다시 재심을 청구하지 못한다.
④ (×) 대법원 2010. 12. 16, 2010도5986(전원합의체). 법원은, 형벌에 관한 법령이 헌법재판소의 위헌결정으로 인하여 소급하여 그 효력을 상실하였거나 법원에서 위헌·무효로 선언된 경우, 당해 법령을 적용하여 공소가 제기된 피고사건에 대하여 같은 법 제325조에 따라 무죄를 선고하여야 한다. 나아가 형벌에 관한 법령이 재심판결 당시 폐지되었다 하더라도 그 '폐지'가 당초부터 헌법에 위배되어 효력이 없는 법령에 대한 것이었다면 같은 법 제325조 전단이 규정하는 '범죄로 되지 아니한 때'의 무죄사유에 해당하는 것이지, 같은 법 제326조 제4호의 면소사유에 해당한다고 할 수 없다. 따라서 면소판결에 대하여 무죄판결인 실체판결이 선고되어야 한다고 주장하면서 상고할 수 없는 것이 원칙이지만, 위와 같은 경우에는 이와 달리 면소를 할 수 없고 피고인에게 무죄의 선고를 하여야 하므로 면소를 선고한 판결에 대하여 상고가 가능하다.
⑤ (○) 제438조 제2항, 제328조 제1항 제2호. [답 ④]

제 2 절 비상상고

01. 다음 확정판결 중 비상상고의 대상이 되지 않는 것은? (다툼이 있는 경우 판례에 의함)

① 전과가 없음에도 불구하고 누범가중한 경우
② 성폭력범죄를 범한 피고인에게 형의 집행을 유예하면서 보호관찰을 받을 것을 명하지 않은 채 위치추적 전자장치부착을 명한 경우
③ 공소시효가 완성된 사실을 간과한 채 약식명령을 발령한 경우
④ 명예훼손죄에 있어서 제1심 판결 선고 후의 처벌희망을 철회하는 의사표시의 효력을 인정하여 공소기각의 판결을 한 경우
⑤ 판결 선고 당시 피고인이 군복무 중이었음에도 소송촉진 등에 관한 특례법에 의해 피고인이 불출석한 상태에서 공시송달로 공판을 진행하여 유죄판결을 선고한 경우

✍ 해설

① (×) 대법원 1962. 9. 27, 62오1.
② (○) 대법원 2011. 2. 24, 2010오1, 2010전오1.
③ (○) 대법원 2006. 10. 13, 2006오2.

④ (○) 대법원 1962. 3. 8, 61오1.
⑤ (○) 대법원 2006. 4. 14, 2006오1. [답 ①]

02. 재심과 비상상고에 관한 설명 중 옳지 않은 것은? 〈행시 2002 변형〉

① 재심과 비상상고는 상소가 아니며, 비상상고는 검찰총장만이 할 수 있다.
② 위헌으로 결정된 법률조항에 근거한 유죄의 확정판결은 재심청구대상이 된다.
③ 피고인이 이미 사망한 사실을 알지 못하여 공소기각의 결정을 하지 않고 실체판결에 나아간 경우 비상상고의 대상이 된다.
④ 재심청구는 원판결 법원에 하고, 비상상고는 대법원에 하여야 한다.
⑤ 비상상고에 대한 판결이 피고인에게 유리할 때에는 원판결을 파기하고 피고인에게 다시 판결을 하여야 한다.

해설

① (○) 재심과 비상상고는 확정판결에 대한 것이므로 미확정판결을 대상으로 한 상소와 구별된다. 제441조.
② (○) 헌법재판소법 제47조 제3항.
③ (×) 대법원 2005.3.11, 2004오2. ⅰ) 형사소송법 제441조는 "검찰총장은 판결이 확정한 후 그 사건의 심판이 법령에 위반한 것을 발견한 때에는 대법원에 비상상고를 할 수 있다."고 규정하고 있는바, 이러한 비상상고 제도는 법령 적용의 오류를 시정함으로써 법령의 해석 · 적용의 통일을 도모하려는 데에 주된 목적이 있는 것이므로, '그 사건의 심판이 법령에 위반한 것'이라고 함은 확정판결에서 인정한 사실을 변경하지 아니하고 이를 전제로 한 실체법의 적용에 관한 위법 또는 그 사건에 있어서의 절차법상의 위배가 있음을 뜻하는 것이므로, 단순히 그 법령 적용의 전제사실을 오인함에 따라 법령위반의 결과를 초래한 것과 같은 경우는 법령의 해석적용을 통일한다는 목적에 유용하지 않으므로 '그 사건의 심판이 법령에 위반한 것'에 해당하지 않는다고 해석함이 상당하다. ⅱ) 법원이 원판결의 선고 전에 피고인이 이미 사망한 사실을 알지 못하여 공소기각의 결정을 하지 않고 실체판결에 나아감으로써 법령위반의 결과를 초래하였다고 하더라도, 이는 형사소송법 제441조에 정한 '그 심판이 법령에 위반한 것'에 해당한다고 볼 수 없다.
④ (○) 제423조, 제441조.
⑤ (○) 제446조 제1호. [답 ③]

제 3 장　재판의 집행과 형사보상

제 1 절　재판의 집행

01. 재판의 집행시기에 관한 설명 중 옳지 않은 것은? 〈행시 2003〉

① 재판은 원칙적으로 확정된 후에 집행한다.
② 벌금 · 과료 · 추징의 선고를 하는 경우에 가납의 재판이 있는 때에는 확정을 기다리지 않고 즉시 집행할 수 있다.
③ 결정은 즉시항고 또는 이에 준하는 불복신청이 허용되는 경우를 제외하고 즉시 집행할 수 있다.
④ 노역장유치의 집행은 벌금 또는 과료의 재판이 확정된 후 30일 이내에 집행할 수 없다.
⑤ 소송비용부담의 재판은 확정된 후 즉시 집행할 수 있다.

해설
① (○) 제459조.
② (○) 제334조 제3항.
③ (○) 제409조.
④ (○) 형법 제69조 제1항.
⑤ (×) 소송비용은 검사의 명령에 의하여 집행한다(제460조 제1항). [답 ⑤]

02. 재판의 집행에 관한 설명으로 옳지 않은 것은? 〈행시 2004〉

① 자유형의 임의적 집행정지는 검사가 소속 검찰청 검사장의 허가를 얻어 지휘해야 한다.
② 형의 집행순서에 있어서 검사가 중한 형의 집행을 정지하고 다른 형의 집행을 먼저 하기 위해서는 법무부장관의 허가를 얻어야 한다.
③ 상소의 취하로 인하여 하급법원의 재판을 집행할 경우에는 원칙적으로 상소법원에 대응한 검찰청검사가 지휘한다.
④ 재판의 집행에 관한 검사의 처분에 불복이 있는 때에는 준항고의 방법에 의하여야 한다.

⑤ 자유형을 집행하는 경우와는 달리 벌금형을 집행하기 위해서는 형집행장을 요하지 않는다.

해설

① (○) 제471조.
② (○) 제462조.
③ (○) 제460조 제2항.
④ (×) 제489조. 재판의 집행을 받은 자 또는 그 법정대리인이나 배우자는 집행에 관한 검사의 처분이 부당함을 이유로 재판을 선고한 법원에 이의신청을 할 수 있다.
⑤ (○) 제473조 제2항, 제477조 제1항. [답 ④]

03. 미결구금일수 산입에 관한 설명으로 틀린 것은? (다툼이 있는 경우 판례에 의함)

① 미결구금일수란 구금당한 날로부터 판결확정 전일까지 실제로 구금된 일수를 말한다.
② 미결구금기간이 확정된 징역 또는 금고의 본형기간을 초과한 결과가 생겼다 하여 위법하다고 할 수 없다.
③ 형법 제57조에 따라 판결 선고 전의 구금일수는 그 전부를 형사소송법 제482조에 의한 법정통산을 하는 경우를 제외하고는 반드시 유기징역이나 금고, 벌금이나 과료에 관한 유치기간 또는 구류에 산입하여야 한다.
④ 피고인이 범죄인인도조약에 따라 미국에서 체포된 후 인도절차를 밟기 위한 기간은 미결구금일수로서 본형에 산입하여야 한다.
⑤ 상소기각 결정 시에 송달기간이나 즉시항고기간 중의 미결구금일수는 전부 본형에 산입한다.

해설

① (○) 형법 제57조 제1항.
② (○) 대법원 2008. 2. 29, 2007도9137.
③ (○) 대법원 2008. 11. 13, 2008도7891.
④ (×) 대법원 2009. 5. 28, 2009도1446. 공소의 목적을 달성하기 위하여 어쩔 수 없이 이루어진 강제처분의 기간이 아니라 피고인이 범행 후 미국으로 도주하였다가 대한민국정부와 미합중국정부 간의 범죄인인도조약에 따라 체포된 후 인도절차를 밟기 위한 기간은 본형에 산입될 미결구금일수에 해당한다고 볼 수 없다.
⑤ (○) 제482조 제3항. [답 ④]

제 2 절 형사보상

01. 형사보상에 관한 다음 설명 중 틀린 것은? (다툼이 있는 경우 판례에 의함)

① 자신이 범인으로 몰리고 있어서 형사처벌을 면하기 어려울 것이라는 생각과 거짓말탐지기 검사 등으로 인한 심리적인 압박 때문에 허위의 자백을 한 경우에는, 형사보상청구의 기각요건인 「수사 또는 심판을 그르칠 목적」에 해당하지 않는다.

② 형사보상청구의 기각요건인 「수사 또는 심판을 그르칠 목적」의 증명책임은 형사보상청구권을 제한하고자 하는 측에 있다.

③ 형사보상은 공무원의 고의, 과실을 요건으로 하지 않는 공법상의 무과실배상책임이지만, 보상금액을 산정할 때에는 고의, 과실의 유무를 고려하여야 한다.

④ 형사보상청구권은 상속의 대상이 아니다.

⑤ 피의자보상청구는 불기소처분을 한 검사가 소속하는 지방검찰청의 피의자보상심의회에 대하여 하여야 한다.

해설

① (○) 대법원 2008. 10. 28, 2008모577.
② (○) 대법원 2008. 10. 28, 2008모577.
③ (○) 형사보상법 제4조 제2항.
④ (×) 상속의 대상이 된다(형사보상법 제2조 제1항).
⑤ (○) 형사보상법 제27조 제1항. [답 ④]

제 4 장 특별절차

제 1 절 약식절차

01. 약식명령에 대한 다음 설명 중 옳지 않은 것은? 〈법무부 문제유형 2010〉

① 약식절차에서도 피고인의 이익을 위하여 무죄나 면소, 공소기각의 재판을 할 수 있다.

② 약식명령청구에는 공소장일본주의가 적용되지 아니하고, 공소장의 부본을 첨부하지 않아도 된다.

③ 약식절차에서도 서면심리뿐만 아니라, 필요한 경우에는 사실조사를 할 수 있다.

④ 甲에 의해 성명이 모용된 乙에게 약식명령이 송달된 경우에 乙에게는 공소제기의 효력이 미치지 않으므로 乙에 대해서는 공소기각판결을 하여야 한다.

⑤ 약식명령이 갖는 기판력의 시간적 효력범위는 약식명령의 발령 시를 기준으로 한다.

해설

① (×) 약식명령을 청구할 수 있는 사건은 지방법원의 관할에 속하는 사건으로서 벌금·과료 또는 몰수에 처할 수 있는 사건에 한한다(제448조 제1항).

② (○) 검사는 약식명령의 청구와 동시에 약식명령을 하는 데 필요한 증거서류 및 증거물을 법원에 제출하여야 하고(규칙 제170조), 제450조에 따라 공판절차에 의하여 심판하기로 한 경우에 공소장부본을 법원에 제출하여야 한다(규칙 제172조 제2항).

③ (○) 약식명령은 특별한 형식의 재판으로서 결정에 준하는 성격을 가지므로 필요한 때에는 사실조사를 할 수 있다.

④ (○) 대법원 1981. 7. 7, 81도182.

⑤ (○) 대법원 1984. 7. 24, 84도1129. [답 ①]

02. 약식명령에 대한 설명으로 옳지 않은 것은? 〈행시 2004 변형〉

① 약식명령으로 벌금, 과료 또는 몰수 등에 처하는 경우 추징 기타 부

수의 처분을 할 수 있다.

② 약식명령에 대하여는 7일 이내에 정식재판을 청구할 수 있으며, 정식재판의 청구는 제1심 판결 선고 전까지 취하할 수 있다.

③ 공소가 취소되더라도 약식명령의 효력에 영향을 미치지 않는다.

④ 검사는 정식재판청구권을 포기할 수 있지만 피고인은 포기할 수 없다.

⑤ 형면제판결이 예상되면 약식명령이 청구되더라도 법원은 공판절차로의 이행결정을 내린다.

해설

① (○) 제448조 제2항.
② (○) 제453조 제1항, 제454조.
③ (×) 약식명령의 청구는 공소의 제기와 동시에 행하여지므로(제449조) 공소를 취소하면 약식명령도 취소된다.
④ (○) 제453조 제1항.
⑤ (○) 제450조. [답 ③]

제 2 절 즉결심판절차

01. 즉결심판에 관한 설명으로 옳지 않은 것은? 〈행시 2004〉

① 즉결심판절차에서도 약식명령의 경우와 마찬가지로 정식재판청구권이 보장된다.

② 상해치사의 공소사실이 즉결심판으로 확정된 경범죄처벌법위반의 범죄사실과 기본적 사실관계에 있어서 동일하다면 면소판결을 해야 한다.

③ 벌금 또는 과료를 선고하는 경우 피고인이 불출석 심판을 청구하여 법원이 이를 허가한 때에 한하여 출석 없이 심판할 수 있다.

④ 사법경찰관이 작성한 피의자신문조서에 대하여 피고인이 내용을 인정하지 않더라도 증거로 사용할 수 있다.

⑤ 판사는 구류선고를 받은 피고인이 일정한 주소가 없거나 도망할 염려가 있는 경우에는 5일을 초과하지 않는 범위에서 경찰서유치장에 유치할 것을 명할 수 있다.

해설

① (○) 즉결심판에 관한 절차법 제14조 제1항.

② (○) 대법원 1990. 3. 9, 89도1046.
③ (×) 즉결심판에도 피고인의 출석이 개정의 요건이지만, 벌금 또는 과료를 선고하는 경우에는 피고인이 출석하지 않더라도 피고인의 진술을 듣지 않고 형을 선고할 수 있다(즉결심판에 관한 절차법 제8조의2 제1항).
④ (○) 즉결심판에 관한 절차법 제10조; 형사소송법 제312조 제3항.
⑤ (○) 즉결심판에 관한 절차법 제17조 제1항. [답 ③]

02. 특별형사절차에 관한 설명 중 옳지 않은 것은? (다툼이 있는 경우 판례에 의함) 〈변호사 2015〉

① 약식명령 청구의 대상은 지방법원의 관할에 속하는 벌금, 과료, 몰수에 처할 수 있는 사건이다.
② 약식명령을 내린 판사가 그 정식재판 절차의 항소심 판결에 관여함은 「형사소송법」 제17조 제7호 소정의 '법관이 사건에 관하여 전심재판 또는 그 기초되는 조사, 심리에 관여한 때'에 해당하여 제척의 원인이 된다.
③ 검사의 약식명령 청구와 동시에 증거서류 및 증거물이 법원에 제출되었다고 하여 공소장일본주의를 위반하였다고 할 수 없고, 그 후 약식명령에 대한 정식재판청구가 제기되었음에도 법원이 증거서류 및 증거물을 검사에게 반환하지 않고 보관하고 있다고 하여 그 이전에 이미 적법하게 제기된 공소제기절차가 위법하게 된다고 할 수 없다.
④ 즉결심판절차에서는 사법경찰관이 작성한 피의자신문조서에 대하여 피고인이 내용을 인정하지 않더라도 증거로 사용할 수 있다.
⑤ 즉결심판절차에서도 자백보강법칙은 적용되므로, 피고인의 자백만 있고 보강증거가 없으면 유죄를 선고할 수 없다.

해설

① (○) 제448조 제1항.
② (○) 대법원 2011. 4. 28, 2011도17.
③ (○) 대법원 2007. 7. 26, 2007도3906.
④ (○) 즉결심판에 관한 절차법 제10조. 즉결심판절차에 있어서는 형사소송법 제310조, 제312조 제3항 및 제313조의 규정은 적용하지 아니한다.
⑤ (×) 즉결심판절차에는 자백보강법칙(형사소송법 제310조)이 적용되지 않는다. [답 ⑤]

제 3 절 배상명령절차

01. 배상명령에 관한 다음 설명 중 틀린 것은?

① 강간죄도 배상명령의 대상이 된다.

② 법원은 배상명령 대상범죄행위로 인하여 발생한 직접적인 물적 피해, 치료비 손해는 배상명령을 할 수 있으나 위자료는 배상범위에서 제외된다.

③ 검사는 배상명령 대상범죄로 공소를 제기한 경우에는 지체 없이 피해자 또는 그 법정대리인에게 배상신청을 할 수 있음을 통지하여야 한다.

④ 배상명령은 유죄판결의 선고와 동시에 하여야 한다.

⑤ 상소심에서 원심판결을 유지하는 경우에도 원심의 배상명령을 취소하거나 변경할 수 있다.

해설

① (○) 소송촉진 등에 관한 특례법 제25조 제1항.
② (×) 위자료도 포함된다(소송촉진 등에 관한 특례법 제25조 제1항).
③ (○) 소송촉진 등에 관한 특례법 제25조의2.
④ (○) 소송촉진 등에 관한 특례법 제31조 제1항.
⑤ (○) 소송촉진 등에 관한 특례법 제33조 제4항. [답 ②]

02. 특별형사절차에 관한 설명 중 틀린 것은? (다툼이 있는 경우 판례에 의함)

① 배상명령은 피해자의 신청에 의하는 경우 외에 법원의 직권으로도 할 수 있다.

② 피고인의 배상책임 유무 또는 그 범위가 명백하지 아니한 때에는 법원은 배상명령신청 각하결정을 해야 한다.

③ 민사상 다툼에 관한 형사소송절차에서의 화해는 피고인과 피해자가 공동으로 신청하여야 한다.

④ 즉결심판절차에 의할 수 있는 사건은 20만 원 이하의 벌금 또는 구류나 과료에 처할 범죄사건이며, 즉결심판의 청구권자는 경찰서장이다.

⑤ 범죄피해자구조금은 피해의 정도에 따라 해당 피해자에게 고정금액을 지급한다.

✍ **해설**

① (○) 소송촉진 등에 관한 특례법 제25조 제1항.
② (○) 대법원 1996. 6. 11, 96도945.
③ (○) 소송촉진 등에 관한 특례법 제36조 제1항.
④ (○) 즉결심판에 관한 절차법 제2조.
⑤ (×) 피해자의 피해 당시의 월급액이나 월실수입액 또는 평균임금을 고려하여 개별적으로 산정하여 지급한다(범죄피해자보호법 제22조). [답 ⑤]

제 4 절 소년형사절차

01. 소년형사절차에 관한 설명 중 틀린 것은?

① 소년법의 적용대상인 '소년'인지 여부를 판단하는 시기는 사실심 판결 선고 시이다.
② 검사는 소년 피의자에 대하여 범죄예방자원봉사위원의 선도를 조건으로 피의사건에 대한 공소를 제기하지 않을 수 있다.
③ 검사가 소년부에 송치한 사건을 소년부에서 조사 또는 심리한 결과, 그 동기와 죄질이 금고 이상의 형사처분을 할 필요가 있다고 인정한 경우에는 사건을 검사에게 송치할 수 있다.
④ 소년부 판사는 소년에게 피해변상 등 피해자와의 화해를 권고할 수 있다.
⑤ 소년이 강도죄를 범한 경우에 장기 10년 단기 6년의 징역형을 선고할 수 있다.

✍ **해설**

① (○) 대법원 2009. 5. 28, 2009도2682, 2009전도7.
② (○) 소년법 제49조의3 제1호.
③ (○) 소년법 제49조 제2항.
④ (○) 소년법 제25조의3 제1항.
⑤ (×) 소년이 법정형으로 장기 2년 이상의 유기형에 해당하는 죄를 범한 경우에는 그 형의 범위에서 장기와 단기를 정하여 선고하는데, 장기는 10년 단기는 5년을 초과하지 못한다(소년법 제60조 제1항). [답 ⑤]

공저자약력

이재상(1943-2013)
서울대학교 법과대학 졸업
제6회 사법시험 합격
사법대학원 수료(법학석사)
서울대학교 대학원(법학박사)
독일 Freiburg대학 수학
육군 법무관
법무부 검찰국 겸 서울지방검찰청 검사
변호사
서울대학교 법과대학 강사
경희대학교 법과대학 교수
이화여자대학교 법과대학 교수
사법시험위원
법무부 법무자문위원, 보안처분심의위원
형사법개정특별심의위원회 위원
형사판례연구회 회장
한국형사정책학회 회장
한국형사법학회 회장
한국형사정책연구원 원장
법조윤리협의회 위원장
형사법개정특별심의위원회 위원장

저 서
보안처분의 연구(1978)
형법총론(공저)(제8판, 2015)
형법각론(제9판, 2013)
형사소송법(제9판, 2012)
형사소송법연습(제7판, 2012)
형법기본판례 총론(2011)
형사소송법 기본판례(2013)
형법연습(공저)(제9판, 2015)
형법학[선택형 문제해설](공저)(제16판, 2013)

강동범
서울대학교 법과대학 졸업
서울대학교 대학원 졸업(법학박사)
대법원 판례심사위원회 조사위원
서경대학교 법학과 교수
서울시립대학교 법학부 교수
사법시험, 행정고등고시, 입법고등고시 시험위원
한국형사정책학회 회장
현재 이화여자대학교 법학전문대학원 교수

조균석
서울대학교 법과대학 졸업
제22회 사법시험 합격
경희대학교 대학원 법학석사
서울남부지방검찰청 차장검사
변호사
일본 게이오대학교 특별초빙교수
일본 대동문화대학교 비상근강사
사법시험위원
한국피해자학회 회장
현재 이화여자대학교 법학전문대학원 교수
형사소송법개정특별위원회 위원

제 3 판
형사소송법 [선택형 문제해설]

2011년 12월 15일 초 판 제 1 쇄발행
2015년 6월 10일 제 3 판 제 1 쇄인쇄
2015년 6월 20일 제 3 판 제 1 쇄발행

공저자 이재상 · 강동범 · 조균석
발행인 이명재 · 이종은
발행처 **신 조 사**
서울특별시 마포구 독막로 295 삼부골든타워 212호
전화 (02) 713-0402 FAX (02) 713-0403
등록 1994. 7. 4, 제17-179호(倫)
E-mail: sinjosa@sinjosa.co.kr http: //www.sinjosa.co.kr

공저자와 협의하여 인지첩부를 생략함

파본은 바꿔드립니다.

정가 24,000원 **ISBN 979-11-86377-06-2**